혁신에 대한 모든 것

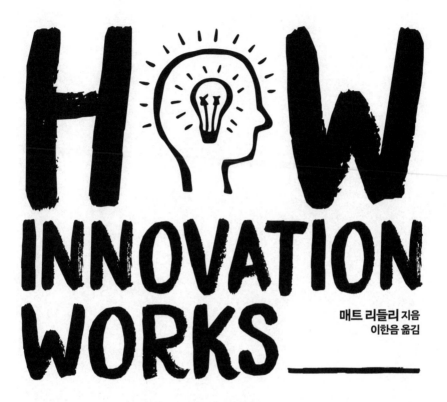

HOW
INNOVATION
WORKS

매트 리들리 지음
이한음 옮김

혁신에 대한 모든 것

혁신은 어떻게 탄생하고, 작동하고, 성공하는가

Ć
청림출판

이 책을 열정적으로 응원하고
현명한 평을 해주었던
내 저작권 대리인,

펠리시티 브라이언에게

(영국 문학 에이전트, 1945~2020)

무한 불가능
확률 추진기

혁신은 경이로운 보상이라는 당근 또는 빈곤이라는 채찍을 제공한다.

—조지프 슘페터 Joseph Schumpeter

나는 영국 북동부 연안에 있는 이너판Inner Farne 섬의 산책길을 걷고 있다. 한쪽 길가에 가득 핀 갯장구채꽃 사이로 솜털오리 암컷 한 마리가 앉아 있다. 짙은 갈색을 띤 오리는 조용히 알을 품고 있다. 나는 아이폰으로 사진을 찍기 위해 몇 발짝 떨어져서 몸을 굽힌다. 오리는 이 상황에 익숙한 모양이다. 여름에 매일 이곳을 지나는 방문객이 수백 명이고 그중 많은 이가 이렇게 사진을 찍을 테니까. 찰칵하는 순간에 뜬금없이 내 머릿속에 어떤 생각이 떠오른다. 내 친구인 존 컨스터블John Constable이 한 말에서 착안한 열역학 제2법칙의 사례다. 그 착상은 이러하다. '아이폰 배터리의 전기와 솜털오리의 온기는 거의 같은 일을 하고 있다. 에너지를 소비하거나 전환함으로써 있을 법하지 않은 질서(사진과 새끼 오리)를 만들고 있다.' 곧이어 솜털오리와 아이폰처럼 내가 방금 떠올린 착상 자체도 내 뇌 시냅스 활성의 있을 법하지 않은 배치에서 나온 것임을 생각한다. 물론 그 활성은 내가 최근에 먹은 음식에서 얻은 에너지로 추진되지만, 뇌가 근본적으로 질서를 이루고 있기에 가능한 일이다. 뇌의 질서 자체는 기나긴 세월에 걸쳐 개체에 작용한 자연선택의 진화 산물이다. 각 개체는 이 있을 법하지 않은 질서를 에너지 전환을 통해 유지한다. 에너지가 생성되어 응결된 결과물인 세계의 있을 법하지 않은 배치는 생명과 기술 양쪽 모두에 해당한다.

더글러스 애덤스Douglas Adams의 소설《은하수를 여행하는 히치하이커를 위한 안내서The Hitchhiker's Guide to the Galaxy》에서 부를 은유하는 자포드 비블브락스의 우주선 순수한 마음호Heart of Gold는 '무한 불가능 확률 추진기infinite improbability drive'로 움직인다(improbability의 뜻은 '있을 법하지 않음'이 더 정확하지만,《은하수를 여행하는 히치하이커를 위한 안내서》에는 소설 특유의 유머를 감안하여 불가능 확률로 번역되었기에 그대로 적는다-옮긴이). 이 추진기는 허구지만, 이 행성 지구에는 거의 무한한 불가능 확률 추진기가 실제로 존재한다. 바로 혁신의 과정이라는 형태로 말이다. 혁신은 여러 형태로 나타나지만, 모든 혁신은 한 가지 공통점을 지닌다. 진화를 통한 생물학적 혁신을 포함한 모든 혁신은 전부 있을 법하지 않음의 향상된 형태라는 것이다. 즉 아이폰이든 착상이든 새끼 오리든 간에 모든 혁신은 원자와 디지털 정보 비트의 가망 없어 보이는, 있을 법하지 않은 조합이다. 아이폰의 원자가 수백만 개의 트랜지스터와 액정으로 산뜻하게 배열되거나, 새끼 오리의 원자가 혈관과 솜깃으로 배열되거나, 내 뇌의 뉴런이 '열역학 제2법칙'이라는 개념을 떠올리고 때때로 패턴을 형성하여 발화하는 쪽으로 배열되는 일이 우연히 일어나기란 천문학적인 수준으로 있을 법하지 않다. 진화와 마찬가지로 혁신도 우연히 일어날 가능성이 없는 (그리고 공교롭게도 유용한) 형태로 세계를 재배치하는 방법을 끊임 없이 발견하는 과정이다. 그렇게 나온 존재는 엔트로피의 정반대다. 즉 구성 성분이 이전보다 덜 무작위적이고 더 질서를 이루고 있다. 그리고 혁신은 설령 사용할 수 있는 새로운 것이 고갈된다고 해도 동일한 것을 더 빨리 또는 에너지를 덜 쓰면서 실행할 방법을 언제나 찾아낼 수 있기 에, 잠재적으로 무한하다.

열역학 제2법칙이 지배하는 이 우주에서는 에너지원 없이 엔트로피 를 국부적으로 되돌릴 수 없다. 되돌릴 에너지는 다른 어딘가에서 다른 무언가를 더 무질서한 형태로 만들어야만 얻을 수 있다. 그 결과 우주 전 체의 엔트로피는 증가하게 마련이다. 따라서 불가능 확률 추진기의 동 력은 에너지 공급에 의해서만 제한된다. 에너지를 신중하게 쓰는 한, 인 류는 더욱 창의적이면서 있을 법하지 않은 구조물을 만들 수 있다. 이너 판섬에서 한눈에 보이는 중세시대 던스턴버그Dunstanburgh 성은 있을 법 하지 않은 구조물이지만, 700년이 흐른 뒤에 일부 폐허가 된 그 모습은 더 있을 법하며, 더 엔트로피적이다. 전성기에 그 성은 많은 에너지를 들 인 직접적인 결과물이었다. 햇빛으로 자란 밀로 만든 빵과 햇빛으로 자 란 풀을 먹여 키운 소를 거쳐서 만든 치즈를 먹은 석공의 근육을 통해 제 공된 에너지였다. 케임브리지와 교토 대학교에서 연구했던 존 컨스터블 은 우리가 번영을 누리기 위해 다음과 같은 것에 의지한다고 지적한다.

모두 예외 없이 열역학적 평형 상태에서 멀리 벗어난 물리적 상태에 있 으며, 세계는 에너지 전환을 통해 이런 편리한 배치에 이르렀고, 그 과정은 때로 아주 오래 걸렸다. 이 에너지 전환을 이용함으로써 우주의 한구석, 즉 우리 세계의 엔트로피는 줄어들고, 대신 다른 어딘가의 엔트로피는 더 큰 폭으로 증가했다. 우리 세계가 더욱 질서 있고 더욱 있을 법하지 않은 상태가 될 때, 우리가 더 풍족해질 때, 그 결과 우주는 전체적으로 더 무질서한 상태가 된다.

따라서 혁신은 에너지를 써서 있을 법하지 않은 것을 만들 새로운 방법을 찾아내고, 그 방법이 널리 퍼지는 과정을 지켜보는 것을 뜻한다. 혁신은 발명 이상이다. 혁신이란 어떤 발명을 사용할 가치가 있을 만큼 충분히 실용적이고 비용을 감당할 수 있고 신뢰할 수 있고 널리 퍼질 수 있도록 개발하는 것을 의미하기 때문이다. 노벨상을 받은 경제학자 에드먼드 펠프스Edmund Phelps는 혁신을 "세계 어딘가에서 새로운 관행이 되는 새로운 방법이나 생산물"이라고 정의한다. 이 책에서 나는 발명에서 혁신으로 이어지는 생각의 경로를 추적하려 한다. 하나의 착상은 혁신으로 이어지기까지 기나긴 투쟁의 과정을 거치며, 그 과정에서 대개 다른 착상과 결합하곤 한다.

그래서 나는 다음 개념을 논의의 출발점으로 삼고자 한다. 혁신은 현대 세계를 이해하는 데 가장 중요한 현실임에도 가장 덜 이해된 쪽에 속한다는 것이다. 혁신은 오늘날 우리 대다수가 조상에 비해 더 풍족하고 지혜로운 삶을 사는 이유이자, 지난 몇 세기 사이에 우리가 엄청난 풍요를 누릴 수 있도록 기여한 압도적인 원인이며, 역사상 처음으로 전 세계에서 극빈자 수가 급감하고 있는 이유를 가장 간단하게 설명해준다. 내가 살아오는 동안 극빈자 수는 세계 인구의 50퍼센트에서 9퍼센트로 줄어들었다.

서양뿐 아니라 중국과 브라질에 이르기까지 인류 대다수를 유례없이 부유하게 만든 것은 새로운 착상을 적용해 생활수준을 향상하는 습관이었다. 경제사학자 디어드리 맥클로스키Deirdre McCloskey는 이를 '혁신주의innovationism'라고 부른다. 최근 여러 세기 동안 쌓인 엄청난 풍요는 다른 식으로는 도저히 설명할 수 없다. 교역은 몇 세기 동안 확대되어 왔고 그와 함께 식민지 착취도 일어났지만, 그것만으로는 실제로 이루어진 소득 개선의 규모를 달성할 수가 없었다. 또 자본도 그런 차이를 만들 만큼 충분히 축적되지 않았고, 맥클로스키의 표현을 빌리자면 아무리 "벽돌에 벽돌을 쌓아도, 학사학위에 학사학위를 쌓아도" 모자랐다. 가용 노동력도 충분히 늘어나지 않았다. 갈릴레오와 뉴턴의 과학 혁명도 주역이 아니었다. 적어도 처음에 사람들의 삶을 바꾼 대부분의 혁신은 새로운 과학 지식에 거의 기대지 않았고, 그 변화를 주도한 혁신가 가운데 노련한 과학자도 거의 없었다. 증기기관을 발명한 토머스 뉴커먼Thomas Newcomen이나 방직 혁명을 일으킨 리처드 아크라이트Richard Arkwright, 철도 혁명의 주역인 조지 스티븐슨George Stephenson을 비롯한 많은 이는 가난한 집안 출신에 교육도 거의 받지 못했다. 많은 혁신이 앞서 이루어진 뒤에야 과학이 등장해 이를 뒷받침하는 식이었다. 따라서 펠프스가 주장했듯이, 산업혁명은 사실상 내생적 혁신endogenous innovation을 자체 산물로 생성하는 새로운 유형의 경제체제가 출현한 것이라고 말할 수 있다. 나는 산업혁명이 몇몇 기계 덕분에 가능해졌다고 주장할 것이다. 증기기관은 '자가 촉매적autocatalytic'임이 드러났다. 증기기관으로 광산에서 물을 퍼내자, 석탄 가격이 떨어졌고 그 결과 기계를 더 싸고 더 수월하게 만들 수 있게 되었다. 너무 앞서가는 듯하니, 이쯤 해두자.

첨단을 달리는 듯한 인상을 심어주기 위해 기업은 '혁신'이라는 단어를 우려스러울 만큼 자주 쓰지만, 혁신이 어떻게 일어나는지 나름의 생각을 갖고 있는 기업은 거의 또는 전혀 없다. 놀라운 사실은 혁신이 다음에 언제 어디에서 일어날지는커녕, 왜 일어나는지 그리고 어떻게 일어나는지를 실제로 아는 사람조차 아무도 없다는 것이다. 경제사학자 앵거스 매디슨Angus Maddison은 이렇게 썼다. "기술 발전은 현대 성장의 가장 핵심적인 특징이자, 정량화하거나 설명하기 가장 어려운 것이기도 하다." 또 다른 경제사학자 조엘 모키어Joel Mokyr는 학자들이 "기술 발전을 촉진하고 자극하는 제도가 어떤 유형인지를 놀라울 정도로 거의 알지 못한다"고 했다.

얇게 자른 빵을 예로 들어보자. 그야말로 기가 막히게 좋은 발명이라고 하겠다. 돌이켜보면 샌드위치를 균일한 모양으로 만들 수 있도록 빵을 미리 자동으로 얇게 썰어두는 방법은 누군가 발명할 것이 분명했다. 그 일이 전기 기계가 처음으로 열풍을 불러일으킨 20세기 전반기에 일어나리라는 것도 꽤 명백했다. 그런데 왜 하필 1928년이었을까? 그리고 왜 미주리 중부의 칠리코시라는 소도시에서 일어났을까? 그 전까지 많은 이들이 빵 써는 기계를 만들려고 시도했지만, 제대로 썰리지 않았거나 겨우 썰었다고 해도 포장을 제대로 못 해서 빵이 금방 상하곤 했다. 그 문제를 해결한 사람이 오토 프레더릭 로웨더Otto Frederick Rohwedder였다. 그는 아이오와에서 태어나 시카고에서 안경사 교육을 받았고, 미주리 세인트조지프에서 보석상점을 차렸다. 아이오와로 돌아오기 전에 그는 어떤 이유에서인지 빵 써는 기계를 발명하기로 결심했다. 첫 시제품이 1917년에 화재로 타버리는 바람에 그는 처음부터 기계를 다시 만들어야 했다. 중요한 점은 썰어둔 빵이 상하지 않도록 빵을 자동 포장하는 기계도 함께 발명해야 한다는 것을 그가 깨달았다는 것이다. 대부분의 빵집은 그의 발명품을 외면했지만, 프랭크 벤치Frank Bench라는 사람이 운영하는 칠리코시 빵집이 관심을 보였다. 그리하여 새로운 역사가 쓰였다. 미주리에 뭔가 특별한 점이 있었을까? 전반적으로 20세기 중반 미국의 분위기가 혁신과 그 혁신을 이룰 수단을 반기는 쪽이었다는 점을 논외로 치자면, 그저 무작위적인 행운의 산물이라고 보는 편이 최선의 추측이다. 우연한 발견은 혁신에 큰 역할을 하며, 그것이 바로 자유롭게 돌아다니면서 실험할 기회가 있는 자유주의 경제가 잘 작동하는 이유다. 자유주의 경제는 운에 기회를 준다.

또 혁신은 자유롭게 생각하고, 실험하고, 추측할 때 일어난다. 사람들이 서로 거래할 수 있을 때 발생한다. 사람들이 절망하는 곳이 아니라, 비교적 형편이 좋은 곳에서 일어난다. 혁신은 다소 쉽게 퍼져 나간다. 투자를 필요로 한다. 일반적으로 도시에서 일어난다. 기타 등등. 하지만 우리는 정말로 혁신을 이해하고 있는 것일까? 혁신을 장려하는 가장 좋은 방법은 무엇일까? 표적을 정하고, 연구 방향을 정하고, 과학을 지원하고, 규칙과 표준을 정하는 것? 아니면 이 모든 것에서 한 걸음 물러나서 규제를 없애고 사람들을 자유롭게 놔두는 것? 또는 아이디어에 재산권을 설정하고, 특허권을 부여하고, 상을 제정하고, 메달을 수여하는 것? 미래를 두려워하는 것? 아니면 미래에 희망을 가득 품는 것? 이 각각의 논조를 지지할 뿐 아니라 적극적으로 옹호할 이들을 얼마든지 찾을 수 있을 것이다. 그런데 혁신의 한 가지 놀라운 점은 그것이 여전히 대단한 수수께끼로 남아 있다는 사실이다. 그 어떤 경제학자도 사회과학자도 혁신이 구체적으로 언제 어디에서 일어나는지는커녕 왜 일어나는지조차도 제대로 설명하지 못한다.

이 책에서 다루고자 하는 것은 바로 이 크나큰 수수께끼다. 여기서 추상적 이론이나 논증을 펼치려는 것은 아니다. 물론 조금은 들어가겠지만, 주로 이야기를 통해서 이 문제를 다룰 생각이다. 자신의 (또는 남의) 발명을 유용한 혁신으로 바꾼 혁신가들의 성공과 실패 사례를 통해 혁신이 어떻게 이루어지는지를 들려주고자 한다. 증기기관과 검색엔진, 백신과 전자담배, 화물 컨테이너와 실리콘칩, 바퀴 달린 여행 가방과 유전자 편집, 숫자와 수세식 화장실 이야기도 있다. 또 토머스 에디슨과 굴리엘모 마르코니Guglielmo Marconi, 토머스 뉴커먼과 고든 무어Gordon Moore, 메리 워틀리 몬터규Mary Wortley Montagu와 펄 켄드릭Pearl Kendrick, 알 콰리즈미Al Khwarizmi와 그레이스 호퍼Grace Hopper, 제임스 다이슨James Dyson과 제프 베이조스Jeff Bezos의 이야기도 들려주련다.

모든 중요한 혁신을 책 한 권에 다 담는다는 것은 엄두도 낼 수 없는 일이다. 아주 중요하면서도 잘 알려진 몇몇 혁신은 뺐는데, 딱히 뚜렷한 이유가 있어서는 아니다. 방직산업의 자동화나 유한책임회사의 역사가 그렇다. 미술, 음악, 문학에서 이루어진 혁신도 대부분 제외했다. 에너지, 공중보건, 교통, 식량, 낮은 수준의 기술, 컴퓨터와 통신 분야의 사례를 주로 다루고자 한다.

여기서 들려주는 이야기의 주인공이 모두 영웅은 아니다. 사기꾼, 협잡꾼, 실패자도 있다. 그런데 그중에 홀로 일한 사람은 거의 없다. 혁신은 으레 생각하는 것보다 훨씬 더 단체 스포츠, 협력 사업에 가깝다. 누가 혁신의 원래 구상자고 누구에게 공로가 돌아가야 하는지도 혼란스럽고 모호하다. 때로는 명백히 부당한 상황이 벌어지기도 한다. 그러나 대부분의 단체 스포츠와 달리, 혁신은 대개 조율되거나 계획되거나 관리되지 않는다. 많은 예측가가 나중에 깨닫고서 얼굴을 붉혔듯이, 예측하기도 쉽지 않다. 혁신은 주로 시행착오를 통해 이루어진다. 자연선택의 인류판이라고 할 수 있다. 그리고 대개 다른 것을 찾다가 생각지 않은 큰 돌파구가 생겨난다. 즉 몹시 우연히도 뜻밖의 발견을 하는 식이다.

나는 애초에 무엇이 혁신을 촉발했는지 그리고 왜 개똥지빠귀나 바위가 아니라 사람에게서 혁신이 일어났는지를 이해하고자, 시간을 거슬러서 인류 문화의 출발점부터 살펴볼 것이다. 침팬지와 까마귀는 새로운 문화적 습성을 창안하고 널리 퍼뜨림으로써 혁신을 일으키지만, 아주 이따금 그럴 뿐이고 전파 속도도 좀 느리다. 그리고 다른 동물에게서는 혁신을 아예 찾아볼 수가 없다.

내가 세상이 점점 나아져왔고, 지금도 나아지고 있고, 앞으로도 더 나아질 것이라는 시류와 동떨어진 주장을 펼친 《이성적 낙관주의자The Rational Optimist》를 내놓은 이래로 10년 동안, 거의 모든 사람의 생활수준은 빠르게 향상되어왔다. 그 책을 내놓았을 때 세계는 지독한 침체기에 빠져들고 있었지만, 그 뒤로 세계의 가난한 지역 중 상당 부분은 전보다 더욱 빠른 경제 성장을 보여왔다. 에티오피아의 평균소득은 10년 사이에 두 배로 늘었다. 극빈자 수는 역사상 처음으로 10퍼센트 미만으로 떨어졌다. 말라리아 치사율도 급감했다. 서반구에서는 전쟁이 아예 없었고, 구대륙 전체에서도 훨씬 드물어졌다. 또 절약형 LED 전구가 백열등과 형광등을 대체해왔다. 전화 통화는 와이파이를 통해서 사실상 무료로 이루어지고 있다. 물론 더 나빠진 것도 있긴 하지만, 추세는 대체로 긍정적이다. 이 모든 변화를 일으킨 것이 바로 혁신이다.

혁신은 주로 사람들이 서로를 위해 일할 수 있도록 함으로써 우리 삶을 바꾼다. 내가 이전에 주장했듯이, 우리가 생산하는 것들이 꾸준히 더 세분화하고, 우리가 소비하는 것들이 꾸준히 더 다양해진다는 것은 인류 역사의 주된 주제이다. 즉 우리는 불안정한 자족적인 삶에서 더 안전한 상호 의존적 삶으로 나아가고 있다. 일주일에 40시간씩 남들의 욕구에 봉사하는 일(우리가 직업이라고 부르는 것)에 집중함으로써, 우리는 나머지 72시간(잠자는 56시간을 제외한)을 남들이 우리에게 제공하는 것을 즐기면서 보낼 수 있다. 혁신 덕분에 우리는 1초도 안 걸리는 행위로 한 시간 동안 전등을 켜는 여유를 누릴 수 있다. 참기름이나 어린 양의 지방을 모아 정제하여 등불을 붙이는 일을 직접 해야 했던 시절에는 이 정도 불빛을 얻으려면 온종일 그 일을 해야 했다. 얼마 전까지만 해도 인류의 상당수는 그렇게 일했다.

혁신은 대개 점진적인 과정이다. 오늘날에는 하버드 교수 클레이튼 크리스텐센^{Clayton Christensen}이 만든 용어인 이른바 파괴적 혁신^{disruptive innovation}에 집착하는 경향이 있는데, 그런 태도는 혁신을 오해하게 만든다. 디지털 매체가 신문에 그랬듯 신기술이 기존 기술을 뒤엎을 때도, 그 효과는 아주 느리게 일어나기 시작하여 서서히 속도를 높이면서 조금씩 잠식하는 형태로 나타난다. 혁신은 초기에는 좌절을 겪곤 하다가, 일단 본궤도에 오르기 시작한 뒤에야 기대를 넘어서는 발전 속도를 보인다. 나는 이 현상을 아마라 과대평가 주기^{Amara hype cycle}라고 부른다. 우리가 혁신의 영향을 장기적으로는 과소평가하면서 단기적으로는 과대평가한다는 말을 처음으로 한 로이 아마라^{Roy Amara}의 이름을 땄다.

아마 혁신의 가장 의아한 측면은 우리가 입으로는 혁신이 좋다고 쉴 새 없이 떠들면서도, 혁신 자체가 실제로는 그다지 인기가 없다는 점일 것이다. 혁신이 무수한 방식으로 거의 모든 이의 삶을 개선해왔다는 풍부한 증거가 있음에도 대부분은 새로운 것이 나오면 반사적으로 우려하거나, 심지어 혐오하는 반응을 보인다. 쓰임새가 명백하게 와닿지 않는 한, 우리는 좋은 결과보다는 나쁜 결과가 일어날 가능성을 훨씬 더 많이 떠올리곤 한다. 그리고 현상 유지를 하면서 기득권을 누리는 이들을 위해서 혁신가 앞에 장애물을 던진다. 투자자든 관리자든 직원이든 할 것 없이 누구나 그런 태도를 보인다. 역사는 혁신이 때로 쉽사리 짓밟히지만 조건이 허락하면 빠르게 다시 피는 섬세하면서도 취약한 꽃임을 보여준다.

혁신이라는 이 기이한 현상과 그것에 저항하는 성향은 풍족한 시대가 시작되기 전인 300여 년 전에 이미 한 혁신가가 유려한 필체로 널리 알린 바 있다. 비록 그가 혁신이라는 단어를 쓰지는 않았겠지만 말이다. 그는 바로 윌리엄 페티William Petty다. 10대 시절 배에서 사환으로 일하다가 한쪽 다리가 부러진 채로 외국 해안에 버려졌던 그는 어찌어찌 예수회 교육기관에 들어갔다가 나중에 철학자 토머스 홉스Thomas Hobbes의 비서가 되었다. 그 뒤에 네덜란드에서 푹 쉰 다음, 의사이자 과학자로서 새 인생을 시작하더니 이어서 상인, 아일랜드 땅 투기꾼, 하원의원을 거쳐서 부유하면서 정치적 영향력도 지닌 경제학의 개척자가 되었다. 그는 발명가라기보다는 혁신가였다. 1647년 옥스퍼드 해부학 교수로 있을 때, 페티는 '이중 글쓰기 장치dual-writing instrument'를 발명해 특허를 받았다. 그 장치로 그는 15분 만에 《히브리서》의 첫 장을 한 번에 두 부씩 적을 수 있었다. 또 그는 강바닥에 교각을 세우지 않고 다리를 놓는 방법과 옥수수를 심는 기계로도 특허를 받았다. 어느 것도 널리 쓰일 법하지는 않았지만 말이다. 더 뒤인 1662년에 그는 많은 발명가를 대변하여 한탄하는 글을 썼다.

　　새로운 발명품 가운데 독점을 통해 보상을 받은 것은 거의 없다. 발명가는 때로 뿌듯한 마음에 취해서 세계 전체가 달려들어 발명품을 빼앗으려 할 것이라고 생각하지만, 나는 안다. 사람들은 일반적으로 자신이 철저하게 써보고 충분히 오랜 기간 불편한지 그렇지 않은지 확인해보지 않은 새로운 물질을 일상적으로 사용하기를 겁낸다. 처음에 새 발명품이 나오면 누구나 거부하고 가난한 발명가는 온갖 조롱 섞인 비난과 맞닥뜨리고, 누구나 저마다 발명품의 몇 가지 결함을 찾아내려 나서고, 발명자 스스로 알아서 개선할 때까지 받아들이지 않는 사례를 목격해왔다. 이 고문에 살아남는 발명은 100가지 중 한 가지도 안 되며, 그렇게 살아남은 것도 결국에는 남들의 다양한 고안물을 통해 심하게 변형되기에 어느 한 사람이 그 전체를 발명했다고 주장할 수도 없거니와 누가 얼마만큼 기여했는지조차 의견 통일을 보기가 어렵다. 더욱이 이 과정은 너무나 오래 걸리기 마련이라 가난한 발명가는 이미 세상을 떠났거나 고안을 추구하느라 진 빚 때문에 신용불량자가 된다. 게다가 그의 발명에 돈을 투자한 이들은 그를 단순히 구상을 한 사람이나 그보다 못한 사람으로 매도한다. 그리하여 이른바 발명가와 그의 발명품은 흐릿해져서 완전히 사라진다.

CONTENTS

▰▰▰ 1부 혁신의 발견 ▰▰▰

에너지는 모든 혁신의 뿌리다. 인류는 열을 일로 전환하는 법을 터득하게 되었고, 그 사건이 후에 산업혁명을 가능하게 만들었다.

적은 비용으로 수많은 사람의 목숨을 구한 놀라운 혁신이다. 우리는 이 이야기에서 과학적 발견을 유용한 혁신으로 바꾸기까지 많은 노력이 필요하다는 교훈을 얻을 수 있다.

1820년대 이전까지 인간이 빠르게 이동할 수 있는 수단은 달리는 말뿐이었다. 그러나 20세기 초에 사람들은 비행기로 하늘을 누비고, 자동차로 도로를 오가게 되었다. 단순한 성분을 창의적으로 결합하여 이룬 빠르고 놀라운 변화다.

20세기에 일어난 다양한 혁신으로 작물 수확량은 증가했고, 인구도 계속 늘어났지만, 기근은 거의 사라졌으며 영양실조도 대폭 줄었다. 심지어 인간이 사용하는 땅의 면적도 줄었다. 우리를 먹여 살리는 동시에 지구를 구하는 방향으로 한 발짝 나아간 것이다.

수많은 혁신이 모여 우리의 일상을 이루고 있다. 매일 사용하는 도구, 당연하게 접하는 시스템 등 이 모든 것이 여러 실험과 도전을 걸쳐 정착한 것이다. 그중에서도 너무나 익숙하여 혁신이라는 생각조차 하지 못했던 몇 가지를 만나보자.

컴퓨터의 기원은 마치 수수께끼 같다. 처음으로 컴퓨터를 발명한 사람을 단번에 가려내기는 어렵다. 여러 사람이 조금씩 점진적으로 서로 영향을 주고받으며 통신과 컴퓨터를 발전시켜 왔다.

2부 혁신의 전개

1부

HOW INNOVATION WORKS

혁신의 발견

에너지

어떤 사업이 성공했다면, 누군가가 그 전에 용기 있는 결정을 내린 것이다.

—피터 드러커Peter Drucke

열, 일, 빛

나는 1700년경 유럽 북서부의 어딘가에서 일어난 일이 인류 역사상 가장 중요한 사건일 것이라고 생각한다. 그 일은 한 사람 또는 여러 사람이 했지만(아마 프랑스인이나 영국인) 우리는 그가 누구인지 결코 알지 못할지 모른다. 왜 이토록 모호할까? 당시에는 그 일의 중요성을 아무도 눈치채지도 깨닫지도 못했기 때문이다. 게다가 당시 혁신이란 별 가치가 없었다. 또 주역이 될 만한 후보자 가운데 누가 가장 중요한 기여를 했는지도 모호하다. 그리고 그 일은 유레카의 순간 같은 것이 전혀 없이, 서서히 오락가락하면서 이루어졌다. 이것이야말로 혁신의 전형적인 특징이다.

내가 이야기하는 사건은 최초로 열을 일로 통제하면서 전환한 것을 말한다. (여기서 나는 '일'이라는 단어를 물리학자가 정의하는 더 폭넓은 의미로서가 아니라, 통제되고 활동적인 움직임이라는 더 일상적인 의미로 쓴다.) 그 사건이 산업혁명을 필연으로 이끌었다고는 말할 수는 없다고 해도 현실적으로 산업혁명을 가능하게 만든 핵심 돌파구임은 분명하다. 그 덕분에 현대 세계의 번영과 오늘날의 엄청난 기술 발전이 이루어졌다. 나는 전기로 움직이는 열차 안 전등 아래에서 전기로 작동하는 노트북으로 이 글을 쓰고 있다. 이 전기는 대부분 발전소에서 전선을 통해 오며, 발전소는 가스 연소나 핵분열로 생긴 열로 물을 끓여서 만든 증기로 거대한 터빈을 고속으로 돌린다. 발전소의 목적은 연소열로 물을 끓여서 증기압으로 전환하고, 그 증기의 압력을 터빈 날개의 운동으로 전환하고, 전자석 안에서 도는 터빈의 운동을 전선에 든 전자의 운동으로 전환하는 것이다. 자동차나 비행기의 엔진에서도 비슷한 일이 일어난다. 연소로 압력을 일으키고, 그 압력은 운동을 일으킨다. 내 삶과 여러분의 삶을 꾸려나가는 데 들어가는 엄청난 양의 에너지는 거의 다 열을 일로 전환함으로써 나온다.

1700년 이전에 인류는 주로 두 종류의 에너지를 썼다. 바로 열과 일 말이다. (빛은 주로 열에서 나왔다.) 사람들은 나무나 석탄을 때서 온기를 유지하고 요리를 했다. 또 자신의 근육이나 말과 소의 근육을 쓰거나 드물게는 수차나 풍차를 써서 무언가를 움직였다. 즉 일을 했다. 이 두 에너지는 서로 별개였다. 나무와 석탄은 기계적인 일을 전혀 하지 않았다. 바람, 물, 소는 온기를 전혀 제공하지 않았다.

몇 년 뒤, 비록 처음에는 소규모였지만 증기는 열을 일로 전환했고 그 뒤로 세상은 전혀 다른 곳이 되었다. 이러한 전환을 이룬 최초의 실용적인 장치는 뉴커먼 기관Newcomen engine이었다. 따라서 나는 열-일 전환의 혁신가를 이야기할 때, 토머스 뉴커먼을 첫 번째이자 가장 유망한 후보로 제시한다. 내가 그를 발명가라고 부르지 않았다는 점에 주목하자. 이 차이는 중요하다.

현재 뉴커먼의 초상화는 남아 있지 않다. 그리고 그는 1729년에 사망해 런던 북부 이즐링턴 어딘가의 이름 없는 묘지에 묻혔다. 또 마찬가지로 정확히 어디인지는 모르겠지만 그로부터 멀지 않은 이름 없는 묘지에 그의 경쟁자 중 한 명이자, 아마도 그의 영감의 원천이었을 드니 파팽^{Denis Papin}도 묻혀 있다. 파팽은 1712년경에 런던에서 구호를 받는 극빈자로 지내다가 어느 날 모습을 감추었다. 토머스 세이버리^{Thomas Savery}는 당대에 그나마 좀 더 나은 대접을 받았다. 그는 1715년 웨스트민스터 인근에서 사망했다. 거의 동시대에 태어나서(파팽은 1647년, 세이버리는 1650년경, 뉴커먼은 1663년) 몇 년 동안 같은 지역에 살기도 했던 이 세 명은 열-일 전환에 중요한 역할을 했다. 그러나 그들은 서로 만난 적은 없었을지도 모른다.

물론 증기가 무언가를 움직일 힘을 지닌다는 사실을 그들이 처음 알아차린 것은 아니었다. 이 원리를 이용한 장난감은 고대 그리스와 로마에도 있었고, 여러 세기가 흐르는 동안 이따금 영리한 기술자들은 정원에 있는 분수의 물을 밀어내는 데 증기를 쓰는 등 신기해 보이는 장치를 만들곤 했다. 그러나 이 힘을 오락용이 아니라 실용적인 목적으로 쓸 꿈을 처음으로 꾼 사람은 파팽이었다. 세이버리는 실용적이지 않다는 것이 드러나긴 했지만 비슷한 꿈을 기계로 구현했고, 뉴커먼은 실용적인 기계를 만듦으로써 차별성을 드러냈다.

지금까지 한 이야기는 기존에 알려진 내용이다. 그런데 더 깊이 파고들면 들수록 혼란스러워진다. 프랑스인인 파팽의 업적을 두 영국인 중 어느 한쪽 또는 양쪽이 빼앗은 것일까? 세이버리나 뉴커먼은 서로에게서 영감을 받았을까? 파팽이 세이버리에게 영감을 준 만큼 세이버리에게서 영감을 얻은 것은 아닐까? 뉴커먼은 다른 두 사람의 연구를 알긴 했을까?

비록 드니 파팽은 사망한 뒤 가장 잊힌 존재가 됐지만, 생전에는 지성과 명성이 드높았다. 그는 당대의 많은 위대한 과학자와 함께 일했다. 그는 루아르의 블루아에서 태어나서, 대학교에서 의학을 공부했다. 1672년에는 네덜란드의 위대한 자연철학자이자 파리 국립과학원 원장인 크리스티안 하위헌스Christiaan Huygens의 조수로 들어갔다. 파팽과 함께 일한 또 한 명의 영리한 조수는 나중에 더욱 유명해졌는데, 바로 고트프리트 라이프니츠Gottfried Leibniz다. 3년 뒤 파팽은 프랑스 국왕 루이 14세의 신교도 박해를 피해 런던으로 떠났다.

아마 하위헌스가 소개했을 텐데, 파팽은 런던에서 로버트 보일Robert Boyle의 조수가 되어서 공기 펌프를 연구했다. 그 뒤에 그는 로버트 훅Robert Hooke의 조수로 잠시 있다가 베네치아로 떠났다. 그곳에서 3년 동안 한 과학협회의 학예사로 일한 뒤, 1684년에 런던으로 돌아와서 왕립협회에서 같은 일을 했다. 그 과정에서 파팽은 뼈를 부드럽게 하는 압력솥을 발명하기도 했다. 1688년경에는 독일 마르부르크 대학교의 수학 교수가 되었고, 1695년에는 카셀로 자리를 옮겼다. 끊임없이 활발하게 돌아다니는 사람이었거나, 아니면 주변 사람이 도저히 오래 참고 지내기가 힘든 사람이었다는 의미다.

하위헌스는 실린더 안에서 화약을 터뜨려 진공상태를 만들어서 기계를 작동시킨다는 개념(내연기관의 먼 조상뻘인 개념)을 탐구하기 위해 파팽을 고용했지만, 곧 파팽은 증기를 응축시키는 방식이 더 낫다는 것을 깨달았다. 1690년에서 1695년 사이의 어느 시기에 그는 증기가 식어 응축하면서 피스톤을 잡아당기도록 하고, 그 힘으로 도르래를 이용해 짐을 들어 올리는 단순한 피스톤과 실린더 장치를 만들기도 했다. 그가 발명한 것은 피스톤 아래에서 일단 진공상태가 만들어지면 대기의 무게가 알아서 일을 하는 대기압 기관atmospheric engine이었다. 불어내는 것이 아니라 빨아들이는 기계다.

1698년 여름 라이프니츠는 파팽과 서신을 주고받았는데, 거기에 파팽이 불을 써서 물을 끌어 올릴 수 있는 엔진(기관)을 설계했다는 내용이 들어 있었다. 그 엔진은 광산에서 물 퍼내는 것을 해결해야 할 주된 목표로 삼고 있었다. 광산 지역은 말은 이용하기 어렵지만 연료는 풍부한 유일한 곳이기 때문이다. 물론 젖은 탄광이 마른 탄광보다 화재 위험이 낮으므로 더 안전하긴 했지만, 물에 잠기면 광부가 들어갈 수 없었다.

그러나 파팽은 이미 증기를 써서 배를 움직일 꿈을 꾸고 있었다. 그는 라이프니츠에게 이렇게 썼다. "나는 이 발명이 물을 퍼 올리는 것 외에도 많은 곳에 쓰일 수 있다고 믿어요. 지원을 더 받을 수 있다면 항해를 한다는 이 목표에 충분히 더 빨리 다다를 수 있으리라 생각하면서 우쭐해하곤 합니다." 그의 착상은 보일러에서 나오는 증기로 피스톤을 밀어서 관을 통해 물을 외차paddle wheel(선체 바깥에 단 바퀴. 물레방아처럼 이 바퀴를 돌려서 배를 움직인다-옮긴이)로 뿜어낸다는 것이었다. 그런 뒤 피스톤이 피스톤실로 들어오는 새로운 물과 증기의 응축을 통해 원래 위치로 돌아오는 방식이었다. 1707년 파팽은 실제로 외차가 달린 배를 제작했다. 하지만 증기가 아니라 인력으로 움직인 것 같다. 외차가 노보다 낫다는 것을 보여주려는 의도였던 듯하다. 그는 외차를 굴려서 베저강을 따라 내려가서 영국으로 향했다. 그런데 일자리를 빼앗길 것을 우려한 뱃사공들이 이 배를 부수고 말았다. 네드 러드$^{Ned\ Ludd}$ 이전의 러다이트 운동이었다.

역사가 L. T. C. 롤트$^{L.\ T.\ C.\ Rolt}$는 파팽이 그가 했던 것 이상의 업적을 낼 수도 있었다고 결론짓는다. "안타깝게도 실용화에 성공하기 직전에 명석한 파팽은 한눈을 팔고 말았다." 그는 라이프니츠에게 토머스 세이버리가 불을 써서 물을 끌어 올리는 장치로 특허를 받았다는 말을 듣고서 증기 쪽으로 방향을 틀었다. 그 특허는 1698년 파팽이 그런 기계를 만드는 법을 안다고 라이프니츠에게 자랑한 바로 그날 등록되었다. 그러자 파팽은 다른 증기기관을 만들었는데, 그가 그린 그림을 보면 세이버리 기관을 변형한 것이 분명하다. 하지만 파팽이 왕립협회의 예전 동료들에게 보낸 여러 편지를 보면 세이버리가 파팽의 설계안을 접했을 가능성도 분명히 있다. 비록 세이버리의 장치는 파팽의 설계안과 전혀 다르긴 하지만 말이다. 누가 누구를 베낀 것일까?

시기가 우연히 일치한다는 것이 기이해 보이지만, 그것은 발명의 지극히 전형적인 특징이다. 동시 발명은 기술의 발전을 나타내는 이정표로서 반복하여 나타난다. 마치 때가 무르익었다고 말하듯이. 동시 발명이 반드시 표절을 의미하지는 않는다. 이 사례에서는 금속 가공기술의 발전, 채광에 대한 관심 증대, 진공에 대한 과학적 관심 확대가 결합됨으로써 유럽 북서부에서 초보적인 증기기관이 거의 필연적으로 출현할 수밖에 없는 상황이었다.

세이버리 함장은 군 기술자였을 수도 있다. 함장이라고 불리긴 했지만 명예직이었을 수도 있다는 의미다. 아무튼 그는 뉴커먼만큼 수수께끼 같은 인물이다. 초상화도 전혀 없고, 출생일도 알려져 있지 않다. 뉴커먼처럼 그도 데번 출신이었다. 우리가 아는 것은 세이버리가 1698년 7월 25일, 즉 파팽이 라이프니츠에게 증기선 설계에 관해 편지를 쓴 바로 그날에 '불의 추진력으로 물을 끌어 올리는' 발명에 14년짜리 특허권을 받았다는 것이다. 다음 해에 그 특허는 1733년까지로 21년 더 연장되었다. 그리하여 자격도 없는 세이버리의 상속인들에게 풍족한 선물을 제공한 셈이 되었다.

세이버리의 장치는 다음과 같은 식으로 작동했다. 먼저 구리 보일러에 불을 때서 생긴 증기를 배기실receiver이라는 물로 채워진 통으로 보낸다. 그러면 배기실의 물이 청동관으로 밀려 올라가서 체크 밸브를 통과한다. 배기실이 증기로 꽉 차면 보일러에서 오는 증기를 차단하고, 배기실에 찬물을 뿜어서 안의 증기를 응축시켜서 진공을 일으킨다. 그러면 아래쪽에 있는 다른 관을 통해 물이 빨려 올라오고, 전체 주기가 다시 시작된다. 1699년 세이버리는 왕립협회에 배기실이 두 개인 장치를 시연했는데, 연속 작동이 이루어지도록 양쪽 배기실을 교대로 채울 수 있는 부분적으로 자동화한 복합 밸브 메커니즘을 어느 정도 구현한 듯하다.

1702년에 세이버리의 시연 모델을 '런던 샐리스버리 코트의 올드플레이하우스 맞은편에 있는 그의 작업실에서' 살펴볼 수 있다는 광고가 실렸다. "매주 수요일과 토요일 오후 3~6시에 가동되는 모습을 볼 수 있다." 그가 몇 대를 귀족에게 판 것은 분명하며, 현재는 스트랜드 거리 근처에 있지만 당시에는 템스강 둑에 있던 요크빌딩스에 한 대를 설치했다. 그곳에서 런던에서 쓸 강물을 길어 올린다는 계획을 세웠지만, 결국 실패했다. 광산 소유주들도 관심이 없었다. 그 장치는 물을 끌어 올리는 거리가 짧았고 석탄을 너무 많이 잡아먹었고, 연결 부위는 잘 샜고 너무 쉽게 부풀어 올랐다. 그렇지만 혁신에서 실패는 성공의 아버지일 때가 많다.

1708년경 아마도 자신의 외차선이 아닌 기존 범선을 타고 영국해협을 건넜을 파팽은 런던의 누군가가 증기선 제작을 지원해줄 것이라고 기대하고 있었다. 우리는 그가 세이버리를 만났는지 알지 못한다. 파팽은 영국에서 증기의 천재로 인정받으리라고 기대했지만 그의 희망은 곧 꺾였다. 그는 왕립협회 회장인 아이작 뉴턴의 비서 한스 슬론^{Hans Sloane}에게 점점 더 절실한 편지를 보냈지만 아무런 답장도 받지 못했다. 파팽이 라이프니츠의 친구였으니 도움을 받을 가능성은 거의 없었다. 미적분을 누가 발명했는지를 놓고(둘 다 발명했지만, 라이프니츠의 것이 더 간결했다) 뉴턴과 라이프니츠의 불화가 정점에 달한 시기였기에 당연히 왕립협회에서 파팽이 좋은 평판을 받을 리 만무했다. 파팽은 1712년 1월 슬론에게 이렇게 편지를 썼다. "왕립협회 모임에서 적어도 여섯 편이나 논문을 낭독했건만 기록조차 안 되어 있군요. 정말 내 처지가 딱하기 그지없네요."

그 뒤로 파팽의 소식은 더 이상 들리지 않았다. 그는 그냥 사라졌다. 역사가들은 그가 그해에 사망한 것이 틀림없다고 추정한다. 너무 가난해서 유언도 매장 기록도 남기지 못한 채로 말이다. 세이버리는 3년 뒤에 세상을 떠났다. 파팽보다는 명성이 있었지만 국가 영웅과는 거리가 멀었다. 세이버리는 한 가지 중요한 유산을 남겼다. 그가 불을 써서 물을 끌어올리는 방법에 특허를 받았기에, 뉴커먼은 세이버리의 상속인들과 여러 해 동안 협력 관계를 유지할 수밖에 없었다.

따라서 긴 가발을 쓰고서 귀족과 어울리던 이 두 과학자는 세상을 바꾸는 데까지 나아가지 못했다. 그 일은 다트머스 출신의 변변찮은 대장장이에게 맡겨졌다. 바로 토머스 뉴커먼이다. 그는 철물상이었는데, 당시에는 기술자나 대장장이에 훨씬 더 가까운 직업이었다. 그는 유리장수이자 배관공이었던 존 콜리John Calley와 1685년에 함께 사업을 벌였다. 그것 말고는 그가 파팽이 죽은 해인 1712년에 증기기관의 설계를 어떻게 완성했는지 거의 알려져 있지 않다.

몇 세기 동안 수많은 역사가가 보잘것없는 대장장이가 명석한 교수들도 실패한 일을 해냈다는 사실을 믿으려 하지 않았기에, 파팽이나 세이버리의 생각을 뉴커먼이 접했을 법한 다양한 경로를 추정해볼 수밖에 없었다. 한때 프랑스에서는 파팽이 슬론에게 보낸 편지 중 일부를 누군가가 뉴커먼에게 건넸다는 음모론이 유행하기도 했다. 또 콘월의 주석 광산에서 뉴커먼이 세이버리의 기계를 보았다는 추측도 있었지만, 이와 같은 주장은 꼼꼼한 조사를 통해 사실이 아님이 드러났으며 그가 런던 학자들의 연구를 전혀 몰랐을 가능성도 여전히 남아 있다. 사실 세이버리가 특허를 받고 파팽이 라이프니츠에게 관련 편지를 보낸 해인 1698년보다 이전에 뉴커먼이 첫 설계 작업을 했다고 주장하는 인물도 있다.

그는 모르텐 트리에발드Mårten Triewald라는 스웨덴인으로, 실제로 뉴커먼을 알았던 유일한 사람이었다. 그는 뉴커먼과 콜리와 일했고, 그 뒤에 뉴캐슬에서 초기 기관 몇 대를 만들기도 했으며, 그 기술을 갖고 스웨덴으로 돌아갔다. 그의 말에 따르면, 뉴커먼은 작동 가능한 기계를 만들기 전에 오랫동안 증기를 실험했다. 어느 날 뉴커먼이 실린더에 찬물을 주입했을 때 뜻밖의 돌파구가 일어났다고 한다.

꼬박 10년 동안 뉴커먼은 이 불 때는 기계를 연구했다. 전능한 신이 행운의 사건을 일으키지 않았다면 그는 원하는 효과를 결코 얻지 못했을지 모른다. 모델을 작동시키려는 마지막 시도에서 다음의 기이한 사건이 일어났고 원하는 것 이상의 효과가 갑작스럽게 나타났다. 본래 실린더를 감싸고 있는 납관으로 흘러들도록 되어 있던 찬물이 주석 땜납으로 때운 적 있는 약한 부위에 난 구멍으로 흘러드는 일이 벌어졌다. 증기의 열로 땜납이 녹아내리는 바람에 찬물이 들어갈 길이 열렸고, 찬물이 실린더 안으로 왈칵 밀려들자 증기가 순식간에 응축되면서 진공이 생겼다. 그 결과 작은 막대에 연결되어 있던, 원래 펌프에 들어가는 물의 무게를 대신하는 용도였던 추가 제 역할을 못 하게 되었다. 공기가 피스톤을 순식간에 엄청난 무게로 누르는 바람에 추를 매달고 있던 사슬이 툭 끊어졌고, 피스톤과 작은 보일러의 뚜껑까지 실린더 바닥으로 쾅 떨어졌다. 따라서 흐르는 뜨거운 물을 지켜보던 구경꾼들까지도 지금까지 자연에서 전혀 알려지지 않았던 이루 비교할 수 없는 강한 힘을 발견했다고 확신하게 되었다.

뉴커먼의 장치는 이 찬물 주입을 통해 실린더 안의 증기를 응축시켰고, 진공의 에너지를 대기의 무게에 압착되는 피스톤과 지렛대를 통해서 펌프로 전달했다. 세이버리의 설계안보다 더 안전하고 더 튼튼한 메커니즘이었다. 아마 어느 정도 일을 할 만한 규모와 형태의 장치는 뉴커먼이 일하던 곳 인근의 콘월 주석 광산에 처음 설치됐겠지만 확실한 증거는 남아 있지 않다. 우리가 확실히 알고 있는 바에 의하면, 제대로 작동한 세계 최초의 뉴커먼 기관은 1712년 워릭셔 더들리캐슬 인근에 설치되었다. 트리에발드에 따르면, 그 장치는 1분에 열두 번 동안 약 38리터의 물을 탄광에서 약 45미터 높이까지 퍼 올릴 수 있었다고 한다. 롤트의 표현을 빌리자면, 1719년 토머스 바니**Thomas Barney**의 판화에 "세이버리의 엉성한 펌프 또는 파팽의 과학 장난감"과 극명하게 대비되는 아름다울 만치 복잡한 그 기계의 모습이 묘사되어 있다. 롤트는 더 나아가 이렇게 썼다. "기술의 역사에서 한 사람이 이토록 빨리 이토록 발전된 형태로 내놓은 중요한 발명품은 거의 없다."

그러나 처음에 그 기계는 너무나도 비효율적이었다. 뉴커먼 기관은 오늘날의 기준으로 보면 거대 괴물이다. 크기가 작은 집만 하고, 매연을 내뿜고 쿵쿵거리고 둔중한 쉿쉿 소리를 내면서 석탄을 태울 때 나오는 에너지의 약 99퍼센트를 낭비했다. 그로부터 수십 년이 흐른 뒤에야 제임스 와트**James Watt**가 별도의 분리 응축기, 관성바퀴(플라이휠)와 구동축 같은 개선된 특징을 갖춘 기계를 내놓았다. 와트 덕분에 증기기관은 연료값이 싼 탄광을 벗어나서 다른 모든 분야에서도 쓸 수 있는 장치로 변신했다.

나는 개인적으로도 이 이야기와 관련이 있다. 니컬러스 리들리**Nicholas Ridley**라는 내 선조는 1600년경에 광업 분야에 뛰어들었다. 그는 노섬랜드 사우스타인밸리에 있던 농장을 떠나서 납을 채굴하는 광업 회사의 공동 사업자가 되었고, 혹시나 납 광석에 은이 섞여 있는지 찾으려고 애썼다. 그 뒤에 그는 뉴캐슬로 가서 탄광업에 뛰어들었다. 1711년 세상을 떠날 무렵에는 타인강 북쪽 연안에 있는 탄광의 소유주이자 부유한 석탄 판매상이었고, 당시 영국에서 세 번째로 큰 도시인 타인시의 시장이었다. 그의 아들인 리처드**Richard Ridley**는 약탈하듯이 탄광을 운영했는데, 툭하면 싸움을 일으키고 가격 카르텔을 깨고 심지어 한번은 경쟁자를 살해하려는 시도까지 함으로써 '석탄업계의 무뢰한'이라는 평판을 얻었다. 한편 둘째 아들인 니컬러스**Nicholas Ridley**는 주로 런던에서 지내면서 석탄 주문을 받고 홍보하는 일을 했던 듯하다. 1700년에도 석탄은 영국 에너지의 절반을 공급하는 중요한 자원이었다.

니컬러스는 뉴커먼의 공동 사업자인 존의 아들 샘 콜리**Sam Calley**를 고용해서 북부 지역인 바이커에서 증기기관을 만들어달라고 했다. 샘 콜리는 당시 10대였고, 아마 1715년이나 1716년쯤이었을 것이다. 공학자 존 스미턴**John Smeaton**의 말에 의하면, 그 기계가 세계에서 세 번째 또는 네 번째로 만들어질 증기기관이었다. 리들리 형제는 이 설계도를 사용하기 위해 세이버리의 상속인들에게 무려 연간 400파운드라는 엄청난 특허 사용료를 지불했고, 그 기관을 제작하는 일에 약 1,000파운드를 투자했다. 앞서 두 소유주는 광산이 침수되는 바람에 파산으로 내몰렸고, 이제 그 물을 빼낼 생각이었다.

우리가 이 사실을 아는 이유는 둘째인 니컬러스가 뉴커먼의 친구 모르텐 트리에발드를 설득하여 북쪽으로 가서 젊은 콜리를 감독하도록 했기 때문이다. 그 스웨덴인은 리들리 형제와 거래한 내용을 기록으로 남겼다. 첫 기계가 성공을 거두자 리들리 형제는 장치를 더 주문했고, 세이버리의 특허가 만료된 해인 1733년경에는 바이커에 두 대, 히턴에 세 대, 제스먼드에 한 대, 사우스고스포드에 한 대가 설치되어 있었다. 나는 리들리 형제가 뉴커먼을 틀림없이 만났으리라고 추측하곤 한다.

뉴커먼 증기기관은 현대 세계를 낳은 어머니였다. 기술이 일의 생산성을 환상적인 수준으로 증폭할 수 있는 시대를 열었고, 점점 더 많은 이를 밭, 개수대, 작업장의 지루한 일에서 해방시켰다. 그 장치는 중요한 혁신 사례다. 그러나 그 출현 과정은 수수께끼처럼 모호하다. 그 장치는 드니 파팽으로 대변되는 영국과 프랑스에서의 과학 발전 덕분에 탄생했을까? 아마 조금은 그러했겠지만, 뉴커먼은 분명히 과학을 전혀 몰랐다. 커다란 청동 실린더와 피스톤을 만들 수 있게 한, 17세기 말 야금술(광석에서 금속을 골라내는 방법이나 기술-옮긴이)의 발전 덕분일까? 어느 정도는 그렇다. 영국의 숲이 줄어들면서 장작 가격이 올라가는 바람에 석탄 채굴산업이 급격히 팽창하고 그에 따라 펌프 장비의 수요도 증가했기 때문일까? 어느 정도까지는 그렇다. 네덜란드에서 시작되어 자본, 투자, 기업가의 출현으로 이어진 유럽 북서부의 교역 확대 때문이었을까? 어느 정도는 확실히 그렇다. 그런데 왜 중국, 베네치아, 이집트, 벵골, 암스테르담 또는 다른 어떤 교역 중심지에서는 이런 조건이 결합되지 않았을까? 그리고 하필이면 왜 1612년이나 1812년이 아니라 1712년이었을까? 혁신은 훗날 돌이켜보면 아주 명백해 보이지만, 당시에는 예측하기가 불가능하다.

와트가 만들어낸 것

1763년 제임스 와트라는 노련하면서 경험이 풍부한 스코틀랜드 도구 제작자는 글래스고 대학교가 소유한 뉴커먼 기관 시제품을 수리해달라는 요청을 받았다. 그 장치는 거의 작동 불능 상태였다. 어디가 문제인지를 이해하고자 애쓰다가 와트는 훨씬 더 일찍 알아차렸어야 마땅한, 뉴커먼 기관 전반의 문제점을 알아차렸다. 각 작동 주기마다 증기 에너지의 4분의 3이 실린더를 재가열하는 데 낭비되고 있다는 점이었다. 증기를 응축시키려면 찬물을 주입해 냉각시킨 뒤에 다시 가열해야 했다. 와트는 실린더를 계속 뜨거운 상태로 유지하고, 증기를 빼내어 더 차가운 통에서 응축시킬 수 있도록 분리 응축기를 쓰면 좋지 않을까 하는 단순한 착상을 떠올렸다. 그리하여 그는 단번에 증기기관의 효율을 개선했다. 으레 그렇듯 자신의 착상을 실제 장치로 구현할 금속 가공 작업을 하는 데 몇 달이 걸리긴 했지만 말이다.

와트는 작은 시험용 기관을 제작하여 그 원리를 시연한 뒤, 처음에는 특허를 받기 위해 존 로벅**John Roebuck**과 힘을 합쳤고, 그 뒤에 기업가 매튜 볼턴**Matthew Boulton**과 공동으로 기계를 제작했다. 그들은 1776년 3월 8일에 기계를 선보였다. 또 다른 스코틀랜드인인 애덤 스미스의 《국부론**The Wealth of Nations**》이 출판되기 하루 전이었다. 볼턴은 와트에게 피스톤의 상하 운동을 제분소와 공장에서 쓰기 알맞게 축을 돌리는 회전 운동으로 바꾸는 방법을 개발하자고 했다. 크랭크**crank**(왕복 운동을 회전 운동으로 바꾸거나 그 반대의 일을 하는 기계 장치 – 옮긴이)와 관성바퀴는 이미 제임스 피커드**James Pickard**가 특허를 받았기에, 와트는 어쩔 수 없이 다른 방식을 고안해야 했다. 바로 유성 기어 장치**sun-and-planet gear**였다. 사실 피커드가 크랭크라는 개념을 볼턴이 소유한 소호 공장의 한 불성실한 주정뱅이 직원으로부터 얻었기에, 이 단순한 장치의 기원도 혼란스럽기는 마찬가지다.

세이버리의 특허가 뉴커먼을 방해했듯이 이런 특허가 개선에 방해가 되긴 했지만, 와트는 자신의 특허를 적극적으로 방어했고 볼턴은 정치적 인맥을 활용해 와트의 여러 발명에 권리의 폭이 넓고 기간도 긴 특허를 받아냈다. 툭하면 소송을 거는 와트의 태도 때문에 증기가 공장의 동력원으로 확대 적용되는 과정이 얼마나 늦추어졌는지는 열띤 논쟁거리인데, 공교롭게도 주 특허의 기간이 만료된 1800년에 증기의 실험과 응용이 급속히 확대되기 시작했다. 증기기관의 효율과 보급이 조금씩이나마 꾸준히 증가한 원인 중 하나는 〈린스 엔진 리포터Lean's Engine Reporter〉라는 잡지의 발간이었다. 존 린John Lean이라는 콘월의 광업 기술자가 창간한 이 잡지는 많은 기술자에게 개선안을 제시하고 퍼뜨리는 일종의 오픈 소프트웨어 운동 역할을 했다. 내 요지는 단순하다. 와트가 뛰어난 발명가라는 점에는 의문의 여지가 없지만, 영예가 그에게 너무 집중되어 있고, 기여한 다른 많은 이의 노력은 너무 무시되어 왔다.

1819년 와트가 사망하고 그로부터 5년 뒤에 그를 기리는 기념비를 세우자는 모금 운동이 벌어졌다. 당시 기념비는 주로 전쟁에서 이긴 이들을 기리기 위해서 세웠기에 이는 특이한 사례였다. 〈더 케미스트The Chemist〉라는 잡지의 편집진은 꽤 사려 깊은 태도로 이렇게 썼다. "그는 대중에게 혜택이 돌아가는 것을 목표로 한 적도 없고, 그렇게 하는 척조차 한 적이 없다는 점에서 다른 사회 공헌자와 다르다. … 이 허세를 부리지 않았던 사람은 실질적으로 지난 수백 년간 공익을 위해 특별한 노력을 기울였던 그 모든 사람보다도 더 큰 혜택을 세계에 제공했다."

토머스 에디슨과 발명 사업

얼마 뒤 발명이라는 분야 전체를 상징하는 에너지 혁신이 일어났다. 바로 전구다. 나는 애국심이 넘치는 북동부 출신이기에 전구의 혁신가 중한 명이 타인강에서 몇 킬로미터 떨어지지 않은 게이츠헤드에 살았다는 점을 언급하지 않을 수 없다. 그의 이름은 조지프 스완 **Joseph Swan**이다. 그는 1879년 2월 3일 뉴캐슬의 문학철학협회의 700명의 청중 앞에서 강연을 하던 중, 탄소 필라멘트가 든 진공 유리공에 전류를 흐르게 하여 방을 밝힐 수 있음을 처음으로 보여주었다.

그 무렵에 전기는 아크등 형태로 이미 빛을 제공하고 있었다. 문제는 아크등이 아주 밝은 빛만 낼 수 있다는 점이었다. 스완은 빛을 '분할'하는 과제를 풀어내려고 애썼다. 즉 전류를 더 작은 흐름으로 쪼개어 적당한 밝기의 광원을 많이 만들고자 했다. 당시 진공 속에서 전기를 통하게 하면 빛을 내는 전선, 즉 필라멘트가 불타서 없어지지 않는다는 대단히 중요한 사실은 밝혀져 있었다. 그래서 스완은 유리를 불어 만든 공 안을 충분한 진공상태로 만들고 필라멘트로 쓸 믿을 만한 물질을 찾아내는 두 가지 문제를 해결하려고 노력했다. 그런데 1850년 시제품을 선보인 뒤로 20여 년이 흘렀지만, 그의 연구에는 별 진척이 없었다.

그런데 잠깐, 전구는 토머스 에디슨이 발명하지 않았던가? 그렇다. 하지만 벨기에의 마르셀랭 조바르 **Marcellin Jobard**도 발명했다. 영국의 윌리엄 그로브 **William Grove**, 프레더릭 더 몰레인스 **Frederick de Moleyns**, 워런 들 라루 **Warren de la Rue**(그리고 스완)도 발명했다. 러시아의 알렉산드르 로디긴 **Alexander Lodygin**, 독일의 하인리히 괴벨 **Heinrich Göbel**, 프랑스의 장 외젠 로베르 우댕 **Jean-Eugène Robert-Houdin**, 캐나다의 헨리 우드워드 **Henry Woodward**와 매튜 에번스 **Matthew Evans**, 미국의 하이럼 맥심 **Hiram Maxim**과 존 스타 **John Starr** 등도 발명했다. 이들은 저마다 '유리공 안에서 빛나는 필라멘트'라는 착상을 발표하거나 제품을 내놓거나 특허를 냈다. 유리공을 진공상태로 만들기도 하고, 그 안에 질소를 채우기도 했다. 그리고 모두 토머스 에디슨보다 앞섰다.

사실 1870년대 말까지 스물한 명이 독자적으로 백열전구를 설계했다거나 중요 개선을 했다고 주장할 수 있다. 이들은 대부분 독자적으로 개발을 했다. 슈프렝겔Sprengel 수은 진공펌프처럼 전구 제조에 기여한 중요 기술을 창안한 이들을 제외하고도 이 정도다. 그중에 스완은 에디슨이 함께 사업을 하자고 나설 수밖에 없을 만큼 철저히 연구를 했고 충분히 좋은 특허를 지닌 유일한 사람이었다. 사실 전구 이야기는 에디슨이라는 영웅적인 발명가의 중요성이 아닌 정반대의 방향을 비추고 있다. 점진적이고 집단적이면서 불가피하고 필연적인 과정으로서의 혁신을 말이다. 전구는 당시에 조합된 기술로부터 불가피하게 출현했다. 다른 기술의 발전을 고려할 때, 그 시기에 출현할 수밖에 없어 보였다.

그래도 솔직히 말해서 에디슨은 명성을 누릴 자격이 있다. 비록 전구의 구성 요소 대부분을 그가 최초로 발명하지 않았을지 몰라도, 또 1879년 10월 22일에 그에게 갑작스럽게 유레카의 순간이 찾아오면서 돌파구가 열렸다는 널리 퍼진 이야기가 대체로 후대에 지어낸 전설이라고 해도, 전구의 모든 것을 하나로 끼워 맞추고, 전기를 생성하고 공급하는 시스템과 결합함으로써 기름램프와 가스램프라는 기존 기술에 도전할 수 있는 수준에 도달한 최초의 인물이었기 때문이다. 전체적으로 보면 영감이 번뜩였다는 이야기보다 이쪽이 훨씬 더 인상적이지만 그러면 우리의 허영심이 충족되지 않는다. 즉 사람들은 그저 열심히 일하는 것보다 명석하다고 여겨지는 쪽을 더 좋아한다. 또 에디슨은 전구를 (대체로) 신뢰할 수 있게 만든 사람이기도 했다. 신뢰할 수 있을 만큼 오래가는 전구를 만들었다는 자신만만한 주장을 대뜸 펼쳤기에, 그는 그 호언장담을 입증하기 위해 미친 듯이 탐색을 시작했다. 오늘날 실리콘밸리에서 흔히 쓰는 '이룰 때까지 이룬 척하라fake it till you make it'라는 말과 똑같다. 그는 탄소 필라멘트를 만들 이상적인 재료를 찾기 위해 6,000가지가 넘는 식물 재료를 시험했다. 에디슨은 간절히 원했다. '전능한 신의 작업장 어딘가에 우리 용도에 딱 맞는 기하학적으로 탄탄한 섬유를 지닌 식물이 있다.' 1880년 8월 2일에 마침내 일본 대나무가 선정되었다. 1,000시간 넘게 작동할 수 있다는 것이 증명된 재료였다.

토머스 에디슨은 혁신 그 자체가 생산물이며, 그것이 시행착오를 요구하는 공동의 노력을 통해 만들어진다는 점을 그 이전의 누구보다도 그리고 그 이후의 많은 이들보다도 더 잘 이해하고 있었다. 그는 전신업계에서 경력을 쌓기 시작하여 주식 시세 표시기로 사업을 확장한 다음, 1876년 뉴저지 멘로파크에 연구소를 차렸다. 자신이 '발명 사업invention business'이라고 이름 붙인 것을 실행하기 위해서였다. 그 뒤에 웨스트오렌지로 옮기면서 연구소를 더욱 확장했다. 그는 숙련된 장인과 과학자 200명을 모아서 혹독하게 일을 시켰다. 예전 직원이자 교류 전기를 발명한 니콜라 테슬라Nikola Tesla와 기나긴 분쟁을 벌이기도 했다. 그저 교류를 자신이 아니라 테슬라가 발명했다는 것이 마음에 안 들어서였다. 아무튼 에디슨의 접근법은 먹혔다. 6년 사이에 그는 400건의 특허를 등록했다. 그는 세계가 필요로 하는 것을 찾아낸 뒤 그 필요를 충족시킬 방법을 창안하는 방식을 확고하게 유지했다. 그 반대가 아니라 말이다. 그는 언제나 시행착오를 통한 발명 방식을 고수했다. 니켈-철 전지를 개발할 때, 그의 직원들은 5만 번의 실험을 했다. 그는 작업장에 온갖 재료, 도구, 책을 잔뜩 갖춰놓았다. 발명이 1퍼센트의 영감과 99퍼센트의 땀으로 이루어진다는 유명한 말을 했지만 사실상 그가 하고 있던 것은 발명이라기보다는 혁신이었다. 착상을 실용적이고 신뢰할 수 있고 적당한 가격으로 구입할 수 있는 현실로 바꾸는 것이었다.

그러나 전구의 혁신이 점진적인 특성을 지니긴 했어도, 그 혁신의 결과는 사람들이 사는 방식을 뒤엎고 변모시키는 결과를 낳았다. 인공조명은 문명의 크나큰 선물 중 하나이며, 그 빛을 저렴하게 접하게 된 것은 전구 덕분이었다. 1880년에는 평균 임금을 받는 사람이 1분 일한 돈으로 등유 램프를 4분 켤 수 있었다. 1950년에는 1분 일한 돈으로 백열전구를 일곱 시간 남짓 켤 수 있었다. 2000년에는 120시간이었다. 인공조명은 겨울의 침울함을 쓸어버리면서 읽고 배울 기회를 늘리고, 게다가 화재 위험까지 줄이면서 처음으로 평범한 사람이 사용할 수 있을 만큼 저렴해졌다. 그런 혁신에 중대한 단점 같은 것은 전혀 없었다.

백열전구는 한 세기 넘게 최고의 대접을 받았으며, 21세기의 첫 10년까지도 여전히 주된 조명의 지위를 유지했다. 적어도 가정에서는 그랬다. 그랬기에 백열전구를 대신하겠다고 나선 새로운 기술은 강제력을 동원해서 그 자리를 빼앗아야 했다. 즉 교체하려는 이들이 그리 많지 않아서 백열전구를 금지해야 했다. 2010년경 컴팩트 형광등 제조사들의 로비로 전 세계 정부는 이산화탄소 배출량 감축이라는 절대적인 목표에 따라 백열등을 '퇴출하는' 조치를 내렸는데, 이는 어리석은 결정으로 판명되었다. 컴팩트 형광등은 예열되기까지 시간이 너무 오래 걸렸고, 광고하는 것보다 수명이 더 짧았고, 폐기할 때 유해물질이 나왔다. 또 훨씬 더 비쌌다. 에너지를 절약한다고 해도 대다수 소비자에게는 이런 단점이 더 눈에 들어왔다. 따라서 강제로 시장에 진입시켜야 했다. 이 구매 강요와 그에 필요한 보조금으로 쓴 비용이 영국에서만 약 27억 5,000만 파운드로 추정되었다.

가장 심각한 문제는 정부가 몇 년만 더 기다렸다면 에너지를 더욱 절약하면서도 이 모든 단점을 전혀 지니지 않은 훨씬 더 나은 대체품이 나왔으리라는 것이다. 바로 발광 다이오드light-emitting diode, 즉 LED다. 컴팩트 형광등은 겨우 6년간 시장을 지배하다가 급속히 외면을 받았고, 제조사들은 수익 저하와 LED의 품질 향상으로 생산을 중단했다. 마치 1900년에 정부가 더 나은 내연기관 차량을 기다리지 말고 증기기관 차량을 구입하라고 종용한 것과 같다. 컴팩트 형광등 일화는 정부가 주도한 잘못된 혁신의 사례다. 경제학자 돈 보드로Don Boudreaux는 이렇게 말했다. "미국인들에게 한 종류의 전구를 다른 전구로 바꾸도록 강제하는 모든 법은 하늘이 무너지고 있다고 믿는 유권자들을 달래기 위해 고안된 분별없는 상징주의와 이익집단 정치의 끔찍한 혼합물일 수밖에 없다."

LED 조명은 날아오르기까지 사실상 오랜 시간을 기다렸다. LED의 토대가 되는 현상, 즉 전기를 통하면 반도체가 때로 빛을 내곤 하는 현상은 1907년 영국에서 처음 관찰되었고, 1927년에 러시아에서 처음으로 조사가 이루어졌다. 1962년 제너럴모터스의 과학자 닉 홀로니악Nick Holonyak은 새로운 종류의 레이저를 개발하려고 애쓰다가, 우연히 갈륨비소인화물로 밝은 빨강 LED를 만드는 법을 발견했다. 곧 몬산토 연구실에서 노랑 LED가 개발되었고, 1980년대에 LED는 손목시계, 교통 신호등, 회로판에 쓰였다. 그러나 백색광을 내려면 파랑 LED가 필요했다. 이는 1993년 일본 니치아 화학공업에서 일하는 슈지 나카무라^{中村修二}가 갈륨질소화물을 써서 개발했다. 그 뒤로 LED는 주류 조명으로 자리를 잡았다.

그러나 이 고체 조명^{solid-state lighting}의 가격이 적절한 수준까지 떨어지는 데에는 20년이 더 걸렸다. 그리고 나자 이 조명이 함축하고 있던 놀라운 점이 드러났다. LED 조명은 전력을 거의 쓰지 않으면서 집을 환하게 밝힐 수 있고, 가난한 나라의 전력망에 연결되지 않은 오지에서는 태양전지판에 연결하여 쓸 수도 있다. 스마트폰에 들어 있는 환한 손전등에도 쓰인다. 열을 거의 뿜어내지 않으므로 실내에서 상추와 허브 등을 대규모로 기르는 '수직' 텃밭을 꾸미는 데 쓸 수도 있다. 이때는 특히 광합성에 가장 적합한 파장의 빛을 내는, 조정 가능한 LED를 사용한다.

어디에나 있는 터빈

뉴커먼이 보잘것없는 집안 출신에다가 어릴 때 가난하고 배우지 못했던 반면, 증기 이야기의 또 다른 핵심인물은 전혀 달랐다. 찰스 파슨스^{Charles Parsons}는 부유한 아일랜드 귀족인 로스 백작의 여섯째 아들로 태어났다. 그는 아일랜드 오펄리의 버 성^{Birr Castle}에서 태어나고 자랐으며, 학교에 다니는 대신에 개인교습을 받고서 케임브리지 대학교에 진학하여 수학을 공부했다.

그러나 그는 전형적인 귀족 집안에서 이루어지는 것과는 전혀 다른 교육을 받았다. 부친인 백작은 천문학자이자 기술자였다. 그는 아들들에게 도서관보다는 자신의 작업실에서 시간을 보내라고 권했다. 그래서 찰스는 다른 형제와 함께 부친의 망원경에 쓸 반사경을 연마하는 데 필요한 동력을 제공하는 증기기관을 만들기도 했다. 그는 대학을 졸업한 뒤법, 정치, 금융 쪽의 편안한 직업을 택하는 대신에 타인강 옆에 자리한 한기술회사의 실습생으로 들어갔다. 자신이 뛰어난 기술자임을 증명한 그는 1884년 증기터빈을 설계하여 특허를 신청했다. 그 터빈은 거의 개량을 거칠 필요가 없는 상태에서 세계에 전기를 제공하고 바다에서 함선과여객선을 움직이고 나중에 하늘에서 제트기를 움직이는 필수 불가결한기계가 되었다. 지금도 기본적으로 파슨스의 설계에 따른 기계가 조명을켜고 함선과 항공기를 띄우는 데 쓰이고 있다.

터빈은 축을 중심으로 회전하는 장치다. 증기(또는 물)를 써서 무언가를 회전시키는 방식은 두 가지다. 충동impulse과 반동reaction이다. 전자는 바퀴에 얹은 통에 고정된 노즐을 통해 증기를 뿜어서 바퀴를 돌리는방식이고, 후자는 외부에 있는 노즐에서 바퀴를 향해 일정한 각도로 증기를 뿜어서 돌리는 방식이다. 서기 1세기에 알렉산드리아의 헤로Hero of Alexandria(또는 헤론)는 서로 다른 각도로 놓인 두 노즐로 증기를 쏘아서 공을 회전시키는 장난감을 만든 바 있다. 파슨스는 충동 터빈이 비효율적이고 금속에 스트레스를 준다고 일찌감치 결론지었다. 또 그는 터빈들을 줄지어 배치한 뒤 각각 증기의 일부를 써서 돌리면 에너지를 더욱효율적으로 회수할 수 있다는 것도 깨달았다. 그는 발전기를 재설계하여터빈을 써서 전기를 만들었다. 몇 년 지나지 않아서 최초의 전력망이 구축되었고, 파슨스의 터빈도 점점 더 커져갔다.

파슨스는 자기 회사를 차렸지만 자기가 설계한 장치의 지식재산권을 넘긴 채 회사를 떠나야 했다. 그는 방사류 터빈radial-flow turbine을 만들고자 노력하면서 5년을 보낸 뒤, 축류 터빈parallel-axial-flow turbine 쪽으로 방향을 돌렸다. 그는 그 터빈을 함선을 추진하는 장치로 납품하기 위해 해군부의 관심을 끌려고 애썼지만 실패했다. 그래서 1897년에 대놓고 영국 해군에 도전장을 던졌다.

배와 요트에 관심이 많았던 파슨스는 증기터빈으로 스크루 프로펠러를 돌려서 움직이는 날렵한 작은 배인 터비니아호를 만들었다. 첫 번째 시험 결과는 실망스러웠다. 주된 이유는 프로펠러가 물에 '공동현상'을 일으켰기 때문이다. 공동현상은 스크루 날개 뒤쪽에 진공이 일어나면서 미세한 공기 방울이 형성되는 것인데, 이때 에너지가 낭비된다. 파슨스와 크리스토퍼 레일런드Christopher Leyland는 연구실로 돌아가서 설계를 다양하게 바꾸면서 공동현상을 없앨 방법을 찾아내려고 애썼다. 시행착오는 거듭되었다. 그들은 때때로 꼬박 밤을 샜고 아침에 온 하녀들은 그들이 여전히 물탱크 안에 들어가 있는 모습을 보곤 했다. 숱한 좌절을 겪었지만 1897년경 파슨스는 한 대의 방사류 터빈을 세 대의 축류 터빈으로 대체하고, 한 개의 프로펠러축을 각각 세 개의 스크루가 달린 세 개의 축으로 교체한 기계를 만들었다. 이때쯤 그는 해상 시험에서 아홉 개의 프로펠러를 단 작은 배로 34노트의 속도를 낼 수 있었다. 당시 어떤 배보다 훨씬 빠른 속도였다. 더 나아가 그는 1897년 4월 공개 강연에서 이 시험에 대해 이야기했다. 그러나 〈타임스Times〉 신문은 터빈 기술이 배에 관한 "지극히 실험적인 단계, 아마도 거의 배아기에 머물러" 있을 것이라고 경멸하는 어조로 결론을 내렸다. 너무나도 틀린 결론이었다.

6월 26일 스핏헤드에서 왕세자가 참석한 가운데 빅토리아 여왕의 즉

위 60주년을 기념하는 영국 함대 사열식이 거행될 예정이라는 것을 듣고, 파슨스는 이목을 끌 대담한 행사를 계획했다. 행사를 위해 140척이 넘는 배가 총 40킬로미터에 걸쳐서 네 줄로 배열되었다. 그 사이로 왕세자를 태운 빅토리아앤앨버트호, 다른 왕가 손님들이 탄 P&O 정기선 카티지호, 해군부 최고 위원들이 탄 인챈트리스호, 상원의원들이 탄 다뉴브호, 식민지 총독들이 탄 와일드파이어호, 하원의원들이 탄 커너드 정기선 캠퍼니아호, 외국 대사들이 탄 엘도라도호가 증기를 뿜으면서 죽 나아가면서 사열을 했다. 프러시아의 헨리 왕자가 탄 쾨니히빌헬름호를 비롯해 초청을 받은 외국 전함들도 그 뒤를 따랐다.

그때 파슨스는 규정을 무시하고 초계 임무를 맡고 있던 빠른 증기선들을 피해서, 터비니아호를 전속력으로 몰아서 전함들 사이로 끼어든 뒤, 귀족들 앞에서 요리조리 움직였다. 영국 해군의 전함들이 뒤쫓았지만 따라가지 못했고, 전함 한 대는 쾌속선과 거의 충돌할 뻔했다. 그 묘기는 대단한 화제를 불러일으켰다. 놀랍게도 해군은 분개한 기색을 거의 보이지 않았고(독일인들도 그 일을 지켜보고 있었고, 프러시아의 헨리 왕자가 파슨스에게 축하 서신을 보낸 것도 도움이 되었다) 파슨스의 의도를 알아차리고서 1905년에 향후 모든 전함에 터빈을 장착하기로 결정했다. 터빈을 장착한 최초의 전함은 드레드노트호였다. 1907년에는 파슨스 터빈으로 움직이는 대형 정기선 모리타니아호가 선배인 자그마한 터비니아호와 나란히 사진에 찍혔다.

스핏헤드 일화는 몇 가지 측면에서 오해를 불러일으킨다. 터빈과 전기의 역사는 어떤 갑작스러운 도약으로 점철된 것이 아니라, 지극히 점진적인 양상을 띤다. 파슨스는 전기와 동력을 일으키는 기계를 점진적으로 개량하고 개선해온 경로에 놓인 많은 이 중 한 명일 뿐이다. 그 길은 잇달아 혁명이 일어나는 과정이 아니라, 일종의 진화 과정이었다. 그 길에 놓인 주요 발명은 모두 이전의 발명을 토대로 했고 다음 발명의 토대가 되었다. 알레산드로 볼타Alessandro Volta는 1800년에 최초로 전지를 만들었다. 험프리 데이비Humphry Davy는 1808년에 최초로 아크등을 만들었다. 한스 크리스티안 외르스테드Hans Christian Oersted는 1820년에 전기와 자기를 연관지었다. 마이클 패러데이Michael Faraday와 조지프 헨리Joseph Henry는 1820년 최초의 전기 모터를 만들었고, 1831년에는 그것을 뒤집은 최초의 발전기를 발명했다(전기 모터는 전기에너지를 기계적인 일로 바꾸는 장치이고, 발전기는 기계적인 힘을 빌려 전기를 얻는 장치다-옮긴이). 이폴리트 픽시Hippolyte Pixii는 1832년에 최초로 교류 발전기를 만들었다. 새뮤얼 발리Samuel Varley, 베르너 폰 지멘스Werner von Siemens, 찰스 휘트스톤Charles Wheatstone은 1967년에 실제로 쓰일 교류 발전기를 내놓았다. 제노브 그람Zénobe Gramme은 1870년에 이 발전기를 직류 발전기로 전환했다.

파슨스 터빈은 석탄을 때서 나오는 에너지를 전기로 전환하는 효율이 약 2퍼센트였다. 현재의 복합 사이클 가스 터빈combined-cycle gas turbine은 전환 효율이 약 60퍼센트다. 둘 사이의 발전 그래프는 그 어떤 도약도 없이 꾸준히 개선이 이루어져왔음을 보여준다. 1910년경 기술자들은 폐열을 써서 물과 공기를 예열함으로써 효율을 15퍼센트 개선한 상태였다. 1940년경에는 미분탄pulverized coal, 증기 재가열과 더 높은 온도를 활용해 효율이 거의 30퍼센트에 다다랐다. 1960년대에는 증기터빈에다가 사실상 일종의 터보제트 엔진을 결합한 복합 사이클 발전기로 잠재 효율이 다시금 거의 두 배로 증가했다. 그 길에서 차이를 빚어낸 명석한 이들만을 골라내기는 어려울뿐더러 오해를 불러일으킨다. 그 과정은 많은 두뇌의 협력으로 이루어졌기 때문이다. 핵심기술이 '발명된' 지 오래 지난 뒤에도, 혁신은 계속되었다.

원자력과 반혁신 현상

20세기에 크든 작든 간에 새로 출현한 혁신적인 에너지원은 하나뿐이었다. 바로 원자력이다. (풍력과 태양력은 효율이 상당히 개선되어왔고 앞으로 유망하지만, 아직 세계 에너지 공급량의 2퍼센트에 못 미친다.) 에너지 밀도의 관점에서 보면, 원자력에 견줄 만한 것은 없다. 설비에 적절히 연결된 여행 가방만 한 크기의 물체는 한 소도시나 항공모함에 거의 무한정 동력을 공급할 수 있다. 원자력 발전의 개발은 응용과학의 업적이었다. 핵분열과 연쇄반응의 발견이라는 이론적 성과를 맨해튼 계획을 통해 폭탄으로 구현한 것부터 핵분열 반응을 제어하여 물을 끓이는 쪽으로 응용하기에 이른 점진적인 공학적 성과에 다다르기까지가 그렇다. 1933년 연쇄반응의 잠재력을 일찌감치 깨달은 레오 실라르드Leo Szilard, 1940년대에 맨해튼 계획을 이끈 장군 레슬리 그로브스Leslie Groves, 1950년대에 최초로 원자로를 개발하여 잠수함과 항공모함에 설치한 해군 장성 하이먼 릭오버Hyman Rickover는 이 이야기에서 가장 눈에 띄는 사람들일 것이다. 그러나 이들의 이름이 보여주듯이, 이 발전도 군대와 국영 기업 그리고 민간 계약자의 협력을 통해 이루어졌고, 1960년대에 전 세계에서 소량의 우라늄을 써서 엄청난 양의 물을 지속적이고 안전하게 끓이는 발전소를 짓는 대규모 사업으로 정점에 이르렀다.

그러나 현재 우리는 한 산업의 쇠퇴를 보고 있다. 새 발전소가 문을 여는 것보다 낡은 발전소가 문을 닫는 속도가 더 빨라지면서 발전 출력이 줄어들고 있고, 혁신의 시대는 이미 지났다. 즉 기술은 정체되었다. 이는 착상이 부족해서가 아니라, 전혀 다른 이유에서다. 바로 실험할 기회가 부족하기 때문이다. 원자력의 이야기는 혁신이 진화할 수 없다면 멈칫거리며, 더 나아가 퇴보하기까지 한다는 걸 경고한다.

문제는 비용 인플레이션cost inflation이다. 수십 년 동안 원자력 발전소에 들어가는 비용은 줄기차게 증가해왔다. 주된 이유는 안전에 점점 더 신경을 써왔기 때문이다. 그리고 그 산업은 비용을 믿을 만하게 낮춘다고 알려진 인간적인 어느 과정과 완전히 단절되어 있다. 시행착오 말이다. 착오가 엄청난 재해를 일으킬 수 있기 때문에, 또 시행에 엄청난 비용이 들기 때문에, 원자력은 시행착오를 다시 겪을 수가 없다. 그래서 우리는 가압수 원자로라는 덜 성숙하고 비효율적인 형태를 고수하고 있으며, 반핵 활동가의 말에 반응하여 걱정하는 이들을 위해 행동하는 규제 당국의 요구 때문에 서서히 질식당하고 있다. 또 기술은 실제로 준비가 되기 전에 정부가 세상으로 밀어내면 비틀거리곤 한다. 좀 더 천천히 발전이 이루어지도록 하면 더 잘해낼 수도 있는데 말이다. 미국의 대륙횡단 철도는 모두 실패하여 파산했다. 민간기금을 받은 한 곳만 빼고서 말이다. 원자력이 덜 급하게 개발되었다면, 그리고 군사적 용도에서 파생되어 나온 것이라는 성격이 덜했다면 지금보다 더 낫지 않았을까 하는 생각을 떨치기 어렵다.

핵물리학자 버나드 코언^{Bernard Cohen}은 1990년에 출판한 책《핵에너지 대안^{The Nuclear Energy Option}》에서 1980년대에 서양 대다수 국가에서 원자력 발전소 건설이 중단된 이유가 사고, 누출, 원자력 폐기물 증가에 대한 두려움 때문이 아니라고 주장했다. 규제 때문에 비용이 거침없이 증가한 탓이라고 했다. 그의 진단이 옳았다는 사실이 시간이 지날수록 명확해졌다.

이는 새로운 유형의 원자력을 위한 착상이 부족해서가 아니다. 파워포인트 발표 형식으로 공학자가 제시한 핵분열 원자로 설계안은 수백 가지나 된다. 그중에는 벌써 예전에 작동 가능한 시제품 수준에 이르렀고, 기존 경수로 원자로만큼 자금 지원을 받았다면 거기에서 더 나아갔을 것들도 있다. 이들은 크게 액체금속 원자로와 용융염 원자로라는 두 범주로 나뉜다. 후자는 불화토륨이나 불화우라늄의 염을 이용하며 아마도 리튬, 베릴륨, 지르코늄, 소듐 같은 원소도 함께 쓰일 것이다. 이런 설계의 주된 이점은 연료를 고체 막대가 아니라 액체 형태로 사용하여, 냉각이 훨씬 균일하게 이루어지고 폐기물 제거도 더 쉽다는 것이다. 고압으로 운전할 필요도 없으므로 위험도 줄어든다. 용융염은 연료일 뿐 아니라 냉각제이기도 하며, 뜨거워질수록 반응이 느려지는 절묘한 특성 덕분에 노심용융(원자력 발전에서 원자로가 담긴 압력용기 안의 온도가 급격하게 올라가면서 중심부인 핵연료봉이 녹아내리는 것-옮긴이)이 불가능하다. 게다가 특정한 온도를 넘어서면 녹아내리는 마개도 설계에 들어 있다. 그러면 연료가 다른 곳으로 빠져나가면서 분열이 중단된다. 제2의 안전장치다. 체르노빌 원자로와 비교하면 안전성이 천양지차다.

토륨은 우라늄보다 더 풍부하다. 또 사실상 우라늄233으로 전환함으로써 거의 무한정 쓸 수 있다. 동일한 양의 우라늄 연료보다 거의 100배나 많은 출력을 낼 수 있다. 또 분열성 플루토늄을 생성하지 않는다. 반감기가 더 짧은 폐기물도 덜 생성한다. 미국에서 소듐 냉각재를 쓰는 잠수함이 1950년대에 운항했고, 1960년대에는 토륨 용융염을 쓰는 실험용 원자로가 두 기 제작되었지만 모든 돈, 훈련, 관심이 우라늄을 쓰는 경수로 설계에 쏠리면서 토륨 이용 계획은 결국 무산되었다. 다양한 나라가 이 결정을 되돌릴 방안을 모색하고 있지만, 실제로 앞장서서 그 사업에 뛰어든 나라는 전혀 없다.

설령 토륨 원자로를 상용화한다고 해도, 원자력이 '너무 싸서 사용량을 따질 필요도 없는' 날이 올 것이라는 1960년대의 유명한 약속이 실현될 가능성은 없어 보인다. 문제는 그저 원자력이 혁신 활동에서 가장 중요한 것에 어울리지 않는 기술이라는 사실이다. 해봄으로써 배우는 것 말이다. 발전소 자체가 너무나 크고 비용이 많이 들기 때문에 실험을 통한 비용절감이 불가능하다는 것이 드러났다. 건설 도중에 설계를 바꿀 수도 없다. 짓기 전에 설계안 하나하나가 엄청난 규제를 통과해야 하기 때문이다. 미리 설계하고 그 설계를 고수해야 하며, 그렇지 않았다가는 처음으로 돌아가야 한다. 어떤 기술이든 간에 이런 방식을 쓴다면 비용을 낮추고 성능을 향상하는 데 실패할 것이다. 컴퓨터 칩을 1960년 단계에 머물러 있게 할 것이다. 우리는 원자력 발전소를 이집트 피라미드처럼 일회성 사업의 형태로 짓고 있다.

1979년 스리마일섬 사고와 1986년 체르노빌 사고 이래로, 활동가와 대중은 더 높은 안전 기준을 요구했다. 그리고 그 요구는 받아들여졌다. 한 추정에 따르면 석탄이 원자력보다 출력 단위당 거의 2,000배나 많은 사람을 죽인다고 한다. 바이오에너지는 50배, 가스는 40배, 수력은 열다 섯 배, 태양력은 다섯 배(태양전지판을 설치하다가 지붕에서 떨어져서), 심지어 풍력도 두 배 더 많다. 이 사망자 수에는 체르노빌과 후쿠시마 사 고로 죽은 이들도 포함된다. 추가 안전 조항은 그저 원자력을 아주아주 안전한 시스템에서 아주아주아주 안전한 시스템으로 만들었을 뿐이다.

혹은 덜 안전하게 만들어온 것일 수도 있다. 2011년 후쿠시마 재난을 생각해보자. 후쿠시마 발전소는 설계 측면에서 안전성에 엄청난 결함이 있었다. 펌프가 조석파에 쉽게 잠기는 지하실에 놓여 있었던 것이다. 이 후에 다시 나타날 가능성이 적은 단순한 설계 실수다. 이 원자로는 오래 되었기에 만약 일본이 새 원자로를 계속 지어왔다면 훨씬 전에 가동을 멈추었을 것이다. 비용 부담을 높이는 과잉 규제로 인해 원자력의 확대 와 혁신이 억눌리는 바람에, 후쿠시마 발전소는 사용 연한을 지나서까지 가동되었고, 그리하여 안전에 취약해지고 있었다.

규제 당국이 요구하는 추가 안전 조치에는 비용이 많이 든다. 원자력 발전소를 짓는 데 드는 인력도 대폭 늘어났지만, 대부분은 서류에 서명 을 하는 일을 맡은 사무직이었다. 한 연구에 따르면, 1970년대에 새로운 규제 조치로 출력 1메가와트를 얻는 데 필요한 철강은 41퍼센트, 콘크리 트는 27퍼센트, 배관은 50퍼센트, 전선은 36퍼센트가 증가했다고 한다. 규제의 톱니바퀴가 돌아갈 때, 아직 일어나지 않은 규정 변화까지 예견 하여 추가 안전 조치가 설계에 추가되기 시작했다. 중요한 점은 이런 규 제 환경에서 원자력 발전소 건설업자는 예측하지 않았던 문제가 생겼을 때 즉석에서 혁신을 통해 해결하려는 노력을 아예 그만둔다는 것이다. 혁신을 도입하면 처음부터 다시 규제가 이루어질 것이고, 그만큼 비용이 더 상승할 것이기 때문이다.

물론 해답은 원자력 발전소를 모듈 시스템으로 만드는 것이다. 공장의 생산라인에서 작은 원자로 부품을 대량으로 만들어서, 상자 안에 달걀을 담듯이 각 발전소 자리에 차곡차곡 쌓아 올리는 식이다. 그러면 포드 모델T 자동차가 그랬듯이, 비용이 대폭 줄어들 것이다. 문제는 새 원자로 설계가 인증을 받는 데 3년이 걸리며, 원자로의 크기를 줄인다고 해도 그 기간이 거의 또는 전혀 줄어들지 않는다는 점이다. 그러니 소형 원자로일수록 인증에 드는 비용이 더 큰 비중을 차지할 수밖에 없다.

한편 수소 원자가 융합되어 헬륨 원자를 형성하면서 에너지가 방출되는 과정인 핵융합은 앞으로 수십 년 안에 마침내 자신의 약속을 실현하여 거의 무한한 에너지를 제공하기 시작할 가능성이 있어 보인다. 이른바 고온 초전도체의 발견과 둥근 토카막spherical tokamak(강력한 자기장을 써서 뜨거운 플라즈마를 가두는 방식-옮긴이)의 설계에 힘입어서 핵융합 발전이 아마도 30년 뒤에 이루어질 것이라는 오래된 농담(그리고 그런 농담이 30년째 계속되고 있다)이 마침내 진담이 될지도 모른다. 핵융합은 드디어 상업적 결실을 거둘지도 모른다. 비교적 소형인, 아마도 400메가와트짜리 원자로를 많이 설치하는 형태로일 것이다. 폭발이나 노심융해 위험이 거의 없고, 방사성 폐기물도 거의 생기지 않고, 무기 제조에 쓰일 물질이 생겨날 걱정도 전혀 없는 기술이다. 연료는 주로 수소인데, 자체 전기를 써서 물에서 생성할 수 있으므로 지구에 미치는 영향도 적을 것이다. 핵분열도 마찬가지이지만 핵융합이 아직 해결하지 못한 주된 문제는 원자로를 대량생산함으로써 비용을 낮출 방법을 찾아내는 것이다. 대량생산을 하면 경험을 통해 비용절감 방법을 터득하여 재설계를 할 수 있을 것이다.

셰일가스의 놀라움

21세기의 가장 놀라운 이야기 중 하나는 천연가스의 부상이다. 겨우 10년 전만 해도 고갈 직전에 있다고 여겼는데, 이제는 값싸면서 풍족한 연료가 되었다. 이 이야기의 핵심은 셰일에서 가스를 생산하게 되었다는 것이다. 2008년 무렵 에너지 전문가 사이에는 저렴하게 공급되는 천연가스가 21세기 초에 사실상 고갈될 것이라는 말이 상식이 되어 있었다. 석유와 석탄은 그보다 더 오래갈 것이라고 예상했다. 이 예측은 그전부터 되풀이되곤 했다. 1922년 워런 하딩 대통령이 설립한 미국석탄위원회는 11개월에 걸쳐서 에너지산업 분야의 전문가 500명을 인터뷰한 뒤, "가스 생산량이 이미 감소하기 시작했다"고 결론지었다. 1956년 석유 전문가 킹 허버트 **King Hubbert**는 미국의 천연가스 생산량이 1970년에 하루 409억 세제곱미터로 정점에 이른 뒤 감소할 것이라고 예측했다. 실제로는 1970년에 하루 620세제곱미터에 이르렀고 그 뒤로도 계속 증가했다. 지금은 하루 860세제곱미터를 넘어섰다.

이와 같은 예측은 극도로 틀렸다. 거기에는 두 가지 이유가 있다. 첫째, 미국에서 천연가스가 귀해질 것이라는 이론을 토대로 1970년대에 엄격한 가격통제가 이루어지는 바람에, 천연가스 매장량 탐사가 사실상 중단되었다. 기업은 천연가스를 골칫거리로 여겨서 그냥 태워버리거나 아예 가스전을 막아버렸고, 대신에 원유를 찾아 나섰다. 그 결과 많은 이가 매장량 고갈의 시작으로 착각한 생산량의 정점이 실제로 만들어졌다. 놀랍게도 미국 정부는 1970년대에 석탄을 땔 수 있는 모든 발전소에서 석유나 가스를 써서 전기를 생산하는 것을 금지하는 조치를 취했고, 석탄을 쓸 수 없는 발전소의 건설을 금지했다. 그러다가 레이건 대통령 때 가스 산업의 규제를 철폐하면서 생산량이 급증하기 시작했다.

2010년대에 가스 공급 과잉이 일어난 두 번째 이유는 혁신이었다. 가스와 석유 탐사 기업은 미국 전역에서 각 가스전과 유전에서 더 많은 양을 짜낼 방법을 찾아내기 위해 몰두했고, 자연적으로 흘러나오지 않는 '치밀한' 암석에서도 가스와 석유를 짜내려 애썼다. 그 결과 1990년대에 텍사스에서 슬릭워터 slick-water(잘 흐르게 하는 화학물질을 섞은 물-옮긴이) 수압 파쇄법이 운 좋게 발견되었다. 여기에 직각으로 뚫는 새로운 기술이 결합되어 암석층을 따라 수킬로미터까지 수평으로 굴을 팔 수 있게 되면서, 탄화수소의 대부분이 저장된 치밀한 셰일이 가스와 석유의 대규모 공급원이 되었다. 대륙붕에서 얻는 가스에다가 가스를 액화하여 해상 운송하는 기술이 결합되자, 가장 깨끗하면서 탄소 함량도 가장 낮고 가장 안전한 화석연료인 가스를 충분히 공급할 수 있다는 것이 분명해졌다.

슬릭워터 파쇄라는 돌파구가 이루어진 주요 지점은 포트워스 인근의 바넷 셰일이었다. 그곳에서 그리스 염소지기의 아들인 조지 미첼George Mitchell이라는 기업가가 시카고에 가스를 공급하면서 부를 쌓았다. 그는 괜찮은 금액으로 고정가격 계약을 맺었다. 다른 지역으로 간다면 가격을 더 낮추어 공급해야 할 터였다. 그래서 그는 자신이 채굴권을 많이 지닌 바넷 셰일에서 더 많은 연료를 짜내려 필사적이었다. 1990년대 말에는 이미 생산량이 줄어들고 있어서 미첼에너지의 주가도 떨어졌다. 미첼은 개인적으로 곤경에 처했다. 그는 자선사업에 힘을 쏟고 있었는데, 자기 주식을 담보로 대출을 받아서 돈을 댔기 때문이다. 게다가 아내는 알츠하이머병을, 자신은 전립샘 질환을 앓고 있었다. 그러니 그 78세의 억

만장자도 다른 주요 석유 기업이 이미 하고 있듯이 미국에서의 채굴을 포기하여 손실을 줄이는 것이 합리적인 양 보였다. 가스의 미래는 대륙붕이나 러시아와 카타르에 있었다. 그러나 많은 혁신가가 그렇듯 미첼도 합리적으로 행동하지 않았다. 그는 가스가 흐르게 할 방법을 계속 찾았다.

바넷 셰일은 탄화수소가 풍부하다고 알려져 있었지만, 쉽게 흐르지 않는 곳이었다. 그래서 깊은 지하의 암석에 금을 내야 했다. 그러면 미세한 틈이 벌어질 터였다. 그렇게 하는 기술은 잘 알려져 있었는데, 실금을 벌려서 기체가 빠져나오도록 하는 데 젤gel을 썼다. 이 방식은 몇몇 암석에는 효과가 좋았지만, 셰일에서는 그렇지 못했다. 미첼은 바넷 유전에서 250미터까지 파 들어가서 그 방법을 시도했지만 실패했다.

1996년의 어느 날 미첼의 직원인 닉 스타인버거Nick Steinsberger는 실험 결과가 이상하다는 것을 알아차렸다. 그는 업자를 고용해서 가스정 안으로 뻑뻑한 젤과 함께 대량의 모래를 집어넣는 일을 하고 있었다. 하지만 젤과 모래가 비쌌기에 그는 비용을 줄이고 점성을 띤 물질을 덜 집어넣고자 혼합액에 섞을 젤과 화학물질의 양을 줄이라고 하청업체를 닦달했다. 그날은 젤을 너무 희석하는 바람에 '젤'이라고 할 수조차 없는 혼합물이 되었다. 할 수 없이 스타인버거는 그 혼합물을 그냥 뿜어 넣었다. 그런데 가스정에서 나오는 가스량이 상당히 많아졌다는 것을 알아차렸다. 다른 가스정에도 같은 시도를 했는데 비슷한 결과가 나왔다. 그는 다른 회사에 다니는 친구 마이크 메이어호퍼Mike Mayerhofer와 야구 경기를 보러 갔다가 비슷한 이야기를 들었다. 윤활제를 조금만 넣고 모래를 훨씬 덜 섞은 물이 다른 종류의 암석에는 훨씬 더 효과가 좋다는 이야기였다. 텍사스 동부의 치밀 사암이 그랬다.

그래서 1997년 스타인버거는 물을 더 많이 섞은 혼합액으로 실험을 시작했다. 기본적으로 모래 약간에 젤 대신에 주방에서 으레 쓰는 화학 물질(기본적으로 표백제와 비누)을 아주 소량 섞은 물이었다. 세 가스정에 이 액체를 뿜어 넣었는데 효과가 없었다. "압력이 너무 올라가서 펌프 작업을 멈출 수밖에 없었다. 투수성이 훨씬 큰 치밀 사암에서와 달리 셰일에서는 슬릭워터가 모래를 잘 보내지 못했기 때문이다." 1998년 초에 매우 필사적인 심경으로 그는 바넷 셰일을 포기할 태세인 경영진을 설득해 가스정 세 곳에서 더 시험해보기로 했다. 이번에는 슬릭워터를 훨씬 더 많이 뿜어 넣으면서, 모래 함량을 극도로 낮은 수준에서부터 점점 높여갔다. 그러자 첫 번째 가스정인 S. H. 그리핀이스테이트 4번에서 갑자기 가스 생산량이 증가했고, 몇 주 아니 몇 달 동안 그 상태가 지속되었다. 그는 자신이 비용을 절반으로 줄일 뿐 아니라 생산량을 두 배로 늘리는 방법을 발견했다는 사실을 깨달았다. 그저 우연히 맞아떨어진 것일까? 아니다. 다른 두 가스정에서도 비슷한 결과가 나왔다.

스타인버거가 찾아낸 돌파구는 조지 미첼의 말년도 바꾸었다. 그는 회사를 팔아서 떼돈을 벌었다. 바넷 셰일은 미국 최대의 가스 생산지가 되었다. 다른 곳에서 이 기술을 모방하고 후속 혁신을 통해 기술이 꾸준히 개선되면서 루이지애나, 펜실베이니아, 아칸소, 노스다코타, 콜로라도, 텍사스의 셰일과 동일한 성과를 얻었다. 곧 이 기술은 유정에도 적용되었다. 현재 미국은 세계 최대의 가스 생산국일 뿐 아니라, 세계 최대의 원유 생산국이기도 하다. 전적으로 셰일 수압 파쇄법 혁명 덕분이다. 현재 텍사스의 페름기 분지에서만 2008년 미국 생산량 전체에 해당하는 원유가 생산되고 있으며, 이는 이란과 사우디아라비아를 제외한 다른

OPEC 국가의 생산량보다 더 많은 양이다. 미국은 2000년대 초만 해도 거대한 가스 수입 전용 항구를 짓고 있었다. 이런 곳은 현재 수출 항구로 바뀌었다. 저렴한 가스는 미국의 전력 부문에서 석탄을 대체해왔고, 그럼으로써 미국은 다른 어떤 나라보다도 온실가스 배출량이 빠르게 줄어들고 있다. 지금은 OPEC과 러시아보다 덜 배출한다. 러시아는 가스 시장을 지키기 위해서 수압 파쇄법 반대 활동가를 열심히 지원하고 있다. 이 노력은 혁신 공포증에 걸린 유럽에서는 꽤 성공을 거두었다. 유럽에서는 셰일 탐사가 대체로 금지되어 왔다.

값싼 가스, 값싼 석유 과잉 상태는 2015년 OPEC이 수압 파쇄 채굴업체를 무너뜨리기 위해 의도한 것이지만, 정반대 효과를 낳았다. 약한 기업은 사라졌지만 생존 기업은 석유 배럴당 60, 50, 40달러에도 경쟁력을 유지하는 법을 터득해야 했다. 값싼 탄화수소 덕분에 미국 제조업은 유리한 입장에 섰고, 화학업체가 미국으로 빠르게 '본국 회귀'를 하고 유럽을 떠나는 사례가 급증했다. 영국을 비롯한 12개국의 에너지 정책은 화석연료의 가격이 끊임없이 올라감에 따라서 풍력과 원자력이 덜 비싸게 여겨질 것이라는 전제 아래 수립되었는데, 거의 하룻밤 사이에 값비싼 어리석은 짓이 되었다.

이 혁신은 왜 미국에서, 오래되고 효력이 다된 그리고 원유와 가스가 잘 탐사된 지역에서 일어났을까? 어느 정도는 재산권 때문이다. 채굴권이 국가가 아니라 지주에게 속하기 때문에, 또 멕시코에서 이란에 걸친 여러 나라에서 그랬던 것과 달리 석유회사를 국유화한 적이 없기 때문에 미국에는 풍부한 위험자본의 지원을 받는 '모험' 산업 형태의 경쟁적이고 다원적이고 진취적인 원유 채굴업체가 있었다. 초기 수압 파쇄 채굴업체는 엄청나게 대출금을 많이 받아 쓴 뒤에야 흑자로 돌아섰다. 그 일에 핵심적인 역할을 한 주요 혁신가들은 이렇게 말한다.

소기업은 일반적으로 지주와 더 사적으로 만날 수 있기에, 지주로부터 채광권을 대여하는 데 유리한 편이다. 많은 소기업이 셰일 생산을 열정적으로 추구했고, 그들은 다양한 채굴 방법을 여러 분지에서 시험하고 실행하여 완성했다. 이런 '실험실들'은 지속적인 개선을 이루었고 경제적 성공을 낳았다.

따라서 시행착오는 수압 파쇄법 혁신에 핵심적인 역할을 했다. 스타인버거는 일련의 행운을 가져온 실수를 저질렀고, 그 과정에서 여러 차례 실패를 겪었다. 그리고 마침내 그 방법을 발견했을 때에도 그는 그 방법이 왜 먹히는지를 알지 못했다. 곧 지진 전문자인 크리스 라이트**Chris Wright**가 설명을 내놓았다. 라이트는 피너클이라는 기업에서 신형 경사계를 써서 미첼을 위해 지하의 균열 진행 양상을 추적하고 있었는데, 슬릭워터 수압 파쇄법이 드넓게 균열의 망을 형성한다는 것을 알아냈다. 그는 1990년대 초에 다수의 균열이 동시에 생성되는 모델을 개발한 바 있었다. "그 모델은 균열을 다루는 업계에 있는 모든 기존 전문가로부터 조롱을 받았다. 그들은 다수의 균열이 늘 빠르게 융합되어 단일한 균열로 변한다고 주장했다." 그러나 라이트가 옳았음이 드러났다. 가압수는 암석에 이리저리 뒤얽힌 균열을 만듦으로써 모래에 노출되는 표면적을 증가시켰다. 균열은 한 방향으로 1.5킬로미터 넘게 뻗어 나갔지만, 이 축 양쪽으로도 수백 미터까지 펼쳐졌다. 여기서 과학은 기술보다 앞서 있는 것이 아니라, 뒤처져 있었다. 최근에 이 혁신을 연방정부가 주도했다고 영예를 돌리려는 시도가 나왔지만, 대부분 핵심을 놓치고 있다. 정부 산하 연구실에서 많은 연구가 이루어진 것은 분명하지만, 그 연구의 상당 부분은 가스산업에 위탁되었다. 대체로 미첼과 라이트(현재 그 업계의 지도자가 된) 같은 기업가들이 그런 연구의 수요를 일으켰기 때문이다.

처음에 환경론자들은 셰일가스 혁명을 환영했다. 2011년 상원의원인 팀 워스Tim Wirth와 존 포데스타John Podesta는 수압 파쇄법이 "효율성, 재생자원, 천연가스 같은 저탄소 화석연료에 의지하는 21세기 에너지 경제를 열 것이다. 그러한 미래로 나아가는 역할을 할 테니 말이다"라고 하면서 가스를 "가장 깨끗한 화석연료"라며 환영했다. 환경단체 워터키퍼 얼라이언스Waterkeeper Alliance의 대표인 로버트 케네디 주니어Robert Kennedy, Jr는 〈파이낸셜 타임스Financial Times〉에 이렇게 썼다. "단기적으로 볼 때 천연가스는 '새로운' 에너지 경제로 나아가는 연결 다리 연료임이 명백하다." 그러나 그 뒤로 이 값싼 가스가 놓은 그 다리가 아주 길 뿐만 아니라, 재생 에너지 산업의 생존을 위협한다는 것이 명확해졌다. 자신의 이익에 반한다는 것을 깨달은 뒤 케네디는 셰일가스를 '재앙'이라고 부름으로써 자신이 원래 했던 적절한 발언을 철회했다.

수압 파쇄법이 시작된 중심 지대인 텍사스, 루이지애나, 아칸소, 노스다코타에서는 반대하는 움직임이 거의 없었다. 빈 땅이 많고, 오래전부터 원유 채굴이 으레 이루어졌고, 하면 된다는 기업문화가 만연한 곳이기에 설령 어떤 국지적인 항의가 있을지라도 그다지 구애받지 않은 채 셰일 혁명이 번성했다. 그러나 이 방법이 동부 해안 쪽으로 펜실베이니아에 이어 뉴욕으로 퍼지자, 갑작스럽게 셰일가스는 적의 주목을 받았고, 환경론자들은 반대 기금을 모을 기회가 왔음을 알아차렸다. 마크 러팔로와 맷 데이먼 같은 할리우드 배우를 비롯한 몇몇 유명 인사까지 합류하면서 반대 진영은 힘을 얻었다. 상수도 오염, 파이프 누출, 오염된 폐수 방류, 방사성, 지진, 교통 혼잡 유발이라는 비난도 뒤따랐다. 철도가 도입되기 시작한 초기에 반대자들이 열차가 말의 유산을 일으킨다고 비난한 것처럼 이런 혐의는 너무나 불합리해서 셰일가스 업계에 맞설 수준에 이르지 못했다. 각각의 혐의가 정면으로 논박되자마자 새로운 혐의가 제기되었다. 그러나 수천 곳의 유정과 가스정에서 수백만 명이 '수압 파쇄일'을 하고 있음에도 사소한 환경이나 건강 문제조차도 거의 생긴 적이 없다.

불의 지배

혁신의 이야기를 열거하는 방식에는 덜 중요한 이들의 기여를 무시한 채 부당하게도 특정한 이들만 골라 뽑아 말한다는 결함이 있다. 나는 뉴커먼, 와트, 에디슨, 스완, 파슨스, 스타인버거의 이야기를 들려주는 쪽을 택했지만, 그들은 모두 한 아치를 이루는 돌이거나 한 사슬의 연결고리였다. 그리고 후손까지 따질 필요도 없이 그들 모두가 부유해진 것도 아니다. 오늘날 그들의 자산을 토대로 설립되어 그 이름이 붙은 재단은 한 곳도 없다. 그들의 혁신이 낳은 혜택은 대부분 나머지 우리 모두에게 돌아갔다.

그러나 에너지 자체는 골라 뽑아 마땅하다. 에너지는 모든 혁신의 뿌리다. 혁신은 변화이고 변화에는 에너지가 필요하다는 이유에서다. 에너지 전환은 중요하며, 어렵고, 느리다. 존 컨스터블은 역사의 대부분에 걸쳐서 인류가 밀과 바람과 물로부터 에너지를 얻었는데, 너무 희박하여 인류의 삶을 바꿀 만한 규모로 복잡한 구조를 생성할 수 없었다고 주장한다. 1700년에 열을 일로 전환할 수 있게 되면서, 투자한 에너지에 비해 엄청난 에너지를 얻는 방향으로 화석연료를 활용함으로써 갑작스럽게 점점 더 있을 법하지 않으면서 복잡한 물질 구조를 만들 수 있게 되었다. 현대 세계의 화석연료 의존성은 20년 전이나 지금이나 거의 같은 수준이다. 1차 에너지의 약 85퍼센트다. 사회가 필요로 하는 에너지의 대부분은 열로 공급된다. 1700년경부터 인류의 삶에 들어오고 지금도 여전히 세계에 대단히 중요한 열과 일의 기이한 연결고리인, '추진력으로서의 불 이용'을 나중에는 무언가가 궁극적으로 폐지시키게 될까? 아직은 아무도 모른다.

공중보건

접종은 철학에 정통하거나 물리학에 능통한 사람이 아니라,
평범하면서 문맹인 이들이 발명했다. 인류에게 최고로 유익한 접종 말이다.
—자코모 필라리니Giacomo Pylarini가 천연두 접종을 논의하면서 한 말, 1701년

메리의 위험한 집착

1712년 토머스 뉴커먼이 첫 증기기관을 만들고 있던 그해에, 그리 멀지 않은 곳에서 더 낭만적인 일화가 출현하고 있었다. 간접적으로 더욱 많은 사람을 구하게 될 일이었다. 이는 훨씬 더 높은 사회 계급에서 진행되었다. 교양 있고 고집 센 23세, 메리 피어포인트Mary Pierrepoint는 혼인해서 지루한 삶을 살 생각을 하니 견딜 수가 없어 가출할 계획을 세우고 있었다. 그녀와 노골적인 희롱뿐 아니라 격렬한 의견 차이까지 담긴 엄청난 분량의 편지를 주고받던 부유한 구혼자 에드워드 워틀리 몬터규Edward Wortley Montagu는 더욱 부유한 그녀의 부친 킹스턴Kingston Pierrepoint 백작(나중에 공작이 된다)과 혼인 조건을 합의하는 데 실패했다. 그러나 메리의 부친이 그녀를 돈 많은 멍청이인 클로트워시 스케핑

턴과 억지로 혼인시키려는 기미를 보이자, 그는 메리를 설득했다. 메리는 워틀리(그녀는 그를 그렇게 불렀다)와 다시 연애를 시작했다. 그녀는 함께 달아나자고 제안했고, 그는 신부 지참금을 못 받게 될 텐데도 젊은이다운 충동에 휩쓸려서 고개를 끄덕였다. 그 일화는 이제 익살극으로 바뀐다. 그가 약속시간에 늦는 바람에 그녀는 만나기로 한 곳으로 홀로 출발했다. 그는 앞지르겠다고 서둘러 한 여관에 가서 그녀를 기다렸다. 그녀가 벌써 와 있다는 사실을 모른 채 말이다. 그런 불운한 일이 몇 차례나 더 이어진 끝에 결국 그들은 서로 만났고, 1712년 10월 15일에 솔즈베리에서 혼례를 올렸다.

시작은 낭만적이었지만, 혼인 생활은 실망스러웠다. 워틀리는 무심하고 상상력이 부족한 남편임이 드러났다. 교양 있고 말솜씨가 뛰어나고 재치가 있는 아내는 런던의 문학계를 휩쓸고, 알렉산더 포프^{Alexander Pope}와 베르길리우스풍의 전원시를 주고받고, 당대의 유명 작가 및 사교계 인사와 사귀었다. 후에 조지프 스펜서^{Joseph Spence}는 이런 기록을 남겼다. "레이디 메리는 누구보다 눈부시게 빛나는 인물이다. 하지만 그녀는 혜성처럼 빛난다. 늘 파격적이고 언제나 방랑한다. 가장 현명하면서 가장 충동적이다. 가장 사랑스러우면서 가장 불쾌함을 불러일으킨다. 세상에서 가장 선한 천성을 지니면서도 가장 잔인한 여성이다."

천연두는 그녀의 피부뿐 아니라 그녀의 명성에도 흔적을 남겼다. 가장 많은 인명을 앗아간 살인자인 이 악독한 바이러스는 18세기 초 런던을 끊임없이 위협했다. 메리 여왕과 그 조카이자 가톨릭교도가 아닌 스튜어트 왕가의 마지막 후손인 젊은 글로스터 공작의 목숨도 앗아갔다. 하노버 선제후인 소피아와 영국의 다음 왕이 될 그녀의 아들 조지도 거의 목숨을 잃을 뻔했다. 1714년에는 메리의 남동생이 그 바이러스에 희생되었고, 다음 해에는 그녀 자신도 거의 목숨을 잃을 뻔했다. 생명은 건졌지만 대신 그녀는 온몸에 심한 흉터를 얻었고, 속눈썹도 잃었고, 미모도 심하게 손상되었다.

그러나 천연두는 그녀에게 불멸의 명성도 안겨주었다. 그녀가 서양에서 접종이라는 혁신적인 조치를 최초로 그리고 열정적으로 옹호하고 나선 사람 중 한 명이었기 때문이다. 1716년 남편이 콘스탄티노플 대사로 임명되자 메리도 어린 아들을 데리고 남편과 함께 갔다. 그녀는 접종을 발명하지 않았고, 그 소식을 처음으로 알린 사람도 아니었다. 하지만 그녀는 오토만 사회의 폐쇄적인 여성 사이에서 접종 행위가 어떻게 이루어지는지를 상세히 지켜볼 수 있었고, 고국으로 돌아와서 아이들을 걱정하는 엄마들을 대상으로 접종을 하라고 설득하여 이윽고 널리 유행시켰다. 그녀는 발명가가 아니라 혁신가였다.

앞서 콘스탄티노플에서 '접종engrafting'이 천연두 치료법으로 쓰인다는 두 건의 보고가 런던의 왕립협회로 전달되긴 했다. 그 서신을 보낸 이들은 오토만 제국에서 일하는 의사인 에마뉘엘 티모니우스Emmanuel Timonius와 자코모 필라리니였는데, 천연두 생존자의 고름을 건강한 사람의 팔에 생채기를 내어 나온 피에 섞는다고 적었다. 왕립협회는 두 보고서를 발표했지만, 런던의 모든 전문가는 그 방법이 위험한 미신일 뿐이라고 외면했다. 감염병을 예방하기보다는 촉발할 가능성이 더 크다는 것이었다. 또 사람들의 건강에 터무니없는 위험을 끼칠뿐더러 어리석은 헛짓거리이자 주술이라고도 비난했다. 당시의 의사들이 사혈처럼 야만적이고 도움이 안 되는 의료 행위를 관행적으로 했다는 점을 고려하면, 역설적인 일인 동시에 나름 이해가 가기도 한다.

왕립협회는 그런 치료법이 있다는 말을 더 일찍 전해 들었던 듯도 하다. 1700년에 중국에 있던 마틴 리스터**Martin Lister**와 클롭턴 헤이버스**Clopton Havers**가 보낸 편지에 그 내용이 있었다. 그러니 이 소식은 결코 새로운 것이 아니었다. 그러나 의사들은 영국인을 설득하지 못한 반면, 메리 워틀리 몬터규는 운이 좋았다. 1718년 4월 1일에 그녀는 터키에 있는 친구 세라 치스웰**Sarah Chiswell**에게 접종을 상세히 묘사하는 편지를 썼다.

너무나 치명적이었고 너무나 횡행했던 천연두가 접종이 발명된 덕분에 이제 여기에서는 아무런 피해도 끼치지 못해. 여기서는 이렇게 접종이라고 불러. 접종을 직업으로 삼은 여성들도 있어. … 사람들이 모이면(대개 열대여섯 명) 나이 든 여성이 천연두 독액이 가득 담긴 그릇을 들고 와. 그러면서 어느 쪽 정맥을 째는 게 좋은지 물어. 알려주면 즉시 커다란 바늘로 째고서(살짝 생채기가 날 때만큼 아플 뿐이야) 바늘 끝에 묻힐 수 있는 만큼 독액을 정맥에 집어넣어. … 접종을 받고서 죽은 사람은 아무도 없어. 그 실험의 안전성에 내가 아주 흡족해한다는 것을 믿어도 돼. 내 귀여운 아들에게 시도할 생각이거든. 나는 애국자야. 이 유용한 발명을 영국에 유행시키려고 이런 수고를 할 정도니까.

메리는 실제로 아들인 에드워드에게 접종을 했다. 그런 뒤 접종한 자리에 고름 물집이 생겨났다가 이윽고 몸이 면역력을 띠면서 가라앉기까지 초조해하면서 지켜보았다. 용감한 순간이었다. 런던으로 돌아와서는 딸에게도 접종을 했다. 그 일로 좀 무모한 치료법을 옹호하고 있다는 악명을 얻었다. 도덕철학자가 그토록 애호하는 트롤리 딜레마trolley problem의 일종이라고 할 수 있었다. 고장 난 전차가 그대로 질주하면 다섯 명이 죽을 것이고 방향을 돌리면 한 명이 죽는다고 할 때 방향을 돌리겠는가? 더 큰 위험을 피하기 위해 일부러 다른 위험에 뛰어들겠는가? 그때까지 몇몇 의사가 이 대의에 호응했는데, 찰스 메이틀랜드Charles Maitland가 대표적이었다. 그는 1722년 영국 왕세자의 자녀들을 접종함으로써 이 흐름을 확산하는 중요한 전기를 마련했다. 그러나 그 뒤에도 접종이 야만적인 행위라는 격렬한 비난이 계속 이어졌다. 여성혐오와 편견에 휩싸여서 그런 주장을 하는 이들도 있었다. 의사인 윌리엄 웍스태프William Wagstaffe는 이렇게 단언했다. "배우지도 못하고 생각도 없는 부류인 몇몇 무지한 여성만이 저지르는 실험이 뜬금없이 (게다가 경험도 쌓이지 않은 상태에서) 세계 어느 나라보다 고상한 국가의 왕궁에까지 받아들여지다니, 후손들은 도저히 믿지 못할 것이다."

접종은 미국에도 거의 같은 시기에 들어왔다. 오네시무스Onesimus라는 아프리카 노예의 증언을 통해서였다. 그는 1706년으로 추정되는 때에 보스턴의 설교사 코튼 매더Cotton Mather에게 접종에 대한 이야기를 했고, 매서는 의사인 잽디얼 보일스턴Zabdiel Boylston에게 말을 전했다. 보일스턴은 300명에게 접종을 시도하다가 혹독한 비판을 받았고 경쟁 관계에 있는 의사들에게 부추김을 받은 폭도에 맞아 죽을 위험에 처했다. 보일스턴은 자신을 살해하려는 폭도를 피해서 비밀 벽장에 14일 동안 숨어 있어야 했다. 혁신은 때로 용기를 필요로 하는 법이다.

점차 시간이 흐르면서 천연두 자체를 접종하는 방식(나중에 마마 접종variolation이라고 불리게 될)은 더 안전하면서 비슷한 효과를 낳는, 즉 천연두와 친척이지만 그보다 덜 위험한 바이러스를 쓰는 백신 접종으로 대체되었다. 이 혁신을 이룬 영예는 대개 에드워드 제너Edward Jenner에게 돌아간다. 그는 1796년에 우두에 걸린 세라 넬메스Sarah Nelmes라는 여성의 손에 난 물집에서 채취한 균을 제임스 핍스James Phipps라는 8세 소년에게 접종했다. 세라 넬메스는 소젖을 짜는 일을 했는데 블로섬이라는 소에게서 균을 옮은 참이었다. 그런 뒤 제너는 핍스에게 천연두균 자체를 감염시켰고 소년이 천연두에 면역되어 있음을 보여주었다. 그가 실제로 기여한 부분은 백신 접종 자체가 아니라 이렇게 시범을 보여서 증명했다는 점이다. 그가 그렇게 엄청난 영향을 끼친 이유도 바로 그 때문이었다. 제너의 증명은 일부러 우두에 감염시켜서 천연두에 면역을 갖게 한다는 개념이 나온 지 30년은 된 시점에 이루어졌다. 앞서 1768년에 존 퓨스터John Fewster라는 의사가 이미 그런 시도를 했고, 1770년대에도 독일과 영국에서 몇몇 의사가 같은 시도를 했다. 게다가 농부들 사이에서는 이 방법이 아마 그 이전부터 쓰이고 있었을 것이다.

그러니 여기서도 혁신은 엘리트가 영예를 가져가기 이전에, 알려지지 않은 평범한 사람들에게서 시작되어 서서히 진행되었다는 것이 드러난다. 이렇게 말하면 제너에게는 좀 부당할 법도 하다. 메리 워틀리처럼 제너도 접종을 채택하도록 세계를 설득했으므로 명성을 얻어 마땅하니까. 나폴레옹은 영국과 전쟁 중이었음에도 제너의 주장을 믿고서 자기 군대에 백신 접종을 했고, 제너에게 훈장을 수여하면서 그를 "인류에게 크나큰 혜택을 준 인물 중 한 명"이라고 했다.

파스퇴르의 닭

백신 접종은 한때 지구에서 가장 많은 인명을 앗아간 살인자였던 천연두를 1970년대에 완전히 박멸할 만큼 천연두 정복에 대성공을 거두었다. 더 치명적인 천연두 균주인 대두창variola major에 감염된 마지막 사례는 1975년 10월 방글라데시에서 나왔다. 당시 세 살이었던 라히마 바누Rahima Banu는 살아남았고, 지금도 생존해 있다. 덜 위험한 균주인 소두창variola minor에 감염된 마지막 환자는 1977년 10월 소말리아에서 나왔다. 소두창에 걸릴 당시 성인이었던 알리 마오 말린Ali Maow Maalin도 살아남았는데, 이후 여생의 대부분을 소아마비 박멸 운동에 힘쓰다가 2013년 말라리아에 걸려 세상을 떠났다.

백신 접종은 혁신의 흔한 특징 중 하나를 보여주는 사례다. 혁신을 이해하기도 전에 이미 이용하는 일이 흔하다는 것이다. 역사적으로 기술과 발명은 '왜 작동하는지를 과학적으로 이해하지 못한 상태'에서 성공적으로 쓰여왔다. 치명적인 질병의 균주에 노출해서 그 병을 막는다는 메리의 개념이 18세기의 합리적인 사람에게는 분명 어처구니없어 보였을 것이다. 그 개념은 아무런 합리적인 근거를 지니고 있지 않았으니까. 18세기 말에 루이 파스퇴르Louis Pasteur가 등장하고서야 백신 접종이 어떻게 그리고 왜 효과가 있는지를 설명할 수 있게 되었다.

파스퇴르는 발효된 액체를 끓인 뒤 공기를 통해 운반되는 병균에 노출되지 않는 한 액체가 더 이상 썩지 않고 그 상태 그대로 있음을 보여줌으로써 병균이 미생물임을 증명했다. 그는 그 액체를 담은 유리병 주둥이를 백조 부리처럼 길게 구부려서 세균이 지나갈 수 없도록 만든 뒤 그대로 열어둠으로써 자신의 이론이 옳다는 걸 결정적으로 입증했다. 그는 1862년에 이렇게 자랑했다. "자연발생 교리는 이 단순한 실험이 입힌 치명적인 타격에서 결코 회복되지 못할 것이다."

감염병을 미생물(세균과 훨씬 더 작은 바이러스의 구분은 아직 이루어지지 않은 때였다)이 일으킨다면, 접종을 미생물의 특성 변화와 그 미생물에 대한 인체의 취약성 변화로 설명할 수 있지 않을까? 파스퇴르의 설명은 행운으로 이끈 우연한 사고의 산물이었다. 1879년 여름 그는 휴가를 떠나면서 조수인 샤를 샹베를랑Charles Chamberland에게 닭 콜레라균이 들어간 닭고기 수프를 닭에게 먹이는 일을 맡겼다. 콜레라균의 특성을 이해하기 위한 일련의 실험 중 일부였다. 그런데 샹베를랑은 지시를 까맣게 잊은 채 자신도 휴가를 떠났다. 그리고 돌아와서 실험을 했더니, 상한 수프가 닭을 앓게 할 수는 있지만 죽이지는 않는다는 것이 드러났다.

아마도 직감에 따랐겠지만, 파스퇴르는 정상적이라면 으레 닭을 쉽사리 죽일 병원성 콜레라 균주를 (오래 앓은 뒤) 회복된 닭에게 주사했다. 그런데 닭은 죽기는커녕 앓지도 않았다. 약한 콜레라 균주가 더 강한 균주에 맞설 수 있는 면역력을 키웠던 것이다. 파스퇴르는 백신 접종이 병원성이 약한 균주로 면역 반응을 일으킴으로써 더 강한 균주에 맞설 수 있도록 하는 것임을 깨닫기 시작했다. 사람의 면역계에 관해 아직 전혀 이해하지 못한 상태에서였다. 과학은 이제 기술을 따라잡기 시작하고 있었다.

성공한 염소 도박

1908년 뉴저지주의 한 법정으로 가보자. 저지시 상수도회사의 재판이 진행 중이다. 도시에 '깨끗하고 위생적인 물'을 공급하기로 계약을 맺었는데 그러지 못했다는 것이 입증되어서 1심에서는 이미 진 상태다. 문제는 도시 저수지의 상류에 점점 더 많은 이가 집을 짓고 옥외 화장실에서 나오는 오수를 저수지로 유입되는 하천에 직접 방류한다는 것이었다. 그 도시에는 장티푸스 사망자 수가 너무 많았다. 1899년 이래로 그런 화장실을 500곳 넘게 철거하고 물을 정수하고 있음에도, 회사는 해마다 두세 차례 폭우가 내린 뒤에는 상수도 오염을 막을 수가 없었다.

법원이 3개월의 기간을 주고서 상황을 바로잡으라고 하자, 회사의 위생 자문가인 의사 존 릴John Leal은 살균제인 표백분을 수돗물에 첨가하자는 착상을 내놓았다. 재심이 시작된 지 사흘 뒤인 9월 26일까지 관련 설비가 완성되어서 하루에 6억 리터의 물에 계속 염소 소독이 이루어지고 있었다. 재판 때 릴이 저지시의 시민들에게 이 실험을 허가받으려는 노력을 전혀 하지 않았다는 사실이 드러났다. 식수에 화학물질을 첨가한다는 개념에 반대하는 견해가 널리 퍼져 있던 시대였다. 매사추세츠 공대의 토머스 드라운Thomas Drown이라는 물귀신을 떠올리게 하는 이름의 화학자(drown은 '물에 빠져 죽다'라는 뜻이다—옮긴이)는 당시 사람들의 견해를 대변하듯이 이렇게 일갈했다. "화학적 살균이라는 개념 자체가 혐오스럽다." 릴의 결정은 대담하면서 모험적이었다.

그래서 시의 변호사는 법정에서 회사가 어떤 위험이 될지 모를 화학물질을 첨가하는 미봉책으로 사람들에게 깨끗한 물을 공급하는 책임을 다할 수 있다는 주장을 편다고 지적했다. 심지어는 사람들의 동의도 구하지 않고 말이다. 그는 염소 소독이 도움이 되었는지 여부를 알려줄 증언 청취조차 거부하라고 판사에게 요청했다. 판사는 동의하지 않았고, 회사가 사례를 발표하도록 했다. 릴은 반대 심문에서 염소 소독에 대해 이렇게 말했다. "이것이 물을 1년 내내 매일 매시간 매분 깨끗하게 유지하는 가장 안전하고 가장 쉽고 가장 저렴한 최고의 방법이라고 생각합니다." 그는 이렇게 덧붙였다. "저는 현재 저지시의 상수가 세상에서 가장 안전하다고 믿습니다."

문. 사람들의 건강에 어떤 악영향을 미치지 않을까요?
답. 전혀요.
문. 당신은 이 물을 마십니까?
답. 예, 재판장님.
문. 언제든지요?
답. 예, 재판장님.

긴 재판이 끝나고 판사는 이윽고 회사가 이 혁신을 통해 자신의 책임을 완수했다고 판결했다. 저지시 재판은 하나의 전환점이자 산뜻한 분수령이 되었다. 미국을 비롯한 세계의 모든 도시는 염소 소독으로 정수를 하기 시작했고, 지금도 여전히 그렇게 하고 있다. 장티푸스, 콜레라, 이질 유행병은 빠르게 사라졌다. 그런데 릴은 이 착상을 어디에서 얻었을까? 그는 법정에서 영국 링컨에서 이루어진 비슷한 실험에서 착안했다고 증언했다. 대다수 혁신가처럼, 그도 자신이 창안자라고 주장하지 않았다.

런던시에서는 상수도에 모래 여과시설을 설치한 뒤로 장티푸스 사망률이 줄어들었다. 그러다가 1905년에 장티푸스가 대발생했다. 125명이 사망했다. 시는 왕립하수처리위원회의 세균학자 알렉산더 크뤽생크 휴스턴Alexander Cruickshank Houston에게 도움을 요청했다. 1905년 2월, 런던시에 도착한 지 이틀 만에 휴스턴은 클로로스Chloros(하이포아염소산나트륨)를 중력으로 물에 떨구는 장치를 뚝딱뚝딱 설치했다. 그 즉시 장티푸스 감염률이 낮아졌다.

그런데 휴스턴은 그 착상을 어디에서 얻었을까? 아마 인도육군의무국의 빈센트 네스필드Vincent Nesfield라는 장교에게 얻었을 것이다. 그는 1903년에 액체 염소를 제조해 상수를 살균하는 방법을 적은 논문을 발표했다. 이 방법은 오늘날 쓰이는 방법과 비슷하며, 시대를 한참 앞선 것이었다. 그가 그 방법을 실제로 썼는지, 사용했다면 어디에서 사용했는지는 알려져 있지 않다.

그렇다면 네스필드는 어디에서 그 착상을 얻었을까? 아마 1897년 가을 켄트의 메이드스톤에서 일어난 장티푸스 대발생 사건을 떠올렸을지도 모른다. 당시 1,900명이 장티푸스에 걸렸고 약 150명이 사망했다. 그때 취해진 조치는 이러했다. "상수도 회사를 위해 일하는 의사 심스 우드헤드Sims Woodhead의 지휘 아래, 토요일 밤에 메이드스톤의 팔레이 상수도 공급 지역의 저수지와 송수관에 표백분 용액을 넣어서 살균했다." 12월에 대발생은 끝이 났다.

그럼 우드헤드는 어디에서 착상을 얻었을까? 표백분을 하수도 살균제로 쓴다는 데에서 착안했을지도 모른다. 그 무렵에는 널리 알려진 방법이었으니까. 또 이때쯤 외과의사들도 표백분을 소독제로 쓰고 있었다.

비록 자기 직업에 대한 지나친 자부심 때문에 강한 표백 효과와 별개로 손을 씻어야 한다는 것 자체를 모욕으로 여겨서, 받아들이는 속도가 느리긴 했지만 말이다.

1854년 런던에 콜레라가 유행할 때 소호 지역에서 표백분이 너무나 마구 쓰이는 바람에 한 잡지에 이런 기사가 실릴 정도였다. "물웅덩이마다 표백분을 넣어서 물은 하얗거나 우윳빛을 띠고 있으며, 돌을 하나하나 표백분으로 박박 문질러 닦고, 도랑 바닥에는 표백분이 크게 얼룩을 이루고 있고, 공기에는 그다지 유쾌하지 않은 표백분 냄새가 강하게 배어 있다."

이렇게 런던에 콜레라가 유행한 시기에 의사 존 스노John Snow는 당시 유행하던 '미아즈마miasma(나쁜 공기)' 이론에서 말하는 악취 풍기는 공기가 아니라 더러운 물이 콜레라를 옮긴다고 당국을 설득하려고 애썼지만, 별 호응을 얻지 못했다. 그는 템스강 어귀에서 물을 길어 먹는 이들이 시골 하천에서 물을 길어 먹는 이들보다 콜레라에 걸릴 가능성이 훨씬 높다는 것을 보여주었다. 그가 콜레라 환자들이 많이 발생한 소호의 브로드가에 있는 우물 펌프의 손잡이를 떼어낸 일화도 유명하다(그 우물이 오염되어 있었기에, 우물을 못 쓰게 하자 콜레라 발병률이 급감했다—옮긴이).

거리에서 이처럼 염소가 널리 쓰인 것은 사실 엉뚱한 이유 때문이었다. 수인성 병원균을 죽이기 위해서가 아니라 위험하다고 여겨지는 냄새를 없애기 위해서였다. 1858년에 이른바 '대악취great stink' 사건이 일어났다. 템스강에서 나오는 악취를 견디다 못한 하원의원들은 결국 하수를 템스강이 아니라 멀리 바다까지 빼서 내버리는 현대적인 하수도를 건설하도록 허가했다. 그사이에 냄새를 가리겠다고 의회당의 창문 블라인드에 표백분을 왕창 뿌려댔다.

따라서 백신 접종의 사례와 마찬가지로, 염소 소독의 발명도 수수께끼 같고 혼란스럽다. 이제 와 돌이켜보니 수백만 명의 목숨을 구한 파괴적이고 성공적인 혁신으로 비치는 것일 수 있다. 실제로는 대체로 잘못된 착상에서 우연히 시작되어 다소 느릿느릿 진화한 것이었다.

펄과 그레이스의 완전한 시도

1920년대에 미국 아동에게 가장 치명적인 질병은 백일해였다. 연간 약 6,000명의 아이가 목숨을 잃었다. 디프테리아, 홍역, 성홍열로 죽는 아이보다 많았다. 몇몇 지역에서는 백일해 백신을 쓰고 있었지만, 사실상 거의 효과가 없었다. 격리가 유일한 예방 조치였지만, 아이를 얼마나 오래 격리해야 할지 아무도 몰랐기에 이 방법도 제대로 먹히지 않았다. 그때 평범하지만 놀라운 두 명의 여성이 이 문제에 관심을 기울이기 시작했다. 둘 다 처음에 교사로 일하다가 이 질병의 연구에 뛰어들었다.

펄 켄드릭은 1917년 뉴욕주에서 교사로 일하면서 컬럼비아 대학교에서 세균학을 공부했다. 1932년경에는 그랜드래피즈에 있는 미시간주 공중보건연구소에서 물과 우유가 안전한지 분석하면서 바쁘게 보냈다. 그 해에 그녀는 그레이스 엘더링Grace Eldering을 고용했다. 몬태나 출신인 엘더링도 마찬가지로 교사로 일하다가 세균학으로 돌아섰다. 당시 병원성이 강한 백일해가 대발생해 도시를 휩쓸고 있었고, 켄드릭은 남는 시간에 백일해를 연구하게 해달라고 상사에게 요청했다. 그녀는 엘더링과 함께 감염성을 지닌 사람을 찾아내는 신뢰할 만한 검사법을 개발하는 일에 착수했다. 그들은 백일해균이 자랄 배지를 담은 '기침 평판cough plate'을 내놓았다. 환자가 배지에 대고 기침을 한 뒤 배지에서 세균이 자란다면, 환자는 감염성이 있다는 판정을 받았다.

기나긴 업무 시간이 끝나면 그들은 힘들여 직접 만든 배지를 담은 기침 평판을 들고서 그랜드래피즈의 집집을 돌아다니면서 시료를 모았다. 그들은 대공황이 시작된 이래로 노동 계층이 얼마나 비참한 상황에 처했는지를 직접 보면서 경악했다. 일자리를 잃고 굶주리고 있는 가정에서 아이들은 등유 램프 아래 가쁜 숨을 내쉬면서 괴로워했다. 하루하루 간신히 벌어먹는 가정에서 격리 조치란 일을 못 나가게 함으로써 빈곤으로 내모는 재난과 같았다. 켄드릭과 엘더링은 곧 대부분이 4주 동안 감염성을 띤다는 것을 알아냈고, 이 발견은 지역과 국가의 격리 정책을 수립하는 데 도움을 주었다. 그러나 그들은 거기에서 그치지 않고 효과적인 백신을 개발하고 싶어 했다.

둘은 4년에 걸쳐서 표준 백신 개발 기법을 사용하여 체계적으로 차근차근 그 일을 해나갔다. 새로운 방법도 진정으로 창의적인 기술도 없었다. 그저 꼼꼼하게 실험을 했을 뿐이다. 이윽고 몇몇 사멸한 백일해 균주의 혼합물인 백신이 나왔다. 그 백신은 생쥐, 기니피그, 토끼 그리고 켄드릭과 엘더링 자신의 팔에 주사해도 안전하다는 것이 입증되었다. 이제 이 백신이 백일해로부터 우리를 보호해준다는 것을 사람들에게 입증할 차례였다.

여기서 두 과학자가 실험실에서만이 아니라 대외적인 활동 쪽으로도 뛰어나다는 것이 드러났다. 그들은 백신의 효과를 보여주기 위해 대개 백신 접종을 받을 기회를 얻지 못하는 고아들을 대조군으로 삼는 당시의 전형적인 방식을 따르고 싶지 않았지만, 백신을 맞은 이들과 맞지 않은 비슷한 환경의 이들을 비교할 필요가 있었다. 지역 의사와 사회복지사의 도움을 받아서, 그들은 켄트 자치구 복지지원위원회의 통계 자료를 통해 연령, 성, 지역별로 백신을 맞은 사람과 여러 이유로 백신 접종에서 누락된 이들을 찾아내어 비교했다. 1934~1935년에 백신 접종을 받은 아이는 712명 중 네 명만 백일해에 걸렸지만, 접종을 받지 않은 대조군에 속한 아이는 880명 중 45명이 백일해에 걸렸다.

켄드릭과 엘더링이 1935년 미국공중보건협회 연례 학술대회에서 이 결과를 발표하자, 청중은 회의적인 반응을 보였다. 그들은 그 임상시험에 뭔가 오류가 있었을 것이라고 추측했다. 당시 임상시험에는 그런 일이 잦았다. 웨이드 햄프턴 프로스트Wade Hampton Frost라는 의심 많은 의학자는 존스홉킨스 대학교로 두 차례나 찾아와서 그들이 쓴 방법을 꼼꼼하게 조사했지만, 결국 두 연구자의 연구에서 아무런 문제도 발견하지 못했다는 사실을 인정했다. 그 무렵에 켄드릭은 영부인인 엘리너 루스벨트Eleanor Roosevelt에게 연구실을 방문해달라는 초청장을 보냈는데, 놀랍게도 그녀가 수락했다. 영부인은 두 과학자와 열세 시간 동안 이야기를 나눈 뒤, 워싱턴으로 돌아가서 두 사람이 사람을 더 고용할 수 있도록 그 연구 과제를 지원할 방법을 찾으라고 정부를 설득했다. 덕분에 켄드릭과 엘더링은 한 아이에게 네 번이 아니라 세 번만 주사를 놓는 방식으로 더 큰 규모의 임상시험 2상을 시작할 수 있었다. 많은 가정에서 소식을 듣자마자 참가 신청을 했다. 1938년 2상에서 더욱 나은 결과가 나오자, 미시간주는 백신 대량생산에 들어갔고, 1940년경에는 미국 전역이, 이어서 전 세계가 그 뒤를 따랐다. 백일해 발병률과 사망률은 급감했고, 그 뒤로 계속 아주 낮은 수준으로 유지되고 있다.

그러나 정작 이 연구를 한 켄드릭과 엘더링은 별다른 인정을 받지 못했고, 금전적 보상도 거의 받지 못했다. 그들은 수십 년이 지난 뒤에도 언론의 취재 요청을 대부분 거절했다. 그들은 백신 제조법을 전 세계가 자유롭게 쓸 수 있도록 공개했다. 그들은 모든 면에서 올바로 일했다. 아주 중요한 문제를 선택했고, 그 문제를 해결할 중요한 실험을 했고, 백신의 효과를 시험하기 위해 지역사회와 협력했고, 제조법을 세상에 알렸고, 지식재산권을 보호하겠다고 시간이나 노력을 낭비하지도 않았다. 백신과 그 효과를 널리 알리기 위해 돌아다니지 않을 때면, 그들은 그랜드래피즈의 한집에 살면서 함께 일하는 이들을 위해 파티를 열고 소풍을 주최하곤 했다. 그들을 험담하는 사람은 아무도 없었다. 한 동료는 나중에 이렇게 말했다. "켄드릭 박사는 결코 부자가 되지 못했고, 자신을 잘 아는 친구와 동료로 이루어진 비교적 소규모 집단 너머로는 결코 이름이 알려지지 않았다. 그녀는 그저 수많은 사람이 적은 비용으로 목숨을 구할 수 있도록 했을 뿐이다. 그 사실이 확실하게 알려져 있다는 것이야말로 그녀에게는 최고의 보상이다."

플레밍의 행운

파스퇴르의 여름휴가가 운 좋게 백신 접종의 작용 방식을 간파하는 깨달음으로 이어진 지 50년 뒤, 여름휴가는 다시금 질병을 정복할 우연의 한 조각을 만들어냈다. 1928년 8월 알렉산더 플레밍^{Alexander Fleming}은 서퍽에서 휴가를 보내기 위해 런던의 연구실을 떠났다. 그해 여름 런던의 날씨는 오락가락했다. 6월에는 쌀쌀한 날이 많았다가 7월이 되자 갑작스럽게 더워지더니, 15일에는 기온이 무려 섭씨 30도까지 올라갔고 8월 초에는 다시 쌀쌀할 정도로 기온이 낮아졌다. 그리고 8월 10일부터는 다시 뜨거워졌다. 날씨 이야기를 하는 이유는 플레밍이 세균을 다루는 책을 쓰면서 페트리접시에 배양하고 있던 세균인 황색포도알균^{Staphylococcus aureus}의 증식에 날씨가 영향을 미쳤기 때문이다. 그는 그 종의 전문가였지만, 몇 가지 사실을 확인하고자 했다. 8월 초의 쌀쌀한 날씨는 페니실륨^{penicillium}이라는 곰팡이가 자라기에 딱 맞았다. 그 홀씨 하나가 바람에 실려 연구실로 들어오더니 페트리접시 하나에 내려앉았다. 그 뒤에 더운 날씨가 이어지면서 세균은 마구 증식했다. 그런데 페니실륨 주위만 그렇지 않았다. 그 곰팡이가 황색포도알균을 죽였기 때문이다. 그 결과 배지에서 마치 두 종이 서로를 질색하여 밀어내는 듯한 인상적인 무늬가 생겨났다. 날씨가 달랐다면 이 무늬는 생겨나지 않았을지도 모른다. 페니실린은 이 종의 성숙한 세균에는 별 효과가 없기 때문이다.

키가 작고 과묵한 스코틀랜드인인 플레밍은 휴가를 마치고 9월 3일에 돌아와서 (늘 하던 대로) 페트리접시에 남아 있는 배지들을 살펴보기 시작했다. 쓸모없는 것들은 도자기 접시에 긁어모았다가 버렸다. 그때 예전 동료인 멀린 프라이스^{Merlin Pryce}가 문틈으로 고개를 들이밀었고, 플레밍은 일하면서 그와 대화를 나누었다. "이건 흥미롭군." 곰팡이와 세균 사이의 배척 무늬가 형성된 접시를 집어 들며 그가 말했다. 곰팡이가 세균을 죽이는 물질을 만드는 것일까? 흥미를 느낀 플레밍은 그 페트리접시와 곰팡이 표본을 따로 보관했다.

그러나 이 발견이 실제 질병 치료제로 이어지기까지 12년 넘는 시간이 더 걸렸다. 백신 접종의 성공도 그 지체에 얼마간 기여했다. 플레밍은 대체로 세균학의 위대한 개척자인 암로스 라이트Almroth Wright 밑에서 경력을 쌓았다. 라이트는 약물이 아무리 효과가 좋아도 질병을 결코 완치시키지 못할 것이고, 질병은 몸의 방어능력을 도움으로써만 없앨 수 있다고 굳게 믿었다. 그래서 백신 접종을 질병을 예방하는 데만이 아니라, 치료하는 데에도 써야 한다고 보았다.

아일랜드인 부친과 스웨덴인 모친을 둔 라이트는 키가 아주 컸고, 솔직하고 말을 잘하고 성미가 급했다. 동료들은 그를 '프레드가의 철학자', '패딩턴 플라톤' 또는 더 장난스럽게 '거의 옳다Almost Right 경'이나 '항상 틀리다 Always Wrong 경'이라고 부르곤 했다. 라이트의 좌우명은 "식세포phagocyte를 자극하라!"(식세포는 세균이나 이물, 조직의 분해물 따위를 잡아먹어 소화, 분해하는 백혈구로, 이 좌우명은 약물에 의존하지 말고 몸의 면역력을 증진시키는 것이 중요하다는 의미다-옮긴이)였다. 버나드 쇼의 희곡《의사의 딜레마The Doctor's Dilemma》에 등장하여 불후의 명성을 얻은 말이었다. 희곡 속의 콜렌소 리전 경은 라이트와 거의 판박이였다. 라이트와 플레밍이 일하던 세인트메리병원은 백신 요법의 성지였다. 라이트가 제1차 세계대전 때 연합군에게 장티푸스 백신을 접종하자고 적극적으로 나서서 수십만 명의 목숨을 구한 덕분일 것이다.

라이트의 영향을 받아서, 플레밍도 화학물질이 감염을 치료할 수 있다는 견해에 회의적이었다. 제1차 세계대전 때 상처의 감염 원인을 연구한 경험도 그런 회의론을 심화시켰다. 당시 그와 라이트는 볼로냐의 한 카지

노에 머물고 있었는데, 생명을 구할 방법을 이해하고자 그곳을 세균학 연구실로 삼았다. 그곳에서 플레밍은 들쭉날쭉한 상처를 모방하여 이리저리 구부린 시험관을 써서 석탄산 같은 소독제가 역효과를 일으킨다는 것을 보여주었다. 소독제가 상처 깊숙한 곳에서 괴저를 일으키는 세균에 가 닿지 못한 채 몸의 백혈구를 죽이고 있었기 때문이다. 대신에 플레밍과 라이트는 상처를 소금물로 씻어야 한다고 주장했다. 그것은 중요한 발견이었지만, 부상자를 치료하던 의사들은 그 말을 완전히 무시했다. 소독제에 담근 붕대로 상처를 감싸지 않으면 잘못될 것이라고 느꼈기 때문이다.

그렇다고 해서 플레밍이 라이트의 생각을 무턱대고 따른 것은 아니었다. 전쟁이 나기 전에 그는 의학자 파울 에를리히**Paul Ehrlich**가 비소를 기반으로 합성해낸 화학요법제인 살바르산**salvarsan**을 받아들인 바 있다. 이 요법은 매독 치료에 쓰였으며, 그 덕분에 에를리히는 '매독 의사'로 유명세를 얻었다. 따라서 플레밍은 식세포를 자극하는 것 말고도 질병을 치료할 방법이 있음을 알고 있었다. 1921년 그는 자신의 코 점액과 눈물, 침 등의 체액에서 분리한 라이소자임이라는 단백질에 살균 특성이 있다는 것을 발견했다. 우연찮게도 그 단백질은 식세포가 분비하는 것이었다. 인체의 자체 천연 소독제인 라이소자임을 몸에 주사하면 세균을 죽이는 화학물질을 발견할 수도 있을 듯했다. 그러나 라이소자임 자체는 질병을 일으키는 병원성이 가장 강한 세균 종에는 별 타격을 못 입히는 것으로 드러났다.

그러니 플레밍은 페니실린, 다시 말해 처음에 그가 부르던 이름인 '곰팡이 주스**mould juice**'를 발견할 준비가 적어도 얼마쯤은 되어 있는 상태였다. 그는 일련의 실험을 통해 그 주스가 대다수의 소독제보다 많은 종류의 병원성 세균을 더 효과적으로 죽이지만, 몸의 자체 방어체계에 속한 식세포는 죽이지 않는다는 것을 증명했다. 그러나 처음에 페니실린을 국부 소독제 형태로 감염된 상처에 직접 바르는 실험을 했을 때에는 결과가 실망스러웠다. 몸에 주사해야 가장 효과가 좋다는 사실을 아직 아무도 깨닫지 못한 상태였다. 또 페니실린은 다량 생산하거나 보관하기가 어려웠다. 1936년 제약사 스큅이 이렇게 결론을 내릴 정도였다. "느린 개발 속도, 안정성 부족, 세균에 느리게 작용하는 특성에 비추어볼 때, 페니실린을 항생제로 생산하여 판매한다는 것은 현실적이지 않아 보인다." 그 결과 페니실린은 10년 넘게 질병 치료제로 개발되지 못한 채, 호기심 차원에 남아 있었다.

전쟁이 터지면서 항생제 개발이 촉진되었다는 것이 일반적인 견해이긴 하지만, 그런 생각이 틀렸을 수도 있음을 시사하는 증거가 있다. 제2차 세계대전이 터진 지 겨우 3일 뒤인 1939년 9월 6일, 옥스퍼드의 두 과학자가 페니실린을 연구하겠다고 연구비를 신청했다. 페니실린을 아직 응용이 아니라 과학의 관점에서 보던 때였다. 그들은 사실 1년 넘게 페니실린을 연구하고 있었는데, 전쟁이 터지면서 연구비를 구하기가 더욱 어려워진 상황이었다. 의학연구위원회와 록펠러재단 모두 신청한 액수보다 훨씬 적게 지원했고, 재단은 전시라서 상황이 어찌될지 모르기 때문이라고 이유를 달았다. 따라서 전쟁 발발은 이 시점에서는 사실상 페니실린의 개발을 지체시켰다.

독일에서 망명한 생화학자 언스트 체인Ernst Chain과 호주에서 온 병리학자 하워드 플로리Howard Florey는 전쟁이 터지기 전에 플레밍의 연구를 접하고서 더 자세히 살펴보기로 마음먹었다. 전시라서 적절한 물품, 돈,

사람이 부족하긴 했지만, 1940년 5월까지 연구원인 노먼 히틀리Norman Heatley는 페니실린을 추출하여 생쥐에게 주사하여 무해하다는 것을 입증했다. 5월 25일 토요일, 플로리는 생쥐 네 마리에 페니실린을 주사한 뒤 포도알균에 감염시켰고, 대조군 생쥐 네 마리에게는 포도알균만 다량 주사했다. 그날 밤 페니실린 주사를 맞은 네 마리는 살아남았고, 맞지 않은 네 마리는 죽었다.

플로리, 체인, 히틀리는 부상한 군인에게 쓸 새 치료제를 곧 내놓을 수 있으리라고 직감했다. 그 뒤로 몇 달에 걸쳐서 그들의 연구실은 페니실린 제조공장이 되었고, 1941년 2월 12일 장미 덤불에 긁히는 바람에 생긴 패혈증으로 죽어가고 있던 43세의 경찰관 앨버트 알렉산더Albert Alexander가 최초로 페니실린 치료를 받게 되었다. 그는 빠르게 회복되었지만, 완치되기 전에 그만 페니실린이 다 떨어지고 말았다. 병이 재발하는 바람에 그는 안타깝게도 사망했다. 그래도 페니실린의 기적 같은 효과는 확인되었다. 1942년 8월(이제 다시 페니실린에 관심을 갖게 된) 플레밍은 페니실린을 써서 해리 램버트Harry Lambert라는 사람의 수막염을 치료했고, 그 일로 언론의 주목을 받았다. 그때부터 플레밍은 영웅이 되었고, 남 앞에 나서기를 싫어하는 플로리보다 훨씬 더 유명해졌다.

1941년 7월 길어지는 전쟁으로 영국의 산업이 한계에 다다를 즈음, 플로리와 히틀리는 미국으로 가서 페니실린 생산을 새로 시작했다. 곧 페니실린을 더 많이 만드는 곰팡이 변종이 발견되었고 배양 기술도 더 개선되었지만, 화학회사는 처음에 그런 불확실한 사업에 투자하기를 꺼려했다. 한편 반트러스트(독점 반대) 법규 때문에 기업들은 서로에게서 기술을 배우기가 어려워졌다. 미국 업계가 페니실린과 관련된 온갖 지식재산권을 주장하는 바람에 영국은 나중에 좀 분개했다.

전시의 물자 부족, 안보 불안, V1 비행 폭탄으로 (영국에서는) 페니실린 개발 계획이 계속 지장을 받았기 때문에, 평시였다면 더 느리게 개발되었으리라는 말이 사실이라고는 결코 확신할 수 없다. 그 약이 부상 군인에게 유용했다는 사실을 부정하려는 것이 아니다. 많은 부상자가 페니실린 덕분에 목숨을 구했으니까. 더욱 놀랍게도 페니실린은 임질도 치료할 수 있다. 북아프리카와 시칠리아에서는 독일군에게 죽은 사람보다 임질에 걸려 죽은 사람이 더 많았다. 노르망디 상륙작전이 이루어질 무렵에는 페니실린이 충분히 확보되어서 부상자의 사망률이 예상보다 훨씬 낮아졌다.

페니실린의 특성에 관한 소식은 전쟁이 나기 전에 독일에도 전해졌고, 1944년 6월 히틀러 암살 시도가 일어난 뒤에 주치의가 그를 치료할 때 페니실린을 썼다. 그러나 독일이나 프랑스에서는 대량생산을 하려는 노력이 전혀 이루어지지 않았다. 이 점도 1940년대가 평화로웠다면 아마 달랐을 것이다.

페니실린 이야기는 설령 우연한 행운으로 어떤 과학적 발견이 이루어진다고 해도, 그 발견을 유용한 혁신으로 바꾸려면 많은 실질적인 노력이 필요하다는 교훈을 다시 짚어준다.

소아마비 백신을 찾아서

1950년대에 미국에서 가장 주목을 받은 질병은 소아마비였다. 천연두 이야기와 달리, 소아마비 백신의 이야기는 혼란스럽고 분쟁으로 가득하다. 초창기에 메리 워틀리 몬터규의 반대편에 섰던 이들이 했던 우려 가운데 일부가 실현되기도 했다. 훨씬 뒤늦게이긴 하지만 말이다. 본래 목숨을 구했어야 할 백신이 목숨을 앗아가는 일이 벌어진 것이다. 그리고 그 일을 알린 사람은 시류에 편승하지 않는 완강한 여성이었다.

그녀의 이름은 버니스 에디Bernice Eddy다. 1903년 웨스트버지니아 시골에서 의사의 딸로 태어난 그녀는 의대에 갈 돈이 없었기에 연구실 쪽으로 방향을 틀었고, 1927년 신시내티 대학교에서 세균학 박사학위를 받았다. 1952년경에 그녀는 미국 정부 부서인 생물학적표준과에서 소아마비바이러스를 연구했다. 그녀는 새로 나온 소크Salk 백신의 안전성과 효능을 검사하는 일을 했다.

소아마비는 20세기에 미국에서 유달리 악성 유행병이 되었다. 역설적이게도 그렇게 된 주된 이유는 공중보건의 개선 때문이었다. 아이들 대부분이 그 바이러스에 걸리는 연령까지 자라게 됨으로써, 더 병원성이 강한 바이러스에 감염되어 때로 마비까지 일어나곤 했다. 하수에 오염된 물에 누구나 몸을 담그고 그 오염된 물을 식수로도 사용하던 때에는 그 바이러스에 일찍부터 노출되어 면역력을 획득하기 때문에, 마비가 일어나지 않았다. 그런데 식수를 염소로 정수 처리하면서 사람들은 그 바이러스를 더 나중에 접하게 되었고, 그때 감염되면 병원성이 더 강하게 나타났다. 1950년대 미국에서 소아마비 유행병은 해마다 더욱 심해지고 있었다. 1940년에는 감염자가 1만 명이었는데 1945년에는 2만 명, 1952년에는 5만 8,000명으로 늘었다. 그러자 대중의 이목이 집중되면서 치료제와 백신 개발에 쓸 엄청난 기부금이 모였다. 백신 개발에 성공한다면 연구진은 엄청난 명성과 부를 획득할 것이 분명했기에, 편법을 쓰는 이들도 나타나곤 했다.

돌파구 하나는 피츠버그의 조너스 소크Jonas Salk가 새로운 조직 배양 기술을 써서, 잘게 다진 원숭이 콩팥에서 소아마비바이러스를 대량 증식하는 데 성공하면서 일어났다. 1953년경에 그는 콩팥을 얻기 위해 일주일에 원숭이를 50마리씩 죽였다. 그는 원숭이 콩팥 조직을 섞은 배지가 든 플라스크에서 바이러스를 배양한 뒤, 폼알데하이드에 13일 동안 노출시켜서 불활성화했다. 그렇게 만든 백신을 아동 161명에게 시험했더니 아무런 피해도 입지 않았고 소아마비에 걸린 아이도 없었으며, 그 바이러스를 막는 항체가 형성되었다. 소크의 경쟁자, 특히 앨버트 세이빈Albert Sabin의 반대를 무릅쓰고 또 그 백신이 여전히 원숭이에게 소아마비를 일으킬 수 있다는 사실을 보여준 버니스 에디의 실험 결과를 외면한 채, 소크 백신 측은 1955년 대대적인 광고를 하면서 서둘러 전국 규모의 임상시험에 들어갔다. 그런데 제조사 중 한 곳인 커터연구소가 완전히 불활성화하지 않은 바이러스를 투여하는 바람에 수천 명이 바이러스에 감염되고 200명 넘게 마비가 일어났다. 백신은 곧 회수되고 접종 계획도 중단되었다.

한편 에디는 또 다른 걱정도 하고 있었다. 그녀는 세라 스튜어트Sarah Stewart와 함께 SE 폴리오마바이러스polyoma virus('S'는 스튜어트, 'E'는 에디를 뜻했다)라는 바이러스를 통해 생쥐의 종양으로부터 햄스터, 토끼, 기니피그로 암이 전파될 수 있음을 보여주었다. 놀라운 생명의학적 발견이었다. 그녀는 소크 백신을 만드는 데 쓰이는 원숭이 콩팥 조직 배양이 바이러스 감염으로 때때로 엉망이 된다는 것을 알았다. 원숭이 바이러스 때문이었다. 그리고 그녀는 이렇게 오염을 일으키는 바이러스가 백신에 섞여 들어가서 사람에게 암을 일으킬지도 모른다고 우려했다. 1959년 6월 그녀는 원숭이 콩팥 배양이 실제로 햄스터의 접종 부위에 암을 일으킬 수 있음을 실험을 통해 보여주었다. 그런데 그녀의 상사인 조 스메이덜Joe Smadel은 그 연구를 했다고 그녀를 질책했다. 소아마비 백신 접종의 안정성에 또 다시 의심을 불러일으켰다는 이유에서였다. 그리고 에디가 1960년 10월 학술대회에서 연구 결과를 발표하겠다고 고집하자, 그녀는 소아마비 연구에서 사실상 배제되었고 실험 내용을 언급하는 것조차 금지되었다. 스메이덜은 호통을 쳤다. "당신은 말벌 집을 건드렸어. 그리고 세상에는 원숭이 콩팥 조직 배양액을 사람에게 쓰면 암을 일으킬 수 있다고 믿을 만큼 순진한 이들이 있겠지." 실제로 그랬다.

그 오염 원인인 바이러스는 이윽고 분리되어서 SV40이라는 이름이 붙여졌고, 다른 연구자들이 상세히 연구했다. 현재 우리는 1954년부터 1963년 사이에 소아마비 백신 접종을 받은 거의 모든 미국인이 아마도 원숭이 바이러스에 노출되었을 것임을 안다. SV40(40번째로 발견된 것)은 그중 하나에 불과했다. 약 1억 명이 노출된 것이다. 그 뒤로 여러 해 동안 보건당국은 그 위험성이 낮다면서 전 세계를 안심시키려 노력했지만, 당시에는 그렇게 안도할 근거가 거의 없었다. 오염된 백신을 접종받은 이들에게서 특이한 암이 유행병 수준으로 나타나지 않았다는 것은 분명하지만, 인간의 암에서 SV40의 DNA가 검출되어온 것도 맞다. 중피종과 뇌종양이 특히 그렇다. 그러한 암에서는 그 바이러스가 다른 원인과 공동으로 작용했을 수도 있다. 그러나 그런 이야기는 지금도 금기시되고 있다.

1988년 소아마비 박멸 계획이 세워졌다. 자원 봉사자들은 아동과 성인 모두를 보호하기 위해 세계 곳곳으로 퍼져나갔다. 그들은 마비를 예방하기 위한 불활성 백신과 완전한 면역력을 형성하기 위한 경구형(살아 있는) 소아마비 백신을 조합하여 투여했다. 남아메리카와 중앙아프리카의 내전이 벌어지는 곳에서 전선을 가로지르고, 심지어 휴전까지 얻어내면서 접종을 했다. 그 뒤로 30년 동안 이러한 활약 덕분에 마비 사례는 1,600만 건, 사망자는 160만 명이 줄어들었다고 추정된다. 현재 그들은 99.99퍼센트 이상 성공을 거두었다. 아프리카에서는 2016년 이후로 소아마비 환자가 나타나지 않았다. 아프가니스탄과 파키스탄에서만 아직 극소수의 환자가 보고되고 있다. 2018년에는 33명이었다. 그러나 그곳에서도 곧 소아마비는 역사의 뒤안길로 사라질 것이 확실하다.

움막과 말라리아

1980년대에 이르자 천연두는 박멸되고 소아마비, 장티푸스, 콜레라도 위세를 잃었지만, 가장 강력한 살인자로 완강하게 남은 질병이 있었다. 연간 수십만 명의 목숨을 앗아갈 수 있는 질병이었다. 게다가 해가 갈수록 이 질병이 일으키는 피해도 더 심각해졌다. 바로 말라리아다.

1983년 6월 20일 프랑스와 베트남에서 온 과학자들이 서아프리카의 부르키나파소에 있는 소모소라는 덥고 먼지 자욱한 마을에서 아프리카인 동료들과 함께 실험을 시작했다. 그들은 동네 시장에서 무명천을 사서 모기장 서른여섯 개를 만들었다. 침대 둘 이상을 덮을 수 있을 만치 커다란 공동 모기장도 있었고, 침대 하나를 덮을 만한 개인 모기장도 있었다. 모기장 중 절반은 살충제인 퍼메트린permethrin 20퍼센트 용액에 담갔다. 연구진은 그 뒤에 좀 별난 일을 했다. 살충제에 적신 모기장과 적시지 않은 모기장 중 절반에는 작은 구멍을 많이 냈다. 그러자 살충제에 적시지 않고 구멍이 안 난 모기장, 살충제에 적시지 않고 구멍이 난 모기장, 살충제를 적시고 구멍이 안 난 모기장, 살충제를 적시고 구멍이 난 모기장이 아홉 개씩 만들어졌다. 연구진은 이 서른여섯 개의 모기장을 햇볕에 90분 동안 널어 말린 뒤, 스물네 채의 움막에 설치했다. 움막은 전통적인 방식으로 흙벽에 이엉으로 지붕을 인 형태였다. 집으로 쓰려는 의도는 아니었다. 연구 시설이었다. 각 움막에는 모기 덫이 설치되어 있었는데, 움막 안에 모기를 가두는 종류도 있었고, 움막에 모기가 들어오지 못하게 하는 종류도 있었다.

6월 27일부터 5개월 동안 자원자들은 오후 8시에서 오전 6시까지 오두막에서 지내면서 잠을 잤다. 개인 모기장에는 한 명, 공동 모기장에는 세 명씩 들어가서 잤다. 일주일에 6일, 하루에 세 번 오전 5시, 8시, 10시에 움막에 들어오거나 움막에서 나가려고 시도한 모기는 죽어 있든 살아 있든 모두 채집했다. 살아 있는 모기는 스물네 시간 동안 관찰하면서 몇 마리나 죽는지 세었다. 21주가 지날 때까지 채집된 모기 암컷은 4,682마리였고, 대부분 두 종류에 속했다. 아노펠레스 감비아이Anopheles gambiae 와 아노펠레스 푸네스투스Anopheles funestus로, 둘 다 말라리아 매개체였다.

이 실험 아이디어는 두 프랑스 과학자 프레데리크 다리에Frédéric Darriet와 피에르 카르네발Pierre Carnevale이 내놓았다. 그들은 제2차 세계대전 때 미군이 그리고 그 뒤에 중국군이 DDT를 뿌린 모기장을 썼다는 데 착안했다. 그런데 구멍은 왜 뚫었을까? 나는 최근에 다리에에게 직접 물어보았다. 그는 아프리카에서는 모기장이 멀쩡한 상태로 오래 유지되는 일이 드물기 때문에, 구멍이 난 모기장이 무용지물인지 아니면 멀쩡한 것만큼 유용한지를 살펴보는 것이 현실적이라고 보았다. 잠 못 드는 이들이라면 으레 경험했겠지만 살충제 처리를 하지 않은 모기장은 구멍이 뚫렸을 때 별 쓸모가 없다. 그렇다면 곤충을 죽이거나 물리치는 살충제 처리를 하면 어떻게 될까?

부르키나파소 연구진이 얻은 결과는 놀라웠다. 다리에와 카르네발조차 깜짝 놀랐다. 멀쩡하든 구멍이 났든 간에 퍼메트린 처리를 한 모기장은 모기를 막았다. 움막으로 들어오는 모기의 수가 약 70퍼센트 줄었고, 들어왔다가 움막 밖으로 나가는 모기의 비율은 25퍼센트에서 97퍼센트로 늘었다. 그리고 '흡혈률engorgement rate', 그러니까 모기가 피를 빼는 비율은 감비아이 종은 20퍼센트, 푸네스투스 종은 10퍼센트가 줄었다. 또 대조군인 움막에서 잡힌 모기는 죽은 개체가 거의 없었지만, 살충제 처리된 모기장을 친 움막에서 잡힌 모기는 17퍼센트가 죽었다. 살충제 처리 모기장은 5개월 뒤에도 여전히 곤충을 막거나 죽이는 효과가 뛰어났다. (지금은 효과가 더욱 오래가는 살충제로 처리한다.)

'다리에 등 1984 Darriet et al. 1984'로 알려진 이 산뜻하게 단순하면서도 꼼꼼하게 설계된 실험은 말라리아와 해충 방제라는 작은 분야에서 유명해졌다. 대중매체에서는 받아 마땅한 명성을 얻지 못했지만 말이다. 이 논문은 아프리카에서 말라리아를 방제하는 데 돌파구가 되었다. 살충제에 담근 모기장은 말라리아와 그 매개체를 막는 마법의 탄환이다. 그 모기장은 곧 널리 퍼졌다. 살충제에 적신 모기장은 2003년부터 널리 쓰이기 시작했고, 바로 그해에 말라리아 사망률은 증가세를 멈추고 줄어들기 시작했다. 최근 몇 년 사이에 전 세계에서 말라리아 사망률 감소로 목숨을 구한 600만 명 중 70퍼센트는 살충제 처리를 한 모기장 덕분이라는 연구 결과가 최근에 〈네이처 Nature〉에 발표되기도 했다. 말라리아 치료제와 살충제 살포의 효과를 더한 것보다 두 배 더 많다. 2010년경에는 해마다 1억 4,500만 개의 모기장이 보급되었다. 지금까지 10억 명이 넘는 이들이 이 모기장을 사용했다. 전 세계를 보면 말라리아 사망률은 21세기의 첫 17년 사이에 거의 절반으로 줄었다.

흡연과 전자담배

이제 현대 세계의 가장 강력한 살인자는 병균이 아니라 습관이다. 바로 흡연 말이다. 흡연은 해마다 600만 명 이상을 직접적으로 일찍 죽음에 이르게 하고, 아마 간접적으로도 수백만 명의 조기 사망에 기여하고 있을 것이다. 1500년대에 아메리카 대륙에서 구대륙으로 전파된 흡연이라는 혁신은 인류가 저지른 크나큰 실수 중 하나다.

흡연이 자발적인 습관이며 인간이 적어도 어떤 때는 합리적으로 행동한다는 점을 생각하면, 이 살인자는 비교적 쉽게 없앨 수 있어야 마땅하다. 그냥 사람들에게 흡연이 안 좋다고 말하면 그만두지 않겠는가? 그러나 흡연은 중독이기에, 실제로는 그보다 더 떨쳐내기 어렵다는 것이 증명되었다. 흡연은 다른 어떤 것보다도 조기 사망을 가져오는 큰 원인이다.

흡연이 암과 심장병을 일으킨다는 지식은 놀랍게도 흡연의 세계적인 인기에 흠집조차 내지 못했다. 흡연이 목숨을 앗아간다는 증거는 이미 오래 전에 합리적으로 볼 때 의심의 여지 없이 확실하게 드러났음에도, 흡연 습관을 중단시키는 쪽으로는 놀라울 만치 거의 무용지물이었다. 광고 금지, 시선을 끄는 포장 금지, 공공장소에서의 흡연 금지, 포장지에 금연 문구 의무화, 의학적 권고, 교육은 모두 어느 정도 효과가 있긴 하다. 서양 사회에서는 특히 그렇다. 그러나 아직도 전 세계에서 10억 명이 넘는 이들이 입술 사이에 끼운 식물 가공 물질에 작은 모닥불을 피우는 일에 중독되어 있다.

혁신 이야기로 들어가자. 영국에서는 최근 몇 년 사이에 흡연율이 빠르게 줄어들었다. 주된 이유는 흡연 대신에 첨단기술을 써서 니코틴 몽롱함nicotine hit(이 자체가 해로운지는 알려져 있지 않다)을 얻는 다른 방법이 널리 퍼졌기 때문이었다. 바로 전자담배다. 유럽의 다른 국가보다 영국은 전자담배 이용자가 더 많다. 일반 담배를 피우는 사람이 590만 명인데, 전자담배를 피우는 사람은 약 360만 명이다. 공공기관, 정부, 자선단체, 대학도 전자담배를 승인했다. 매우 안전하기 때문이 아니라, 기존 담배 흡연보다 훨씬 안전해서다. 전자담배를 공식적으로 규제하는 미국과 이 글을 쓰는 현재도 공식적으로 불법인 호주와는 뚜렷한 대조를 이룬다.

전자담배의 혁신가는 누구였을까? 최초의 발명가는 혼 릭韓力이었다. 그는 자신의 흡연 습관을 끊고자 최초로 현대적인 전자담배를 고안했다. 21세기가 시작될 무렵 그는 랴오닝성 전통중국의학연구소의 화학자로 일하면서 하루에 담배를 두 갑씩 피웠다. 담배를 끊고 싶었지만 몇 차례나 시도했다가 실패했다. 니코틴 패치도 붙여봤지만 담배를 빨 때의 몽롱함은 얻기가 힘들었다.

어느 날 실험실에서 그는 액체 니코틴을 좀 얻어서 기화하는 방법을 실험하기 시작했다. 전자담배는 1980년대에 처음 시판된 바 있지만 성공하지 못했고, 1960년대에도 시제품이 나왔으며, 심지어 1930년대에도 니코틴 증기 이용 방법으로 특허가 출원되기도 했다. 혼은 그 세월 동안 전자 기기의 크기가 아주 작아진 덕분에 더 운이 좋았다. 그가 처음 고안한 장치는 크고 거추장스러웠지만, 2003년경에는 더 실용적인 방식을 쓰는 더 작은 장치에 특허를 출원한 상태였다. 그 뒤로 장치는 더욱 작아졌고, 그는 랴오닝성 식품국과 중국군 의학연구소에 제품 검사를 신청했다. 그리고 2006년 판매가 이루어졌다. 그러나 발명가가 반드시 혁신가는 아니라는 점을 기억하자. 전자담배는 중국에서 영국에서만큼 성공을 거두지 못했다. 이유가 뭘까?

2010년 광고회사의 중역인 로리 서덜랜드Rory Sutherland는 오랜 친구인 데이비드 핼펀David Halpern을 만나러 런던 도심의 애드미럴티아치에 있는 사무실에 들렀다. 핼펀은 데이비드 캐머런David Cameron 총리가 신설한 행동통찰팀Behavioural Insights Team, 별칭 '넛지 부서nudge unit'라는 곳의 책임자로 막 임용된 참이었다. 대화를 나누다가 서덜랜드는 온라인으로 구매한 전자담배를 꺼내어 빨았다.

그 무렵에 전자담배는 호주, 브라질, 사우디아라비아를 비롯한 여러 나라에서 금지되어 있었다. 사실상 새로운 형태의 흡연이라고 우려하는 담배 농민이나 공중보건 압력단체의 촉구 때문이었다. 조만간 영국도 그 기술에 불법 조치를 내릴 것이 확실했다.

헬펀은 그전에는 전자담배를 본 적이 없었다. 그는 서덜랜드에게 그게 뭐냐고 물었고, 전자담배의 위험을 무릅쓴다면 두 가지 악을 줄일 수도 있지 않을까 하는 생각에 흥미를 느꼈다. 천연두를 막은 백신 접종이나 장티푸스를 막은 염소 소독처럼. 또는 헤로인 중독자들에게 깨끗한 바늘을 나누어주어서 HIV 감염을 막는 것처럼 말이다. 이 논란 분분했던 정책은 1980년대에 영국에서 채택되었는데, 마약 중독자의 HIV 감염률을 다른 나라보다 훨씬 낮게 유지하는 데 놀라울 만치 효과가 있음이 드러났다. 헬펀은 나중에 이렇게 썼다. "우리는 증거를 열심히 모았고 하원에서 자세히 설명한 뒤, 정부의 전자담배 금지 움직임을 막아야 한다고 촉구했다. 사실 우리는 거기에서 더 나아갔다. 우리는 전자담배가 더 널리 쓰일 방안을 마련해야 하며, 금지하는 것이 아니라 품질과 신뢰도를 개선하는 쪽으로 규제를 활용해야 한다고 주장했다."

그것이 바로 많은 의학 전문가, 언론, 세계보건기구와 유럽집행위원회가 격렬하게 반대했는데도, 다른 나라보다 영국에서 이 혁신이 더욱 유행하게 된 이유다. 현재는 엄밀하게 수행된 연구를 통해 전자담배가 위험이 아예 없지는 않지만 흡연보다는 그 위험성이 훨씬 낮다는 강력한 증거가 나와 있다. 위험한 화학물질이 덜 들어 있고, 임상 증상을 덜 유발한다는 것이다. 2016년의 한 연구에서는 기존 흡연자에게 전자담배를 5일 동안 피우게 하자 혈액의 독성물질 수치가 담배를 아예 끊은 사람과 동일한 수준으로 떨어졌다는 결과가 나왔다. 2018년에는 전자담배로 바꾼 흡연자 209명을 2년 동안 추적 조사한 연구 결과가 나왔는데, 안전 문제나 심각한 건강 합병증이 생겼다는 증거를 전혀 찾을 수 없었다.

그러나 전자담배는 메리 워틀리 몬터규의 접종이 그랬던 것처럼 여러 이해집단으로부터 동일한 유형의 격렬한 반대를 맞닥뜨렸다. 많은 나라에서 담배업계가 전자담배를 금지시키는 데 성공했다. 제약사는 전자담배를 금지하라고 압력을 가했다. 그래야 금연 껌이나 패치를 더 많이 팔 수 있을 테니까. 공중보건 쪽 로비 단체도 전자담배를 금지하자고 주장했는데, 그래야 자신들의 금연운동을 계속 펼칠 수 있어서였다. 2014년 에볼라 유행병이 최고조에 달했을 때, 그 일을 우선시해야 마땅한 상황에서 세계보건기구 사무총장인 마거릿 챈Margaret Chan은 전자담배 금지를 우선 과제라고 생각한다는 점을 명확히 하기도 했다. 유럽집행위원회도 2013년에 전자담배를 의료품으로 규제하자고 요구함으로써 그 산업을 죽이려 시도했다.

그 안은 기각됐지만, 2017년에 시행된 유럽의 담배제품지침은 고농도 액상 전자담배를 금지하고 전자담배의 광고도 금지했다. 이 타협안은 표준을 마련하고 성분의 독성 검사 등 엄격한 제품 안전 규제를 받도록 하고, 개조가 어렵고 누출을 막는 포장을 하도록 하는 등의 규정을 제시함으로써 어느 정도는 전자담배 업계를 돕는 역할도 했다. 반면에 미국에서는 규제 자체가 거의 없었지만, 전자담배 제품을 금지하려는 시도가 많이 이루어졌다. 그 결과 곧 많은 사람이 죽어 나가기 시작했다. 대부분 암시장에서 니코틴이 아니라 대마의 성분 THC 오일이 든 전자담배를 구입해서 피운 이들이었다. 그 오일에는 비타민E 아세테이트라는 증점제가 섞여 있었다. 사실상 금주법 시대를 떠올리게 한다. 영국 정부는 전자담배를 장려하면서도 제품을 엄격하게 규제하는 반면, 미국 정부는 전자담배를 피우지 말라고 하면서 그 안전성을 확보하려는 노력을 거의 하지 않는다.

교통

실패는 그저 더 영리하게 다시 시도할 기회일 뿐이다.

―헨리 포드Henry Ford

기관차와 철도의 탄생

1820년대까지 인류 역사에서 가장 빨리 움직이는 방법은 말을 타고 달리는 것이었다. 그런데 그 뒤로 한 세기 사이에 그보다 세 배는 빨리, 그것도 몇 시간씩 계속해서 돌아다니는 것이 일상이 되었다. 이때 가시적이면서 극적인 혁신이 일어나지 않았을까? 그와 대조적으로 내가 살아온 시대에는 교통 속도가 그다지 크게 변하지 않았다.

    그 속도의 돌파구를 이루는 데 가장 큰 기여를 한 인물은 해당 착상의 창안자가 아니라 실용적인 측면에서 개선을 이룬 사람이었다. 그리고 토머스 뉴커먼처럼 그도 보잘것없는 집안 출신의 기술자였다. 1810년 노섬벌랜드 킬링워스에서 새로 개발된 탄광이 물에 잠겼다. 그러자 물을 퍼내기 위해 최신 뉴커먼 기관이 설치되었다. 그러나 그 기관은 작동하지 않았다. 전국에서 많은 기술자가 달려들어 고치려고 최선을 다했지만, 탄광은 한 해 내내 물에 잠긴 채로 남아 있었다. 여기서 제임스 와트의 이야기가 떠오르는 일화가 등장한다. 이웃 탄광에서 권선기를 맡고 있던 하찮은 '제동기사 brakesman'이자, 시계와 신발을 잘 고친다고 알려진 29세의 조지 스티븐슨 George Stephenson이 돕겠다고 나섰다. 그가 내건 조건은 오로지 도울 인력을 자신이 직접 고르겠다는 것뿐이었다. 그는 기관을 해체한 뒤 주입기 덮개의 모양을 바꾸고 실린더를 더 짧게 줄였다. 4일 뒤 기관은 제대로 돌아가기 시작했고, 곧 탄광의 물을 다 빼낼 수 있었다. 스티븐슨은 기관사로 일하게 되었고, 곧 그 지역 전체에서 기관 의사라는 명성을 얻었다.

스티븐슨의 부친은 와일럼 탄광의 '화부'로, 증기기관을 움직이기 위해 화로에 석탄을 삽으로 떠 넣는 일을 했다. 일찍부터 일을 시작한 조지는 열일곱 살 때 뉴번에서 증기기관의 밸브를 조작하는 '플러그맨 plugman'으로 금방 승진했고, 그 뒤에 월링턴 부두, 이어서 킬링워스에서 증기기관으로 움직이는 권선기를 맡아 제동기사로 일했다. 하지만 이 무렵에 그는 잇달아 불행한 일을 겪었다. 어린 아들을 남긴 채 아내가 세상을 떠났고, 부친은 증기기관 사고로 시력을 잃었다. 그는 군대에 징집되었고, 대신 복무할 사람을 구하느라 저축한 돈을 다 써야 했다. 그러나 기술자로서 점점 평판을 얻으면서 곧 여기저기 불려 다니게 되었다. 그 사이에 이윽고 교통기관이 등장할 때가 무르익었다.

마찻길을 따라서 증기기관으로 마차를 끈다는 개념은 새롭지 않았다. 이미 몇 년 전부터 고정식 기관이 케이블로 탄차를 비탈 위로 끌어올리는 데 쓰이고 있었다. 그리고 리처드 트레비식 Richard Trevithick의 첫 증기기관차는 1804년에 머서티드빌에서 궤도에 놓인 열차를 끌었다. 트레비식은 금속가공 기술의 발전 덕분에 이제 고압증기를 이용할 수 있다는 것을 알아차렸다. 고압증기를 쓰면 더 큰 출력을 낼 수 있고, 기관을 이동 가능하게 만들고 응축기도 없앨 수 있었다. 그러나 트레비식은 투자를 받지 못했고, 결국 흥미를 잃고 해외를 떠돌다가 빈털터리로 사망했다. 실험도 끝장난 듯이 보였다. 그를 모방하던 이들도 서서히 포기했다. 증기기관차는 신뢰할 수 없었고, 위험했고, 지독히도 비용이 많이 들었고, 궤도의 목재나 철판을 손상시켰고, 무거운 짐을 끌거나 비탈길을 오르려 하면 바퀴가 죽죽 미끄러지곤 했다. 사리 분별력이 있는 사람들은 이구동성으로 말했다. 차라리 말이 나아.

이 상황을 바꾼 것은 전쟁이었다. 나폴레옹 전쟁으로 말과 말의 먹이인 건초의 수요가 한없이 늘었고, 그 결과 둘 다 가격이 급등했다. 탄광 지역에서는 말이 끄는 수레에 석탄을 싣고서 배가 기다리고 있는 물가까지 가는 것이 제한 요인이었다. 이 거리가 약 13킬로미터를 넘으면 수지가 맞지 않았다. 그래서 탄광 소유주들은 다시 실험을 시작했고, 북동부 전역에서 보일러를 장착한 기계가 덜거덕거리면서 속도를 올리려고 애썼다. 그렇다고 해도 철도가 탄광 바깥의 세계에서도 유용하리라고 상상한 사람은 거의 아무도 없었다. 철도가 운하와 승합마차에 맞서서 사람과 짐을 멀리 운반할 수 있을 것이라는 생각은 그 누구도 하지 못했다. 이 사례는 혁신에 관한 한 가지 중요한 진리를 잘 보여준다. 사람들이 으레 혁신의 장기적인 영향을 과소평가한다는 것이다.

1812년 리즈에 사는 매튜 머리Matthew Murray라는 창의적인 기술자는 존 블렌킨솝John Blenkinsop(증기기관차 발명가 중 한 명-옮긴이)을 위해 실린더한 개가 아니라 두 개로 이루어진 기관을 제작했다. 그는 그 기관에 아서 웰링턴Arthur Wellington 경이 나폴레옹 군대를 물리친 스페인 전쟁터의 이름을 따서 살라망카Salamanca라는 이름을 붙였다. 그 뒤에 그는 동일한 형태의 장치를 하나 더 만들어서 월링턴Willington이라고 철자를 잘못 쓴 이름을 붙여서 북동부로 실어 보냈다. 이 장치는 톱니바퀴, 랙과 피니언 시스템(회전 운동을 직선 운동으로, 또는 그 반대로 바꾸는 장치-옮긴이)을 이용하는 데까지 나아갔지만, 윌리엄 헤들리William Hedley는 1813년 와일럼에서 그런 장치들을 아예 다 없앤 퍼핑 빌리Puffing Billy를 만들었다. 그럼으로써 매끄러운 바퀴가 매끄러운 궤도에 착 달라붙을 수 없다는 끈덕진 주장도 폐기시켰다. 직관에 반하지만, 기관차가 충분히 무겁다면 궤도가 아주 미끄럽고 조금 비탈진 곳에서도 무거운 짐을 끌 수 있다. 그러나 헤들리를 비롯한 다른 이들은 곧 새로운 문제에 맞닥뜨렸다. 궤도의 철판이 기관차의 무게를 견디지 못하고 계속 짓이겨졌기 때문이다. 그러니 바퀴 위쪽뿐 아니라 아래쪽에도 혁신이 일어나야 했다.

바로 여기에서 스티븐슨이 등장했다. 그는 기관과 궤도 양쪽으로 혁신이 필요하다는 점을 누구보다도 예리하게 인식했다. 다음 해인 1814년 그는 킬링워스에서 실린더가 두 개 달린(2기통) 기관차를 제작하여, 연전연승을 거두었던 프러시아 장군의 이름을 따서 블뤼허Blücher라는 이름을 붙였다(이 이야기에서는 나폴레옹 전쟁의 영향이 지속된다). 스티븐슨은 대체로 매튜 머리가 제작한 월링턴의 설계를 베꼈다. 블뤼허를 가동하자 석탄 2톤이 실린 열네 대의 화차를 시속 약 5킬로미터의 속도로 끌 수 있다는 깃이 드러났다. 말 열네 마리가 하는 일의 양이었다. 아직 신뢰성이 떨어져서 운하는커녕 말이 끄는 수레와도 경쟁하지 못할 수준이었고 연료가 값싼 탄광에서만 운전이 가능했지만, 이 장치는 새로운 출발점이 되었다. 그리고 스티븐슨은 이미 그 설계를 이렇게 저렇게 개선하고 있었다.

스티븐슨은 곧 주철로 만든 새로운 궤도를 설계하여 윌리엄 로시William Losh와 공동으로 특허를 냈다. 기관차의 무게를 더 잘 견딜 수 있는 궤도였다. 그러나 그 뒤에 그는 방향을 바꾸었다. 마이클 롱리지Michael Longridge 라는 그의 친구가 최근에 킬링워스에서 멀지 않은 리버블리스의 베들링턴에서 철공소를 인수해서 교련법으로 연철(탄소 함량이 낮은 철)을 만들고 있었는데, 주형을 통해서 연철 궤도를 뽑아낸다는 개념을 내놓았다. 롱리지의 기술자인 존 버킨쇼John Birkinshaw는 위쪽이 넓고 아래쪽이 좁은 쐐기 모양의 단면을 지닌 궤도를 설계했다. 기관차의 바퀴와 잘 접촉하는 한편, 금속도 절약하는 형태였다. 1822년 스톡턴에서 달링턴까지 철도를 깔 때(나는 이 대목을 달링턴 철도역에서 쓰고 있다!) 스티븐슨은 로시의 분노를 무릅쓰고 주철 궤도를 포기하고 버킨쇼의 연철 궤도를 깔았다.

조지 스티븐슨과 아들인 로버트Robert Stephenson는 경이로울 정도로 대담한 일을 했다. 그들은 스톡턴에서 달링턴까지 석탄을 운반할 기관차가 다닐 철도 경로를 측량하고 40킬로미터(이윽고 64킬로미터)의 연철 궤도를 깔았다. 이 위업에도 우연한 발견이 어느 정도 기여를 했다. 부유한 퀘이커교도 양모 상인이자 자선사업가인 에드워드 피즈Edward Pease 는 달링턴에서 스톡턴온티스의 항구까지 석탄, 양모, 리넨을 운반할 때 운하가 아니라 말이 끄는 궤도를 쓰자고 제안했다. 그러나 운하를 건설하는 것과 마찬가지로 말이 끌 궤도를 깔기까지도 의회에서 법을 통과시키고 변호사와 대행사를 고용하여 토지를 매입하는 데 엄청난 비용을 들여야 했다. 피즈와 달링턴의 퀘이커교도 동료들은 상원의원의 격렬한 반대에 직면했다. 그러나 피즈는 굴하지 않고 고집스럽게 악착같이 런던 정치인들을 설득했고, 그 결과 이윽고 1821년 4월에 법이 통과되었다. 이 법은 말이 끄는 궤도만을 위한 것이었다.

1821년 4월 19일 법안이 통과된 바로 그날, 피즈는 조지 스티븐슨을 만났다. 스티븐슨은 피즈가 철도를 놓을 계획이라는 말을 듣고서 스톡턴에서부터 그를 만나러 왔다. 스티븐슨은 경로 측량을 맡겠다고 제안한 뒤, 피즈에게 말뿐 아니라 기관차도 쓸 수 있도록 하자고 설득했다. 이 소식을 들은 지주들은 다시금 격렬하게 반발했다. 이 '악마 같은 기계'(반대하는 측의 표현)가 시속 16~19킬로미터로 달릴지도 모른다는 '어처구니없는' 소문(옹호하는 측의 표현)에 경악했기 때문이다!

로버트 스티븐슨은 스톡턴과 달링턴 사이의 철도를 달릴 개량 기관차를 제작하는 일에 착수했다. 그중 맨 처음 제작된 로코모션^{Locomotion}이 1825년 9월 27일에 첫선을 보였다. 주로 티모시 핵워스^{Timothy Hackworth}의 설계로 제작된 이 기관차는 석탄 열두 차량, 밀가루 한 차량, 사람 스물한 명을 태운 열차를 끌었다. 스톡턴에 도착했을 때는 600명 이상이 타고 있었다. 나중에 로코모션은 시속 약 40킬로미터까지 달릴 수 있음을 보여주었다. 열이 처음으로 사람들을 수송하는 일을 하고 있었다.

사실 달링턴-스톡턴 철도는 그 뒤로도 몇 년 동안 주로 말에 의존했으며, 기관차는 이따금 달렸지만 여전히 위험하고도 신뢰할 수 없는 기계였다. 그러나 스티븐슨 부자는 거기에서 멈추지 않았다. 그들이 내놓은 가장 유명한 기관차인 로켓^{Rocket}은 1829년 레인힐 경주대회^{Rainhill trial}에 출전했다. 조지 스티븐슨이 건설 중인 노선인 리버풀-맨체스터 철도를 달릴 기관차를 뽑는 대회였다. 출전 자격을 얻으려면, 기관차가 4.5톤이 넘지 않아야 하고 바퀴가 네 개뿐이어야 하고, 완충이 잘되어 있고, 작은 열차를 앞뒤로 끌며 한 번도 멈추는 일 없이 약 72킬로미터를 두 차례 오가야 했다. 로켓은 로버트가 설계했지만 주로 새로운 협력자인 헨리 부스Henry Booth가 발명한 많은 창의적인 사항을 포함시켜서 개선한 형태였다. 여러 개의 연관fire tube을 보일러 안에 넣어서 증기 발생률을 높이고, 실린더를 기울이고, 피스톤을 두 구동 바퀴에 직접 연결하고, 배출되는 증기를 배기관을 통해 수직으로 뻗은 굴뚝으로 내보내어 화로로 들어오는 공기량을 증가시키는 방식 등이었다. 즉 로켓은 어느 한 천재의 탁월한 상상력이 빚어낸 도약의 산물이 아니라 몇몇 사람이 시행착오를 통해 조금씩 여기저기 개선하면서 나온 결과물이었다. 레인힐에서 로켓은 아홉 팀과 경쟁했다. 다섯 팀은 시동조차 걸지 못했다. 나머지 팀 중에서 말이 끄는 사이클로퍼드Cycloped는 부서졌고, 퍼서비런스Perseverance는 고장 났고, 샌스퍼레일Sans Pareil은 실린더에 금이 갔고, 관중이 선호한 노벨티Novelty는 사나운 기세로 출발했지만 파이프가 계속 터져나갔다. 노벨티라는 토끼와 경주하는 거북이처럼 로켓은 침착하게 증기를 뿜어내면서 13톤의 짐을 끌고 출발해 이윽고 시속 48킬로미터까지 속도를 냈다. 그 뒤로 수십 년간 기관차는 로켓의 설계를 기본 바탕으로 삼게 되었다. 로켓은 1년 뒤 최초의 철도 사망 사고를 일으키기도 했다. 해당 철도의 장엄한 개통식이 열리고 있을 때, 정치가 윌리엄 허스키슨William Huskisson은 정치적 경쟁자인 총리 웰링턴 공작Duke of Wellington이 연설할 수 있도록 자리를 비켜주다가 그만 다른 열차에 치여 사망했다.

리버풀-맨체스터 노선이 개통되어 대성공을 거둔 뒤로 몇 년 동안은 별다른 일이 일어나지 않았다. 드문드문 몇 군데에서 짧은 노선이 깔리고, 관련 기술이 서서히 다듬어지는 수준이었다. 그러다가 국채의 낮은 이자율과 주식시장 개방으로 여윳돈이 있는 모든 이들이 주식을 사려는 열풍이 불면서 1840년에는 철도 사업 계획이 그야말로 우후죽순 나오기 시작했다. 영국 전역에서 도시, 이어서 소도시, 더 뒤에는 마을까지 잇는 새로운 노선들이 나타났다. 철도로 여행하는 것이 빠르고, 나아가 조금 더 믿을 만한 일상적인 활동이 되었다. 비록 오늘날의 기준으로 보면 결코 안전하다고 할 수 없는 수준이었지만 말이다. 역마차가 사라지면서 도로에 깔린 자갈 사이에서 풀이 자라기 시작했다. 철도 활황으로 경기 거품이 일어나면서 어떤 이들은 떼돈을 벌었지만 큰 손해를 보는 이들도 많았다. 심지어 허풍과 사기도 넘쳐났다. 하지만 영국 전역이 유례없이 연결되면서 교역이 번성했고 이용자들은 엄청난 혜택을 봤다.

나머지 세계도 곧 뒤를 따랐다. 미국에서는 1828년, 프랑스에서는 1830년, 벨기에와 독일에서는 1835년, 캐나다에서는 1836년, 인도와 쿠바와 러시아에서는 1837년, 네덜란드에서는 1839년에 열차가 운행되기 시작했다. 1840년에 미국의 철도 길이는 이미 4,350킬로미터에 달했고, 1850년에는 1만 4,100킬로미터로 늘었다.

스크루 돌리기

거의 같은 시기에 배에도 증기기관이 설치되기 시작했지만, 비용과 속도 면에서 증기기관이 원양 선박의 돛에 도전할 수 있게 된 것은 1800년대 후반에 들어선 뒤였다. 거기에는 외차를 대신할 스크루 프로펠러screw propeller의 발명도 한몫을 했다. 범주sailing 기술은 1860년대 말에 커티삭호Cutty Sark를 비롯한 클리퍼clipper라는 빠른 범선들이 등장하면서 정점에 달했다.

스크루 프로펠러의 이야기에는 혁신의 일반적인 요소가 다 담겨 있다. 앞서 있던 기나긴 역사, 두 경쟁자가 동시에 이룬 돌파구, 그 뒤로 여러 해에 걸쳐 이루어지는 점진적인 진화 말이다. 스크루 프로펠러라는 개념은 사실 1600년대부터 있었고 18세기에도 계속 언급됐지만, 1830년대에 선박의 주류는 외차기선paddle steamer이었다. 스크루 설계에도 잇달아 특허가 주어졌지만, 실제로 시범 운항까지 간 사례는 드물었다. 한 역사가는 이 개념과 관련된 특허를 470개까지 찾아내기도 했다. 1868년 소설가 에드워드 불워 리턴Edward Bulwer Lytton의 연인이기도 했던 헨리에타 밴시터트Henrietta Vansittart가 받은 특허는 특히 선견지명이 엿보였다.

1835년으로 돌아가보자. 런던 외곽의 헨던에 살던 27세의 프랜시스 스미스Francis Smith라는 농민은 용수철로 움직이는 스크루를 단 모형 배를 만들어서 연못에 띄우려 시도했다. 다음 해에 그는 좀 더 나은 모형을 만들어서 '물속에서 회전하는 스크루로 추진하는 배'로 특허를 받았다.

놀라운 우연의 일치로 겨우 6주 뒤에 마찬가지로 런던에서 스미스를 전혀 모르는 스웨덴 기술자 존 에릭슨John Ericsson도 비슷한 장치로 특허를 따냈다. 스미스는 토머스 필그림Thomas Pilgrim이라는 기술자의 도움을 받아서 이미 6마력짜리 기관을 장착한 10톤짜리 실제 배를 만들고 있었다. 배는 1836년 11월 패딩턴 운하에서 진수식을 가졌고, 곧바로 운 좋은 사고를 겪었다. 스미스가 만든 스크루는 나무로 된 타래송곳 안에 나무로 된 축을 끼운 형태였는데, 스크루가 축을 따라 두 바퀴 감겨 있었다. 그런데 우연한 충돌로 스크루가 부서지면서 감긴 부분이 한 바퀴만 남았다. 그러자 놀랍게도 배의 속도가 훨씬 더 빨라졌다. 난류 및 항력과 관련 있는 뜻밖의 발견이 이루어진 셈이었다. 다음 해에 스미스는 스크루가 한 바퀴만 감긴 형태로 설계를 바꾸어서 금속으로 프로펠러를 제작해 달았다. 배는 바다로 나아가서 켄트 해안을 돌고 돌아왔다. 날씨가 거칠었는데도 충분히 운항할 수 있음을 입증했다. 에릭슨의 것은 가느다란 축 대신에 날개가 달린 원통 두 개가 서로 반대 방향으로 회전하도록 된 형태였는데, 이 방식은 어뢰가 개발되기 전까지는 대체로 별 쓸모가 없었다.

발명가라면 대개 그렇듯, 스미스도 자신의 발명을 알리기 위해 온갖 노력을 기울여야 했다. 해군부는 더 큰 배로 최소한 5노트로 항해할 수 있는지 시연을 보여야만 그 기술을 받아들일지 말지 검토하겠다고 했다. 스미스는 회사를 차려서 80마력 증기기관을 장착한 237톤짜리 배인 아르키메데스호Archimedes를 만들었다. 배는 1839년 10월 해군이 지닌 가장 빠른 두 척의 외차기선인 위전호Widgeon와 벌컨호Vulcan를 각각 도버와 포츠머스에서 따돌렸다. 그래도 장성들은 반대했고, 그사이에 아르키메데스호는 유럽을 오가며 성능을 과시했다. 이윽고 1841년 해군부는 스크루 함선의 건조를 의뢰했고, 래틀러호Rattler는 1843년 진수식을 갖고 다음 해에 취역했다. 1845년에는 무게와 마력이 비슷한 외차기선인 알렉토호Alecto와 선미 쪽을 서로 연결한 뒤 줄다리기를 했는데, 알렉토호는 2노트의 속도로 뒤로 끌려가는 창피한 꼴을 당했다.

한편 미국에서는 에릭슨이 미 해군에서 의뢰한 프린스턴호Princeton를 비롯한 배를 계속 만들고 있었다. 프랑스도 스크루로 추진하는 나폴레옹호 ^{Napoléon}를 제작했다. 세계의 해군들이 거의 하룻밤 사이에 스크루로 돌아선 양상을 보였다. 혁신은 계속되었고, 여러 해가 지나는 사이에 난류와 항력을 더 잘 이해하게 되면서 스크루의 설계도 빠르게 진화했다. 이윽고 프로펠러 날은 축 가까이에서는 좁고 멀어질수록 더 넓어지다가 끝에서 다시 좁아지면서 둥그스름하게 마감되는 형태가 되었다.

내연기관의 복귀

내연기관 이야기도 혁신의 일반적인 특징을 보여준다. 그보다 앞서 오랫동안 이어진 실패로 점철된 역사가 있고, 개선을 통해 감당 가능한 수준으로 활용할 수 있게 되면서 거의 동시에 특허 출원과 경쟁이 발생하는 더 짧은 기간이 있고, 그 뒤에 시행착오를 통해 진화적 개선이 이루어지는 시기가 나타난다는 점이 바로 그렇다. 1807년 한 프랑스계 스위스 포병 장교는 폭발을 이용해 추진할 수 있는 장치를 만들어 특허를 냈다. 아이작 드 리바즈 Isaac de Rivaz는 수소와 산소를 섞어서 불꽃 점화로 폭발시키는 수직 실린더를 장착한 바퀴 달린 '수레charette'를 제작했다. 무거운 피스톤이 아래로 내려올 때 도르래 장치를 써서 수레를 앞으로 움직이고, 폭발의 힘으로 피스톤을 다시 위로 올리는 방식이었다. 이 장치는 설계대로 움직였고, 7년 뒤 훨씬 더 크게 만든 것도 작동했지만, 증기기관차와는 경쟁이 안 됐다.

펜실베이니아에서 첫 유정을 뚫은 다음 해인 1860년, 장 조제프 에티엔 르누아르 Jean Joseph Étienne Lenoir는 석유로 달리는 내연기관을 설계해 특허를 받았고, 1863년경에는 제작한 장치로 파리 외곽을 아주 느리게 세 시간 동안 9킬로미터 달리는 데 성공했다. 히포모바일^{hippomobile}이라는 이 장치는 바퀴가 세 개 달린 수레였다. 사실 극도로 비효율적인 장치였는데, 주된 이유는 실린더 안에서 공기 압축이 전혀 이루어지지 않았기 때문이다.

내연기관은 그 뒤로 두 차례 실패를 겪었다. 그 대신 외부연소를 통해 증기를 만드는 방식이 교통 분야에서 계속 주류를 차지했고, 곧 궤도뿐 아니라 도로도 정복할 것이 확실해 보였다. 1880년대에 미국과 유럽 전역에서 증기 자동차를 만들고 판매하겠다는 기업이 생겨났고, 새로운 세기를 앞두고 자동차 시장에서 우위에 있는 증기 자동차를 위협할 가능성이 가장 높은 것은 막 개발된 전기 자동차인 양 보였다. 1896년에 첫선을 보인 증기 자동차 스탠리스티머^{Stanley Steamer}는 베스트셀러가 되었고, 10년 뒤 시속 204킬로미터로 세계 기록을 세웠다. 그러나 몇 년 지나지 않아서 패배자였던 내연기관이 권위자에게 도전장을 던졌고, 이윽고 모두를 정복했다. 증기 자동차와 전기 자동차는 역사 속으로 사라졌다.

내연의 토대가 된 핵심 발명은 압축과 점화를 중심으로 한 4행정으로 이루어지는 오토 사이클^{otto cycle}이었다. (1) 연료와 공기가 실린더로 들어가고, (2) 피스톤이 이 혼합물을 압축하고, (3) 점화를 통해 폭발 행정이 일어나고, (4) 피스톤을 통해 가스가 배출되는 단계가 한 주기를 이룬 것이다. 채소 판매상인 니콜라우스 오토^{Nikolaus Otto}는 르누아르의 기관을 개량하려고 16년 동안 애쓴 끝에 1876년에 이 설계를 내놓았다. 그는 이 고정식 기관을 만들어 판매하기에 이르렀고, 큰 성공을 거두면서 기업도 확장했다. 그리고 이 회사는 지금까지도 세계적으로 손꼽히는 자동차 엔진 제작사인 도이츠가 되었다.

오토는 많은 엔진을 팔긴 했지만, 자동차 개발에는 관심이 없었다. 그래서 고틀리프 다임러Gottlieb Daimler와 빌헬름 마이바흐Wilhelm Maybach라는 두 직원은 퇴직하여 자동차용 휘발유 엔진을 만들기 시작했다. 1880년대에 프랑스, 영국 등에서 많은 이가 자동차 발명에 도전했다. 그러나 완성된 차를 처음 시리즈로 생산한 사람은 카를 벤츠Karl Benz였다. 그가 성취를 거둔 건 1886년이었다. 그는 독일 남부에 살면서 자전거 점포 뒤쪽 골방에서 일하던 재능 있는 기술자였는데, 마차보다 자전거에서 영감을 얻어 만든 삼륜차를 내놓았다. 그의 집안에 전해지는 이야기에 따르면, 1888년 그의 아내인 베르타Bertha Benz가 카를 몰래 두 아들을 태우고 만하임에서 포르차임까지 그 차를 아주 느릿느릿 몰고 갔다고 한다. 휘발유는 가는 도중에 있는 곳곳의 약국에서 사서 채웠다. 거의 100킬로미터에 달한 여행이었다. 1894년까지 카를의 벤츠 모토바겐Benz Motorwagen은 100대 이상 팔렸다.

한편 마이바흐와 다임러도 독자적으로 벤츠의 것보다 더 빠르면서 더 센 출력을 내는 4행정 엔진을 거의 완성한 상태였다. 프랑스에서는 에밀 르바소Émile Levassor가 다임러 기관을 제작할 권리를 취득했는데, 곧 이런저런 쪽으로 설계에 혁신을 일으키기 시작했다. 이윽고 다임러 측도 역으로 그 설계를 받아들이게 되었다. 엔진을 차 앞쪽에 장착하고 그 뒤쪽에 수냉식 방열기를 설치하는 방식이었다.

1900년 마이바흐는 고틀리프(그해에 사망했다)의 아들인 파울 다임러Paul Daimler와 함께 자동차 제작에 들어갔다. 그 자동차는 그 뒤로 자동차산업에서 설계 표준 역할을 했다. 시제품은 니스에 사는 부유한 형가리인 자동차 경주선수인 에밀 옐리네크^{Emil Jellinek}를 위해 제작했다. 옐리네크 딸의 별명을 붙인 이 메르세데스 35hp^{Mercedes 35hp}는 이제 더 이상 안정 뒤쪽에 붙인 증기기관에 마차를 결합한 모습이 아니었다. 마이바흐는 차가 뒤집히는 것을 막기 위해 무게 중심을 더 낮추고, 폭이 더 넓고 더 낮은 모양의 차를 제작했다. 처음에는 앞바퀴 축 위쪽 강철 차틀에 알루미늄 엔진을 얹고, 특허받은 수냉식 벌집형 방열기와 기어 박스를 달았다. 1901년 옐리네크가 이 차를 몰고 니스의 경주에서 뛰어난 성적을 올리자 이 차를 원하는 이가 많아졌고, 슈투트가르트에 있는 생산 공장은 그 뒤로 몇 년 동안 쉴 새 없이 돌아갔다.

그러나 자동차산업 또한 옐리네크 일화를 통해 컴퓨터와 휴대전화를 비롯한 많은 혁신이 처음에 그러했듯, 초창기에는 중상류층을 위한 사치품을 개발하고 있다고 생각했음을 알 수 있다. 사치스러운 발명품인 자동차를 누구나 이용할 수 있는 혁신 산물로, 즉 보통 사람이 적당한 비용으로 구입할 수 있는 실용 물품으로 바꾸는 일은 한 디트로이트 농민의 아들이 해냈다. 1908년 이후에 그 산업을 혁신시킴으로써 증기 자동차와 전기 자동차를 역사 저편으로 보내고, 대중이 자동차를 이용할 수 있게 한 인물은 바로 헨리 포드^{Henry Ford}였다. 그럼으로써 그는 너무나 많은 방면으로 인류의 행동을 바꾸었다. 그래서 19세기를 대표하는 기술이 증기기관이라면 20세기를 대표하는 기술은 항공기가 아니라 자동차가 되었다.

괴짜이자 외골수인 포드는 처음에 자동차산업과 관계없는 낙오자처럼 보였을지도 모른다. 그는 새로운 기술을 개발하는 쪽으로는 거의 한 일이 없었다. 그는 두 차례 자동차 회사를 창업했지만, 독일과 프랑스의 값비싼 자동차 설계도를 베끼려다가 실패했다. 첫 번째 회사는 스스로 문을 닫았고, 두 번째 회사에서는 쫓겨났다. 세 번째 시도에서는 모델 A라는 별 특징 없는 디자인의 차를 내놓았는데, 자금이 거의 다 떨어진 상태에서 그럭저럭 간신히 버틸 수 있을 정도로 팔고 있었다. 하지만 그는 비용을 절감하는 쪽으로 탁월한 재능이 있었기에, 이윽고 시판되고 있는 대부분의 차보다 더 단순하면서 상대적으로 저렴한 차를 내놓을 수 있었다. 그리고 대량생산을 통해 가격을 더 떨어뜨릴 수 있었다. '틴 리지Tin Lizzie'라는 별명으로 널리 알려진 모델 T는 튼튼하고 고장이 잘 안 나서 소도시까지 오가야 하는 미국 중서부 농민에게 매력적인 제품이었다. 1909년경에는 공장에서 나오자마자 차가 팔려나갔고, 그는 더욱 원대한 구상을 했다. 포장도로가 드물던 시대였기에 여전히 말이 자동차의 주된 경쟁자였다. 포드의 한 광고에는 이렇게 적혀 있었다. "우리 집의 마차를 끄는 말 올드더빈은 포드 자동차보다 더 무거워. 그런데 힘은 포드의 20분의 1밖에 못 내. 포드만큼 빨리 달리지도 멀리 가지도 못해. 유지비도 더 들어. 거의 구입비만큼 들어."

그렇다면 내연기관으로 달리는 자동차를 발명한 사람은 누구일까? 증기기관과 (뒤에서 만날) 컴퓨터와 마찬가지로, 답은 단순하지 않다. 포드는 자동차를 저렴하게 만들어서 널리 보급했다. 우리에게 친숙한 자동차의 특징은 마이바흐가 설계했다. 르바소는 중요한 부분을 개선했고, 다임러는 자동차가 제대로 달릴 수 있도록 했다. 그리고 벤츠 덕분에 자동차는 석유로 달리게 되었다. 오토는 엔진 사이클을 고안했으며, 르누아르는 최초로 엉성한 내연기관을 설계했다. 자동차의 역사는 드 리바즈로부터 시작되었다. 게다가 이 복잡한 역사에서 빠진 이름도 많다. 제임스 앳킨슨James Atkinson, 에드워드 버틀러Edward Butler, 루돌프 디젤Rudolf Diesel, 아르망 푸조Armand Peugeot를 비롯한 많은 이가 더 있다. 혁신은 한 개인이 일으키는 현상이 아니라 집단적이고 점진적이고 혼란스럽게 뒤얽힌 네트워크 현상이다.

내연기관의 성공은 주로 열역학적인 측면에서의 성공이다. 바츨라프 스밀Vaclav Smil이 주장하듯이, 이 성공을 보여주는 주된 척도는 와트당 그램g/W이다. 그러니까 일정한 양의 에너지를 생성하는 데 얼마나 많은 질량이 필요한가이다. 사람과 짐을 끄는 동물은 약 1,000g/W이다. 증기기관은 그 비율을 약 100g/W까지 낮추었다. 메르세데스 35hp는 8.5g/W에 가까웠고, 모델 T는 겨우 5g/W이었다. 그리고 그 비용은 계속 낮아졌다. 1913년에 미국인 평균 임금을 받는 사람은 모델 T를 사려면 2,625시간을 일해야 했다. 2013년에 평균 임금을 받는 사람은 그 시간의 18퍼센트에 불과한 501시간만 일하면 포드 피에스타를 살 수 있었다. 모델 T에 없던 안전띠, 에어백, 문 유리창, 후사경, 온풍기, 속도계, 와이퍼까지 갖춘 차다.

디젤의 비극과 성공

루돌프 디젤은 몇 가지 측면에서 비범한 혁신을 이룬 영웅이다. 그는 자신의 장치가 성공을 거두는 모습을 보지 못했다. 1913년 어느 밤, 영국의 한 디젤 공장 개소식에 참석하러 가는 도중에 여객선에서 북해의 바닷물로 뛰어들어 자살한 듯하다. 많은 빚을 남긴 채였다. 그는 성공하겠다는 야심 못지않게 사회정의를 구현하겠다는 의지도 가득해서 자신이 재봉틀 같은 작은 기계에까지 사용되어 산업을 분산시킬 수 있는 무언가를 발명하고 있다고 (잘못) 믿었다. 그는 노동자가 운영하는 공장을 조직하는 법을 다룬 별 호응을 받지 못한 책을 쓴 뒤에 이렇게 말했다. "그 사회문제를 해결한 것이 나의 주된 업적이다." 그리고 많은 발명가와 달리, 디젤은 과학적 원리에서부터 시작했다. 그는 카르노 사이클Carnot cycle의 열역학에 강박적으로 매달렸는데 이는 내연기관이 100퍼센트의 효율로 온도 변화 없이 열을 전부 일로 바꿀 수 있다는 이론적인 개념이었다. 1890년대에 그는 불꽃이 아니라 압축만으로 연료가 발화할 수 있도록 과량의 공기를 세게 압축하는 기관을 발명함으로써 이 목표에 얼마간이라도 다가가려고 애썼다.

이런 개념 중에 새로운 것은 없었지만, 디젤은 그 가능성을 실용화하기 위해 탐구를 계속한 끝에 마침내 새로운 돌파구를 열었다. 1897년경 더 노련한 산업공학자 하인리히 폰 부츠Heinrich von Buz의 도움을 받아서, 그는 당시 판매되고 있는 최고의 휘발유 엔진보다 효율이 두 배 높은 엔진을 설계했다. 비록 카르노 사이클의 많은 특징을 대체로 포기하긴 했지만 말이다. 그것으로 그와 부츠는 목적을 달성했다고 생각했다. 그러나 고장이 잘 안 나면서 비싸지 않은 제품을 내놓기는 거의 불가능할 만큼 어렵다는 것이 드러났다. 주된 이유는 고압 상태에서 작동하는 기계를 만들기가 쉽지 않았기 때문이다. 디젤을 비판하는 이들은 그가 자신의 착상이 독창적이라고 지나치게 내세우면서도 실제로 쓸 수 있는 장치는 내놓지 못했다고 말했다. 그가 죽기 직전에 쓴 편지에는 삶에 대한 환멸이 가득했다. "설령 발명이 성공작이라고 해도, 발명을 내놓는 순간 어리석음과 질시, 타성과 독설, 드러나지 않는 저항과 노골적인 이해충돌, 시시때때로 사람들과 벌이는 지독한 싸움, 이겨내야 할 박해로 가득한 시간을 보내게 돼.”

그러나 현재 디젤 엔진은 세계를 달리고 있다. 바츨라프 스밀은 정치적인 무역협정보다도 세계의 거의 모든 대형 화물선을 움직이는 거대한 디젤 엔진(가장 큰 것은 10만 마력이 넘는다)이 세계 무역을 가능하게 함으로써 세계화에 더 큰 역할을 한다고 주장한다. 더 작은 디젤 엔진은 도로와 철도에서 상품을 운송한다. 그리고 농장의 트랙터나 불도저도 거의 다 디젤로 움직인다. 따라서 디젤 엔진이 없는 현대 경제는 상상할 수도 없다. 21세기 초 유럽에서는 기후 변화를 우려하는 정치가들이 디젤 엔진의 효율성을 중시한 덕에 얼마 동안 디젤이 자동차 시장을 지배하기도 했다. 그러나 디젤이 도시 공기 질을 악화한다는 문제가 드러나면서 상황이 다시 역전되었다.

라이트 형제의 업적

모델 T가 첫선을 보이기 5년 전인 1903년 12월 미국 동부 해안에서, 실험과 사고와 좌절로 점철된 숱한 노력 끝에 마침내 인류가 동력 비행을 실현하려는 시도가 진행되었다.

앞서 미국 정부는 비행기를 만들 수 있다고 장담한 새뮤얼 랭글리Samuel Langley에게 육군성을 통해 5만 달러를 지원했다. 항공 분야의 개척자인 랭글리는 전화기의 발명가 알렉산더 그레이엄 벨Alexander Graham Bell과 자신의 친구들에게 2만 달러를 후원받았다. 천문학자인 랭글리 교수는 넓은 인맥을 자랑하는 다소 오만한 뉴잉글랜드인으로, 워싱턴에 있는 스미소니언협회의 회장이었다. 그가 자신이 개발하는 장치의 세부 내용을 철저히 비밀로 유지하겠다고 고집했기에 소수의 관계자만 구체적인 사항을 알고 있었지만, 시험 비행을 한다고 하자 많은 군중이 모여들었다. '거대 에어로드롬great aerodrome'이라고 이름 붙인 그의 고안물은 날개폭이 약 15미터인 괴물 같은 장치였는데, 포토맥강의 한 선상가옥 지붕을 활주로 삼아서 이륙할 준비를 했다. 휘발유로 움직이는 프로펠러로 공기를 가르며 앞으로 나아가고 기울어진 두 날개가 양력을 일으키도록 되어 있었다. 그보다 7년 전인 1896년에 그는 증기기관을 단 무인 모형 비행기를 날렸는데, 90초 동안 무려 1,000미터를 날아간 뒤에 강에 떨어졌다. 그런데 1903년 8월에 다시 한 시험 비행은 실패했고, 10월에는 사람을 태운 실물 크기의 비행기를 날리려 했지만 곧바로 그냥 물속으로 빠지는 창피스러운 꼴을 당했다. 이번 12월 시험 비행이 아마도 그에게는 마지막 기회일 터였다. 그는 성공을 확신했다.

랭글리 자신이 직접 비행기를 몰지는 않았다. 그러기에는 자신이 너무 위대했으니까. 그 불안한 특권은 찰스 맨리Charles Manly에게 돌아갔다. 그는 오후 4시 정각에 음울해 보이는 코르크 조각을 두른 구명 재킷을 입고서 에어로드롬에 탔다. 그는 시동을 걸고 몇 군데 손을 본 뒤 출발했다. 지켜보던 군중은 숨을 삼켰다. 비행기는 곡선을 그리며 위로 솟구쳤다가 멈춘 뒤, 날개를 펄럭이면서 뒤로 떨어지다가 그만 부서지면서 선상가옥에서 10미터도 떨어지지 않은 얼음이 떠다니는 강에 추락했다. 맨리는 잔해 위로 기어오르면서 욕설을 퍼부었다. 랭글리의 평판은 그날로 끝장났다.

그 대실패로 정부는 무려 10년 동안 헛돈만 쓴 채 동력 비행에 지원하던 예산을 끊었다. 그러나 그로부터 겨우 9일 뒤 남쪽으로 수백 킬로미터 떨어진 키티호크라는 외딴 어촌 근처의 바람 많은 모래 해변에서 놀라운 일이 일어났다. 지켜보는 사람도 몇 명 없는 가운데, 오하이오의 두 형제가 최초로 제대로 조종이 되는 동력 비행에 성공한 것이다. 랭글리가 쓴 돈에 비하면 껌값 수준의 돈을 쓰고서였다. 1903년 12월 17일 오전 10시 35분, 오빌 라이트Orville Wright가 두 날개의 아래쪽에 엎드려서 조종을 하고, 형인 윌버Wilbur Wright가 이륙 때 안정을 유지하도록 옆에서 따라 달리는 가운데, '플라이어Flyer'는 나무 받침대에서 강한 맞바람을 받으면서 매끄럽게 이륙했다. 휘발유 엔진이 추진력을 일으켰고 두 쌍의 날개가 양력을 일으켰다. 비행기는 12초 동안 40미터를 난 뒤에 밑에 붙인 스키로 내려앉았다. 그 광경을 지켜본 사람은 겨우 다섯 명이었다. 그날 윌버도 비행기를 타고서 거의 1분 동안 250미터 넘게 날았다.

랭글리가 거의 모든 부분에서 잘못을 저지른 반면(많은 돈을 쓰고, 정부에 의존하고, 사람들에게 자문을 거의 구하지 않고, 기존에 나온 것에서 문제를 하나씩 해결하면서 점진적으로 나아가는 대신에 아예 처음부터 시작해 완전한 비행기를 만들려고 시도한 것) 라이트 형제는 모든 일을 올바로 진행했다. 경험 많은 자전거 제작자이자 부지런한 기술자였던 그들은 동력 비행의 문제를 해결하는 데 필요한 도전과제를 하나하나 체계적으로 풀어나갔다. 먼저 그들은 다른 이들과 편지를 주고받으며 타인의 경험을 받아들였다. 특히 독일의 글라이더 설계자 오토 릴리엔탈Otto Lilienthal(1896년 글라이더를 타다가 추락 사고로 사망했다)과 시카고에 사는 괴짜 프랑스계 미국인인 옥타브 샤누트Octave Chanute에게서 많은 조언을 얻었다. 샤누트는 비행의 난제를 해결하기 위해 노력을 많이 기울였으며, 비행에 관한 착상을 주고받는 넓은 교류망의 중심축이었다. 라이트 형제는 샤누트에게 총 177번 편지를 썼다. 또 그들은 상승기류를 타고 나는 새들을 강박적으로 관찰했다. 라이트 형제는 이런 다방면의 조사를 통해 양력을 제공할 에어로포일aerofoil 날개의 곡률, 쌍엽기 개념과 날개를 구부려서 조종을 한다는 개념 등 여러 중요한 착상을 이끌어냈다. 1900년에 그들은 글라이더를 만들어서 캐롤라이나 해안의 모래섬에서 이를 날리면서 연구를 이어갔다. 처음에는 연처럼 끈에 묶어서 날렸고, 그 뒤에는 언덕 아래로 달리면서 바람에 떠오를 때 올라타곤 했다. 1901년 모기가 우글거리고 폭풍이 몰아치는 와중에 그들은 두 보조자 및 샤누트와 함께 키티호크에서 야영을 하며 글라이더의 설계를 수정했다. 그런데 막상 수정하고 나니 1년 전보다 성능이 떨어졌다. 더 빨리 떠오르긴 했지만 쉽사리 가라앉았다. 그들은 릴리엔탈이 추천한 굽은 날개의 높이 대 폭의 비율을 1 : 12로 그대로 모방했는데, 너무 많이 휘었던 것이다. 1 : 20인 더 편평한 날개일 때 글라이더는 더 잘 날았다.

라이트 형제는 데이턴으로 돌아가서 모형을 통해 풍동 실험wind tunnel을 시작했다. 수천 번 공들여서 측정한 끝에 그들은 양력과 항력을 제대로 이해할 수 있었다. 여름에 자전거 판매량이 가장 늘어나는 시기가 지나자마자 그들은 1902년 세 번째로 설계한 글라이더를 가지고 키티호크로 돌아왔다. 그런 뒤 방향타를 비롯하여 여기저기 개량을 하면서 공중에서 조종하는 방법을 힘들게 터득했다. 그러기까지 그들의 작업물은 자주 추락하곤 했다. 그 과정 속에서 그들은 모터를 제외한 모든 것을 하나둘 끼워 맞춰갔다.

이제 적어도 이론상 그들은 레오나르도 다빈치Leonardo da Vinci가 할수 없었던 모든 것을 해냈다. 나무틀에 천을 씌운 것도 그들의 발명이었다. 그들은 철사를 써서 모양을 잡았다. 날개를 만들고 수선하는 데 쓰이는 재봉틀(라이트 형제가 사는 오하이오에서 얼마 전에 발명된)은 필수품이 되었다. 하지만 아직은 무게를 최소로 줄인 상태에서 거대한 날개를 달아서 겨우 한 사람을 태울 수 있는 목재로 된 일종의 행글라이더에 불과했다. 그리고 실용성을 따지자면 별 쓸모가 없었다. 이륙하려면 강한 바람이 불어야 하지만, 쉽사리 바람에 휘말려서 추락했다. 전에 이런 장치를 발명한 사람이 아무도 없었던 건 다음 단계인 동력 비행에 가까이 다가간 사람이 없었기 때문이기도 했다. 새로 나온 자동차에 둘러싸여 있던 라이트 형제는 엔진, 즉 모터가 상황을 획기적으로 바꾸리라는 것을 알고 있었다. 다른 발명가와 달리 그들은 모터를 가장 마지막까지 손대지 않았다. 모터는 충분한 추진력을 제공하기만 하면 되므로, 해결할 일 가운데 가장 쉬운 부분이라고 추론했기 때문이다.

여기서 그들에게 행운이 찾아왔다. 그들이 자리를 비운 동안 자전거 점포 운영을 맡기기 위해 고용한 찰리 테일러Charlie Taylor가 아주 뛰어난 수리공이었던 것이다. 그는 시장에서 경량 엔진을 찾지 못하자, 알루미늄을 써서 아예 새로 엔진을 설계하여 제작했다. 4기통 엔진이었는데, 계속 고장이 나긴 했지만 이윽고 그는 믿을 만한 엔진을 개발하는 데 성공했다. 한편 라이트 형제는 프로펠러의 모양을 이리저리 고치면서 가장 나은 것을 찾으려 애썼다. 수학적으로 풀기에는 지독히도 어려웠고, 배의 프로펠러는 별 도움이 안 되었다. 1903년 가을에야 마침내 모든 준비가 끝났다. 그들은 키티호크로 갔고, 가을이 끝나갈 무렵 마침내 엔진 뒤쪽에 엎드린 사람을 태우고 비행기가 하늘로 날았다.

항공 분야 개척자들은 노련한 장인이 아니라 대부분 랭글리처럼 아마추어 신사나 과학자였다. 라이트 형제뿐 아니라 함께 살던 설교사인 부친 밀턴, 교사인 여동생 캐서린의 두드러진 특징 하나는 근면하게 일한다는 것이었다. 형제는 독신으로 살면서 경박함이나 조금이라도 죄와 비슷한 것에는 전혀 관심을 두지 않은 채 신이 준 시간을 오로지 일하는 데 썼다. 일요일만 빼고 말이다. 그들은 서로에게 그리고 집안에서 유일하게 대학 학위를 지닌 캐서린에게 자문을 구했다. 첫 비행 때 찍은 사진을 보면, 윌버는 노스캐롤라이나 해안의 임시 야영지와 격납고에서 추운 바람을 맞으면서 몇 주를 보냈음에도 마치 교회에 갈 준비를 끝낸 양 깃을 빳빳하게 다린 셔츠에 검은 양복 차림이었다. 사진을 찍은 키티호크 주민인 존 대니얼스는 이렇게 말했다. "그렇게 열심히 일하는 이들은 처음 보았다. … 그들이 하늘을 난 것은 행운이 아니었다. 근면과 지혜 덕분이었다."

그 발명가들이 대학도 졸업 못한 변변치 않은 이들이었기에 첫 비행 이후에도 세계는 그 소식이 진짜일 가능성이 희박하다고 여기고 대체로 무시했지만, 라이트 형제는 계속 설계를 손보고 정비했다. 이윽고 그들의 비행기는 맞바람을 받지 않고서도 사출기를 써서 이륙하고, 공중에서 천천히 원을 그리면서 돌고, 한 번에 몇 분 동안 떠 있을 수 있게 되었다. 1905년경 오하이오 데이턴 외곽의 벌판에서 윌버는 한 번에 약 39킬로미터까지 나는 기록을 세웠다. 그러나 지역 신문은 여전히 자신들의 코밑에서 무슨 일이 벌어지고 있는지를 알아차리지 못했고, 〈사이언티픽 아메리칸Scientific American〉의 고고한 평론가들은 1906년까지도 '라이트

항공기와 꾸며낸 성과'라는 제목의 기사에서 예의 고상하게 빈정거리는 어조로 형제의 주장을 소문이라고 일축했다.

그런 굉장하면서 대단히 중요한 실험이 그다지 오지도 아닌 곳에서 이루어지고 있다면, 거의 모두가 대단히 흥미를 느끼는 주제라는 점을 고려할 때, 모험심 가득한 미국 기자가 … 이미 오래전에 그 모든 이야기가 사실인지 확인했을 텐데 … 그 내용이 틀렸다고 과연 믿을 수 있겠는가?

그러나 실제로 기자들은 확인하지 않았다. 설령 라이트 형제를 믿었다고 해도, 사람들은 그들이 한 일의 가치에 의구심을 드러냈다. 〈엔지니어링 매거진 Engineering Magazine〉은 기사에 이렇게 썼다. "우리는 그저 그 항공기가 현재 또는 앞으로 달성할 일이 과연 실용적인 가치가 있는지 의심스러울 뿐이다. 그것이 상용 탈것이 되리라고는 믿지 않는다."

미국 육군성은 항공기 시연을 보이겠다는 라이트 형제의 제안을 단호하게 거절했다. 랭글리의 대실패를 접했으니 그럴 만도 했다. 윌버가 1907년과 1908년에 프랑스로 가서 동력 비행 시범을 보이고 특정한 목표를 충족시킨다면 보상을 받는다는 수지맞는 계약을 했을 때도, 여전히 그를 허풍쟁이라고 조롱하는 견해가 널리 퍼져 있었다. 1908년 8월 8일 그가 르망의 경마장에서 시연을 보이는 날, 모인 군중은 얼마 되지 않았다. 그중에 프랑스 항공클럽의 고상한 회의주의자 에르네스트 아르크데콘 Ernest Archdeacon도 있었다. 그는 군중이 기다리는 와중에도 주변 사람들에게 라이트 형제의 주장을 비난하느라 바빴다. 윌버가 비행기를 준비하면서 몇 시간을 보내자, 군중은 점점 더 회의적인 시선을 보냈다. 그러다가 오후 6시 반에 마침내 비행기가 동력 비행을 하자, 군중은 극도의 충격과 흥분에 휩싸였다. 윌버는 기수를 왼쪽으로 돌려서 군중을 지나 뒤쪽으로 갔다가 다시 원을 그리면서 돌아와서 잔디밭에 사뿐히 내려앉았다. 2분 동안 약 10미터 상공에서 비행을 한 뒤였다. 〈르 피가로 Le Figaro〉는 군중이 "이루 말할 수 없는 열광의 도가니에 휩싸였다"고 썼다. 현장에 있던 비행가 루이 블레리오 Louis Blériot는 "굉장해!"라고 소리쳤다. 또 누군가가 소리쳤다. "허풍쟁이가 아니었어!" 아마 아르크데콘이었을 것이다.

한편 오빌은 워싱턴 인근의 포트마이어에서 똑같이 만든 비행기로 대중의 환호성을 자아냈다. 9월 9일에 그는 벌판 상공을 50번 이상 빙빙 돌면서 한 시간 넘게 두 차례 비행을 했다. 그 뒤로 라이트 형제는 엄청난 유명세를 얻었고, 가는 곳마다 환대를 받았다. 곧 뒤따르려는 경쟁자도 숱하게 나타났다. 1년이 채 지나기 전에 프랑스 랭스에서 열린 항공 축제에서는 20만 명이 넘는 군중이 지켜보는 가운데 스물두 명의 조종사가 하늘을 날았고, 블레리오는 허약한 단엽기로 영국해협을 건넜다. 겨우 10년 뒤인 1919년 6월에는 존 올콕 John Alcock과 아서 브라운 Arthur Brown이 노바스코샤에서 아일랜드까지 열여섯 시간에 걸쳐서 중간 기착 없이 대서양을 건너는 데 성공했다. 안개, 눈, 비를 뚫고서 이룬 성공이었다. 제1차 세계대전은 비행기의 설계와 비행 기술을 급속히 발전시키는 추진력이 되었다. 물론 전쟁이 없었어도 그런 발전은 대부분 일어났을 테지만 말이다.

그러나 동력 비행이라는 발명을 사회에 유용한 혁신으로 바꾸는 데에는 길고도 고된 투쟁이 필요했다. 라이트 형제의 개념 중에는 버려진 것도 있었다. 앞쪽으로 향한 승강타는 너무 불안정하다는 것이 드러났고, 날개 전체를 구부려서 방향을 조종하는 방식은 경첩으로 연결된 보조날개보다 성능이 떨어졌다. 그러나 그들은 항공기를 회전시키려면 날개를 한쪽으로 기울여야 하고 좌우를 위아래로 흔들려면 방향타가 필요하다는 일반 원리를 찾아냈다. 이는 매우 중요한 발견이었다. 라이트 형제는 곧 많은 상을 받고 계약을 따내면서 부자가 되었지만, 특허를 지키기 위해서 지겹도록 숱한 법적 싸움을 벌여야 했다. 윌버는 1912년 장티푸스에 걸려서 45세에 사망했다. 캐서린은 1929년, 오빌은 1948년에 세상을 떠났다.

돌이켜보면 1903년의 키티호크 비행이 동력 비행기를 원활히 제어하면서 하늘에 띄운 유일한 사례이므로 눈에 확 띄게 마련이지만, 사실 그 사건은 괴짜들이 커다란 날개를 펄럭거리면서 허공으로 뛰어내리는 기이하면서 대체로 치명적인 시도에서 시작된 기나긴 진화 경로의 한 단계일 뿐이었다. 마찬가지로 라이트 형제의 설계도 서서히 계속 진화하면서 오늘날의 대형 여객기, 초음속 제트기, 헬기, 드론으로 이어졌다. 즉 하나의 연속선을 이룬다.

라이트 형제가 없었어도 20세기의 첫 10년 사이에 결국 누군가가 비행기를 띄웠을 것이다. 모터가 있으니 많은 이가 시도했을 테고 그러다 보면 필연적으로 일어날 일이었다. 실제로 필요한 것은 시행착오뿐이었다. 사실 처음에 라이트 형제를 믿은 사람이 거의 없었기에(〈파리 헤럴드 Paris Herald〉는 1906년에 그들을 두고 '비행사인가 거짓말쟁이인가'라고 했다), 동력 비행의 다른 개척자들, 특히 클레망 아데 Clément Ader, 아우베르투 산투스두몽 Alberto Santos-Dumont, 앙리 파르망 Henri Farman, 루이 블레

　　　　　　　　　　　　　　　　　　　　　　　　　1부 혁신의 발견

리오 같은 프랑스의 경쟁자들은 성능이 더 양호하거나 떨어지고 조종이 더 쉽거나 어려운 프로펠러와 날개를 써서 독자적으로 이륙을 시도하고 있었다.

그런데 스미소니언협회는 1914년에 랭글리의 에어로드롬을 몰래 개량한 뒤 짧게 날렸고, 개량한 부분을 떼어내고서 전시를 하면서 랭글리가 최초로 동력 비행이 가능한 기계를 설계했다는 설명까지 떡하니 붙여놓음으로써 역사를 고쳐 쓰려고 시도했다. 오빌 라이트는 분개했다. 라이트 형제의 플라이어는 오빌이 세상을 떠난 뒤인 1948년에야 스미소니언 박물관에 전시되었다.

제트 엔진과 국제 경쟁

"터빈은 지금까지 알려진 것 가운데 가장 효율적인 원동기이며, 따라서 특히 석유를 써서 구동할 수단을 고안할 수 있다면 항공기용으로 개발될 가능성이 있다." 1928년 젊은 프랭크 휘틀Frank Whittle은 미래의 항공기 설계를 다룬 박사 논문에 그렇게 썼다. 곧 그는 그런 수단을 개발하는 일에 나섰고, 1930년에 자신이 설계한 제트 엔진에 특허를 받았다. 제트라는 개념은 이미 그보다 한참 전에 나와 있었다. 1921년에 프랑스의 막심 기욤Maxime Guillaume이 축류 터보제트axial-flow turbojet 엔진을 설계하여 특허를 받기도 했다. 휘틀은 그 사실을 몰랐다. 비록 너무 비효율적이어서 비행에는 적합하지 않을지라도 프랑스와 독일에서는 이미 커다란 가스 터빈이 공장에서 쓰이고 있었다.

그러나 휘틀이 곧 깨닫게 되듯이, 제트 추진이라는 개념에서 출발하여 실제 제트 비행기를 만드는 데까지 나아가는 과정은 멀고도 험난했다. 터빈이 고속으로 회전할 때 생기는 엄청난 압력과 온도를 견딜 수 있는 압축기와 터빈 날개용 재료를 찾기가 정말로 어려웠다. 1700년대의 증기기관이나 오늘날의 핵융합 사례가 보여주듯이, 상상할 수 있는 것을 실제로 구현하는 발전이 이루어지려면 재료 분야에서 혁신이 일어나야만 한다. 공학자인 앨런 그리피스Alan Griffith는 1926년부터 영국의 왕립항공연구소에서 비밀리에 이 문제를 연구했다. 그는 그해에 모든 터빈의 성능이 떨어지는 이유를 설명한 〈터빈 설계의 항공역학 이론An Aerodynamic Theory of Turbine Design〉이라는 중요한 논문을 냈다. 날개의 모양이 잘못되어서 '비행 실속stall(비행기가 떠 있는 데 필요한 양력을 잃는 현상-옮긴이)'이 일어난다는 것이었다. 에어로포일 형태(라이트 형제가 썼던 날개 꼴)는 훨씬 나았다. 그리피스는 프로펠러를 2단 엔진으로 돌리기 위해서 축류 터보제트를 개발하려 애쓰고 있었다. 터보프롭turbo-prop(터빈으로 프로펠러의 축을 돌리고 남은 가스를 분사하여 추진력을 더 높이는 방식-옮긴이) 엔진의 선조 격이었다.

휘틀이 막 공군 소위로 임관하여 인사를 하자, 그리피스는 이를 환영하면서도 좀 비관적인 편지를 썼다. 제트가 작동하려면 '압축기와 터빈의 성능이 대폭 개선되어야 할 것'이라는 내용이었다. 훗날 휘틀은 이 일을 자신에 대한 냉대라고 회상했지만, 공군은 관대하게도 휘틀이 공학을 공부할 수 있도록 케임브리지로 보냈다. 그곳에서 그는 1935년 5월 한 친구에게 이런 편지를 보냈다. "특허 기간이 만료되도록 그냥 놔두었어. 엄청난 비용을 들여서 그걸 실험하려고 할 사람은 아무도 없을 테지. 그

　　　　　　　　　　　　　　　　　　　　　　　　1부 혁신의 발견

런 태도가 그다지 잘못되었다고 보지 않아. 물론 나는 그 발명이 실현 가능하다고 여전히 확신하지만."

그로부터 겨우 6개월이 지난 1935년 11월 한스 폰 오하인Hans von Ohain은 자신의 괴팅겐 대학교 학위 논문을 토대로 독일에서 제트 엔진에 특허를 출원했다. 그는 휘틀의 연구도, 그리피스나 기욤의 연구도 전혀 알지 못했다. 다른 나라에 비해 독일의 산업계는 오하인의 발명에 더 호의적인 태도를 보였고, 1937년 3월 그의 엔진은 로스토크의 하인켈 공장에서 첫 시운전을 했다. 한 달 뒤 휘틀의 엔진도 제작되어서 럭비에 있는 브리티시톰슨휴스턴 사에서 처음으로 가동되었다. 앞서 휘틀은 기업가들의 지원을 받아 1935년 파워제츠라는 회사를 차려서 자신의 계획을 부활시킨 바 있었다. 날짜까지 거의 일치하는 휘틀과 오하인의 이 나란히 가는 이야기는 극단적이기는 하지만, 동시 혁신 사례가 보여주듯 놀라울 만치 흔한 일반적인 현상이다.

이 평행 이야기는 계속 이어졌다. 오하인의 제트 엔진은 하인켈 비행기에 탑재되어 1939년 8월 27일에 첫 비행을 했다. 독일이 폴란드로 진격하면서 제2차 세계대전이 터지기 며칠 전이었다. 휘틀의 엔진은 그보다 좀 더 늦은 1941년 5월 15일 글로스터 비행기에 탑재되어 첫 비행을 했다. 독일과 영국이 처음으로 제트 전투기를 출전시킨 것도 같은 달이었다. 1944년 7월 17일에 글로스터미티어Gloster Meteor가 출전했고, 얼마 뒤인 7월 25일에 메서슈미트 262Messerschmitt 262가 출격했다. 이 전투기들은 빠르긴 했지만 활동 범위가 한정되어 있어서 전쟁에는 별 영향을 못 미쳤다. 영국은 전시에 그 기술을 미국에 넘겼고, 전쟁 막바지에 미국도 제트기를 띄웠다.

훗날 휘틀은 금전적 보상도 그다지 못 받고 분노도 좀 쌓인 상태에서 회고록을 썼는데, 자신이 관료적인 정부와 기업의 저항에 맞서 외로이 싸운 천재라는 식으로 표현했다. 그러나 그 뒤의 역사가들은 그 말을 곧이곧대로 받아들이지 않았다. 영국 정부와 영국 산업계가 실제로는 휘틀의 개념에 꽤 호의적이었고(적어도 그들의 행동이 으레 느려터졌다는 점을 감안할 때) 제트 엔진의 이야기는 언뜻 볼 때보다 훨씬 더 집단적인 노력의 산물이었음이 드러났기 때문이다. 사실 오늘날 제트 엔진은 주로 그리피스의 축류 방식을 채택한 반면, 당시 휘틀은 원심류centrifugal flow 방식을 썼다. 앤드루 나훔Andrew Nahum은 이렇게 평했다. "현재 돌이켜보는 입장에서, 휘틀이 없었다면 제트 엔진도 없었을 것이라고 말할 역사가는, 아니 사실상 공학자조차도 거의 없을 것이다."

오하인에게도 같은 말을 할 수 있을 것이다. 둘 다 역사의 경로를 바꾼 탁월한 개척자였지만, 그들이 없었어도 제트 엔진은 나왔을 것이다. 신기하게도 그들은 1966년에야 서로 만났다. 당시 오하인은 미 공군에서 일하고 있고, 휘틀은 오래전에 은퇴한 상태였다.

레이더와 컴퓨터처럼 제트 엔진도 전시에 불붙은 창의성의 산물이라고 여겨지곤 한다. 그러나 다른 사례와 마찬가지로, 핵심 연구는 교전이 벌어지기 한참 전에 사실상 영국과 독일에서 이루어진 상태였다. 1940년대가 평화롭게 번영했을 대체 우주alternative universe에서는 제트가 얼마나 빨리 개발되고 상용화했을지 누가 알겠는가?

제2차 세계대전이 끝난 뒤, 군용기뿐 아니라 여객기에 쓸 제트 엔진을 개량하고 완성하려는 경쟁은 주로 세 대기업 사이에서 벌어졌다. 프랫앤휘트니, 제너럴일렉트릭, 롤스로이스였다. 영웅의 시대는 지나갔다. 이제는 기술자와 공학자의 시대다. 이들은 팀을 이루어서 수없이 시험과 계산을 되풀이하며 제트 엔진의 출력과 열을 일로 전환하는 효율을 조금씩 개선하고 있다. 오하인과 휘틀의 첫 제트 엔진은 효율이 겨우 10퍼센트였지만, 지금은 40퍼센트에 달한다.

안전과 비용의 혁신

항공 여행의 안전 기록 분야에서 이루어진 매우 경이로운 수준의 개선은 점진적으로 진행되어 실질적인 영향을 끼친 광범위한 혁신의 사례다. 2017년은 역사상 처음으로 제트 여객기 추락 사고 사망자가 단 한 명도 없던 해였다. 화물기, 전용기, 프로펠러기의 추락 사고로 죽은 사람은 있었지만 제트 여객기 추락 사고 사망자는 전무했다. 그런데 그해에 여객기 비행 횟수는 3,700만 번에 달했다. 세계의 항공기 사고 사망자 수는 1990년대에 연간 1,000명이 넘었지만, 그 뒤로 꾸준히 감소하여 2017년에는 겨우 59명이었다. 그사이에 비행기를 타는 사람의 수가 엄청나게 늘어났음에도 그러했다. 2018년에 인도네시아에서(189명 사망) 그리고 2019년에 에티오피아에서(157명 사망) 보잉 737-맥스 8 여객기가 컴퓨터 오류로 추락했어도, 이 전반적인 추세는 변하지 않았다. 역설적으로 이 두 예외적인 비극 사례는 그런 사고가 아주 드문 일이 되었음을 말해주며, 그리하여 같은 기종을 아예 비행 금지하는 조치가 이루어졌다.

반세기 전과 비교하면 더욱 확연히 대비된다. 지금은 아무 때나 살펴

봐도 1970년보다 하늘에 떠 있는 사람의 수가 열 배를 넘는다. 그런데 항공안전네트워크Aviation Safety Network에 따르면, 항공 사고 사망자 수는 1970년이 열 배 이상 더 많다. 1970년에는 유상여객킬로미터Revenue-Passenger-Kilometer, RPK당 사망자 수가 3,218명이었다. 2018년에는 겨우 59명으로, 54분의 1로 줄었다. 미국에서는 현재 이동 거리 1.6킬로미터당 비행기보다 자동차 사고로 죽을 확률이 적어도 700배 더 높다.

항공기 사고의 감소는 무어의 법칙Moore's law에 따른 마이크로칩의 비용 감소만큼 가파르고 인상적이다. 그 일을 어떻게 이루었을까? 대부분의 혁신과 마찬가지로, 다양하고 많은 사람이 여러 일을 시도한 결과, 점진적으로 일어났다는 것이 답이다. 초기의 사례를 하나 들자면, 1940년대에 앨폰스 차파니스Alphonse Chapanis는 미 육군 항공대의 사고 원인을 파악하는 일을 맡았는데, 지친 조종사가 착륙할 때 보조날개를 내리는 대신 잘못해서 착륙 장치를 집어넣곤 한다는 사실을 알아차렸다. 두 장치의 조종 손잡이가 모양도 똑같고 서로 나란히 붙어 있었기 때문이다. 차파니스는 조종 손잡이의 위치와 모양을 바꾸도록 권고했고, 그 뒤로 바퀴 조종 손잡이는 바퀴 형태가, 보조날개 조종 손잡이는 보조날개 모양이 되었다.

더 일반적으로 보면 '승무원 자원 관리' 기법, 승무원이 교차 점검을 하는 점검표, 도전의 문화 등 따분하고 낮은 수준의 기술이지만, 생존에 대단히 중요한 이와 같은 활동이 1970년대 이래로 널리 사용되면서 엄청난 차이를 빚어냈다.

1992년 프랑스 에어인터 항공사의 최신 에어버스 320이 스트라스부르 공항에 착륙하러 가다가 산에 부딪혔다. 탑승자 96명 중 87명이 사망했다. 눈이 내리고 어두컴컴하긴 했지만 훨씬 더 많은 요인이 그 사고에 기여했다. 모두 피할 수 있는 것이었다. 주된 원인은 조종사가 비행 관리 시스템에서 잘못된 모드를 택한 것이었다. '비행 경로각' 모드를 택해야 했는데 '수직 속도' 모드를 택했다. 이 실수는 저지르기가 너무나 쉬웠을 뿐 아니라, 저질렀을 때 알아차리기도 어려웠다. 이는 조종사가 '33'을 입력하면 항공기가 3.3도 기울어지는 대신에 1분에 3,300피트씩 하강 하기 시작한다는 의미였지만, 계기판에서는 이 차이를 명확히 알아볼 수 없었다. 그리고 항공 교통 관제소는 조종사에게 잘못된 지침을 줌으로 써 비행기 내에 혼란을 초래했다. 승무원들 사이의 원활하지 않은 의사 소통과 교차 점검 미비도 상황을 악화시켰다. 마지막으로 그 비행기에는 지상 접근 경보장치가 장착되어 있지 않았다. 산악 지역에서 잘못된 경 보가 뜰 가능성이 너무 높다고 생각했기 때문이다. 이런 사례가 보여주 듯이, 안전 설계자가 더 안전한 비행을 위해 제대로 파악해야 할 기술, 절 차, 심리적 요인은 아주 많다. 가장 중요한 것은 사고 조사 결과를 전 세 계에 투명하게 공개하고 공유함으로써 이와 같은 실수에서 개선점을 배 우는 것이다. 현대 항공산업의 놀라운 안전 기록은 말 그대로 이렇게 시 행착오를 통해 이루어낸 것이다. 그 뒤로 이 방법은 수술, 연안 원유와 가 스 탐사 같은 여러 분야에도 적용되었다.

이런 안전 향상은 탈규제와 가격 하락의 시대에 이루어졌다. 지난 반 세기에 걸쳐 안전 혁명이 일어나는 동안, 항공산업은 절차를 무시하고 위험을 무릅쓰는 대신에 회송 시간 단축, 과잉 서비스 중단, 저렴한 요금 을 통해 대폭 개선을 이루어왔다. 2019년 87세를 일기로 사망한 허브 켈 러허Herb Kelleher는 저가 항공사 혁명의 가장 중요한 영웅을 꼽으라고 할 때 언급되는 주요 후보자 중 한 명이다. 그는 상업용 비행이 정부 지원을 받는 항공사와 국영 항공사의 카르텔 형태로 유지되던 시대인 1967년에 사우스웨스트 항공사를 설립했다. 당시 미국 내 주 사이의 비행 일정은 전적으로 정부가 결정했고, 항공사들은 민간항공위원회Civil Aeronautics Board가 결정하는 요금과 노선을 그대로 따랐다.

그래서 켈러허는 처음에 자사의 비행기를 텍사스 내에서만 운항해야겠다고 판단했다. 그런 상황인데도 기존의 세 항공사는 즉시 그의 항공사가 비행하지 못하게 막는 금지 명령을 당국으로부터 받아냈다. 그는 이 카르텔에 맞서 소송을 했지만 잇달아 패소했다. 그러나 결국 텍사스 대법원은 만장일치로 그의 손을 들어주었다. 그 뒤에도 법적 투쟁은 계속되었지만, 켈러허는 변호사였기에 법정에서 싸우는 법을 잘 알고 있었다. 작가인 지브란 칸Jibran Khan에 따르면, 브래니프와 텍사스인터내셔널이라는 두 항공사가 연방 민간항공위원회에 그를 상대로 이의를 제기했다고 한다. 그러나 켈러허가 법원 판결을 받겠다고 주장하여 승소하자, 위원회는 이의 신청을 기각했다. 두 항공사는 몇 년 전에 다른 사건에서 사우스웨스트에 불리한 판결을 내린 바 있는 다른 판사를 찾아가서 다시금 금지 명령을 받아냈다. 그러자 텍사스 대법원은 긴급회의를 열어서 금지 명령을 취소시켰다. 1977년 브래니프와 텍사스인터내셔널은 항공 산업을 독점하려고 공모한 죄로 고발당했다.

사우스웨스트는 1971년에 마침내 비행을 시작했고, 1973년경에는 요금을 낮게 매겼음에도 수익을 냈다. 지금까지도 그렇다. 어떤 기업이든 파산과 합병으로 점철되기 마련인데 사우스웨스트는 유례없는 기록을 세웠다. 켈러허가 이룬 혁신 중에는 승무원이 농담을 하도록 격려하고, 이륙 준비가 끝났는데 기내식이 도착하지 않았다면 더 기다릴지 여부를 승객들에게 물어 그 의견에 따른다는(대개 투표를 하면 그냥 출발하자는 쪽으로 나온다) 등의 단순한 착상도 있었다.

1974년에 정부는 노선별 요금을 정했는데, 뉴욕에서 로스앤젤레스까지 가는 일반석 요금의 최저 가격이 현재 화폐 가치로 따져서 1,550달러를 넘었다. 지금 요금이 훨씬 저렴하다. 그 뒤로 많은 이가 켈러허를 본떠서 저가 요금을 내세운 항공사를 세웠고, 프레디 레이커Freddie Laker에서 마이클 오리어리Michael O'Leary와 노르웨이항공의 창업자인 비외른 쿄스Bjørn Kjos에 이르기까지 크고 작은 성공을 거두었다. 이들은 오늘날 교통 분야의 진정한 혁신가다. 그리고 스티븐슨과 포드의 계승자다.

잠시 짬을 내서 혁신이 무슨 일을 하는지 보면 경외감에 휩싸일 것이다. 1820년대 이전까지 인류 역사에서 뛰는 말보다 더 빨리 이동할 수 있는 사람은 전무했다. 무거운 짐을 지고서는 더욱 그러했다. 그러다가 1820년대에 갑자기 동물의 힘도 전혀 빌리지 않은 채 그저 광물 더미, 불꽃, 약간의 물만으로 사람 수백 명과 엄청난 양의 화물을 아찔한 속도로 운반할 수 있게 되었다. 주변에서 흔히 볼 수 있는 가장 단순한 성분을 창의적인 방식으로 결합하여 가장 있을 법하지 않은 결과를 빚어낼 수 있었다. 그다음 세기의 초에 사람들은 하늘로 올라가고, 도로 위에서 차량을 몰았다. 그저 원자와 분자를 열역학 평형에서 멀어지는 방식으로 재배치함으로써 이룬 결과다.

식량

감자는 안 돼, 가톨릭도 안 돼!
−군중의 외침, 1765년

맛있는 덩이뿌리

감자는 예전에 구대륙에서 일어난 혁신의 사례다. 스페인 정복자들이 안데스산맥에서 갖고 온 것이었다. 감자는 새로운 개념과 산물이 사회 전체로 확산되기가 얼마나 쉬운지, 그리고 얼마나 어려운지를 보여주는 산뜻한 역사적 사례다.

감자는 곡물보다 헥타르당 수확량이 세 배는 많은 가장 생산적인 주요 작물이다. 약 8,000년 전 안데스산맥의 해발 3,000미터가 넘는 고지대에서 딱딱하고 독성을 띤 덩이뿌리를 지닌 야생종에서 나왔다. 그런 위험한 조상 종에서 영양가 높은 작물이 되기까지 사람들이 어떻게 왜 재배를 해왔는지는 세월이라는 짙은 안개에 가려져 있지만, 아마도 티티카카호 주변 어딘가에서 재배가 시작된 듯하다. 프란시스코 피사로Francisco Pizarro가 이끄는 정복자 집단은 1530년대에 잉카 제국을 약탈하고 주민들을 처형하면서 감자를 접하고 먹었다. 그러나 정복자들은 구대륙의 친숙한 작물과 동물을 신대륙에 들여오는 쪽에 초점을 맞추었고 그 반대 방향으로는 별 관심이 없었으므로, 감자가 대서양 동편에 출현한 것은 적어도 30년은 더 흐른 뒤였다. 옥수수, 토마토, 담배는 그보다 훨씬 더 일찍 구대륙으로 도입되었다.

대서양 동편에서 감자를 재배했음을 명확히 보여주는 최초의 증거는 카나리아제도에서 나왔다. 그곳 라스팔마스 데 그란 카나리아의 공증 기록물을 보면 1567년 11월 28일 후안 데 몰리나Juan de Molina가 앤트워프에 있는 그의 형제 루이스 데 케사다Luis de Quesada에게 보낸 물품 목록이 있다. "감자와 오렌지와 녹색 레몬이 든 중간 크기의 통 세 개."

감자는 유럽에 늦게 도착했을 뿐 아니라, 퍼지는 속도도 느렸다. 풍습과 편견의 조합에 맞서야 했다. 감자는 열대작물이었기에 낮이 열두 시간인 조건에 적응해 있었고, 낮이 더 긴 유럽의 여름에는 덩이뿌리가 잘 생기지 않았다. 가을이 되어야 '열매가 맺혔'는데 실망스러울 정도로 작았다. 선택 교배와 육종이 이루어지면서 서서히 이 문제가 해결된 것은 아마 카나리아제도에서였을 것이다.

편견에 관해 말하자면, 영국의 성직자는 18세기 초까지도 교구민의 감자 섭취를 금했다. 성경에 언급되어 있지 않다는 어처구니없을 만치 어리석은 이유에서다. 그 논리에 아일랜드의 정서가 어찌어찌하여 좀 섞여 들어가면서 영국인 사이에서 이 논리는 감자가 로마가톨릭의 앞잡이라는 믿음으로 변질되었다. 서식스의 루이스에서 군중은 1765년 선거 때 이렇게 소리쳤다. "감자는 안 돼, 가톨릭도 안 돼!" 그러나 비가 잦은

랭커셔와 아일랜드에서는 날씨가 너무 습해서 곡류가 자라지 못하고 썩어가는 해에도 믿을 만한 수확물을 제공하는 감자를 거부할 수가 없었다. 1664년 존 포스터John Forster라는 사람은 왕에게 감자 재배에 특허료를 받아서 수익을 올리라고 촉구하는 소책자를 발행했다. 그가 쓴 제목만 봐도 무슨 주장을 했는지 알 수 있다.

앞으로의 모든 힘겨운 해에 맞설 확실하고도 쉬운 해결책: 감자라는 뿌리를 심는 것. 감자(밀가루를 섞은)를 사용하면 해마다 연간 총 8~9개월 동안 뛰어나면서 양호하고 건강에 좋은 빵을 예전의 반값에 만들 수 있다.

또 감자는 식물이 그것과 가장 닮은 질병을 치유하는 데 효과가 있다는 당시 지식인 사이에 널리 통용되던 이상한 교리도 극복해야 했다. 이를테면 호두는 뇌처럼 생겼으므로 정신질환에 좋다고 했다. (신이 단서를 남기기를 좋아했나 보다.) 이 개념은 1500년대에 연금술사이자 점성술사인 파라켈수스Paracelsus(본명은 테오프라스투스 폰 호헨하임Theophrastus von Hohenheim)가 내놓았는데, 16세기의 많은 약초학자는 그 주장을 그냥 믿고 읊어댔다. 사람들은 감자가 한센병(나병)에 걸린 사람의 손가락을 닮았다고 여겼는데 당시에 한센병 환자가 아주 드물었기에, 사람들은 어찌어찌하다 보니 감자가 한센병을 일으킬 수 있다는 식으로 생각하게 되었다. 1748년 프랑스 의회는 혹시라도 한센병을 일으킬지 모른다는 이유로, 감자를 식량으로 재배하는 행위를 금지하기도 했다.

그런 두려움 때문에 유럽인과 북아메리카인이 감자를 기르고 먹기까지는 아주 오랜 시간이 걸렸다. 사실 1600년대에 감자는 유럽보다 인도와 중국에서 훨씬 더 빠르게 퍼졌을지 모른다. 특히 히말라야 지역에서 잘 자랐는데 안데스산맥과 조건이 비슷해서였을 것이다. 18세기 유럽 대륙에서 경작물(관상용이 아니라)로서의 감자는 현재의 벨기에에 해당하는 해안으로부터 남쪽으로 퍼지고, 알자스에서 북서쪽으로 퍼진 듯하다. 룩셈부르크는 1760년대에 감자를 재배하기 시작했고, 1770년대 말에는 독일 대부분 지역에서 감자를 볼 수 있었다. 저항을 극복하는 데 기여한 요인 중 하나는 전쟁이었다. 밀과 보리에 의존하던 당시에는 침략군이 으레 곡식 저장창고와 가축을 모조리 약탈하고 작물은 짓밟거나 가축에게 먹였기에, 주민들은 굶어 죽을 지경이 되곤 했다. 그러나 감자는 이런 약탈 행위에도 흔히 살아남았다. 군대가 진군하는 계절에는 대개 땅속에 묻혀 있었고, 병사들이 하나하나 다 뽑기에는 성가신 존재였기 때문이다. 그래서 전시에 감자를 심은 농민은 살아남을 가능성이 더 높았었고, 그러면서 그 풍습은 점점 퍼졌다. 존 리더John Reader는 프레데리크 대왕Frederick the Great의 전쟁으로 말미암아 1700년에 유럽 중부와 동부 대부분 지역에서 알려져 있지 않았거나 멸시되었던 감자가 1800년에는 유럽인의 식단에서 필수적인 부분이 되었다고 설명한다.

프랑스는 더 뒤처졌다. 프랑스인은 프로이센인이 풍족하고 든든하게 먹는 모습, 따라서 인구학적 위협을 불러일으키는 양상을 초조하게 지켜보았다. 그 이야기가 막바지에 이른 뒤에야 비로소 감자 혁신가가 모습을 드러낸다. 적어도 전설에 따르면 그렇다. 앙투안 오귀스탱 파르망티에Antoine-Augustin Parmentier는 프랑스 군대에 협력하는 약종상이었는데, 좀 부주의한 성격이었는지 7년전쟁 동안 프로이센군에 다섯 번이나 사로잡혔다. 붙잡혔을 때마다 그들은 그에게 먹을 것을 감자만 주었는데,

그는 감자만 먹고서 오히려 살이 더 찌고 건강해지는 것을 깨닫고 깜짝 놀랐다. 1763년 프랑스로 돌아온 파르망티에는 프랑스의 고질병인 기근을 해결하는 데 감자가 최고라고 설득하고 다니는 데 몰두했다. 흉작으로 곡물 가격이 치솟는 바람에, 상황은 점점 그가 원하는 방향으로 흘러갔다.

파르망티에는 흥행사 기질이 좀 있었기에, 자신의 설득이 받아들여지도록 혹할 만한 일련의 공개 시범을 준비했다. 그는 왕비 마리 앙투아네트의 관심을 끈 다음, 베르사유궁의 정원에서 우연히 만난 척하면서 그녀를 꼬드겨 머리에 감자꽃을 꽂도록 했다. 또 그는 파리 외곽에 감자밭을 조성하고 경비원을 두고 지켰다. 경비원이 지킨다는 것 자체가 그 작물이 가치 있다고 광고하는 역할을 한다는 것을 잘 알았기 때문이다. 굶주린 도둑이 밤에 몰래 감자를 캐러 오면 이상하게도 경비원은 사라지고 없었다. 그는 벤저민 프랭클린 같은 유력 인사에게 만찬장에서 감자 요리를 대접하기도 했다. 게다가 과학적인 접근법도 취했다. 1773년 (의회가 감자 금지 조치를 철회한 다음 해)에 펴낸 〈감자의 화학적 검사Examen chimique des pommes de terre〉라는 논문에서 그는 감자의 영양가에 찬사를 보냈다. 1789년 혁명이 일어나기 직전에 굶주림이 만연한 상황에서 국왕은 파르망티에에게 다른 덩이뿌리들과 '감자의 경작과 이용'을 다룬 논문을 더 작성하라고 지시했다. 그렇긴 해도 결국 왕의 머리는 잘려나갔다. 감자의 혜택을 제대로 맛본 이들은 혁명 진영이었다. 그들은 튈레르의 정원에서 재배한 감자 덕분에 파리 코뮌 때 대규모 기아 사태를 막을 수 있었다.

아일랜드에서 감자는 인구 폭발을 야기했고 그 바람에 곧 맬서스 재앙이 일어날 위험에 처했다. 18세기 초에 인구가 급증하면서 경작할 만한 땅은 모조리 찾아서 경작할 지경에 이르렀고, 단위 면적당 인구 밀도는 유럽에서 최고가 되었으며, 대가족의 일원은 그럭저럭 성년기까지 살아남는다고 해도 땅을 쪼개서 물려받아야 했기에 점점 빈곤해졌다. 세실 우덤 스미스Cecil Woodham Smith는 《대기근The Great Hunger》에서 1800년대 초의 상황을 이렇게 묘사했다.

아일랜드의 상황을 조사해서 보고하라는 지시를 받은 조사 위원회가 114개, 특별 위원회가 61개나 되었는데, 그들이 내놓은 보고서는 예외 없이 재앙을 예고하고 있었다. 아일랜드는 기아 직전 상태에 와 있었고, 인구가 급증하면서 노동자의 4분의 3이 실업 상태이며, 주거 상황도 끔찍했고 생활수준은 믿을 수 없을 만치 낮았다.

파국은 1845년 감자가 안데스산맥에 남겨두고 왔던 기생성 곰팡이인 감자역병균phytophthora infestans이 미국을 통해 아일랜드로 유입되면서 찾아왔다. 그해 9월 아일랜드 전역의 밭에서 감자 작물의 지상부와 지하부가 모두 썩어갔다. 저장된 감자까지도 검게 변해서 악취를 내뿜었다. 몇 년 사이에 굶주림, 영양실조, 질병으로 100만 명이 사망했고, 적어도 100만 명이 해외로 이주했다. 800만 명이 넘었던 아일랜드 인구는 급감했고, 지금까지도 1840년 수준으로 회복되지 않고 있다. 덜 심각하긴 했지만 그 역병은 노르웨이, 덴마크, 독일에서도 마찬가지로 기근을 야기했다.

현재 감자는 새로운 혁신의 물결을 일으키고 있다. 1960년대에 합성

살균제가 발명된 덕분에 감자 농민은 그 병을 막을 수 있게 되었다. 그러나 거의 매주, 즉 생장기에 많으면 열다섯 번까지 작물에 그 살균제를 뿌려야 했다. 그러다가 2017년 미국 정부는 역병 내성을 지닌 새로운 감자 품종을 승인했다. 아이다호의 J.R.심플롯이라는 기업이 유전자 변형 기술로 개발한 품종이다. 구체적으로 말하면 아르헨티나에서 발견된 감자 품종에 있는 질병 내성 유전자를 집어넣어서 만들었다. 새 품종에는 살균제를 뿌릴 필요가 거의 없다. 유전자 편집 기술로 개발된 다른 역병 내성 품종들도 시장에 나오고 있다.

비료는 어떻게 세계를 먹여 살렸는가

1908년 프리츠 하버Fritz Haber가 발견한 질소 고정법, 즉 가압 상태에서 촉매를 써서 대기의 질소를 수소와 반응시켜 암모니아를 만드는 방법은 역사상 매우 중요한 혁신 중 하나다. 세계를 먹이고 기근을 물리치는 데 엄청난 기여를 했기 때문도 아니고, 폭발물을 훨씬 쉽게 만들 수 있게 하는 덜 유익한 효과를 미쳤기 때문도 아니다. 한 가지 불가능해 보이는 문제를 해결한 특별한 사례였기 때문이다. 대체로 질소 분자 형태로 존재하는 대기 질소로부터 유용한 화합물을 만드는 도전과제는 누가 봐도해결할 가치가 있었다. 그러나 하버가 그 일을 해낼 즈음에 이는 납을 금으로 바꾼다는 연금술사의 꿈만큼 해결하기 어려운 일이었으며, 결코 해내지 못하리라는 쪽으로 대부분이 결론을 내린 상태였다. 그러니 질소 고정법은 세계가 원했고 그리하여 얻게 된 혁신의 사례다.

질소가 작물 성장의 제한 요인이라는 사실은 적어도 모호하게나마 몇 세기 전부터 알려져 있었다. 그래서 농민들은 구할 수 있는 똥거름, 요소, 오줌을 달라고 간청하거나 빌리거나 훔쳤다. 그러나 그렇게 애써도 작물의 온전한 잠재력을 실현시킬 수 있을 만큼 충분한 질소를 뿌리기란 쉽지 않았다. 가장 좋은 방법은 소, 돼지, 사람의 똥거름을 뿌리는 한편으로, 완두와 콩 같은 작물을 '돌려짓기' 하는 것이었다. 이런 콩과 식물은 똥거름을 주지 않아도 잘 자랐다. 대기 질소를 스스로 고정할 수 있기 때문이다. 그리고 그렇게 고정된 질소는 다음 해에 심은 다른 작물도 쓸 수 있을 만큼 땅에 남아 있었다. 콩과 식물이 그럴 수 있다면, 인공으로 합성하지 못할 이유가 있을까?

이 질소에 대한 갈망을 설명할 과학은 훨씬 뒤에 나왔다. 단백질이나 DNA의 모든 구성단위에 질소 원자가 몇 개씩 들어 있고, 공기의 주성분이 질소이긴 하지만 대기 질소는 대부분 원자 두 개가 3중 공유 결합으로 단단히 붙어 있는 질소 분자 형태로 존재한다는 것을 발견하면서였다. 이 결합을 끊어서 질소를 쓸 수 있는 형태로 만들려면 엄청난 에너지가 필요하다. 열대에서는 잦은 번개가 에너지를 제공함으로써 그 땅을 조금은 기름지게 유지하며, 논에서는 조류와 식물이 대기 질소를 고정하여 토양에 질소를 공급한다. 반면 밀 같은 작물을 기르는 온대지역의 밭은 질소가 설령 고갈되지는 않는다고 해도 부족할 때가 아주 많다.

1843년 영국 하트퍼드셔의 로댐스테드에 비료의 효과를 보여주기 위해 브로드벌크라는 밭이 따로 조성되었다. 그 뒤로 이 밭의 한쪽에는 비료를 전혀 주지 않은 채 해마다 가을밀을 심었다. 해가 갈수록 맺히는 낟알이 점점 줄어들면서 소진되었고 황량한 풍경이 펼쳐졌다. 1925년경에는 헥타르당 수확량이 0.5톤에도 못 미쳤다. 농장에서 받은 거름이나 질산염 비료를 준 구역에서 수확되는 양에 비하면 미미한 수준이었다. 1925년에 휴경을 한 뒤에는 돌려짓기를 했다. 그러자 한 해 걸러서 야생 토끼풀이 자라면서 약간의 질소가 공급되었다. 그 결과 비료를 주지 않는 구역의 수확량이 얼마간 증가했지만, 많이는 아니었다. 이 결과가 인류에게 말하는 바는 명확하다. 다른 곳에서 또는 다른 시기에 길러서 소나 사람에게 먼저 먹여 얻은 거름의 형태로 질소를 지속적으로 공급하지 않는다면, 경작은 인류를 계속 먹여 살릴 수 없다는 것이다.

19세기에는 이 점이 별다른 문제가 되지 않았다. 새 경작지를 계속 늘려갔기 때문이다. 서쪽으로는 초원을, 동쪽으로는 스텝 지대를, 남쪽으로는 팜파스와 아웃백outback(호주 내륙 지역-옮긴이)을 점점 더 개간하면서, 지난 세월 야생 초식동물과 원주민의 손에 헐벗은 상태가 되어 버려졌던 토양을 파헤쳐 비옥한 잠재력을 끌어냈다. 경작지가 늘어나면서 먹일 입도 더 늘어났다. 개간한 땅은 거름을 주거나 토끼풀로 뒤덮이지 않으면 곧 지력이 떨어졌지만, 언제든 새로 개간할 땅을 찾을 수 있었다. 이제 서부로 가자!

그런데 질소를 원하는 분야는 더 있었다. 각국의 왕과 정복자도 이온 형태의 질소를 몹시 탐냈다(비록 자신들이 원하는 것이 그런 질소임을 알지 못했지만). 화약을 만들고 전쟁을 하기 위해서였다. 한 예로 1626년 영국 국왕 찰스 1세는 국민에게 이렇게 명령했다. "한 해 동안 사람의 모든 소변과 구할 수 있는 짐승의 모든 오줌을 간편한 용기나 적당한 그릇에 세심하게 계속 모아서 보존하라." 이렇게 모은 오줌은 화약의 기본 성분인 초석(질산칼륨)을 만드는 데 썼다. 전 세계의 농민은 거름으로 초석을 만들라는 강요를 받았고 그것을 세금으로 냈다. 그럼으로써 통치자는 폭력을 토대로 독점을 지속할 수 있었지만, 농민은 자기 밭에 뿌릴 비료의 원료를 빼앗겼다. 영국이 벵골 지역을 정복한 동기 중 하나는 갠지스강 어귀에 잔뜩 쌓여 있던 초석을 확보하기 위해서였다.

1800년대 초에 고정된 질소뿐 아니라 식물에 필수적인 다른 두 원소인 인과 칼륨이 결합된 물질이 엄청나게 쌓여 있는 곳이 발견되었다. 페루 연안의 어류가 풍부한 바다에 솟아 있는 작은 섬들이었다. 서식하기 좋은 환경 조건 덕분에 이 섬들에는 새 수백만 마리가 살고 있었다. 주로 가마우지와 부비새booby 종류였다. 섬을 깨끗이 씻겨줄 비가 이곳에는 거의 내리지 않기에, 섬마다 배설물이 수백 년 동안 쌓이고 쌓였다. 그러면서 이윽고 요소, 암모니아, 인산염, 칼륨이 가득 든 수백 미터 높이의 회색 구아노guano(바닷새의 배설물이 바위 위에 쌓여 굳어진 덩어리-옮긴이)가 되었다. 농장의 수확량을 높여줄 완벽한 물질이었다. 19세기 중반 수십 년 동안 지독한 노동 조건에서 수백만 톤의 구아노가 채굴되었다. 주로 중국인이 그 일을 했는데, 고용계약을 맺긴 했지만 사실상 노예나 다름없는 조건에서 일했다. 그렇게 캐낸 구아노는 영국을 비롯한 유럽 국가의 농민에게 향했다. 먼지와 악취를 풍기는 이 화물을 싣기 위해서 배들은 몇 달 동안 줄을 서서 기다리곤 했다.

구아노를 구하기 위해 필사적이 된 미국 의회는 미국인이 태평양에서 구아노가 쌓인 섬을 발견하면 그 섬을 미국 영토라고 주장할 수 있다는 법을 제정했다. 그것이 바로 현재 태평양 한가운데의 많은 환초가 미국령인 이유다. 그러나 페루의 친차스섬만큼 구아노가 많이 쌓인 섬은 거의 없었다. 나미비아 연안도 어류가 풍부한 바다와 건조한 공기가 결합된 비슷한 환경 조건이었기에, 리버풀의 한 상인은 1843년 이곳의 이카보섬에서 구아노 채굴을 시작했다. 1845년까지 그는 400척의 배에 구아노를 가득 실었고, 섬의 높이는 꾸준히 낮아졌다. 그리고 다른 채굴자도 몰려들어서 싸움이 끊이지 않았다. 그러나 이카보와 친차스의 구아노는 곧 고갈되기 시작했다. 지금은 가마우지, 부비새, 펭귄이 그곳에서 천천히 구아노를 다시 쌓고 있다.

구아노 열풍은 많은 이를 부자로 만들었지만 1870년대에 그 흐름은 끝났다. 그 뒤에는 칠레 초석 열풍이 일어났다. 초석이란 아타카마사막에 고대의 바다가 솟아올라서 말라붙어 산맥이 되었을 때 극도로 건조한 기후 덕분에 그 잔해가 녹아 사라지지 않고 그대로 남아 생긴 풍부한 광물, 칼리치caliche를 끓여서 만들 수 있는 질산염이다. 채굴과 정제는 대부분 페루와 볼리비아에서 이루어졌지만 일꾼은 대개 칠레인이었다. 1879년 칠레는 선전포고를 하고 그 주요 지역을 장악했다. 그 결과 볼리비아는 바다가 없는 내륙 국가가 되었고 페루의 영토도 잘려나갔다. 1900년경에 칠레는 세계 비료의 3분의 2와 폭발물의 상당 비율을 생산했다. 그러나 칠레 질산염의 가장 나은 광상도 곧 고갈되는 기미가 보이기 시작했다.

영국의 한 저명한 화학자가 한 연설이 갑자기 세계의 주목을 받은 것은 바로 이런 배경 때문이다. 부유하면서 독자적으로 연구하는 과학자이자 유심론자인 윌리엄 크룩스William Crookes는 탈륨을 발견하고 헬륨을 분리하고 음극선관을 발명한 유명 인사였는데, 1898년 영국과학진흥협회의 회장으로 선출되었다. 1년의 임기를 마칠 때에는 의무적으로 뭔가 심오한 내용을 담은 공식 연설을 하는 것이 전통이었다. 그는 '밀 문제'

를 이야기하기로 마음먹고서, 칠레 초석을 대체할 질소 비료를 합성할 방법이 나오지 않는다면 1930년쯤에는 세계가 기아 상태에 빠질 가능성이 높다고 말했다. 밀 문제라고 이름 붙인 것은 당시 밀이 세계 최대 작물이었기 때문이다.

크룩스의 경고는 특히 독일에서 주목을 받았다. 점점 불어나는 인구를 먹이기 위해 계속 범선을 늘리면서 다른 나라보다 더 많이 칠레 질산염을 수입하고 있었기 때문이다. 크룩스가 강연을 한 다음 해에 영국이 네덜란드인과 독일인의 후손인 남아프리카의 보어인과 전쟁을 시작했을 때, 독일의 저명한 화학자 빌헬름 오스트발트Wilhelm Ostwald는 이런 생각에 잠겼다. 만약 전쟁이 터져서 화약과 비료를 제조하는 데 쓰이는 원료를 독일이 얻지 못하게 하려고 영국 해군이 칠레 교역로를 차단하면 어떻게 될까? 오스트발트는 대기 질소를 고정할 방법을 찾아내려는 경쟁에 뛰어들었다. 그러나 다른 경쟁자들이 대부분 전기를 이용하려고 한 반면 그는 화학적 촉매, 특히 철을 활용하는 방법을 시도했다. 1900년 그는 암모니아를 만드는 데 성공했다고 생각했다. 그러나 화학회사 바스프가 그의 특허를 매입하기 전에 확인을 위해 고용한 카를 보슈Carl Bosch는 그 발견이 신기루에 불과했음을 밝혀냈다. 그 암모니아는 철의 불순물, 즉 질화철에서 나온 것이었다. 오스트발트는 씁쓸하게 자리에서 물러나야 했다.

이제 프리츠 하버가 등장한다. 야심 있고 과민하고 쉴 새 없이 일하는 천재인 그는 자신이 유대인 집안 출신이라는 점을 늘 신경썼고, 유대인 차별 때문에 자신이 받아 마땅한 화려한 상을 못 받고 있는 건 아닐까 의심했다(사실 그 의심이 옳았다). 그런 한편으로 그는 독일 제국에 충성하는 열렬한 애국자였다. 하버도 질소 고정법 발견이 엄청난 업적이 된다는 것을 알았다. 하버의 전기를 쓴 토머스 헤이저Thomas Hager의 쏙 와닿는 표현을 빌리자면, 사실상 '공기에서 빵'을 만드는 것과 같았다. 1907년 하버는 오스트발트의 제자인 발터 네른스트Walther Nernst와 논쟁을 벌였다. 네른스트는 자신이 먼저 열과 촉매를 써서 소량의 암모니아를 생산했다고 주장했다. 심지어 네른스트는 하버가 소량의 암모니아를 생산했다고 주장하지만 그조차 해내지 못했을 가능성이 있다고 말했다. 분개하면서 연구실로 돌아온 하버는 네른스트의 주장이 틀렸음을 입증하겠다고 결심했지만, 한편으로 아주 높은 압력을 쓰면 가능할지 모른다는 네른스트의 말에 착안해 실험을 해보기로 했다. 곧 그는 압력을 높일수록 더 낮은 온도에서 반응이 일어난다는 것을 발견했다. 이 점은 중요했다. 아주 고온에서는 암모니아가 생성되자마자 거의 곧바로 분해되기 때문이었다. 하버의 조수인 로버트 르로시뇰Robert Le Rossignol은 차근차근 하나씩 문제를 해결해나간 끝에, 단단한 석영에 구멍을 뚫어 만든 공간 속의 고압 상태에서 성분을 섞는 방법을 고안했다. 헤이저는 이렇게 기록했다. "단번에 돌파구가 열리는 것 같은 순간은 전혀 없었다. 그저 수많은 작은 개선과 점진적인 발전만이 있었을 뿐이다."

하버가 바스프에 손을 내민 것은 이 무렵이었다. 당시 바스프는 검푸른색 합성염료를 제조하여 큰돈을 번 거대 화학 기업이었는데, 제2의 도약을 꿈꾸고 있었다. 바스프는 질소 고정 분야에 뛰어들기로 결정했지만 전기를 써서 해결할 생각을 하고 있었다. 그래서 하버의 연구에 투자하고는 있었지만, 그것은 만일을 위한 대비책을 마련한다는 차원에서였다. 바스프는 하버에게 연구실과 많은 예산을 지원했고, 카를스루에 대학교에서 계속 재직할 수 있게 했고, 판매액의 10퍼센트를 주겠다고 약속했다. 바스프의 자금과 전문성에 도움을 받아서 하버와 르로시뇰은 실험할 때 압력을 100기압 넘게 올릴 수 있었다. 수심 1.6킬로미터에서의 압력과 비슷했다. 그리하여 1,000℃가 넘던 온도도 600℃로 낮출 수 있었다.

그러나 이 실험 결과는 아직 상업화와는 거리가 먼 실망스러운 수준이었기에, 하버는 다른 촉매를 찾는 일에 나섰다. 전구의 필라멘트에 적합한 재료를 찾으려 애쓰던 에디슨처럼 하버도 거의 무작위로 온갖 금속을 시험했고, 최종적으로 그가 택한 물질인 오스뮴은 실제로 전구 필라멘트에서 얻은 것이었다. 오스뮴은 치밀하면서 광택이 나는 청흑색 금속 원소로서, 대개 백금과 함께 발견되었으며 1804년에 처음 알려졌다. 1909년 3월 하버는 오스뮴 촉매를 두 번째로 시험할 때 장치에서 액체 암모니아가 똑똑 떨어지는 것을 보았다. 그는 오스뮴이 왜 효과가 있는지 전혀 알지 못했지만, 아무튼 효과를 봤다.

그는 곧바로 바스프에 규모를 키워보자고 제안했다. 바스프는 회의적이었다. 오스뮴은 희귀할 뿐 아니라 비쌌고, 100기압에서 가동되는 제조 시설이라면 누가 봐도 폭발할 것이 분명했기 때문이다. 설치하는 데에도 엄청난 비용이 들 터였다. 그러나 9년 전에 오스트발트가 실패했음을 폭로한 후, 이제 바스프의 질소 연구를 총괄하는 자리에 있던 카를 보슈는 한번 해보자고 주장했다. 주된 이유는 다른 방안을 찾아내지 못했기 때문이었다.

그 뒤로 몇 년에 걸쳐서 보슈는 하버의 발명을 실용적인 혁신으로 전환하고자 애썼다. 암모니아를 찻숟가락만큼 생산하는 모형이 아니라 톤 단위로, 그것도 칠레에서 배로 수입하는 것보다 더 저렴하게 생산할 수 있는 공장을 짓기 위해 온갖 문제를 하나씩 해결해나갔다. 먼저 그는 세계에 공급되는 오스뮴을 거의 전부 구매했다. 수백 킬로그램에 달했지만 그것으로도 부족했다. 하버는 우라늄도 좀 떨어지긴 하지만 효과가 있다는 것을 발견했다. 그러나 우라늄이라고 해서 오스뮴보다 훨씬 더 싼 것도 더 풍부한 것도 아니었다. 그래서 보슈는 새로운 촉매를 실험할 수 있고, 고압 상태에서 성분을 섞을 수 있는 장치도 새로 설계하여 실험할 시설을 마련했다. 폭발해도 사망자가 나오지 않도록 시설 바깥에 튼튼한 벽도 둘렀다. 이윽고 보슈의 조수인 알빈 미타슈Alwin Mittasch는 다시 순수한 철, 이어서 철 화합물로 눈을 돌렸다. 그중에 스웨덴에서 나온 자철석이 좋은 결과를 내놓았다. 그 자철석에 섞인 어떤 불순물 덕분에 그 철이 좋은 촉매가 되었던 것이다. 1909년 말 무렵에 그들은 이윽고 철, 알루미늄, 칼슘의 혼합물을 쓰자고 결정했다. 오스뮴만큼 효과가 좋았을 뿐 아니라 훨씬 저렴했다. 그 뒤로도 미타슈는 더 나은 촉매를 찾겠다고 2만 가지가 넘는 물질을 검사했지만 그 철 혼합물보다 더 나은 것을 찾지 못했다. 바스프는 1910년 하버가 오스뮴으로 돌파구를 마련했다고 발표하는 것까지는 허가했지만, 철 혼합물 촉매는 비밀로 유지하도록 했다. 그 촉매를 영업 비밀로 삼아서 바스프는 계속 업계 선두를 유지할 수 있었다.

그래도 아직 엄청난 도전과제가 남아 있었다. 대기에서 질소를 분리하는 방법, 뜨거운 코크스에 증기를 뿜어 일산화탄소를 생기지 않게 하면서 수소를 충분히 많이 생산하는 방법, 유례없는 수준의 고압을 생성하는 방법, 아주 뜨거운 온도에서 그런 압력을 유지하는 방법, 가스를 주입하고 암모니아를 추출하는 방법도 개발해야 했다. 개발 인력은 점점 불어나서 이윽고 세계 최대 규모의 과학자와 공학자 집단이 되었다. 맨해튼 계획이 나오기 전까지 그러했다. 수많은 혁신 이야기처럼, 하버-보슈 이야기도 흔히 한 학자(하버)의 탁월한 통찰과 그 뒤에 따르기 마련인 사업가(보슈)의 응용이라는 단순한 형태로 제시되곤 하지만, 그런 설명은 잘못된 것이다. 하버의 영감보다 보슈의 땀이 활약할 때 훨씬 더 많은 창의성이 필요했다. 헤이저가 설명하듯이, 이런 도전과제는 모두 다른 나라에서 발전한 개념을 접할 수 없었다면 해결이 불가능했다. 그러니 이 이야기는 혁신이 혁신의 생태계에서 번영한다는 것을 잘 보여주는 사례다.

보슈의 개발진은 기관차 엔진, 휘발유 엔진, 루돌프 디젤이 발명한 새 엔진에서 설계의 단서를 찾으려 애썼다. 또 보슈와 기술자들은 독일 철강업계 사람과도 만났고, 철강을 제조하는 베서머 공정을 배웠고, 크룹스의 경영진과 대포 설계와 야금학 분야에서 이루어진 새로운 발전에 관해 이야기를 나누었다. 보슈는 동작 속도가 빠른 밸브, 스스로 닫히는 밸브, 슬라이드 밸브, 크고 작은 왕복 펌프와 순환 펌프, 온갖 종류와 크기의 온도 감지기, 압력계, 밀도계, 이상 경보기, 비색계, 고압 파이프 설비 등을 개발하는 팀도 구성했다. 고온과 엄청난 압력 아래에서 모든 것이 터지거나 새거나 하지 않으면서 제 기능을 하도록 만들어야 했다. 오븐은 작은 폭탄처럼 터질 가능성이 있었다. 보슈는 공정을 꼼꼼히 지켜보다가 뭔가 문제가 생기기 시작하면 즉시 차단할 수 있게 설계하기를 원했다. 완벽하게 신뢰할 수 있고 신속하게 조치할 수 있기를 바랐다. 씨름 선수의 힘, 단거리 선수의 속도, 발레리나의 우아함을 겸비한 기계를 원했다.

보슈는 6개월 동안 도저히 해낼 수 없을 듯한 문제 하나를 붙들고 씨름하기도 했다. 수소가 오븐의 강철 벽에 스며들어서 강철을 약화하고, 그 결과 며칠 뒤에 폭발이 일어나곤 한다는 점이었다. 다양한 합금을 써보았지만 아무런 도움이 안 되었다. 접근 방식 자체를 재검토하여 안쪽에 더 약한 강철로 희생층을 설치하고 안팎 층 사이에 수소를 배출할 작은 구멍을 뚫는 방법을 써서 비로소 이 문제를 해결할 수 있었다. 1911년경에는 연속 가동되면서 저렴하게(개발비를 제외했을 때) 암모니아를 생산하는 시제품을 만들었다.

종종 그렇듯이, 이제 지식재산권 분쟁이 벌어졌다. 경쟁 기업인 회흐스트는 오스트발트의 자문을 받아서 열과 압력을 이용한 하버의 암모니아 생산법 특허에 이의를 제기했다. 네른스트가 오스트발트의 지도로 그 개념 전체를 먼저 내놓았다는 것이다. 파산 위기에 처한 바스프는 그냥 법정에서 자사를 편드는 증언을 하는 대가로 높은 연봉을 주면서 네른스트를 5년간 고용하는 계약을 맺음으로써 문제를 해결했다.

바스프가 오파우에 세운 거대한 공장은 1913년 말에 암모니아를 생산하기 시작했는데 얼마 뒤 제1차 세계대전이 터졌다. 독일은 전쟁이 짧게 끝나리라 생각하고 폭발물을 제조하는 데 쓸 칠레 초석을 그만큼만 보관하고 있었고, 앤트워프를 점령하고서 좀 더 확보할 수 있었다. 그러나 전쟁이 지긋지긋할 정도로 정체 상태에 빠져들고, 영국 해군이 포클랜드제도 전투에서 독일 함대를 침몰시킴으로써 칠레 초석 수입이 막히자, 독일은 총에 필요한 화약과 밭에 필요한 비료를 만들 질소가 고갈될 위기에 처했다. 오스트발트가 우려했던 바로 그런 상황이 벌어진 것이다. 독일은 임시 조치로 전기와 탄화칼슘을 이용하는 시안아미드Cyanamid 공정으로 소량의 질산염을 만들기 시작했다.

그러던 중 1914년 9월에 보슈가 유명한 '초석 약속'을 발표했다. 오파우 공장을 개조해 새로 발견된 철-비스무트 촉매로 암모니아를 질산염으로 전환하겠다는 것이었다. 그는 로이나에 더욱 큰 공장을 짓고서 질산염을 대량으로 생산했다. 그럼으로써 아마도 전쟁이 더 질질 이어지도록 기여했을 것이다. 한편 하버는 1915년 3월 이프르(벨기에 서부에 있는 소도시로 1차 세계대전 때의 격전지-옮긴이)에 시도된 최초의 염소가스 공격을 배후에서 주도함으로써 가스전gas warfare도 발명했다.

전후에 하버-보슈 공정은 전 세계에서 대규모로 질소를 고정하는 데 쓰였다. 특히 석탄 대신에 천연가스가 에너지와 수소의 원천으로 쓰이면서 그 과정은 더욱더 효율적으로 개선되었다. 현재 암모니아 공장은 보슈 시대의 공장보다 에너지를 약 3분의 1만 쓰면서 같은 양의 암모니아를 생산한다. 세계 에너지의 약 1퍼센트가 질소 고정에 쓰이고 있으며, 이는 사람의 평균 식단에 들어 있는 고정된 질소 원자 중 약 절반을 공급한다. 유럽, 아메리카, 중국, 인도가 대규모 기아 사태를 피할 수 있었고 기근이 대체로 역사책에서나 볼 수 있는 현상이 된 것은 합성비료 덕분이다. 기근에 따른 연간 사망률은 1960년대가 2010년대보다 100배나 더 높았다. 1960~1970년대의 이른바 녹색 혁명은 새로운 작물 품종의 개발을 말하지만, 그런 새 품종의 주된 특징은 질소를 더 많이 흡수하고 쓰러지지 않으면서 더 많은 낟알을 맺는다는 것이다. 하버와 보슈가 거의 불가능해 보였던 그 혁신을 이루지 못했다면, 세계는 가능한 모든 땅을 경작하고, 숲의 모든 나무를 베고 모든 습지의 물을 뺐을 테고, 그러면서도 기아 직전의 위태위태한 상태로 살아가야 했을 것이다. 윌리엄 크룩스가 예측한 대로 말이다.

그러나 이 글을 쓰는 현재, 미래에는 하버-보슈 공정이 딱히 필요 없어질 가능성도 언뜻 엿보인다. 1988년 두 브라질 과학자 요한나 되베라이너Joanna Döbereiner와 블라디미르 카발칸테Vladimir Cavalcante는 한 특이한 현상에 주목했다. 몇몇 사탕수수밭이 수십 년 동안 비료를 전혀 주지 않았음에도 꾸준히 수확량이 유지되고 있었다. 그들이 식물 조직을 조사했더니, 글루코나케토박테르 디아조트로피쿠스Gluconacetobacter diazotrophicus라는 세균이 들어 있었는데, 대기의 질소를 고정하는 세균이었다. 완두와 대두 같은 콩과 식물에도 이 능력이 있다. 뿌리혹에 사는 질소 고정 세균과 식물이 공생 관계를 맺은 덕분이다. 연구자들은 옥수수와 밀 같은 작물이 콩과 식물의 습성을 모방하게 하려 했지만, 지금까지 모두 실패했다. 그러나 뿌리혹 같은 특수한 기관이 없어도 식물의 조직 내에 사는 이 새로운 세균을 이용하면 더 나은 결과가 나올지도 모른다. 노팅엄 대학교의 테드 코킹Ted Cocking 교수는 그 세균을 건네받아 실험을 했는데, 곧 정말로 다양한 식물종의 세포에서 살아가도록 세균을 구슬릴 수 있었다. 야외 시험 재배를 하니, 그런 공생 옥수수, 밀, 벼의 수확량과 단백질 함량이 뚜렷하게 향상되었음이 드러났다. 코킹이 데이비드 덴트David Dent와 함께 창업한 어조틱은 2018년에 그 세균을 종자 피복제로 미국 농민들에게 판매할 예정이라고 발표했다. 이 단순한 방식이 성공한다면, 암모니아를 굳이 공장에서 합성하지 않고도 세계 인구를 먹여 살릴 수 있을지 모른다.

일본에서 온 작은 키 유전자

보슈가 대기 질소 고정법을 다듬고 있을 무렵, 지구 반대편에서는 한 식물 육종가가 보슈의 산물을 적용하는 데 있어 대단히 중요한 사실이 드러날 또 다른 혁신을 추구하고 있었다.

1917년 도쿄 인근 니시가하라의 중앙농업실험소에서 정확한 신원은 알려지지 않은 누군가가 두 가지 밀 품종을 교배했다. 한쪽은 '글래시 풀츠glassy Fultz'로 1892년 미국에서 들여온 밀 품종에서 유래했다. 다른 한쪽은 다루마Daruma라는 키 작은 일본 토착 품종이었다. 그렇게 나온 풀츠-다루마 품종은 1924년에 다시 터키레드Turkey Red라는 미국 품종과 교배가 이루어졌다. 이 잡종은 재배되면서 자가수분을 거친 뒤, 일본 북동부에 있는 이와테농업연구소에서 검사를 받았다. 가장 좋은 개체들은 다루마의 작은 키 형질과 터키레드의 고수확 특성을 지닌 듯했다. 연구소장 곤지로 이나즈카稲塚權次郎는 가장 유망해 보이는 계통들을 추려서 이 새로운 순수 육종 밀 품종을 1935년 노린-10호Nôrin-10라는 이름으로 판매하기 시작했다. 지역 농민은 처음으로 키 작은 밀 품종을 상업 재배하기 시작했다.

10년 뒤 전쟁이 끝났을 때, 세실 샐먼Cecil Salmon이라는 캔자스의 농업학자이자 밀 육종가가 일본에 왔다. 일본의 실질적인 통치자인 더글러스 맥아더 장군의 보좌관이었다. 샐먼은 혼슈의 모리오카농업연구소에서 키 작은 밀을 보고 흥미를 느꼈다. 그래서 여러 낟알을 모으는 김에 열여섯 가지 밀 표본도 골라서 미국으로 함께 보냈다. 그중에 이나즈카의 노린-10호도 들어 있었다.

한편 풀먼에 있는 워싱턴 주립대학교의 오빌 보겔Orville Vogel이라는 세 번째 밀 육종가는 하버-보슈의 질산염 비료로 생긴 문제를 연구하고 있었다. 밭에 질소 비료를 뿌리면 밀의 줄기가 더 굵게 더 높이 자랐다. 이는 바람이 불고 비가 오자마자, 낟알이 영글고 있는 밀 식물이 자체 무게로 쓰러져서, 즉 '도복'이 일어나서 바닥에 누운 채로 썩어가는 경향을 보일 것이라는 의미였다. 샐먼이 일본에서 가져온 씨가 그에게 구원자가 되었다. 버튼 베일스Burton Bayles라는 네 번째 육종가를 통해서였다. 보겔은 그 이야기를 이렇게 전한다.

우리의 도복 문제를 잘 알기에, 버튼 베일스는 1949년 풀먼에서 예찰용으로 모은 반왜소 밀 시료들을 보냈다. 그중에서 노린-10호를 골라서 당시 줄기가 짧으면서 가장 도복에 잘 견디는 고수확 품종이라고 여겨지던 브레버Brevor와 교배했다.

보겔은 밀 줄기가 더 짧으면 쓰러질 가능성이 더 적어서, 도복이 덜 일어나고 새 비료에도 적응할 수 있을 것이라고 추론한 듯하다. 그의 새 노린-10호 교배 품종 중 일부, 특히 브레버와 교배한 품종은 보겔의 일지에 적힌 표현을 빌리자면 쓰러지지 않으면서도 수확량이 '정말로 좋다'는 것이 드러났다. 한 가지 문제는 토착 질병에 취약하다는 것이었기에, 보겔은 덜 취약한 계통을 찾기 위해서 실험을 계속했다. 종자를 판매하려면 그 문제를 먼저 해결해야 했다.

이제 다섯 번째 밀 육종가가 등장한다. 그는 보겔의 실험 소식을 듣고서 표본을 좀 달라고 요청했다. 감자 기근 때 노르웨이에서 떠나온 난민의 후손인 미네소타인 노먼 볼로그^{Norman Borlaug}였다. 임업 분야에서 일하려다가 일이 잘 안 풀려서 방향을 바꾼 뒤, 볼로그는 멕시코의 록펠러 재단에서 일했다. 멕시코에서 그는 녹병균에 견디고 수확량이 많은 품종을 찾는 일을 했다.

볼로그 연구진은 꽤 성과를 내고 있었다. 그러나 수확량이 더 많은데도 처음에 멕시코 농민은 새 품종을 거부했다. 1949년에야 이윽고 볼로그에게 설득된 농민 몇 명이 새 품종을 심고 비료도 뿌렸다. 곧 그들이 더 많은 수확량을 거두었다는 소식이 퍼지기 시작했다. 농민들은 수확량이 두 배로 늘고 따라서 소득도 두 배로 늘 수 있다는 사실을 알아차렸다. 1951년경에는 그 밀 품종들이 멕시코 전역에서 재배되었다. 그리고 1952년경에는 볼로그의 밀이 멕시코 밀 경작지의 대부분을 차지했고 국가의 밀 생산량도 두 배로 늘어났다.

곧 보겔처럼 볼로그도 도복 문제에 신경을 쓰게 되었다. 그는 잘 쓰러지지 않을 밀을 찾기 위해서 미국의 모든 밀 품종을 조사했지만, 별 성과가 없었다. 그러다가 아르헨티나 출장에서 같은 미국 정부 소속의 밀 육종가 버튼 베일스를 만나 한잔하면서 이야기를 나누게 되었다. 노린 종자를 보겔에게 보낸 바로 그 사람이었다. 볼로그는 그에게 잘 쓰러지지 않는 키 작은 밀 품종을 아는지 물었다. 베일러는 노린-10호 이야기를 꺼내면서 보겔에게 연락해보라고 했다. 볼로그는 보겔에게 편지를 썼고, 노린-10호 순종과 노린-브레버 잡종 씨를 받았다. 볼로그는 그 품종들을 자신의 멕시코 품종들과 교배했다. 그러자 놀라운 결과가 나타났다.

작은 키 형질뿐 아니라 다른 많은 유전자가 노린-10호로부터 교배종에 유입됨으로써, 개체당 줄기의 수와 이삭당 소이삭의 수, 소이삭당 낟알이 맺히는 꽃의 수가 늘어났다.

보겔처럼 볼로그도 새 품종들이 녹병균에 시달린다는 것을 알았다. 하지만 그는 워싱턴의 보겔 연구진보다 더 유리한 입장에 있었다. 고도가 크게 다른 두 지점에서 밀을 재배하고 있었기 때문이다. 소노라 계곡 북부의 관개가 이루어지는 저지대에서 키우는 밀은 중부 고지대에 심은 밀보다 더 일찍 수확할 수 있었다. 따라서 연간 두 차례 교배 실험을 할 수 있었다. 그는 녹병균에 저항성을 지니는 밀을 찾기 위해 수만 가지 품종을 조사했다. 이윽고 1962년경에는 키 작고 수확량이 많고 도복이 잘 일어나지 않고 녹병균에 잘 견디는 품종을 개발하여 멕시코 농민에게 판매할 수 있었다.

멕시코만이 아니었다. 여기서 여섯 번째 밀 육종가가 등장한다. 파키스탄의 만주르 바자Manzoor Bajwa다. 바자는 볼로그가 1960년 파키스탄을 방문했을 때 만났다. 바자는 즉시 그를 따라 멕시코로 가서 연구를 하겠다고 지원했다. 그는 교배종 가운데 키 작고 녹병균 저항성을 지닌 계통을 골라서 인더스 계곡에서 시험 재배했다. 새 품종은 서파키스탄 농업장관 말리크 쿠다 바크시 부차Malik Khuda Bakhsh Bucha의 시선을 끌었다. 그러나 파키스탄 과학계는 멕시코 밀이 파키스탄에 적합하지 않으며, 질병에 취약하고, 비료에 의존하고, 그 비료는 잡초만 더 자라게 할 뿐이라는 식으로 볼로그와 바자에게 조소를 보냈다. 새 품종에 든 유전자가 소의 불임을 유발할 수 있다거나, 무슬림을 중독시키고 파키스탄을 미국 기술에 종속시키려는 CIA의 음모라는 식의 더 혹할 법한 주장까지 나왔다. 그래서 진척을 이룰 수 없었다.

한편 국경 너머 인도에서는 밀 유전학자인 몸콤부 삼바시반 스와미나탄Momkombu Sambasivan Swaminathan이 이 이야기에 일곱 번째로 등장할 준비를 하고 있었다. 그는 밀 작황을 개선할 긴급 계획을 세우도록 정부를 설득하는 데 도움을 달라며 1963년에 볼로그를 인도로 초청했다. 힘겨운 작업이었다. 볼로그는 훗날 이렇게 회고했다.

내가 농업을 현대화해야 한다고 말을 꺼낼 때마다, 과학자와 공무원은 으레 이렇게 대꾸했다. "가난은 농민의 운명입니다. 죽 그렇게 살아왔어요." 농민이 낮은 지위에 자부심을 지니며 바꾸고 싶어 하지 않을 것이라고 장담하는 말까지 들었다. 아이오와와 멕시코에서 농민을 직접 겪어보았기에, 나는 그런 말을 결코 믿지 않았다.

인도 관료는 멕시코 밀을 장려하기는커녕 아예 수입 금지 조치를 내려야 한다고 강경한 주장을 펼쳤다. 생물학자는 그 밀이 실패한다면 나라가 황폐해지고 질병이 만연해질 것이라고 경고했다. 사회과학자는 그 밀이 성공한다면 '돌이킬 수 없는 사회적 긴장'과 폭동이 일어날 것이라고 경고했다. 그리고 일부 농민이 남들보다 더 많이 벌어서 사회적 불평등도 생길 것이라고 했다. 한마디로, 혁신을 반대하는 이들은 현상 유지를 위해서 자신이 제시하는 내용이 아무리 불합리해도 별로 개의치 않고 온갖 주장을 펼쳤다.

그러나 인도는 불어나는 인구를 먹여 살릴 새로운 방법을 필사적으로 찾아야 했다. 굶주림과 영양실조가 널리 퍼져 있었기 때문이다. 1960년대 말로 갈수록 우기에 비가 적게 내리면서 기근이 만연했기에, 서양의 전문가들은 인도가 자국민을 온전히 먹여 살릴 수 없다고 치부하기 시작했다. 생태학자 파울 에를리히Paul Ehrlich는 1975년에 '믿을 수 없을 정도'의 기근이 일어날 것이라고 예측했다. 또 다른 유명한 환경론자 개릿 하딘Garret Hardin은 인도를 먹여 살리는 일이 난파선의 생존자들이 구명보트에 탑승 정원을 훨씬 넘겨서 올라타는 것과 같다고 했다. 1970년 지구의 날Earth Day을 주최한 주요 인사는 "대규모 기아 사태를 막기에는 이미 늦었다"라고 했다. 또 농업학자와 외무부 관료인 윌리엄William Paddock 과 폴 패덕Paul Paddock 형제는 《기근 1975년!Famine 1975!》이라는 베스트셀러에서 인도 같은 나라들을 포기하라고 주장했다. "너무나 무력하게 기근을 향해 가거나 이미 기근에 사로잡혀 있기에(인구 과잉 때문이든 비효율적인 농업 때문이든 정치적 무능력 때문이든 간에) 우리의 원조는 낭비나 다름없을 것이다. 이런 '구할 수 없는 나라'는 무시하고 운명에 맡기자." 다행히도 이런 암울하면서 냉정한 예측이 틀렸다는 사실이 유례없을 정도로 빠르게 입증되었다. 인도와 파키스탄은 키 작은 밀 덕분에 10년 사이에 곡물을 자급하게 된다.

1965년 농업장관들의 단호한 지원에 힘입어서 볼로그의 멕시코 밀 종자를 인도는 200톤, 파키스탄은 250톤 주문했다. 이 주문을 이행하느라 볼로그는 악몽 같은 상황을 겪었다. 종자를 실은 배가 로스앤젤레스로 가는 길에 미국 국경에서 지체되었고, 이어서 그 도시의 와트 지역에서 발발한 폭동 때문에 또 발이 묶였으며, 봄베이와 카라치에 도착하니 두 나라가 한창 전쟁을 벌이고 있었다. 그래도 종자는 심을 수 있는 시기에 목적지까지 도달했고, 작황은 유망해 보였다. 그 뒤로 몇 년 사이에 비판자들은 서서히 목소리를 낮추었고, 특히 파키스탄에서는 밀 수확량이 눈에 띄게 증가하기 시작했다.

인도의 밀 재배 농민도 곧 차이를 알아차리기 시작했지만, 인도 정부는 새 작물의 잠재력이 온전히 발휘되는 데 필요한 비료를 수입할 허가를 내주지도 않고 외국 기업이 비료 공장을 세우겠다는 것도 막았다. 볼로그는 오랫동안 끈덕지게 보급 운동을 펼친 끝에 1967년 3월 31일 부총리이자 국가 경제계획의 책임자인 아쇼크 메타Ashok Mehta와 험악한 분위기에서 회담을 가졌다. 볼로그는 그동안의 신중한 자세를 내던지기로 결심했다. 논쟁을 벌이다가 그는 이렇게 소리쳤다.

그 5개년 계획은 그만 찢어버리세요. 농가에 지원하는 모든 것을 세 배나 네 배 늘리는 쪽으로 처음부터 다시 짜라고요. 비료도 늘리고, 지원액도 늘리고, 대부액도 늘리세요. 그래야 인도의 기아를 막는 데 필요한 조치에 근접했다고 할 수 있을 겁니다. 조국이 기아에서 벗어난다고 상상해봐요. ⋯ 바로 당신의 손에 달려 있다고요!

메타는 수긍했다. 그리고 겨우 6년 사이에 인도의 밀 수확량은 두 배로 늘어서 저장할 창고를 찾지 못할 지경이 되었다. 1970년 노벨상 수상 강연 때 노먼 볼로그는 이렇게 말했다. "인류는 과거에 으레 했던 경건하게 뉘우치는 자세로 기근이라는 재해로부터 구원해달라고 호소하는 대신, 기근의 비극을 예방하려고 노력할 수 있고 마땅히 그래야 합니다."

키 작은 밀 유전자가 일본에서 발견되어 워싱턴에서 교배되고, 멕시코에서 적응을 거쳐 격렬한 반대를 무릅쓰면서 인도와 파키스탄에 도입되기까지의 이 50년에 걸친 이야기는 인류 역사상 몇 손가락에 꼽히는 기적 같은 일화이다. 이나스카-볼로그 유전 품종, 하버-보슈 질소 비료 덕분에 인도는 식량을 자급자족함으로써, 기아가 심해지리라는 예측이 잘못되었음을 입증했을 뿐 아니라 곡물 수출국이 되었다. 따라서 노린-10호의 작은 키를 만드는 변이 유전자(Rht1와 Rht2라는 두 돌연변이인데, 생장 호르몬에 덜 반응하게 만들기 때문임이 드러났다)는 대기 질소를 고정해서 만든 비료와 결합되어 세상을 바꾸었다. 곧 키가 작고 수확량이 많은 벼 품종도 개발되었다. 다른 작물들도 그 뒤를 따랐다. 녹색 혁명이 인도에서 농민 자살률을 높였으며 다양한 환경적 및 사회적 문제를 일으켜서 반대 운동이 펼쳐졌다는 소식은 가짜 뉴스임이 드러났다. 실제로 인도 농민의 자살률은 인도 전체의 평균보다 낮았다.

곤충의 공격

1901년 이시와타 시게타네白渡繁胤라는 일본 생물학자는 졸도병sotto, sudden-collapse disease이라는 치명적인 누에 질병의 원인을 조사하기 시작했다. 이 병은 국가적으로 중요한 양잠산업에 경제적으로 큰 피해를 입히고 있었다. 그는 곧 이 병의 원인인 세균을 찾아냈는데 자신의 발견이 거의 한 세기 뒤에 농사법을 더 환경친화적이면서 더 생산적으로 바꿀 중요한 혁신으로 이어질 줄은 상상도 못 했다. 이 혁신이란 바로 곤충 저항성 작물이다.

그가 발견한 세균은 1909년 독일 연구자가 재발견하여 이름을 붙였다. 에른스트 베를리너Ernst Berliner는 베를린의 곡물가공연구소에서 밀가루 명나방을 연구하고 있었다. 튀링겐의 한 제분소에서 선적한 밀가루에 병든 애벌레가 들어 있었고, 곧 그 병은 연구소에서 키우는 명나방에게로 퍼졌다. 베를리너는 감염된 세균을 분리하여 바실루스 투링기엔시스Bacillus thuringiensis라고 이름을 붙였다. 나중에 이 세균이 일본 누에를 죽였던 바로 그 세균임이 드러났다. Bt라는 줄임말로 불리게 되는 이 세균은 모든 나방과 나비의 애벌레를 죽일 수 있었다. 그런 곤충에게 치명적인 결정 형태의 단백질을 만드는 유전자 때문이다. 이 단백질이 창자 벽의 수용체에 달라붙으면 벽에 구멍이 송송 뚫린다.

1930년대에 프랑스에서는 세균 홀씨 형태의 Bt를 구입할 수 있게 되었는데, 스포린Sporine이라는 상품명을 가진 살아 있는 살충제였다. 이 살충제는 지금도 디펠Dipel, 투리사이드Thuricide, 내추럴가드Natural Guard라는 상품명으로 팔리고 있으며, 유기농 농민과 정원사가 주로 쓴다. 화학 산업 제품이 아니라 생물학적 방제이기 때문이다. 이 세균이 사람에게 무해하다는 것은 여러 연구를 통해 밝혀져 왔다. 이 세균의 단백질 결정은 포유동물의 위산에 파괴되며, 아무튼 포유동물 창자의 수용체에는 결합할 수 없다. 파리를 죽일 수 있는 균주와 딱정벌레를 죽일 수 있는 균주도 각각 1977년과 1983년에 제품으로 나왔다.

그러나 Bt는 온실에서는 유용하긴 해도, 비싸고 살충 효과가 들쭉날쭉할 뿐 아니라 햇빛에 쉽게 파괴되고 비에 씻겨나가기 때문에 농민 입장에서는 비용 대비 효과가 떨어진다. 또 목화솜벌레나 옥수수밤나방처럼 식물 몸속에 사는 곤충에게는 아예 닿지 않을 때도 많다.

바로 여기서 한 벨기에 생화학자가 등장한다. 마크 판 몬터규Marc Van

Montagu는 대공황이 극심했던 1933년 겐트에서 태어났다. 집안은 가난했고 모친은 그를 낳다가 세상을 떠났다. 부모도 다른 형제자매도 학교를 끝까지 다니지 못했지만, 교사였던 삼촌이 적극적으로 나선 덕분에 그는 대학교까지 진학할 수 있었다. 그는 핵산 생화학을 전공으로 택했고, 1974년 동료인 제프 셸Jeff Schell과 중요한 발견을 했다. 바로 '종양 유발Tumour-inducing, Ti 플라스미드'다. 이는 아그로박테리움 투메파키엔스Agrobacterium tumefaciens라는 세균에 들어 있는 아주 작은 원형 염색체였다. 이 세균은 식물에 뿌리혹병(근두암종)이라는 종양을 형성하지만 그 종양 안에 살지는 않는 기이한 특성을 지니고 있었다.

3년 뒤 세인트루이스에 있는 워싱턴 대학교의 메리 델 칠턴Mary Dell Chilton은 Ti 플라스미드가 감염 과정에서 식물의 DNA에 자기 DNA를 끼워 넣는다는 사실을 발견했다. 판 몬터규도 그 발견을 하기 직전이었지만 아깝게 한 발 늦었다. 그보다 몇 년 앞서 동물이나 식물의 유전자를 세균에 집어넣는 방법이 개발되었기에 인간의 당뇨병을 치료할 인슐린 유전자를 세균에 집어넣어서 인슐린을 생산할 수 있었다. 이제 그 반대도 가능해졌다. 세균의 유전자를 식물에 집어넣을 수 있게 된 것이다. 그로부터 6년이 지나기 전에, 또 한 번의 동시 발명 사례가 나타났다. 판 몬터규, 칠턴, 몬산토의 로버트 프레이리Robert Fraley가 동시에 아그로박테리움을 조작하여 플라스미드에서 종양을 일으키는 유전자를 제거하고 대신에 다른 생물의 유전자를 끼워 넣음으로써 어떤 유전자든 식물에 집어넣을 수 있음을 보여주고 그 깨달음을 발명으로 전환했다. 그 결과 새유전자를 지닌 건강한 식물이 나왔다. 농생명공학이 탄생한 것이다. 그 뒤로 과학자들은 Ti 플라스미드를 써서 제초제 저항성을 띠는 옥수수와 콩, 바이러스 저항성을 지닌 파파야, 비타민을 강화한 '황금벼' 같은 많은 유전자 변형 작물을 만들어냈다.

판 몬터규는 그 기술을 개발하기 위해 플랜트제네틱사이언시스라는 회사를 세웠다. 그의 연구진이 처음에 식물에 삽입할 유전자 후보로 꼽은 것 중에는 곤충을 죽이는 Bt의 단백질 유전자도 있었다. 유기농 농민과 정원사가 이미 그것을 널리 쓰고 있었기 때문이다. 1987년 그들은 연구실에서 다른 모든 면에서 정상이면서 염색체에 Bt의 핵심 유전자가 들어간 담배 식물을 만들어냈다. 이 유전자는 흔한 해충인 담배박각시나방 애벌레에 치명적임이 드러났다. 곧 몬산토는 그 기술의 사용권을 사서 곤충에 저항성을 띠는 목화, 옥수수, 감자 등의 작물을 만들어냈다.

살충성 단백질은 식물 내부에 들어 있으므로, 솜벌레나 뿌리천공충처럼 식물 조직 안에 들어가 살아서 분무해서는 닿기 어려운 애벌레도 죽일 것이다. 그러나 화학물질 분무제와 달리, 그 작물을 먹으려 하지 않는 무해한 곤충 종에게는 영향을 미치지 않을 것이다. 이러한 이유로 이 방식은 대성공을 거둔 혁신임이 드러났다. 지금 우리가 구입하는 면직물 옷은 거의 다 그런 유전공학적 식물의 산물이다. 세계에서 재배되는 목화의 90퍼센트 이상이 곤충 저항성을 지닌다. 인도와 파키스탄에서는 이 기술이 아직 불법이었을 때도 농민들은 이를 빠르게 받아들였다. 다른 나라에서 뚜렷하게 놀라운 혜택을 얻고 있었기 때문이다. 그 뒤에 합법화가 이루어졌고, 오늘날 두 나라에서 재배되는 목화는 거의 다 Bt 작물이다.

세계에서 재배하는 옥수수의 약 3분의 1은 현재 곤충 저항성 작물이다. 마찬가지로 Bt 유전자를 집어넣었기 때문이다. 미국에서는 현재 옥수수의 79퍼센트가 Bt이며, 지난 20년간 이 기술로 농가가 얻은 누적 혜택은 250억 달러를 넘는다. 기이하게도 동일한 분자를 분무제로 써왔음에도 유기농 쪽은 새 작물을 받아들이기를 거부했다. 원칙적으로 생명공학에 반대하기 때문이다.

Bt 작물은 살충제를 전혀 뿌리지 않아도 보호가 되기에 Bt 기술을 채택한 농장에서는 야생생물의 수가 눈에 띄게 증가해왔고, 분무제를 쓸 때 생기는 농민의 중독 사례도 줄어들었다. 중국의 몇몇 연구에 따르면 Bt 목화밭에서 무당벌레, 풀잠자리, 거미 같은 곤충 포식자의 수가 두 배로 늘었다고 한다. 즉 천적을 통한 해충 방제가 더 잘 이루어지고 있다는 의미다. 메릴랜드 대학교의 연구진은 Bt 작물이 '후광효과'를 일으킨다는 것을 밝혀냈다. Bt 작물을 기르지 않는 주변의 작물과 밭에서도 해충 문제가 적어진다는 것이다. Bt 작물이 도입된 이래 20년 사이에 옥수수뿐 아니라 다른 식물도 공격하는 유럽조명나방과 큰담배나방 유충이라는 두 흔한 해충의 개체군은 줄어들어 왔다. 미국 세 개 주에서는 유전자 변형 작물을 심지 않고 유기농 재배를 하는 농민조차도 전보다 분무 살충제를 덜 써도 될 정도다. 고추에는 85퍼센트나 덜 쓰고 있다. Bt 기술의 영향을 폭넓게 조사한 한 연구에서는 지금까지 유전자 변형 작물을 4억 헥타르의 면적에 심었지만 예기치 않은 결과는 전혀 생기지 않았으며, 표적이 아닌 곤충들이 큰 혜택을 보았다고 결론지었다.

이 기술은 개발도상국에서 특히 유용하다는 것이 입증되고 있다. 아프리카는 열대거세미나방이라는 해충이 2016년 아메리카에서 들어오면서 대륙 전역의 옥수수 작물이 황폐화되어 큰 위기에 직면해 있다. 이 해충은 브라질에서는 더 이상 골칫거리가 아니다. Bt 옥수수를 심기 때문이다. 하지만 아프리카 국가는 유전자 변형 작물을 이념적으로 반대하는 운동을 펼치는 진영의 압력 때문에 Bt 옥수수의 재배 허용을 주저해왔다.

이 반대 진영은 유럽에서 특히 성공을 거두어왔다. 1990년대 말, 쉽게 속는 소비자들 사이에 유전자 변형 작물에 관한 섬뜩한 이야기를 퍼뜨리면 기금을 모으는 데 유리하다는 것을 발견하면서였다. 판 몬터규에게 실망스럽게도 유럽은 사실상의 금지 조치에 상응하는 온갖 높고 값비싼 규제 장벽을 세움으로써 이 기술을 거의 완전히 거부했다(구체적인 내용은 11장 참조).

모든 해충 방제는 이윽고 해충의 내성 진화를 일으킨다. 그러나 Bt 작물보다는 살충제 쪽이 그 문제에 더 시달린다. 게다가 Bt 작물의 최신 세대는 곤충이 Bt 단백질에 내성을 갖는 속도를 훨씬 느리게 하는 정교한 추가 특징도 포함하고 있다. 따라서 100여 년 전에 누에의 세균 질병을 발견하면서 시작된 혁신의 경로는 작물 손실, 살충제 사용, 환경 피해를 대폭 줄이는 쪽으로 이어져왔다. 현재 대다수 작물은 제초제 저항성도 지니고 있다. 그래서 쟁기로 갈아엎어서 토양을 파괴하는 관행 없이 효과적인 잡초 제거법과 결합할 수 있다. 곰팡이나 가뭄에 저항성을 갖도록 한 유전자 변형도 있다. 세균의 도움으로 질소를 고정함으로써 수확량을 대폭 높이는 유전자 변형도 이루어지고 있다. 모든 'C3' 식물(옥수수를 제외하고, 밀, 벼, 콩, 감자가 이 범주에 속한다)의 대사적 불리함을 없애는 방향으로도 유전자 변형이 이루어지고 있다(C3 식물은 광합성 과정에서 이산화탄소CO_2를 처음 고정할 때 만들어지는 탄소화합물이 탄소 세 개인 식물로, 광합성 효율이 낮다—옮긴이). C3 식물은 산소를 광합성 기구로 보내서 불필요한 산물을 생성한다. 그렇게 변형된 최초의 담배 작물은 2019년 시험 재배했을 때 수확량이 40퍼센트 더 높고 꽃이 일주일 더 일찍 피었다.

크리스퍼 유전자 편집

매우 유용한 과학적 발견에는 거의 언제나(터무니없을 만치 자주) 영예를 받을 자격이 누구에게 있는지를 둘러싼 열띤 논쟁이 따르기 마련이다. 2012년에 세계를 놀라게 한 유전학적 기술인 크리스퍼의 이야기야말로 그 점을 가장 잘 보여준다. 이 기술은 의학뿐 아니라 농업에서도 놀라운 전망을 보여준다. 이 사례에서는 미국의 정 반대편 연안에 있는 두 유명한 미국 대학교가 서로 대립한다는 사실 때문에 논쟁이 더 격화되었다. 한쪽은 버클리에 있는 캘리포니아 대학교다. 이곳에서는 제니퍼 다우드나Jennifer Doudna가 최근에 빈에서 스웨덴의 우메오로 자리를 옮긴 프랑스인 교수 에마뉘엘 샤르팡티에Emmanuelle Charpentier와 그 대학원생 마틴 지넥Martin Jinek과 함께 일했다. 다른 한쪽은 매사추세츠의 MIT로, 평장張鋒이 러콩쓰똑 및 페이 안란Fei Ann Ran과 함께 일했다. 두 연구진은 동시에 중요한 돌파구를 열었다. 처음에는 다우드나 연구진에게 더 많은 상이 돌아갔지만, 특히 특허 전투에서는 열띤 싸움 끝에 이윽고 평장 연구진이 법정에서 이겼다.

그러나 많은 예산과 호사스러운 연구실을 갖춘 이 거대한 미국 대학교들은 자신들이 기여한 것 이상의 영예를 바라고 있다. 사실 그 영예는 유행을 좇지 않고 세균에 관한 실용적인 연구를 수행한 눈에 띄지 않는 두 미생물학자에게 돌아가야 한다. 한쪽은 대학교 연구실에서 소금업계가 관심을 갖고 있는 문제를 연구하고 있었고, 다른 한쪽은 식품 제조 회사에서 일하고 있었다. 으레 그렇듯이, 생화학적 호기심에서 비롯된 발견에서 기술의 발명으로 나아가는 길은 길고 구불구불하다. 그리고 이 사례에서는 학계에서 산업으로 나아간 것이 아니라, 적어도 어느 정도는 반대 방향으로 나아갔다.

스페인의 알리칸테 인근에는 커다란 분홍빛 호수가 있다. 좀 더 짙은 분홍색을 띤 홍학들도 거닐고 있다. 토레비에하라는 면적 1,400헥타르의 이 호수는 해수면보다 낮으며, 3세기 동안 소금 생산에 이용되어 왔다. 6월에는 바닷물이 호수로 흘러들고 여름 내내 물이 증발하면서 소금 결정이 호수 바닥에 가라앉는데, 그 소금을 특수한 장비로 떠서 씻은 뒤 판다. 이렇게 한 해에 약 70만 톤의 소금이 생산된다. 분홍빛은 소금기를 좋아하는 두 미생물의 색깔이다. 세균과 고세균인데, 이 미생물을 먹는 새우도 분홍빛을 띠고 그 새우를 먹는 홍학도 분홍빛을 띤다.

지역 대학교의 미생물학과가 이 수자원을 토대로 소금기를 좋아하는 분홍 미생물을 연구한 것은 당연한 일이었다. 고세균인 할로페락스 메디테라네이Haloferax mediterranei는 알리칸테에서 처음 발견되었다. 호염성 종이라서 염분이 있는 환경에서 생명공학에 활용할 수 있을 터였다. 인근에서 태어난 프란시스코 모히카Francisco Mojica는 1993년 이 생물의 유전자를 연구하여 박사 학위를 받았다. 그는 그 종에 좀 특이한 점이 있음을 알아차렸다. 30개의 문자로 이루어진 독특한 서열이 유전체 곳곳에서 여러 번 반복되어 나타나고 있었다. 보통 그 서열은 35~39개 문자 간격을 두고 다시 나타났다. 중간에 낀 문자열은 저마다 달랐다. 반복 서열은 회문 구조였다. 즉 제대로 읽으나 거꾸로 읽으나 문자열이 똑같았다. 모히카는 이와 친척격인 다른 호염성 미생물도 조사했는데, 문자열은 달랐지만 거의 동일한 패턴이 나타났다. 그가 조사한 세균과 고세균 20종에서도 동일한 양상이 보였다. 한 일본 연구자도 1980년대에 세균에서 같은 패턴을 발견했지만 후속 연구는 하지 않았다.

모히카는 그 뒤로 10년 동안 이 패턴이 왜 나타나는지를 이해하려고 애썼다. 그의 가설은 대부분 틀린 것으로 드러났다. 네덜란드 과학자 루드 얀센Ruud Jansen은 그 이상한 문자열 옆에 늘 캐스Cas 유전자라는 특정한 유전자가 있다는 사실을 알아냈다. 얀센은 그 패턴에 이름도 붙였다. '일정 간격으로 분포하는 짧은 회문 구조 반복 서열Clustered Regularly Interspaced Palindromic Repeat', 줄여서 크리스퍼CRISPR였다.

2003년의 어느 날 모히카에게 행운이 찾아왔다. 한 장내 세균에서 찾아낸 회문 서열 사이에 놓인 반복되지 않은 '스페이서spacer' 서열을 유전자 서열 데이터베이스에서 검색했더니, 일치하는 것이 나왔다. 유레카! 어느 바이러스, 특히 박테리오파지(줄여서 '파지')라는 바이러스의 유전자와 일치했다. 아폴로 달 착륙선을 축소한 것 같은 모양을 지니기도 한 이런 파지는 세균에 DNA를 주입해 세균의 세포 기구를 강탈하여 더 많은 파지를 만들도록 하는 식으로 증식하는 바이러스다. 모히카는 더 많은 스페이서 서열을 조사했고, 그중 상당수가 세균에 감염되는 바이러스에서 유래했음을 알아차렸다. 그는 자신이 보고 있는 것이 미생물의 면역계가 아닐까 추측했다. 크리스퍼는 미생물이 검출하여 파괴한 바이러스 유전자의 잔해가 아닐까? 캐스 유전자가 바로 파괴하는 일을 하는 것 아닐까?

모히카가 자신의 연구 결과를 발표하기까지는 1년이 넘게 걸렸다. 저명한 학술지가 알리칸테 같은 변두리의 변변찮은 과학자가 중요한 발견을 할 리 없다고 코웃음을 쳤기 때문이다. 한편 피레네산맥 너머 프랑스에서는 식품회사에서 근무하는 미생물학자가 이미 연구의 다음 단계에 들어서 있었다. 로디아 식품회사에서 일하는 필리프 호바스Philippe Horvath였다. 그 회사는 곧 다니스코에 합병되고, 더 뒤에 다니스코는 듀폰과 합쳤다.

요구르트와 치즈는 발효유다. 세균이 우유를 먹어서 자신의 몸으로 전환함으로써 발효유가 생기고, 우리는 그 세균을 먹는다. 낙농업계에서 흔히 쓰는 길들인 미생물인 스트렙토코쿠스 테르모필루스Streptococcus thermophilus는 무해한 종이다. 사람은 이 미생물을 연간 평균 약 10조×1억 마리쯤 먹는다. 그래서 요구르트를 만드는 대기업은 이 미생물을 더 잘 이해하기 위해서 세균학 연구에 많은 돈을 쓴다. 특히 그 세균이 병들면 어떤 일이 일어나는지에 관심이 많다. 낙농업자가 소의 유방염을 예방하고자 하는 것처럼, 요구르트 제조사도 스트렙토코쿠스가 '파지'에 감염되지 않도록 지킬 방법을 원한다. 호바스는 다니스코의 동료 로돌프 바랑고Rodolphe Barrangou와 함께 배양하는 세균 중에 파지 감염병에 더 내성을 띠는 균주가 있다는 것을 알아냈다. 그 이유를 알아내면 업계에 도움이 될 수도 있었다. 호바스는 한 학술대회에서 크리스퍼 이야기를 듣고서, 자신의 해답을 알아내는 데 쓸모가 있을 것이라고 직감했다. 곧 그는 스페이서가 가장 많은 세균이 가장 내성을 띠는 균주일 가능성이 높고, 특정한 파지 DNA에서 유래한 스페이서를 지닌 균주가 그 파지에 내성을 띤다는 것을 보여주었다. 그리하여 모히카의 가설이 옳았음이 드러났다. 크리스퍼가 (캐스의 도움을 받아서) 하는 일은 특정한 서열을 인식하여 그것을 자름으로써 바이러스를 무력화하는 것이다.

다음 단계, 즉 논리의 도약은 '아마도 우리 인간이 우리 목적을 위해 크리스퍼를 빌려 쓸 수 있지 않을까' 하는 생각이었다. 스페이서를 우리가 잘라내고자 하는 유전자로 대체하고, 삽입하고자 하는 새 서열을 덧붙이면, 그 미생물 체계는 신기할 만치 정확한 유전공학적 도구가 된다. 1920년대에 그랬듯 자연이 더 나은 유전자를 내놓기를 기다리거나, 1960년대에 그랬듯 감마선을 써서 무작위로 유전자 돌연변이를 일으키거나, 1990년대에 그랬듯 운 좋게 어떤 유용한 자리에 끼워지기를 기대하면서 새 유전자를 집어넣는 대신에, 이제 우리는 크리스퍼-캐스9 체계를 써서 여기의 문자 하나나 저기의 문장 하나를 바꿈으로써 동식물의 유전체를 말 그대로 편집할 수 있다. 그리하여 유전자 편집이 탄생했다.

2017년 에든버러 인근 로슬린연구소의 과학자들은 돼지생식기호흡기증후군Porcine Reproductive and Respiratory Syndrome, PRRS 바이러스를 막는 유전자 편집 돼지를 개발했다고 발표했다. 그들은 크리스퍼를 써서 돼지 단백질을 만드는 유전자의 짧은 부분을 잘라냈다. 그 바이러스가 돼지 세포로 들어오려면 그 단백질에 결합해야 하는데, 단백질 구조를 바꾸어 바이러스가 들어오지 못하도록 한 것이다. 그래도 단백질의 기능은 달라지지 않았기에 돼지는 모든 면에서 정상으로 자라면서도 그 질병에 면역성을 갖추었다. 또 2018년 미네소타 대학교와 유전공학 기업 칼릭스트의 과학자들은 탈렌TALEN이라는 다른 유전자 편집 기술을 써서 흰가루병에 저항성을 띠는, 따라서 항균제를 덜 써도 되는 밀을 개발했다. 같은 해에 아르헨티나 연구진은 크리스퍼를 써서 감자의 폴리페놀 산화

효소 유전자의 일부를 잘라냈다. 그 결과 잘라도 갈색으로 변하지 않는 감자가 탄생했다. 2019년 중반에는 중국에서 500여 건, 미국에서 거의 400건, 일본에서 거의 100건에 이르는 유전자 편집 과제가 수행되었다. (대부분 농업과 관련이 있지만, 당연히 유전자 편집 기술은 의학에도 적용될 것이다.)

유럽은 어떨까? 세계의 대다수 국가는 GMO 작물에 가했던 것과 같은 엄청난 비용 부담과 지체를 야기하는 규제를 유전자 편집 식물에 가해서는 안 되고 기존 육종 방식으로 나온 품종과 똑같이 대해야 한다는 쪽으로 곧 의견을 모았다. 유럽 전역의 과학자도 자국 정부가 같은 결론을 내리기를 기대하고 바라마지 않았다. 유럽집행위원회는 유럽사법재판소가 의견을 내놓기를 2년 동안 기다렸다. 재판소 법무관은 규제 자유화를 주장했지만, 2018년 7월 재판소는 정치적 압력에 굴복하여 유전자 편집 생물을 GMO 작물과 동일하게 규제해야 한다고 결정했다. 훨씬 더 위험성이 높은 과정인 감마선이나 돌연변이 유발 화학물질을 써서 돌연변이를 일으킨 작물에는 훨씬 더 단순한 법규가 적용되고 있는데 말이다.

2019년 세 프랑스 과학자는 크리스퍼 산물들의 특허 현황을 분석했는데, 유럽이 한참 뒤처져 있다는 것을 알아차렸다. 특허군patent family(두 곳 이상의 나라에 출원하여 받은 특허-옮긴이) 수가 미국은 872건이고 중국은 858건인 반면, 유럽연합은 겨우 194건이며 이 격차는 점점 더 벌어지고 있다. 연구진은 이렇게 결론지었다. "유럽의 GMO 금지가 유럽 대륙에서 생명공학의 미래에 매우 부정적인 영향을 미쳐왔다는 견해는 망상이 아니다."

유전자 편집 기술은 빠르게 진화하고 있다. 이미 기존 기술보다 훨씬 더 정확한 염기 편집, 즉 프라임 편집 prime editing (DNA 가닥을 끊지 않으면서 염기를 화학적으로 대체하는 기술)이 등장하고 있다. 앞으로 작물의 수확량, 영양가, 환경 영향 측면에서 엄청난 개선이 이루어지리라는 데는 의심의 여지가 없다.

토지 절약

20세기에 기계화, 비료, 신품종, 살충제, 유전공학 분야에서 혁신이 일어나면서 작물 수확량이 대폭 증가한 덕분에 인구가 계속 늘어나고 있음에도 전 세계에서 기근은 거의 완전히 사라졌으며, 영양실조도 대폭 줄어들었다. 이러한 상황을 예측한 사람은 거의 없고, 많은 이가 이 개선이 자연을 희생시키면서 이루어졌다고 우려한다. 그러나 여러 증거를 보면 실제로는 정반대였음이 강하게 드러난다. 식량 생산 분야에서 이루어진 혁신으로 땅은 절약되었고, 경작지의 생산성 증가로 쟁기, 소, 도끼의 위협에서 벗어난 숲도 대규모로 늘어났다. 토지 공유 land sharing 보다 '토지 절약 land sparing'이 생물 다양성에 훨씬 더 긍정적인 영향을 미친다는 것이 드러났다. 여기서 토지 공유란 밭에서 작물과 함께 많은 야생생물이 살아가기를 기대하면서 수확량을 적게 유지하며 작물을 키우는 것을 말한다.

1960년부터 2010년 사이에 같은 양의 식량을 생산하는 데 필요한 땅 면적은 약 65퍼센트가 줄었다. 그러지 않았다면 지금쯤 세계의 모든 숲,

습지, 자연보전 구역 중 상당 부분은 경작지나 목초지로 바뀌었을 것이고, 아마존 우림도 훨씬 더 심각하게 훼손되었을 것이다. 정반대로 야생 환경과 자연보전 구역의 면적은 꾸준히 증가하고 있고, 숲 면적도 여러 지역에서 감소를 멈추고 늘어나고 있으며, 전 세계를 보면 1982년 이래로 7퍼센트가 늘어났다. 현세기 중반쯤에는 1950년에 30억 명을 먹여 살린 것보다 더 적은 면적으로 90억 명을 먹여 살리게 될 것이다. 게다가 최근 연구는 현재 수확량 수준을 고려할 때 집약 농법이 유기농업이나 조방농업보다 경작하는 면적이 적을 뿐 아니라, 토양 유실과 물 소비량이 더 적고, 오염물질을 덜 생산한다고 결론 내렸다.

이제 혁신을 통해 광합성 효율을 높이고, 질소 고정균을 식물 세포에 집어넣고, 곤충과 곰팡이와 잡초로 입는 피해를 더욱 줄이고, 각 식물의 에너지가 가치 있는 식량으로 전환되는 비율을 더욱 높임으로써(모두 지금 진행되고 있는 일이다) 경작 효율이 계속 개선된다고 상상해보자. 2050년이면 벼, 밀, 옥수수, 콩, 감자의 평균 수확량이 지금보다 50퍼센트 늘어난다고 하자. 분명히 그럴듯하게 들리며, 아마 실현도 가능할 것이다. 이는 경작지를 훨씬 더 줄이고 국립공원과 자연보전 구역을 더 늘림으로써 땅을 숲과 야생으로 돌려주고 꽃과 새와 나비가 날아다니는 땅을 더 늘릴 수 있다는 의미이다. 즉 우리는 자신을 먹여 살리는 한편으로 지구 생태계 증진에도 기여할 수 있을 것이다.

생활의 혁신

어떤 수에 0을 하나 더하거나 빼도, 그 수는 변하지 않는다.
그리고 어떤 수에 0을 곱하면, 그 수는 0이 된다.

–브라흐마굽타Brahmagupta, 628년

수가 새로울 때

"인도인이 쓰는 아홉 가지 숫자는 이러하다. 9 8 7 6 5 4 3 2 1. 이제 보여주겠지만, 이 아홉 가지 숫자와 아라비아에서 제피룸이라고 부르는 이 0이라는 기호로 어떤 수든 적을 수 있다." 이와 같이 1202(달리 표기하면 MCCII)년경 한 이탈리아 상인이 현대의 숫자, 현대의 산수, 더 중요한 0의 사용법을 유럽에 도입했다. 오늘날 피보나치Fibonacci라는 별명으로 더 잘 알려진 피사의 레오나르도Leonardo of Pisa는 어릴 때 피사 상인들의 외교 사절인 부친을 따라서 피사에서 북아프리카 항구인 부지아로 향했다. 피사 상인들은 북아프리카에서 양털, 천, 목재, 철을 수입하고, 비단, 향신료, 밀랍, 가죽을 제노바로 수출했다.

피보나치는 부지아에서 아마도 아랍어로 아랍 방식의 산수를 배웠을 것이고, 곧 인도에서 들여온 아랍의 숫자가 로마 숫자보다 훨씬 더 실용적이고 융통성이 있다는 것을 깨달았다. 그는 나중에 이렇게 자랑했다. "내가 가장 기뻤던 것은 아홉 가지 인도 숫자의 경이로운 가르침을 통해서 그 기법을 알고 배웠다는 것이었다. 나는 사업차 돌아다닌 인근의 이집트, 시리아, 그리스, 시칠리아, 프로방스에서 그것을 아는 사람이라면 누구에게든 간에 그 숫자와 다양한 사용법을 배웠다."

인도 숫자는 경이로울 만큼 유용한 두 가지 특징을 지닌다. 하나는 수열에서의 위치가 크기를 나타낸다는 개념이다. 따라서 90은 9보다 열 배 크다. 반면에 로마 숫자 X는 수열의 어디에 놓이든 간에 10을 가리킨다. 또 하나는 이 위치 체계가 십진법에서 열 개의 숫자 중 하나가 무無를 나타낼 때만 작동한다는 것이다. 로버트 캐플런Robert Kaplan은 수학의 언어가 "0이 연산의 기호로서 들어왔을 때 비로소 스스로 존재하게 되었다"라고 썼다. "자리를 바꿈으로써 숫자의 값을 바꾸는 연산이다."

무를 나타내는 기호는 잠시 생각해보면 당혹스러울 만치 직관에 반한다. 무엇의 무일까? 앨프리드 노스 화이트헤드Alfred North Whitehead는 이렇게 썼다. "0의 요점은 우리가 일상적인 연산에서 그것을 쓸 필요가 전혀 없다는 것이다. 생선 0마리를 사러 갈 사람은 아무도 없다." (비록 나는 낚시를 하러 갔다가 0마리를 잡곤 하지만.) 0은 숫자를 형용사에서 명사로 바꾸며, 그 결과 자체로 수가 된다. 이는 분명히 엄청난 결과를 낳은 혁신이었지만, 어떤 기술도 동반하지 않았다.

인도 숫자가 현대 생활에 얼마나 필수 불가결한지, 그리고 그것 없이 살아가기가 얼마나 불가능한지를 생각해보면, 이 혁신이 매우 중요하다는 걸 알 수 있다. 그런데 매우 기이하게도 이 숫자는 서양 문명의 이야기에 늦게야 등장한다. 서양 고전 세계와 중세 초 기독교 세계에서는 사실상 곱셈이 불가능하고, 대수학도 이해할 수 없고, 회계도 원시적일 수밖에 없는 계산법을 썼다. 이 혁명에 피보나치가 한 역할은 잊혀졌다가 18세기 말에야 피에트로 코살리Pietro Cossali라는 학자를 통해 알려졌다. 그는 15세기의 위대한 수학자 루카 파치올리Luca Pacioli(레오나르도 다 빈치의 가까운 친구)의 업적을 연구하다가, 파치올리가 "우리는 대체로 레오나르도 피사노를 따르고 있다"라고 지나가듯이 언급한 대목을 발견했다. 코살리는 레오나르도의 원고들을 찾아봤고, 그 뒤로 몇 세기에 걸쳐 나온 수학 논문이 거의 다 많든 적든 간에 레오나르도의 두꺼운 책 《산반서Liber abaci》에서 직접 유래했다는 것을 알아차렸다. '피보나치'라는 이름은 19세기에 그 책의 제목 페이지에 적힌 '보나치의 아들'이라는 뜻인 '필루스 보나치filius Bonacci'를 줄여 쓰면서 나왔다. 《산반서》가 인쇄혁명보다 2세기 먼저 나왔고 따라서 필사에 의지했기에, 시간이 흐르면서 잊히고 말았다.

피보나치의 책은 유럽 역사 전체에 크나큰 영향을 끼친 저서에 속한다. 잔인하지만 지적 호기심이 강한 신성로마제국 황제 프레데리크 2세도 그 책을 읽었으며, 후에 책이 필사되어 유럽 전역으로 보급되면서 이윽고 인도 숫자는 로마 숫자를 거의 완전히 대체하기에 이르렀다. 역설적인 점은 인도 숫자가 지중해 북부 연안에 전혀 알려지지 않은 것은 아니었지만, 오직 학자의 전유물로 쓰였다는 것이다. 스페인에서는 특히 그랬다. 기독교 수도사들은 아랍인에게 인도 숫자를 전해 받았지만 오로지 수학을 공부하는 데에만 썼다. 대수학의 탁월한 해설자 알 콰리즈미의 저서는 라틴어로 번역되었지만, 학자를 위해서였지 상인을 위해서는 아니었다.

피보나치가 한 일은 상인에게 일상적인 상거래에 이 산수를 쓰는 법을 보여준 것이었다. 그 책에는 주로 이탈리아 도시국가와 근동 및 마그레브의 교역상으로 구성된 이 지중해 교역 세계를 떠올리게 하는 실용적인 문제가 가득하다. 이런 식이다. "리넨이나 다른 어떤 상품 100파운드가 시리아나 알렉산드로스 인근에서 4사라센베잔트에 팔린다면, 37롤에 얼마일지 알고 싶을 것이다. …" 세 차례 십자군 전쟁이 벌어지고, 4차 전쟁이 어른거리던 시절임을 유념하자. 많은 기독교 지도자와 사제가 근동에 살고 지배하고 싸우고 있었다. 그러나 그 유용한 지식을 전달한 사람은 한 상인이었다. 수많은 혁신이 그렇듯, 이 혁신도 상업을 통해 우리에게 왔다는 점은 주목할 만하다.

피보나치는 혁신가로서는 대단히 탁월했지만, 발명가가 아니라 전달자였다. (그는 고둥 껍데기나 해바라기꽃에 맺힌 씨처럼 자연의 많은 생물에서 유명한 피보나치 수열과 그로부터 유도한 황금비를 발견하는 등 많은 수학을 창안했지만, 인도 숫자나 0을 발명하지는 않았다.) 그의 지식 출처는 아랍이었고, 그중 가장 위대한 인물은 알 콰리즈미였다. 바로 '알고리듬'이라는 영어 단어의 어원이 된 수학자다. 피보나치는 이탈리아로 돌아왔을 때 그가 쓴 책의 라틴어 번역본을 읽었고 아마 아라비아어 원본도 읽었을 것이다. 그러나 그 지식도 대부분 알 콰리즈미가 발명한 것이 아니었다. 820년경에 출판된 그의 가장 중요한 저술 〈힌두 숫자를 이용한 계산에 관하여 On the Calculation with Hindu Numerals〉라는 제목이 말해주듯 그도 편찬자이자 보급자였다. 그는 기독교 세계에서 피보나치가 한 역할과 그리 다르지 않은 역할을 무슬림 세계에서 했다. 그는 상인을 대상으로 책을 썼고, 자신의 문명이 다른 문명에서 도입한 혁신을 설명했다.

두 세기를 더 거슬러 올라간 628년 서인도의 구르자라데사라는 왕국에 학식으로 유명한 천문학자 브라마굽타Brahmagupta가 있었다. 그는 '우주의 창조'라는 뜻의 《브라흐마스푸타시단타Brahmasphutasiddhanta》를 썼다. 책은 주로 천문학을 다루고 있지만, 수학에 관한 장도 있다. 또한 이 책은 0을 바빌로니아인처럼 무를 가리키는 기호로서가 아니라 실제 숫자로 다루었다고 알려진 최초의 저서이다. 브라마굽타는 단순하면서 이해하기 쉬운 문장으로 0의 중요성을 설명했고, 처음으로 음수를 고찰하면서 쉬운 용어로 강력한 논지를 펼쳤다. "빚 빼기 0은 빚이다. 재산 빼기 0은 재산이다. 0 빼기 0은 0이다. 0 빼기 빚은 재산이다. 0 빼기 재산은 빚이다. 0에 빚이나 재산을 곱한 값은 0이다." 그 이전으로 가면 흔적이 모호하다. 1881년 현재의 파키스탄에서 발견된 4~5세기의 바크샬리Bakhshali 필사본은 0을 자릿수(점으로 표현했다)로 쓴 가장 오래된 문헌이다. 그런 방식은 고대 수메르와 바빌론에서도 쓰였으며, 따라서 알렉산더 대왕을 따라 인도로 간 그리스인이 동쪽에 전달했을 수도 있고 아닐 수도 있다. 그러나 브라마굽타 이전에는 0이 현재의 수학적 형태로 쓰임으로써 수학을 변화시켰다는 증거가 전혀 없다.

그러나 최고의 평행 혁신 전통이 그렇듯 마야인도 브라마굽타와 거의 같은 시기에, 아마도 좀 더 일찍 0을 발명했다는 증거가 있다. 마야인이 긴 달력에 쓴 20진법에는 힌두의 0과 비슷하게 간격자spacer 역할을 하는 그림문자가 있었다. 그러나 그쪽은 막다른 골목이었다. 마야 문명이 무너지면서 그 최고의 수학 개념도 사라졌다. 구대륙에서도 같은 일이 일어날 수 있었을까? 피보나치는 사자왕 리처드 1세, 살라딘Saladin, 칭기즈칸과 동시대 사람이었다. 모두 피에 굶주린 전사들이었다. 전쟁, 광신적 행동,

전제 군주가 판치던 시대였다. 교육의 두 중심지는 당시에 사상의 자유를 등지고 신비주의를 택했다. 알 가잘리Al-Ghazali가 위세를 떨치던 바그다드와 클레르보의 성 베르나르St. Bernard of Clairvaux가 설교하던 파리가 그랬다. 인도도 이슬람과 점점 근본주의적인 양상을 띠는 힌두 왕조 사이의 전쟁터였다. 중국은 몽골 군대에 짓밟혔다. 그러니 상업이 번창하여 주민들이 영광이나 신앙보다, 싸게 사서 비싸게 파는 실질적인 사업에 더 관심을 보이던 피사를 비롯한 이탈리아 북부 도시국가로 피보나치가 0을 들여온 것이 오히려 다행이었을 것이다.

피보나치의 혁신은 몇 세기 동안 다른 계산법 및 회계법과 함께 쓰였다. 계산판counting board, 금을 새긴 막대기tally stick, 주판을 쓰는 방식이었다. 심지어 종이에 로마 숫자와 함께 적기도 했다. 14세기에는 장부에 인도 숫자를 적고 그 옆에 로마 숫자를 죽 적거나 다음 줄에 적곤 했다. 하지만 서서히 인도-아라비아 숫자가 승리했다. 상인의 회계 쪽에서는 특히 그러했다. 상업이 추세를 이끌었다. 루카 파치올리가 1494년 복식부기에 관한 걸작을 쓸 무렵에는 피보나치의 혁신이 회계사뿐 아니라 수학자에게도 대단히 중요하다는 점이 명확해졌고, 로마 숫자는 주로 날짜와 기념비에만 쓰이게 되었다. 지금도 그렇다. 편지 위쪽에 7. ii. 19라고 날짜를 적는 사람들을 보곤 한다.

화장실의 진화

나는 런던에서 많이 걸어 다닌다. 몇 달 전에는 한 가지 목표를 세웠다.

그 넓은 도시의 어디에서든 간에 거리를 걷다가 오수 냄새를 맡아보겠다고 말이다. 그런데 아직도 목표를 이루지 못했다. 런던에서 매일 약 1,000만 명이 배설을 한다. 대다수는 매일 볼일을 볼 테니 말이다. 언제든 간에 그 일에 힘쓰고 있는 누군가로부터 내가 30미터 이상 떨어져 있지 않을 것이라고 장담한다. 의회과학기술국은 런던에서 매일 10억 리터가 넘는 오수가 생긴다고 추정한다. 1년으로 따지면 4,000억 리터가 넘는다. 표준 수영장 1,000만 곳을 채우고도 남는다.

그러나 우리는 결코 그 냄새를 맡지 못한다. 왜일까? 이는 혁신이 일으킨 새로운 현상이다. 예전에 도시는 늘 오수 냄새에 잠겨 있었고, 냄새뿐 아니라 거리를 걸으면 으레 배설물을 보거나 밟기 마련이었다. 오수는 지금도 우리 곁에 늘 있지만 눈으로 보기는커녕 냄새조차 맡을 수 없도록 우리와 거의 완전히 격리되어 있다. 거의 보이지 않는 상태에서 빼내어 처리하고 내보낸다. 그렇게 생각하면 하수 처리는 문명의 가장 좋은 점 중 하나이자 대단한 성취다.

여기에는 많은 혁신이 기여했는데, 하수도 자체처럼 대부분 단순하면서 낮은 기술이었다. 아마 가장 탁월한 혁신은 모든 변기의 밑에 있는 S자나 U자로 굽은 파이프일 것이다. 굽은 부위에 물이 고이도록 함으로써 파이프를 통해 냄새가 올라오는 것을 막는 기능을 한다. 놀랍도록 단순하면서 절묘할 만큼 뛰어난 장치다. 그 덕분에 수세식 화장실은 요강의 강력한 경쟁자가 되었다. 수세식 화장실은 엘리자베스 1세 여왕의 대자인 존 해링턴John Harington이 1596년에 발명하여 리치먼드 궁전에 설치한 것을 시작으로 여러 차례 시도되었다. 해링턴은《에이잭스의 변신The Metamorphosis of Ajax》이라는 재치 넘치는 제목의 책까지 냈다. 당시 화장실은 '제이크스jakes'라고 불렸다. 여왕은 그 책을 내실 벽에 걸어두었다. 아마도 화장실에서 읽으려는 의도였을 것이다. 그러나 그 장치가 유행하지는 않았다. 수세식 화장실은 비싸고 고장이 잘 났고 하수는 빼냈지만 냄새는 빼내지 못하는 큰 단점이 있었다. 요강은 그냥 밖으로 들고 나가서 비우면 되므로 그 점에서는 훨씬 더 나았다.

S자 파이프는 거의 어느 때든 거의 누구라도 발명할 수 있었다. 그러니 명석한 사상가들이 보지 못했던 일을 배관공이 해낸 고전적인 사례여야 마땅하지 않겠는가? 그런데 놀랍게도 S자 파이프는 계몽운동이 정점에 달했던 시기에 수학에 해박한 인물이 내놓은 발명품이다. 그의 이름은 알렉산더 커밍Alexander Cumming으로 주로 시계와 오르간을 제작했지만, 마차 바퀴를 연구한 논문도 썼고 순수 수학에도 관심이 많았다.

에든버러에서 태어나서 국왕 조지 3세의 후원을 받아 런던으로 왔다는 것 외에는 그의 출신에 관해 알려진 내용이 거의 없다. 그는 왕을 위해 진자로 움직이면서 기압을 종이 도표에 기록하는 독창적인 압력계 겸용 시계를 제작했다. 또 그가 제작한 매우 성능 좋은 크로노미터(항해에 쓰이던 매우 정밀한 휴대용 태엽 시계-옮긴이)에 감동한 나머지 북극 탐험가 콘스탄틴 핍스Constantine Phipps는 스피츠베르겐 북부를 탐사한 뒤 한 작은 섬에 그의 이름을 붙였다.

커밍이라는 사람에 관해 알려진 것은 거의 그 정도가 전부다. 그는 '새로운 구조를 토대로 한 수세식 화장실'에 특허를 받았다. 그 화장실에는 오늘날 우리가 아는 특징이 대부분 들어 있었다. 가장 중요한 것은 S자 트랩이다. 물은 머리 위쪽에 달린 물통에서 나왔고, 파이프의 이중으로 구부러진 부위에 물이 조금 남아서 냄새를 차단하는 역할을 했다. 그러나 커밍의 장치에는 매우 불필요하면서 골칫거리임이 드러난 특징도 하나 있었다. 변기 아래쪽, S자 트랩 위쪽에 레버를 써서 열고 닫아야 하는 슬라이드 밸브를 넣은 것이다. 바로 여기에서 물이 새곤 했다. 또 자주 막혔다. 아주 추운 날씨(당시 변기는 대부분 내실 바깥에 있었다)에는 더욱 그랬고, 녹이 슬거나 물때가 두껍게 낄 때도 그랬다. 그래서 해링턴처럼 커밍도 자신의 발명품이 널리 보급되는 것을 보지 못했다.

3년 뒤인 1778년 또 다른 혁신가가 수세식 화장실을 개량했다. 조지프 브라마Joseph Bramah는 1749년 요크셔 농민의 아들로 태어났으며, 많은 분야에 자신의 이름이 붙은 발명을 남겼다. 그의 가장 중요한 발명은 오늘날의 많은 기계에 대단히 중요하게 쓰이는 유압 장치이다. 비록 핵심 개념은 더욱 뛰어난 재능을 지닌 직원인 헨리 모즐리Henry Maudslay가 내놓았지만 말이다. 그의 발명품 중 가장 유명한 브라마 자물쇠도 모즐리가 만들었다. 브라마의 회사가 최초로 푸는 사람에게 200기니를 주겠다고 상금을 내걸 정도로 이 자물쇠를 따기란 거의 불가능했다. 이 자물쇠는 반세기가 지난 뒤, 브라마가 세상을 뜬 지도 한참 지난 뒤인 1851년에 자물쇠를 잘 따기로 유명한 미국의 앨프레드 홉스Alfred Hobbs가 특수 제작한 장비를 써서 한 달 넘게 시도한 끝에야 따는 데 성공했다. 그때쯤 브라마의 회사는 이미 신형 자물쇠를 내놓은 상태였다.

브라마는 10대 때 다리를 다치는 바람에 평생 절뚝거리게 되어 농장 일을 할 수 없었다. 그는 자신이 목공에 재능이 있다는 것을 알아차렸고, 가구 제작 분야에서 수습공으로 일한 뒤 런던으로 가서 가구공으로 일했다. 그러다가 앨런이라는 사람에게 고용되었다. 커밍은 아마 수세식 변기를 담을 가구의 제작을 앨런에게 맡겼던 듯하다. 앨런은 변기에서 물을 내보낼 때 물이 소용돌이를 일으키도록 수세식 변기를 개선했다. 그 무렵에 브라마는 또 사고를 당했는데, 누워 있는 동안 수세식 변기를 더욱 개선할 방법을 떠올렸고, 1778년에 새 디자인에 특허를 받았다. 슬라이드 밸브 대신에 경첩으로 연결된 플랩flap을 다는 등 여러 가지를 개선한 디자인이었다. 게다가 자신의 장인 정신이 담긴 높은 수준의 섬세한 기술을 발휘한 제품을 만들어서 팔기 시작했다. 브라마는 회사를 세웠고 곧 부자를 대상으로 10파운드가 넘는 제품을 일주일에 여섯 대씩 설치하게 되었다. 그가 성공을 거두자, 곧 다른 이들이 모방품을 내놓았다. 브라마는 몇 차례나 소송을 걸었다. 1789년의 재판은 법적 판례로 자리를 잡았다. 피고인 하드캐슬Hardcastle은 브라마의 특허가 너무나 모호하게 기술되어 있고, 앞서 '공개된' 새롭지도 중요하지도 않은 특징을 포함한다고 주장했다. 그러자 브라마는 자신이 특허를 신청하기 전에 새로 디자인한 수세식 변기를 세 대 설치해 테스트했다고 반론을 펼쳤다. 판사는 그 디자인이 기존 것보다 더 낫다고 말하면서(아마도 실제 경험에서 나왔을 것이다) 브라마의 손을 들어주었다.

실내 수세식 화장실은 19세기 말이 되어서야 필수품으로 자리 잡았다. 런던에 방대한 새 하수도가 깔리면서 마침내 수세식 변기는 가장 변변찮은 집에서도 오수를 내보낼 곳을 갖게 되었다. 실내에 수세식 화장실을 두는 것을 꺼리던 사람들의 태도도 서서히 바뀌기 시작했다. 1860년대에 런던에 가게를 연 요크셔 출신의 배관공 토머스 크래퍼Thomas Crapper는 이 새로운 수요에 편승한 기업가다. 그는 발명은 거의 하지 않았지만, 트랩을 S자가 아니라 U자로 구부려서 개선했다. 그러자 변기가 덜 막혔다. 또 물통의 사이펀 장치와 물통에서 물이 넘치는 것을 막는 볼

콕ballcock 장치(영국 제품의 특징)도 개선했다. 그러나 그의 진정한 성취는 수세식 변기를 믿을 만하고 단순하면서 저렴하게 만든 것이었다. 그래서 화장실을 크래퍼라고 부르기도 한다. 좀 기이하게도 '똥 싸다to crap'라는 단어는 그보다 훨씬 오래되었다.

주름 철판으로 지은 세계

흉하다고 싫어하고, 식상하다고 고개를 돌리고, 오래전부터 늘 보던 것이라서 혁신이라고 생각하기가 쉽지 않은 것이 있다. 주름 철판은 도저히 영웅으로 보이지 않는다. 그러나 한때는 새로운 고안물이었고(1829년에 발명되었다) 더 매혹적인 많은 것보다 인류에게 더 큰 혜택을 안겨주었다고 말할 수 있다. 수많은 이를 비와 바람으로부터 보호했고, 게다가 훨씬 찬미를 듣는 건축물들보다도 더 저렴하면서 더 효과적으로 기능해왔다. 그 덕분에 가난한 이들이 판자촌, 빈민가, 슬럼가에서 생활할 수 있다. 앤더슨 방공 대피소Anderson shelter라는 형태로, 공습 지역에서 많은 목숨을 구하기도 했다. 캘리포니아, 호주, 남아프리카에서는 주름 철판이 금광부의 임시 숙소를 세우는 데 필수적인 재료였다. 호주에서는 정착민과 원주민 모두에게 인기를 끌었고, '백인의 나무껍질white man's bark'이라는 별명을 얻었다. 한때는 건축가들이 그것으로 교회를 지을 만큼 유행하기도 했다. 여왕의 부군인 앨버트 공은 밸모럴성의 무도회장을 주름 철판으로 덧댔다.

주름 철판의 거듭된 혁신 이야기는 비교적 단순하다. 한 사람이 발명했고, 도전하는 경쟁자들이 없었던 듯이 보인다. 그는 잘 알려지지 않은 천재나 명석한 과학자가 아니라 경험 많은 기술자였다. 그의 특허에 이의를 제기한 이는 없었고, 특허가 만료되자마자 그 제품은 생산량이 급속히 늘어나면서 수출품으로 자리를 잡았다. 그러면서 점점 개선이 이루어졌는데, 주로 부식에 더 잘 견딜 수 있도록 하는 방향으로였다. 그러나 본질적으로 처음부터 지금까지 형태에는 거의 변화가 없었다.

주름 철판의 발명자는 헨리 로빈슨 파머Henry Robinson Palmer였다. 그는 시대를 앞서간 착상도 두 가지 내놓았다. 모노레일과 컨테이너화containerization였다. 1795년 런던 동부에서 목사의 아들로 태어난 그는 수습공을 거쳐 기술자가 되어 위대한 토목기술자 토머스 텔퍼드Thomas Telford 밑에서 10년을 일했고, 영국토목기술자협회의 설립에 참여했다. 1826년에는 런던 동부의 한 부두를 확장하는 일을 총괄했다. 굴착하고 수문을 설치하는 일을 끝낸 뒤 그는 건물을 짓는 일에 관심을 돌렸다. 그때 한 창고의 지붕을 철판으로 하면 어떨까 하는 생각을 언뜻 한 모양이다. 그는 철판을 더 튼튼하게 만들고자 연철을 롤러에 통과시켜서 물결 모양으로 구부렸다. 1829년 4월 28일 그는 '건물 지붕과 다른 부위에 요철이 있거나 들쭉날쭉하거나 주름진 금속판의 사용 또는 적용'이라는 행위에 특허를 받았다. 이렇게 주름지게 하자 철판은 훨씬 더 튼튼해지고, 덜 눌리면서, 추가로 지지대를 받치지 않아도 넓게 벌어진 곳에 얹을 수 있었고, 눈이 쌓여도 지탱할 수 있었다. 그렇게 주름판이 탄생했다.

그는 부두에서 즉석으로 주름판을 만들어서, 약간 굽고 튼튼한 주철 지붕을 덮은 첫 건물을 세웠다. 얼마 뒤 현장을 방문한 〈아츠 앤 사이언시스Arts and Sciences〉의 편집자 조지 허버트George Hebert는 '파머 씨가 새로 발명한 지붕'에 매우 관심을 보였다. 허버트는 "홈, 또는 아치와 역아치라고 할 수 있는 것이 엄청난 강도를 제공한다"라고 정확히 보도했다. 그는 두께가 겨우 0.25센티미터인 금속판이 폭 5.5미터에 걸친 공간의 튼튼한 지붕이 될 수 있었다고 했다. "우리는 그것을 아담 이래로 사람이 만든 가장 가벼우면서 가장 튼튼한 지붕(무게로 따질 때)이라고 봐야 한다."

주름 철판은 그 뒤로 수십 건의 개량 특허가 나오면서 진화를 거듭했다. 예를 들어 10년이 채 지나기 전에 프랑스의 스타니슬라스 소렐Stanislas Sorel은 아연 도금법을 발명했다. 철판에 아연을 얇게 도금하여 녹을 방지하는 이 방법 덕분에 주름 철판의 수명은 훨씬 길어졌다. 더 뒤에는 주재료가 연철에서 강철로 대체되었다. 그러나 기본 형태에는 거의 변화가 없었다. 파머는 조수인 리처드 워커Richard Walker에게 특허를 팔았고, 워커는 아들들과 함께 그 산업을 수십 년간 지배하면서 부를 쌓았다. 1843년에 그 특허가 만료되었다. 그 뒤에야 제품 가격이 하락하면서 시장이 급성장했다. 따라서 으레 그렇듯이 여기서도 지식재산권은 혁신을 지연시키는 역할을 했을 뿐이다.

1837년경에 워커는 호주에서 주름판을 쓰라고 광고했다. 이윽고 호주는 다른 모든 대륙보다도 더 빠르게 그 재료를 받아들인 곳이 되었다. 애덤 몬먼트Adam Mornement와 사이먼 할러웨이Simon Holloway는 그 재료의 역사를 다룬 2007년의 저서에서 "호주가 주름 철판의 정신적 고향이라는 점에는 의문의 여지가 없다"라고 썼다. 주름 철판은 흰개미와 불을 막았고, 가볍고 거의 힘들이지 않고 조립하여 쓸 수 있었다. 호주 대륙의 정착민이 필요로 하는 특징을 다 지닌 건축 재료였다. 1850년대에는 빅토리아주에서 금 채굴 열풍이 불면서 빠르게 뚝딱뚝딱 이용할 수 있는 새 건축 재료의 수요가 급증했고, 곧 금광 주변에 주름 철판을 활용하여 지은 마을이 생겨났다. 1853년에 새뮤얼 헤밍Samuel Hemming은 1,000파운드를 들여서 주름 철판으로 교회를 제작하여 배에 실어 런던에서 멜버른으로 보낸 뒤, 그곳에서 500파운드를 들여서 소 수레에 실어 기즈번으로 운반하여 세웠다.

1885년경 호주는 그 재료의 세계 최대 시장이었고, 1970년대에 BHP라는 호주 기업은 강철에다가 알루미늄 55퍼센트, 아연 43.5퍼센트, 실리콘 1.5퍼센트를 코팅한 주름 철판인 진칼룸Zincalume 강철로 특허를 받았다. 일반 아연 도금 강철보다 훨씬 더 부식에 강한 재료였다. 호주 역사에서 주름 철판이 차지하는 지위에 힘입어서 이는 최근에 건축가와 예술가가 애호하는 재료가 되었다. 시드니 올림픽 경기장 개소식 때에는 이 주름판을 기념하기 위해 작곡된 〈함석 교향곡Tin Symphony〉이 연주되었고, 예술가 로잘리 개스코인Rosalie Gascoigne은 이 재료로 조각 작품을 만들었다.

주름 철판을 써서 건축하는 풍습은 호주에서 아프리카로 널리 퍼졌다. 1800년대 말에 남아프리카에 분 금광 열풍은 호주에서 제조해 더반으로 운송된 뒤 짐꾼들을 통해 내륙으로 운반된 주름 철판에 크게 의존했다. 주름 철판은 지붕, 벽, 물탱크, 건물 전체에 두루 쓰였다. 보어 전쟁 때 영국은 철도를 지키기 위해서 구부린 주름 철판 두 겹 사이에 자갈을 채운 요새를 지었다. 제1차 세계대전의 참호에서 사우스조지아의 포경 기지에 이르기까지, 주름 철판은 20세기 건축의 중요한 일부분이었다. 미국 기술자 노먼 니센Norman Nissen이 발명한 강철 뼈대에 주름 철판을 씌운 반구형 방공호인 니센 막사Nissen hut는 두 세계 전쟁 때 저렴하고 안전하고 빨리 지을 수 있는 대피소였다.

재산권의 경계가 불확실한 오늘날 팽창하는 거대 도시의 슬럼가에서는 주름 철판이 저렴하고 쉽게 구할 수 있는 건축 재료일 뿐 아니라, 지은 집도 쉽게 해체하여 옮길 수 있도록 하는 요소다. 또 주름 철판은 지진 재해 지역으로 가장 먼저 운송되어 빠르게 대피소를 짓는 데에도 쓰인다. 그리고 다른 여러 건축 재료보다 목재 지지대를 훨씬 덜 쓰므로, 아마 많은 숲도 보호했을 것이다. 주름 함석판은 결코 사랑을 받은 적도 경탄의 대상이 된 적도 없고, 빗방울이 그 지붕을 두드릴 때 나는 소리가 가장 감미롭다고 할 수도 없겠지만 세계를 바꾼 단순한 혁신임에는 틀림없다.

무역을 바꾼 컨테이너

워리어호 Warrior는 1954년 미군과 계약을 맺고서 브루클린에서 독일의 브레머하펜까지 별 특색 없는 화물 5,000톤을 싣고 으레 하는 항해를 한 평범한 화물선이었다. 화물은 철 상자, 종이 상자, 가방, 궤짝, 포장물, 낱개 물품, 크고 작은 통, 나무 상자, 자동차 등 온갖 것으로 19만 4,582가지나 되었다. 이 물품은 미국 151개 도시에서 출발하여 1,156척의 배에 실려서 브루클린으로 모였다. 파업으로 하루 지체된 것까지 포함하여 화물을 싣는 데 6일이 걸렸다. 항해에는 거의 11일이 걸렸다. 화물을 부리는 데에는 4일이 걸렸다. 총운송비 23만 7,577파운드 중에서 항구에서 들어간 비용이 37퍼센트를 차지한 반면, 항해 자체에 든 비용은 겨우 11퍼센트에 불과했다. 이런 사실을 우리가 아는 이유는 마크 레빈슨 Marc

Levinson이 컨테이너 운송의 발명을 다룬《더 박스The Box》라는 저서에서 정부 지원을 받아 이루어진 이 화물 운송 사례 연구를 인용했기 때문이다. 그 연구자들은 높은 항만 비용의 "해결책은 개품 화물을 피하는 방식으로 화물을 포장하고 옮기고 싣는 방법을 찾아내는 데 달려 있다"라고 결론지었다. 그로부터 몇 년 지나지 않아서 세계를 바꾼 혁신인 컨테이너화가 이루어졌다. 기념비적인 혁신이었지만, 거기에는 새로운 과학도 첨단기술도 전혀 쓰이지 않았고, 새로운 낮은 수준의 기술도 그다지 쓰이지 않았다. 그저 조직화의 수준을 높였을 뿐이다.

몇 세기 동안 그러했듯이, 1950년대 중반에도 해상 운송은 여전히 비싸고 느리고 비효율적이었다. 배는 더 커졌고 더 빠른 엔진을 달았지만, 항구는 여전히 돈을 잡아먹는 병목 지점이었다. 수출이나 수입에 드는 비용의 절반 이상이 항만 비용이었다(워리어호 항해는 이 점에서 유달리 나은 편이었다. 전후 독일의 인건비가 쌌기 때문이다). 하역을 하는 부두나 항만의 노동자들은 육체노동자 중에서 비교적 임금이 좋았지만, 그래도 그 일은 노동 집약적이고 위험하고 불확실했다. 불규칙하게 한참 쉬다가 몇 시간이고 지치도록 일하는 식이었다. 화물은 하역장에 내려서 분류하여 창고에 보관했다가, 운반대에 쌓아서 기중기로 배에 실은 뒤, 대체로 수작업으로 운반대에서 내려서 구부러지고 꺾인 다양한 모양에 따라서 쌓았다. 화물을 차곡차곡 쌓는 일은 과학인 동시에 예술적인 수준의 작업이었다. 지게차와 기중기가 도움이 되긴 했지만, 대부분의 일은 아주 많은 인력이 근육을 써서 했다. 목적지인 항구에 도착하면 같은 일이 되풀이되었다. 거기에 세관의 검사까지 추가되었다. 미국 경제에서 차지하는 비율로 따지면, 국제무역은 사실상 1920년대 이래로 줄어들고 있었다. 주된 이유는 항만 비용 때문이었다. 불규칙한 일감을 서로 차지하려고 난무하던 뇌물과 폭력 때문에 클로즈드 숍제closed shops(노조 가입을 전제 조건으로 고용하는 제도-옮긴이)가 폐지되긴 했지만, 여전히 하역에 많은 비용이 들었다. 1950년대에 로스앤젤레스, 뉴욕, 런던의 항구에서 한 사람이 연간 처리하는 화물의 양은 줄어들었음에도 임금은 상승했다.

공장에서 동일한 크기와 모양의 상자에 상품을 미리 실은 뒤 열지 않은 채로 선박에 하역하는 표준 컨테이너의 개념은 새로운 것은 아니었다. 철도업계는 표준 컨테이너를 수십 년째 실험하고 있었으며, 트럭 운송업계도 그러했다. 시트레인라인스라는 미국 기업은 1929년에 철도 유개화차(지붕이 있는 화물차-옮긴이)를 운반할 특수하게 설계된 선박을 사용하기 시작했다. 그러나 결과는 몹시 실망스러웠다. 컨테이너가 너무 커서 채우는 데 오래 걸린다고 공장에 하염없이 놓여 있거나, 너무 작아서 별 도움이 안 될 때가 많았다. 게다가 컨테이너 자체 무게로 화물 비용이 더 늘어났다. 또 서로 산뜻하게 들어맞지 않거나 반쯤 빈 상태로 운송되는 바람에 공간 낭비도 심했다. 한 유력한 선박 회사의 경영자는 1955년에 "화물 컨테이너는 도움보다는 방해가 되어왔다"라고 결론을 내렸지만, 그 말은 곧 완전히 틀린 것으로 드러난다.

바로 여기서 맬컴 매클레인Malcom McLean이 등장한다. 1913년 노스캐롤라이나 맥스턴이라는 주로 스코틀랜드인 후손들이 살던 내륙 소도시에서 태어난 매클레인은 부자 되기가 아주 쉽다는 인상을 심어주는 야심적이고 위험을 무릅쓰는 성향의 기업가였다. 그는 주유소에서 일하다가 연료를 운반하면 돈을 꽤 벌 수 있다는 것을 알아차렸다. 그래서 1934년에 낡은 유조차를 한 대 빌려서 운송을 시작했다. 1년도 지나지 않아서 그는 트럭 두 대를 구입했고 지입차주持入車主 아홉 명을 고용했다. 1945년경에 그의 회사는 트럭 162대를 굴리면서 220만 달러를 벌었다. 매클레인은 주 경계 너머로 운송할 때의 까다로운 상업 규제 법규를 우회할 방법을 알았고, 주로 지입차주를 고용했기에 경쟁업체보다 파업의 영향을 덜 받았다. 운전자들은 사고를 내지 않으면 보너스를 받았기에, 사고를 덜 냈고 그래서 수리비도 덜 나갔다. 비용을 줄이기 위해 그는 일찌감치 연료를 디젤로 바꾸었고, 트럭 사이에서 화물을 옮기기 위해 컨베이어도 일찍부터 도입했다. 1954년경에는 소유한 트럭이 600대가 넘었는데, 많은 융자금을 끼고 산 것이었다.

그 무렵에 그는 또 한 가지 새로운 착상을 품고 있었다. 전후에 해상 운송은 회복되지 않고 줄어든 상태인 반면, 도로는 점점 혼잡해지고 있었다. 트레일러를 항구로 몰고 가서 배에 실은 뒤에 목적지 근처의 항구까지 그대로 배로 운반하면 낫지 않을까? 본래 위험을 무릅쓰는 성향이 있었기에, 그는 트럭 운송업체를 팔고 대형 선박회사를 매입했다. 이번에도 융자를 통해서였다. 그는 사실상 차입 매수 방식도 창안한 것이다. 그런데 그때 더 좋은 생각이 떠올랐다. 트레일러를 통째로 배에 싣는 대신에, 바퀴는 놔두고 트레일러 화물칸만 떼어서 실으면 더 낫지 않을까? 그는 뉴욕에서 마이애미까지 맥주를 배로 옮긴다고 상정하고서 종이에 계산을 했다. 개품 화물 운송에 비해 비용을 94퍼센트나 절감할 수 있다는 결과가 나왔다.

이 부분에서 매클레인이 아르키메데스나 뉴턴처럼 1930년대에 항구 뒤쪽에서 트럭의 짐을 부리기 위해 대기하고 있다가 갑작스레 그런 영감을 떠올렸다는 식의 전설 같은 이야기가 퍼져 있다. 그런 이야기가 다 그렇듯이 이 이야기도 사실이 아니다. 그렇긴 해도 이 소문이 쉽게 사라지진 않겠지만 말이다. 실제 역사를 조사한 레빈슨은 이렇게 회상한다.

나는 매클레인이 부두 옆에서 영감을 얻었다는 이야기에 많은 이가 혹한다는 것을 알아차리고 놀랐다. 설령 출처가 의심스럽다는 것이 드러난다고 해도 젊은 아이작 뉴턴의 머리에 사과가 떨어졌을 때처럼 어떤 영감이 반짝이는 순간이 찾아온다는 개념은 우리의 심금을 울린다. 대조적으로 혁신이 어떤 사람이 이미 쓰이고 있는 개념을 적용하고 다른 누군가가 그것으로 수익을 올리는 법을 알아내는 식으로 단속적으로 일어난다는 개념은 별 호소력이 없다.

그런 영웅 신화는 왜 지속되는 것일까? 아마 사람들이 자신도 어떤 한 차례 상상의 도약을 통해 영웅이 될 수 있다고 생각하고 싶어 하기 때문일 것이다. 그런 주술적 사고는 대다수 진짜 혁신가의 특징을 심하게 오도한다. 실제로 혁신은 덜 인상적이고 더 고되게 이루어진다. 매클레인의 사례는 그 점을 잘 보여준다.

매클레인은 SS아이디얼X호SS Ideal X라는 유조선을 사서 갑판을 컨테이너를 실을 수 있도록 특수 설계한 형태로 바꾸었다. 또 대형 기중기 두 대를 사서 컨테이너를 들어 올리는 용도로 개조했다. 그리고 길이 10미터의 컨테이너 제작을 의뢰했다. 이어서 2년에 걸쳐 주간통상위원회와 해안경비대 같은 기관에 배가 안전하다고 설득하는 한편으로, 철도와 트럭 운송업계와 법정에서 싸웠다. 1956년 4월 26일 SS아이디얼X호는 컨테이너 58개를 싣고서 뉴저지에서 텍사스로 향했다. 컨테이너 하나를 배에 싣는 데 7분, 다 싣는 데 겨우 여덟 시간이 걸렸다. 항해를 마칠 즈음, 매클레인은 통상 화물 요금이 톤당 5.83달러인 반면 자신의 화물 요금은 16센트도 안 될 것이라고 장담했다.

그런 엄청난 비용절감이 이루어졌다는 것은 자명한 사실이었다. 아니 누구나 그렇게 생각할 것이다. 그러나 매클레인의 싸움은 이제 겨우 시작되었을 뿐이었다. 기술적인 측면에서는 일이 순조롭게 진행되었다. 그는 1956년 항만 파업 기간을 활용하여 앨라배마주의 모빌에 있는 본사에서 더 큰 선박 여섯 척을 컨테이너 226개를 실을 수 있도록 개조하고자 했다.

그의 기술자인 키스 탠틀링거Keith Tantlinger는 시행착오를 통해 컨테이너가 놓일 금속 틀과 컨테이너 사이에 여유 공간을 얼마나 두면 좋을지 계산했다. 가로가 2.5센티미터를 조금 넘고 세로는 2.5센티미터에 약간 못 미치게 만들면 컨테이너를 다루기도 어렵지 않으면서 폭풍우에도 컨테이너가 크게 움직이지 않도록 할 수 있다는 결과가 나왔다. (탠틀링거는 첫 항해 때 컨테이너 주위의 공간에 공작용 점토를 끼워 넣어서, 들리지 않는다는 것을 증명했다.) 탠틀링거는 트럭 차틀부터 컨테이너, 더 빨리 싣고 내릴 수 있도록 배에서 컨테이너들을 서로 결합하는 이중 자물쇠에 이르기까지 모든 것을 하나하나 체계적으로 재설계했다. 배에 새로 설치한 갠트리 크레인은 싣고 내리는 작업을 동시에 할 수 있었다. 1957년 모빌에서 개조된 첫 선박인 SS게이트웨이시티호SS Gateway City는 다섯 배나 더 많은 컨테이너를 실을 수 있으면서도 아이디얼X호와 마찬가지로 여덟 시간 안에 하역 작업을 끝낼 수 있었다.

매클레인의 앞을 가로막은 장애물은 대부분 사람이었다. 1958년 그는 뉴어크에서 푸에르토리코로 새 배 두 척을 보냈는데, 항만 노조가 하역을 거부했다. 그들은 4개월 동안 손을 놓고 있다가 매클레인이 굴복해 불필요하게 많은 인력을 쓰기로 동의하고서야 일을 시작했다. 하역 지연으로 입은 손해는 전해에 올린 이익보다 많았다. 1959년 파업은 더욱 큰 손실을 입혀서 매클레인의 회사는 파산 직전에 몰렸다. 다른 선박 운송회사들도 특히나 비협조적인 노동 세력과 함께 대규모 투자가 이루어지지 못하도록 방해했기에, 항만 당국도 변화를 꺼렸다. 컨테이너 혁명은 실패한 것처럼 보였다.

매클레인은 회사 이름을 시랜드로 바꾸고 예전 트럭 운송업체 출신의 굶주리고 젊고 기업가 정신이 박힌 이들을 고용해 문제를 해결하고자 했다. 그는 더 많은 융자를 받아서 더욱 큰 배를 만들었다. 그리고 캘리포니아에서 파나마운하를 통해 동부 해안으로 가는 화물 운송에 나섰다. 그때 행운이 찾아왔다. 푸에르토리코 항로를 다니는 주요 경쟁업체가 있었는데, 매수자가 너무 많은 빚을 지는 바람에 파산하고 말았다. 1965년경에 이르자 시랜드는 열다섯 척의 배와 1만 3,533개의 컨테이너를 소유하게 되었다. 항만 노조는 기나긴 내부 투쟁 끝에 결국 기계화를 받아들였다. 그 결과 더 많은 업체가 항만을 이용하게 되었고 노동 조건도 좋아졌다. 서부 해안에서는 노조가 고용주들이 자동화 작업을 지연시키고 있다고 항의하는 일까지 벌어졌다.

이제 남은 중요한 문제는 표준화였다. 미국 정부와 세계표준기구는 '표준 컨테이너'로 가장 좋은 크기와 모양이 어떤 것일지를 놓고 여러 해 동안 고민했다. 그러나 1965년경에는 쓰이고 있던 컨테이너의 3분의 2가 합의해서 나온 표준과 길이나 높이가 맞지 않았다. 시랜드의 길이

1부 혁신의 발견

10미터 컨테이너도, 태평양의 하와이에서 샌프란시스코까지 파인애플을 운송하는 기업인 맷슨이 경쟁을 위해 따로 개발한 7.3미터짜리 컨테이너도 그랬다. 하지만 이윽고 업계는 길이 6미터와 12미터짜리를 표준으로 정했다.

매클레인의 다음 돌파구는 베트남 전쟁과 함께 찾아왔다. 미국은 베트남에 병력을 증파하고 보급품을 지원하는 데 계속 어려움을 겪고 있었다. 사이공과 다낭의 항구 시설이 열악하고 수심이 얕았기 때문이다. 군대는 항구에서의 혼잡, 지연, 혼란을 줄이려고 계속해서 노력했지만 별 성과를 거두지 못했다. 상황은 계속 나빠져갔다. 매클레인은 거기에서 기회를 엿보았고 국방부에 깜라인만에 컨테이너 부두를 건설할 수 있게 허가하라고 재촉했다. 예상대로 저항이 있긴 했지만, 고집스럽게 매달린 끝에 1967년에 허가를 받았다. 시랜드는 스스로 위험을 감수하면서 부두를 건설했고, 2주마다 컨테이너 600개 분량의 화물을 운송하기 시작했다. 그러자 군대의 보급 문제가 순식간에 해결되었다. 심지어 아이스크림이 든 냉동 컨테이너까지 운송되었다. 시랜드는 그 계약으로 엄청난 돈을 벌었다. 늘 쉴 새 없이 무언가를 구상하는 매클레인은 다시금 새로운 기회를 엿보았다. 그는 빈 컨테이너를 일본으로 보내어 수출품을 실어서 돌아왔다. 그럼으로써 일본, 대만, 한국, 중국, 이윽고 베트남의 경제까지 변화시킬 아시아의 수출 열풍을 일으키는 데 기여했다. 곧 군 당국은 매클레인과 유럽에 주둔한 군대의 보급품 수송 계약까지 맺었고, 그 결과 컨테이너에 회의적이었던 유럽 항구들의 태도를 바꾸는 데에도 이바지했다.

매클레인은 1970년 시랜드를 R. J. 레이놀즈R. J. Reynolds에게 매각하고 곧 회사를 떠났다. 그는 돼지 사육과 휴양시설 운영 등 다양한 사업을 시도하다가, 1977년 유나이티드스테이츠해운을 매입함으로써 해운업으로 돌아왔다. 컨테이너 운송량은 해마다 20퍼센트씩 성장하고 있었고, 배도 점점 더 커지고 있었다. 화물 1톤당 배가 더 클수록 건조 비용이 덜 들고 선원도 덜 쓰고 연료도 덜 들었다. 파나마운하의 갑문을 통과할 수 있느냐가 배 크기를 제한하는 유일한 조건이었다.

1970년대에는 컨테이너선의 속도가 떨어졌다. 1973~1978년의 석유 위기 때 유가가 급등했기 때문이다. 매클레인은 이때가 기회라고 여기고서 크지만 느린 '이콘십Econship'을 한국에 열네 척 주문했다. 동쪽으로 세계를 계속 돌도록 설계된 배였다. 그렇게 하면 빈 채로 돌아오는 문제를 피할 수 있을 터였다. 멋진 착상이었지만, 원하는 대로 이루어지지는 않았다. 유가가 떨어졌고 세계일주 시간표가 잘 들어맞지 않는다는 것이 드러났다. 1986년 매클레인인더스트리스는 부채 12억 달러를 지고서 파산 신청을 했다. 당시 미국 역사상 가장 큰 규모의 파산이었다. 그 위대한 모험가는 너무나 큰 위험을 무릅썼던 것이다. 그 일로 그는 너무나 상심해서 한동안 모습을 감추었고 2001년 87세를 일기로 세상을 떠났다. 장례식 날 아침, 전 세계의 모든 컨테이너선은 동시에 경적을 울림으로써 그를 추모했다.

오늘날 세계 경제에 대단히 중요한 역할을 하는 해상을 통한 대규모의 컨테이너 무역은 그가 남긴 유산이다. 현재 길이 6미터의 컨테이너를 2만 개 넘게 싣고 다니는 배도 있다. 그런 엄청난 양의 컨테이너를 내리고 다시 싣는 데 겨우 사흘이면 된다. 매클레인은 현대 무역의 아버지이지만, 그는 첨단기술은커녕 새로운 것은 아무것도 발명하지 않았다. 그가 이 혁신을 이루지 않았더라면, 아마 다른 누군가가 했을 것이다. 그러나 실제로는 그가 이루었다.

바퀴 달린 여행 가방은 왜 늦게 출현했을까?

어릴 때 역이나 공항에서 무거운 여행 가방을 질질 끌고 다녀보았기에, 나는 바퀴 달린 여행 가방이 문명의 정점 중 하나라고 여긴다. 그러나 아주 낮은 기술치고는 놀라울 만치 늦게 출현했다. 인류가 달에 첫발을 디딘 뒤에야 나왔으니 말이다. 1960년대에 바퀴 가방의 발명을 막은 것은 무엇이었을까? 왜 그렇게 늦게야 출현했을까? 바퀴 가방은 더 일찍 출현했어야 했지만 미적거렸던 혁신의 좋은 사례처럼 보인다. 그런데 정말 그럴까?

1970년의 어느 날 매사추세츠에서 여행 가방을 만드는 회사의 부사장 버나드 새도Bernard Sadow가 휴가를 맞아 가족과 함께 아루바로 갔다. 돌아오는 길에 그의 가족은 미국 세관 앞에서 길게 줄을 서서 사람이 줄어들 때마다 무거운 가방 두 개를 들고 조금씩 앞으로 움직였다. 그때 공항 직원이 바퀴 달린 활차에 무거운 기계를 올린 채 성큼성큼 밀고 지나갔다. 새도는 아내에게 말했다. "우리 짐에 바로 저게 필요해." 집에 온 그는 옷장에 달린 바퀴 네 개를 떼어서 여행 가방에 나사로 박았다. 그런 뒤에 가죽끈을 붙이자 수월하게 집안 여기저기로 끌고 다닐 수 있었다. 그는 1972년에 구르는 가방에 특허를 출원했다. 특허 출원서에는 이렇게 썼다. "가방은 실제로 미끄러진다. 게다가 키, 힘, 나이에 상관없이 사실상 누구나 노력도 힘도 들이지 않고 가방을 쉽게 끌 수 있다."

　그러나 새도가 상인들을 찾아다니며 엉성한 시제품을 보여주자, 만나는 사람마다 고개를 저었다. 거절의 이유는 다양했다. 가방 운반대에 올려놓거나 짐꾼에게 맡기면 되는데, 왜 바퀴를 달아서 가방 무게를 늘리나요? 굳이 바퀴를 달아서 더 비싸게 만들 이유가 있나요? 그는 몇 년 동안 가방을 전혀 팔지 못했지만, 이윽고 메이시 백화점이 새도에게 '구르는 가방'을 주문하면서 이 제품이 서서히 세상에 알려지기 시작했다.

　특허의 역사를 훑어보면 바퀴 가방을 개발하려고 시도한 사람이 그가 처음은 아니었음을 알 수 있다. 아서 브라우닝**Arthur Browning**은 새도보다 1년 전인 1969년에 바퀴 가방에 특허를 신청했다. 그레이스**Grace**와 맬컴 매킨타이어**Malcolm McIntyre**는 1949년에 바퀴 달린 가방을 개발했다. 클레어런스 놀린**Clarence Norlin**은 1947년에 더 좁은 공간에 넣기 좋도록 안으로 집어넣을 수 있는 바퀴가 달린 여행 가방에 특허를 받았다. 바넷 북**Barnett Book**은 1945년에 바퀴 가방에 특허를 신청했다. 그리고 새비어 마스트론토니오**Saviour Mastrontonio**는 1925년에 '가방, 작은 가방, 여행 가방 등'을 굴리는 데 쓸 수 있는 '여행 가방 캐리어'에 특허를 받았다. 출원서에는 줄무늬 드레스 차림의 우아한 여인이 빳빳한 긴 손잡이를 잡고 여행 가방을 밀고 가는 그림도 실려 있다.

　분명히 착상을 떠올린 사람이 없어서 이전에 이러한 가방이 나오지 않은 것은 결코 아니었다. 바퀴 가방의 유행을 가로막은 것은 그보다는 주로 역과 공항의 구조였던 듯하다. 당시에는 짐꾼이 많았고 특히 사업가들은 기꺼이 짐꾼을 썼다. 탑승장과 중앙 홀은 차를 몰고 와서 내리는 지점과 가까웠다. 계단도 많았으며 공항은 작았다. 게다가 여성보다 남성이 더 여행을 많이 했고, 그들은 짐을 들지 못할 만큼 약해 보이지나 않을까 우려했다. 바퀴는 무겁고 쉽게 부서졌고, 말을 잘 듣지 않을 때가 많았다. 여행 가방 제조사의 미적거리는 태도가 유행을 늦추었을지도 모르지만 그들 모두가 틀린 것은 아니었다. 1970년대에 항공 여행이 빠르게 팽창하면서 승객이 걸어야 할 거리도 늘어났고, 그럼으로써 바퀴 가방의 수요에 전환점이 일어났다.

10년 뒤 더 뛰어난 혁신이 등장하면서 새도의 디자인을 대체했다. 바로 롤러보드rollaboard였다. 노스웨스트항공의 조종사인 로버트 플래스Robert Plath가 이를 발명했다. 1987년 그는 집 작업실에서 새도가 한 것과 달리 가방 밑면 직사각형의 네 귀퉁이가 아니라 한쪽 짧은 변의 양끝에만 바퀴 두 개를 달았다. 이제 높낮이를 조절할 수 있는 손잡이를 써서 가방을 한쪽으로 기울인 채 끌 수 있었다. 플래스는 몇몇 동료 조종사에게 이 가방을 팔았다. 그러자 승객들이 가방을 보고 어디에서 구했는지 묻기 시작했다. 플래스는 항공사를 떠나서 트래블프로라는 회사를 차렸고, 사업은 금방 성공을 거두었다. 회사는 바퀴 네 개가 달린 제품도 내놓았고, 알루미늄과 플라스틱을 써서 무게를 줄인 제품, 밀거나 당겨서 어느 방향으로든 굴릴 수 있는 바퀴도 개발했다. 이제 혁신은 계속되면서 여행 경험을 바꾸고 있다.

바퀴 가방은 세계가 준비되기 전에는 혁신을 할 수 없을 때가 많다는 교훈을 준다. 그리고 세계가 준비가 되면 이미 그 착상은 나와 있으며 구현되기를 기다린다. 적어도 미국에서는 그렇다. 공산주의 시대의 러시아나 마오쩌둥 시대의 중국에서는 그런 일이 일어나지 않았다.

식탁 위의 변천사

요식업은 혁신에 중독되어 있다. 사람들이 몰렸던 식당은 곧 새 식당에 밀려나면서 빠르게 회전이 일어난다. 혁신에 저항하는 쪽을 택하는 이들은 정부의 보호를 전혀 받지 못하고, 혁신을 원하는 이들도 지원을 전혀 못 받고 전문가로부터 전반적인 전략도 전혀 듣지 못한다. 비허가형 혁신 시스템에 아주 가깝다. 식당은 적응하지 않으면 사라진다. 일부는 수십 년 간 운영되며 세계적인 브랜드로 자리를 잡지만, 그런 식당도 입맛의 변화에 맞추어서 끊임없이 적응해야 한다. 다른 식당들은 요리가 짧게 인기를 끌다가 끝나거나 아예 인기도 얻지 못한 채 사라진다.

지난 반세기 동안 요식업에서 이루어진 혁신의 상당 부분은 외국의 요리법을 수입함으로써 나왔다. 1950년에 런던에서 외식을 하던 사람은 프랑스 요리에는 친숙했겠지만 아마도 이탈리아 요리에는 그렇지 않았을 것이고, 인도, 아라비아, 일본, 멕시코, 중국 요리에는 더욱더 그랬을 것이다. 내가 오늘 점심(사모사)을 산 시장 거리에서는 현재 이 모든 요리뿐 아니라, 한국, 에티오피아, 베트남 요리 등도 가까운 곳에서 맛볼 수 있다. 그러나 들여올 수 있는 외국 문화에는 한계가 있게 마련이며, 이런 식의 혁신은 이윽고 끝이 보이게 마련이다. 그래서 요식업은 더욱 참신한 것을 찾기 위해서 창의력을 발휘해야 했다.

흔한 일은 아니지만, 이따금 새로운 음식 재료가 등장하곤 한다. 수십 년 전에야 등장한 키위와 파타고니아 이빨고기Patagonian tooth fish라고 불리기도 했던 메로Chilean sea bass가 대표적이다. 그러나 우리는 대체로 여전히 닭고기와 감자 같은 재료를 점점 더 다양한 방식으로 요리해서 먹고 있다. '거품', '즙' 같은 혹할 만한 멋진 이름이 붙은 새로운 요리법도 나와 있다. 아시아 요리와 섞은 퓨전 요리도 유행하고 있다. 붉은고기(비트 뿌리가 핵심 재료다)나 생선(바나나꽃은 놀라울 만치 대구와 비슷한 맛을 낸다)과 감자 요리의 맛을 재현하는 창의적인 방식이 등장하면서, 채식 요리도 인기를 끌고 있다.

몇몇 사례에서는 새로운 것을 찾으려는 노력이 거의 필사적인 분위기를 띠며, 더 이전의 재료나 요리법까지 뒤지곤 한다. 코펜하겐에 있는 노마라는 식당의 요리사 레네 레제피^{René Redzepi}의 덴마크 고급 요리는 2010년부터 3년 연속으로 세계에서 가장 혁신적인 식당에 수여하는 산 펠레그리노상을 받았다. 동물과 그 동물이 사는 곳에서 자라는 식물을 조합한다는 과거 회귀적이면서 새로운 착상에 적어도 어느 정도는 힘입어서다. 부들, 제비꽃, 맥아를 곁들인 돼지 목살 같은 요리인데, 역설적이게도 고대 수렵 채집인의 극단적인 지역성을 재현하는 것이 혁신이 되었다.

두 혁신 교수는 노마의 사례를 연구했는데(배도 고팠나 보다) 혁신의 주된 방법이 아예 처음부터 새로운 것을 창안하는 것이 아니라 기존 것을 새롭게 재조합하는 것이며, 모든 경제 분야에서 이루어지는 혁신의 일반적인 특징이라고 역설한다. "혁신은 기존 요소들의 탐색과 재조합 과정이다." 1930년대에 조지프 슘페터가 강조한 바이기도 하다. "혁신은 요소들을 새로운 방식으로 결합한다."

이 재조합이 무한정 계속될 수 있을까? 고기, 채소, 양념이나 허브가 각각 열 가지씩 있고 각각을 요리하는 방법도 열 가지가 있다고 하자. 이는 현실을 아주 단순화한 것이지만, 그럼에도 조합 가능한 요리가 1만 가지가 나온다. 이 가짓수를 더 현실에 가깝게 잡으면, 재료를 재조합하는 방식의 수는 천문학적인 수준에 이른다. 따라서 음식이 단조로워지고 더 이상 변화가 없을 가능성은 그리 높지 않다.

요리법을 연구하는 연구실도 있다. 스페인의 식당 엘불리는 최초로 미슐랭 별과 펠레그리노상을 다 받았다. 주인인 페란 아드리안Ferran Adrian과 훌리 솔레르Juli Soler는 자신의 연구개발 시설에 투자함으로써 이 성과를 이루었다. 그 시설에서는 식당이 문을 닫는 겨울 동안 요리사와 식품학자가 다음 해에 내놓을 새 요리법을 연구한다. 영국의 고급 식당 팻덕은 옥스퍼드 대학교의 심리학자들과 협력하여 '바다의 소리Sound of the Sea'라는 해산물 요리를 개발했다. 고둥껍데기 안에 숨겨진 아이팟 나노에서 나오는 파도 소리를 들으면서 먹는 요리다. 요리사가 어떻게 혁신하는지를 연구한 이들은 요리사가 고객의 입맛에 들 것이라고 생각하는 요리에 다다를 때까지 핵심 착상을 이리저리 변형하면서 실험을 되풀이하는, 일단 해보고 수정하는 과정을 따른다고 말한다. 토머스 에디슨이 전구를 개선할 때 썼던 방식과 그리 다르지 않다.

그러나 요리 혁신은 요리 재료와 요리법에서만 일어나지는 않는다. 먹는 방법 쪽에서도 이루어진다. 레이 크록Ray Kroc은 단순한 요리를 접시나 포크 없이 먹을 수 있도록 표준화한 형태로 준비할 수 있다는 것을 깨달았다. 그 요리법이 전 세계로 퍼진 것(맥도널드)은 혁신의 차이를 만드는 것이 발명이 아니라 상업화임을 상기시킨다. 크록은 치열한 경쟁이 벌어지는 업계에서 밀크셰이크용 믹서기를 파는 순회 외판원이었다. 그의 고객 업소 중에 리처드Richard McDonald와 모리스 맥도널드Maurice McDonald가 운영하는 캘리포니아 햄버거 식당의 작은 지점이 있었다. 그는 그곳이 유달리 깨끗하고 체계가 잡혀 있고 인기가 있다는 것을 알았다. 그는 이렇게 썼다. "내가 가본 햄버거 식당들은 하나같이 주크박스, 공중전화, 흡연실이 있고 가죽 재킷을 입은 남자들이 우글거리는 곳이다. 나는 그런 곳에는 아내를 데리고 가지 않았다." 맥도널드 형제는 일종의 조립 라인 접근법을 개발했다. 그래서 주문이 단순하기만 하다면 빠르고 믿음직하게 요리를 내놓을 수 있었다. 크록은 형제와 동업을 맺고서 통일성과 저렴함을 강조하는 프랜차이즈 모델을 도입하여 사업을 확장했다. 그러면서 당시의 신뢰할 수 없는 패스트푸드와 정반대로 엄격하게 표준을 준수하도록 했다. 곧 미국과 전 세계에서 맥도널드를 모방한 업체가 출현했고, 인기가 높아지면서 이윽고 잘난 척하는 문화 평론가들에게 분노의 표적이 되었다. 그보다 더한 영예는 없을 것이다.

공유경제의 등장

공유경제가 인터넷에 의존한다는 점을 생각할 때, 이를 낮은 기술이라고 말하는 것이 좀 이상해 보일 수도 있다. 그러나 이베이, 우버, 에어비앤비 같은 혁신 사례는 인터넷이 등장할 때 예견되지 않았고, 사실상 더 이전 시대의 단순하면서 전문적이지 않은 개념이 현대 세계의 연결성을 통해 실현 가능해진 것이다. 시간 여유가 있는 사람은 차를 타야 하는 이들을 태울 수 있다. 남는 방이 있는 사람은 휴가 때 머무를 곳이 필요한 이들에게 빌려줄 수 있다. 전문 지식이 있는 사람은 남에게 필요로 하는 지식을 제공할 수 있다. 무언가를 팔고자 하는 사람은 그것을 사려는 사람을 찾을 수 있다. 이런 활동은 인터넷 이전부터 있었지만, 세계가 온라인으로 연결되면서 훨씬 더 널리 퍼지고 더 수지맞는 사업이 되었다. 이런 일이 일어나리라고 내다본 사람은 그리 많지 않았다. 당연한 일이었을 텐데도 그랬다.

조 게비아Joe Gebbia와 브라이언 체스키Brian Chesky는 2008년에 에어비앤비를 창업했다. 지금은 8만 곳이 넘는 크고 작은 도시에 500만 곳이 넘는 숙소가 운영되고 있다. 숙소 대여자들의 총수익은 연간 400억 달러를 넘을 것이다. 이런 숫자는 이 혁신이 어떤 필요를 충족시키고 있음을 시사한다. 사람들의 집에 숨겨져 있던 잠재적 가치를 드러냄으로써, 그 집을 빌려주는 사람에게 수익을 안겨준다. 에어비앤비가 빌려줄 숙소를 더 많이 공급함으로써 숙소를 이용하는 사람은 에어비앤비가 없었을 때보다 더 낮은 가격에 머물 곳을 빌릴 수 있다. 사실 에어비앤비는 문제도 야기한다. 호텔 체인점에만 그러는 게 아니다. 암스테르담과 두브로브니크 같은 도시는 대여 숙소만 가득하고 영구 거주자에게는 사막이나 다름없는 곳이 되고 있다.

공유경제는 덜 씀으로써 더 많이 얻는 형태, 즉 축소를 통한 성장이다. 자원을 더 절약해 사용함으로써 경제를 풍요롭게 하는 방식이다. 차량 공유의 사례를 보면, 많은 자가용은 수명의 95퍼센트에 해당하는 기간을 그냥 서 있다. 좀 더 유용하게 쓰면 좋지 않을까? 공유경제의 다른 사례는 이제 막 시작되었을 뿐이다. 2013년 신디 미Cindy Mi가 창업한 브이아이피키드는 인터넷으로 중국 학생을 미국의 영어 교사와 연결한다. 2018년 말 기준으로 6만 1,000명의 교사가 여유 시간에 50만 명의 학생에게 영어를 가르쳤다. 이 사업을 통해 중국인이 미국인에게 보내는 금액은 연간 약 10억 달러에 이른다. 2013년 알리사 라바시오Alyssa Ravasio

가 창업한 힙캠프는 미국 국립공원 인근의 땅 주인이 텐트를 치고자 하는 야영객에게 돈을 받고 땅을 빌려줄 수 있게 해주었다. 공유경제는 세계에서 가장 오래된 개념이다. 과일을 필요 이상으로 가진 사람을 생선을 필요 이상으로 지닌 사람과 연결하는 것에서 시작되었으니까.

통신과 컴퓨터

무어의 법칙에 관한 법칙이 하나 있다. 무어의 법칙의
종말을 예측하는 이들의 수가 2년마다 두 배씩 늘어난다는 것이다.
—피터 리Peter Lee, 마이크로소프트리서치, 2015년

제1차 거리의 소멸

1832년 돛이 세 개인 여객선 설리호Sully가 대서양의 너울에 따라 흔들거리면서 르아브르에서 뉴욕으로 가고 있었다. 그 배에서 어느 날 저녁 식사 후에 두 승객이 중요한 대화를 나누었다. 한 명은 보스턴의 찰스 토머스 잭슨Charles Thomas Jackson이었다. 그는 지질학자이자 의사였고, 천재에 가까웠으며, 생애의 상당 기간(미치기 전까지)을 남들이 의학, 지질학, 기술 분야에서 이룬 과학적 발견을 자신이 먼저 했다고 열렬히 우선권을 주장하면서 보냈다. 그때도 바야흐로 그렇게 하려는 중이었다.

상대방은 새뮤얼 모스Samuel Morse라는 유명한 화가였다. 42세였던 그는 모든 이로부터 존경을 받았다. 대통령 몇 명을 비롯하여 많은 이의 초상화를 그렸기 때문이었다. 그런데 스스로는 그렇게 생각하지 않았다.

그는 자신의 전성기가 이미 지났고 창작 아이디어는 고갈되었다고 여겼다. 그때 그는 몇 달간 매달린 걸작을 완성하려고 애쓰고 있었다. 루브르 미술관의 대회랑을 아주 세밀하게 묘사한 작품이었다. 그러나 당시 대화의 주제는 미술이 아니었다. 5년 뒤 모스는 이렇게 회상했다. "우리는 전자기 분야에서의 최신 과학적 발견과 암페어 실험에 관해 이야기하고 있었다." 그때 옆에 있던 사람이 전류가 지체 없이 긴 전선을 타고 멀리까지 갈 수 있는지 물었다. 잭슨은 벤저민 프랭클린이 전류가 아무리 멀든 간에 전선을 타고 아주 빨리 갈 수 있음을 보여주었다고 곧바로 답했다. 그 순간 모스의 머릿속에 아이디어가 떠올랐다. 긴 전선의 먼 끝에 전류가 도착할 때 어떤 메시지를 가져올 수도 있지 않을까? "회로의 원하는 지점에서 전류를 드러나게 할 수 있다면, 전기를 통해 메시지를 즉시 전달하지 못할 리가 없다는 것을 알아차렸다." 그 뒤에 모스와 잭슨은 그 착상을 증명할 실험을 어떻게 실행할지를 논의했다.

5년 뒤 모스는 설리호의 승객들과 선장에게 그날 저녁의 일을 회고해 달라는 편지를 썼다. 그때쯤 그는 실제로 전신을 발명했지만, 그보다 먼저 발명했다는 유럽 경쟁자들의 주장에 시달리고 있었다. 그는 자신이 먼저였다는 점을 확실히 하고 싶었다. 선장이 가장 도움이 되는 서신을 보냈다. "귀하가 막 떠오른 생각이라면서, 전선을 통해 전신을 보내는 것이 가능할 수 있다고 말한 내용을 똑똑히 기억하고 있습니다." 다른 두 승객도 같은 내용의 편지를 보냈다. 그러나 잭슨은 아니었다. 잭슨은 그 점을 간파한 것이 자신이었다고 주장했다. "설리호에서 그 발명 전체를 제시한 사람은 바로 나라고 주장하오. 그건 전적으로 내 연구에서 나온 것이고, 귀하가 물어서 내가 종합했던 거요." 그 내용에 모스는 격분했고,

이윽고 소송을 걸었다.

새뮤얼 모스는 그 이전이나 이후의 어느 누구보다도 더 세상을 축소시켰다. 그의 혁신 덕분에 전달하는 데 몇 달씩 걸리던 소식은 몇 초면 목적지에 다다를 수 있었다. 잭슨과 달리 모스는 독창적인 생각을 장치로 구현하기 위해 일련의 실험을 했다. 중계기를 쓰라는 뉴욕 대학교의 레너드 게일Leonard Gale의 제안이 중요하다는 것이 드러났고, 1838년 모스는 부호를 써서 약 3킬로미터의 전선으로 "신중하게 기다리는 사람은 지지 않는다"라고 메시지를 보낼 수 있었다. 여기서도 동시 발견의 전형적인 사례가 나타나는데, 찰스 휘트스톤Charles Wheatstone과 윌리엄 쿡William Cooke이라는 두 영국 발명가가 모스를 거의 앞지를 뻔했다. 그러나 전선을 한 가닥만 쓰는 모스의 방식이 그들의 발명품보다 더 나았다. 게다가 모스는 전신용 이진법 디지털 문자도 창안했다. 바로 모스부호다. 수많은 발명가가 그러했듯이, 그도 그 뒤로 자신의 우선권을 방어하느라 여러 해를 보냈다. 법정에서 특허권을 놓고 싸운 소송도 무려 열다섯 건이었다. 그는 1848년에 이렇게 소리쳤다. "더할 나위 없이 파렴치한 해적 무리의 움직임을 늘 신경을 곤두세우고 주시해왔어. 내가 전자기 전신의 발명가임을 말해주는 증거를 모아 법적 서류 형태로 갖추어서 방어하는 일에 시간을 다 빼앗겨왔어!" 1854년에야 그는 대법원에서 자신의 손을 들어주는 최종 판결을 받았다.

대다수 혁신가가 그랬듯이, 모스의 진정한 성취도 온갖 전투를 통해 정치적이고 현실적인 장애물을 극복해나가며 이루어졌다. 그의 전기를 쓴 케니스 실버먼Kenneth Silverman은 이렇게 표현했다.

스스로를 혁신가라고 여긴 모스의 주장은 자신의 일에서 그가 가장 낮게 평가한 부분, 즉 불굴의 기업가 정신에 기대고 있었다고 보는 편이 가장 설득력 있다. 그는 의회의 냉담함, 절망스러운 지연, 기계 고장, 가정불화, 동업자와의 견해 차이, 언론의 공격, 질질 끄는 소송, 이따금 찾아오는 우울증을 극복하고서 자신의 발명품을 시장에 내놓았다.

오래 끈덕지게 요청한 끝에 1843년 의회는 워싱턴에서 볼티모어까지 첫 전신선을 설치할 예산을 모스에게 지원하기로 승인했다. 그런데 철도를 따라 전신선을 절연 상태로 유지하면서 묻는다는 것은 가망 없는 일임이 드러났고, 게다가 모스의 동업자들이 부패하고 믿을 수 없는 자들이라는 사실도 밝혀졌다. 다음 해에 그는 방침을 바꾸어서 장대 사이에 선을 걸치는 방법을 택했다. 이쪽이 더 성공적이었다. 5월에 그는 반쯤 완공된 전신선으로 볼티모어에서 열린 휘그당 전당대회에서 헨리 클레이Henry Clay가 대통령 후보로 선출되었다는 소식을 전할 수 있었다. 그로부터 한 시간 남짓 지난 뒤에 열차를 통해 그 소식이 옳았음이 확인되었다. 1844년 5월 24일 전신선이 완공되자, 그는 볼티모어에서 워싱턴의 연방 대법원 건물로 메시지를 보냈다. 친구의 딸 애니 엘스워스의 제안인《민수기》의 한 문장이었다. "신은 무엇을 만드셨는가?"

전신이 일으킨 거리距離의 소멸이 어떤 의미를 함축하고 있는지는 미국처럼 땅이 아주 넓은 나라에서는 즉시 이해가 되었다. 몇 년 뒤 나온 공식 보고서에는 이렇게 적혀 있었다.

많은 애국 시민이 생각과 정보가 얼마나 빠르고 온전하게 멀리까지 전송

될지에 의구심을 피력해왔기에, 민의를 대변하는 공화국에 사는 이들도 그런 엄청난 한계가 나타날 것이라고 예상할 수밖에 없었다. 그러나 그 의구심은 더 이상 존재할 수 없다. 모스 교수의 전자기 전신이 의기양양하게 성공을 거둠으로써 해소되었고 영구히 사라졌다.

전신선은 곧 대륙 전역에 얼기설기 깔렸다. 1855년까지 미국에서만 길이가 약 6만 8,000킬로미터에 달했다. 1850년 영국 해협을 가로질러서 최초로 수중 케이블이 깔렸다. 케이블은 고무나무에서 얻은 절연물질인 '구타페르카gutta percha'로 감쌌다. 1866년에는 대서양 횡단 케이블이 깔렸고, 1870년에는 영국과 인도 사이에 케이블이 놓였으며, 이윽고 1872년에는 호주까지 이어졌다. 해외 식민지 때문에 영국은 해저 케이블을 설치하는 산업을 주도했고, 런던은 해저 케이블망의 중심지가 되었다. 해저 케이블의 전송 용량은 1870년부터 30년 사이에 열 배가 증가했다.

전신이 사회에 어떤 영향을 미칠지를 놓고 유토피아적인 희망이 널리 퍼졌다. 150년 뒤 인터넷의 영향을 놓고서도 동일한 희망이 퍼지게 된다. 평론가들은 전신이 전쟁이 터질 가능성을 줄이고, 가족의 소식을 계속 접할 수 있게 해주고, 경제활동 양상을 바꾸고, 범죄를 억제할 것이라고 추정했다. 〈유티카 가제트Utica Gazette〉라는 신문은 이러한 기대를 시적으로 표현했다. "달아나라, 너희 폭군, 암살자, 도둑이여. 너희 빛, 법, 자유의 혐오자여. 전신이 너희를 뒤쫓을지니."

전신이 일단 쓰이기 시작하자, 전화의 등장도 필연적이었다. 1876년 동시 발명의 놀라운 사례로 종종 인용되곤 하는 일이 벌어졌다. 알렉산더 그레이엄 벨Alexander Graham Bell이 전화기의 발명에 특허를 출원하기 위해 특허국에 도착한 지 겨우 두 시간 뒤에 엘리샤 그레이Elisha Gray도 동일한 장치에 특허 출원을 하겠다고 같은 특허국에 온 것이다. 사실 두 사람은 몇 년째 전화기(당시 용어로는 '음향 전신기harmonic telegraph')를 개발하기 위해서 경쟁하고 있었고, 그들이 서로의 연구 상황과 특허국과 주고받는 내용을 엿보고 있었다는 증거가 많다. 그러니 이 사례에서는 우연의 일치가 기이하게 일어난 것이 아니라 그저 경쟁하다가 발생한 것이다.

사실 현재 우리는 쿠바로 이민을 간 이탈리아인으로, 당시 뉴욕에 살던 안토니오 메우치Antonio Meucci가 벨과 그레이보다 전화기를 먼저 발명했다는 것을 안다. 메우치는 1857년에 전화 수신기의 핵심 요소인 '진동판과 전자석'을 실험하고 있었고, 1871년에 예비 특허 신청을 했다. 그는 많은 장치를 만들었고, 심지어 자신의 발명품을 스태튼섬에 있는 자택의 위아래층 사이에서 통신하는 데 쓰기도 했다. 메우치가 역사에서 잊힌 이유는 단호한 벨과 달리 자신의 착상을 제품으로 개발하거나 특허를 지킬 자금을 전혀 끌어모으지 않았고 운영하던 양초 공장이 부도나는 바람에 파산하여 빈털터리가 되었기 때문이다. 그는 발명가였지, 혁신가가 아니었다.

무선의 기적

굴리엘모 마르코니는 몇몇 측면에서 볼 때 특이한 혁신가였다. 첫째, 그는 상류층이었고, 집안의 별장에 마련한 개인 연구실에서 집사를 조수로 삼아 연구를 했다. 둘째, 그는 기술을 발명하는 쪽으로 뛰어났을 뿐 아니라, 새 착상을 상용화한 제품을 개발하여 사업가로도 성공을 거두었다. 셋째, 그 전까지 발명가들이 대부분 과학자가 아니라 기술자나 실무자였던 반면에, 그는 하인리히 헤르츠**Heinrich Hertz**의 실험으로부터, 즉 과학에서 일부 착상을 얻었다. 그러나 한 가지 측면에서 보면, 마르코니도 전형적인 축에 속했다. 그는 엄청나게 많은 시행착오를 거쳤다.

그는 볼로냐의 한 궁전에서 태어나 도시 외곽의 언덕 꼭대기에 있는 대저택에서 자랐다. 부친은 이탈리아의 부유한 사업가였고 모친은 아일랜드의 제임슨 위스키 양조업 가문 출신이었다. 그의 가족은 영국 베드퍼드로 이동해 4년을 지낸 뒤, 피렌체와 리보르노로 차례로 이사를 했고, 어린 마르코니는 가정교사에게 과학을 배웠다. 사촌인 데이지 프레스콧은 마르코니가 어릴 때부터 늘 이것저것을 발명하곤 했으며, 전기에 푹 빠져 있었고, 부모가 그의 취미 활동을 장려했다고 기억했다.

1888년 하인리히 헤르츠는 물리학자 제임스 클라크 맥스웰**James Clerk Maxwell**이 예측한 대로 광속으로 나아가는 전자기파가 존재함을 보여준 창의적인 실험 결과를 발표했다. "이 수수께끼의 전자기파는 맨눈으로 볼 수 없다. 하지만 존재한다." 그러나 어디에 쓸모가 있을까 하는 물음에 그는 이렇게 답했다. "쓸모는 전혀 없을 듯하다."

마르코니는 그 글을 읽고서 이 전자기파를 어디에 응용할 수 있을지 생각하기 시작했다. 케이블 없이 모스부호를 보내는 무선전신에 쓸 수 있지 않을까? 아주 짧은 거리에서는 지면이나 물이나 공기에서 전기 유도를 통해 무선전신이 가능할 것이라고 주장하는 몇 가지 개념이 이미 나와 있었다. 그러나 전부 실용성이 떨어졌다. 마르코니 이전에도 비록 어떻게 실현할지는 제대로 정해지지 못한 채였지만, 방송 신호를 내보내자는 주장도 나와 있었다. 그런 주장을 한 인물 중에는 미국 치과의사 말론 루미스Mahlon Loomis가 가장 두드러졌는데, 그는 1872년 연을 써서 '대기의 전기 평형에 교란'을 일으키는 '공중 전신' 방법으로 특허를 받았다. 그는 의회에 가서 개발에 필요한 엄청난 예산도 따냈지만, 개발에는 전혀 성과가 없었다.

마르코니가 언제 어떻게 첫 실험을 했는지는 불확실하다. 그가 자서전을 조금씩 계속 수정하면서 설명도 줄곧 바뀌었기 때문이다. 그러나 1895년 말 빌라그리포네 저택에서 언덕 저편의 수신기로 세 번 두드리는 신호를 보냈고, 그곳에 있던 조수가 총을 쏘아서 수신을 알렸다는 일화에는 의심의 여지가 거의 없다. 당시 겨우 22세였던 마르코니는 곧바로 런던으로 가서 영국 특허를 출원했다. 그는 그 발명으로 재산을 모으게 될 것이라고 확신했다. 런던에서 그는 사촌 메리 콜리지Mary Coleridge의 도움을 받았다.《노수부의 노래The Ancient Mariner》를 쓴 새뮤얼 테일러 콜리지Samuel Taylor Coleridge의 조카딸이자 저명한 작가였다. 메리는 마르코니에게 가까운 친구인 헨리 뉴볼트Henry Newbolt를 소개했다. 당시 저명한 변호사였고 나중에 애국적인 시를 씀으로써 문학계와 정계 양쪽의 중진이 될 인물이었다. 뉴볼트는 그 발명이 지닌 가치에 관심을 보인 어느 기업이 제시한 조건이 마르코니에게 몹시 불리하다는 것을 금방 알아차렸다. 그는 마르코니에게 특허 전문 변호사를 찾아가라고 권하면서, 인맥을 활용하여 앨런 캠벨 스윈턴Alan Campbell Swinton을 소개했다. 나중에 무선협회의 회장이 될 인물이었다. 스윈턴은 마르코니에게 우체국의 윌리엄 프리스William Preece를 소개했다. 당시 우체국은 등대선 사이의 통신 방법을 개발하려는 시도를 하고 있었다. 물론 마르코니가 런던에 좋은 인맥을 갖춘 존경 받는 집안 출신이라는 것도 도움이 되었지만, 그들이 굳이 그를 도와야 할 이유는 없었다. 그들은 결실이 맺힐 가능성을 엿보았고 일이 잘되기를 바랐기에 도운 것이다. 반세기 전 전신의 개척자들처럼, 그리고 반세기 뒤 인터넷의 개척자들처럼, 마르코니도 세계의 의사소통을 자유롭게 한다면 사람들 사이에 더욱 평화와 조화가 이루어질 수 있으리라고 믿었다. 이 이상주의는 전염성이 있었다. 물리학자 윌리엄 크룩스도 헤르츠파가 정보 전송에 쓰일 가능성을 내다보았고(세상에는 영적인 힘이 있다는 그의 믿음과 들어맞았다) 그것을 '수확량 개선, 기생충 박멸, 하수 정화, 질병 제거, 날씨 통제'에 쓸 수 있을 것이라고 했다.

마르코니가 없었다고 해도, 무선은 1890년대에 등장했을 것이다. 인도의 자가디시 찬드라 보세Jagadish Chandra Bose, 영국의 올리버 로지Oliver Lodge, 러시아의 알렉산드르 포포프Alexander Popov 같은 이들이 비록 모두다 통신과 관련된 것은 아니었지만 전자기파를 써서 원격 작용을 일으키는 실험을 하거나 실험 결과를 발표하고 있었기 때문이다. 프랑스의 에두아르 브랑리Édouard Branly와 볼로냐의 아우구스토 리기Augusto Righi 같은 이들은 그런 전파를 더 잘 전송하고 받는 장치를 발명하고 있었다. 그리고 쉴 새 없이 일하며 전기 모터, 교류 등 무선과 관련된 많은 것을 발명한 천재 니콜라 테슬라도 있었다. 마르코니는 그저 또 한 명의 실험가였을 뿐이다. 아주 뛰어난 실험가이긴 했다. 그러나 뉴볼트 덕분에 그는 자신의 발견에 최대로 폭넓은 범위의 특허를 빨리 받음으로써, 지식재산권 제도가 발명가 가운데서 한 명을 골라내는 데 기여한다는 사실을 잘 보여주었다. 발명가들이 그 제도의 도움을 받는 것 못지않게 말이다.

또 마르코니는 남들의 장치와 생각을 취해서 단순하면서 실용적인 형태로 조합하는 법도 알았다. 그의 전기에서 마커스 라보이Marcus Raboy는 이렇게 썼다. "1895년 몇 달 동안 시행착오를 거듭한 끝에 마르코니는 코히러 검파기를 완성하고, 안정적인 전건電鍵을 발명하고, 유도 코일의 효율을 높이고, 모스 타자기와 전신 중계기를 송신기 및 수신기와 연결하고, 생성되는 전기 불꽃을 조절했다."

또 그는 경쟁자들보다 더 상업화에 관심을 가졌다. 1897년 그는 브리스톨해협에서 수면 너머 14킬로미터 떨어진 곳에 신호를 보내는 데 성공했고, 그 기술의 개발이 계속 이루어지고 있음을 보여주기 위해 아일오브와이트와 본머스에 송수신소를 세웠다. 1899년에는 영국해협 너머로 메시지를 전송했고, 1902년에는 캐나다의 케이프브레턴에서 대서양을 건너 콘월의 폴두로 신호를 보내는 데 성공했다(그는 1901년에도 더 약한 수신기로 대서양 건너편에서 온 신호를 들었다고 주장했는데, 아마 사실이었을 것이다. 당시에는 몰랐던 이온권에서 반사된 신호가 수신된 것일 수도 있다. 그러나 그때는 아무도 믿으려 하지 않았다). 몇 년 지나지 않아서 그는 성가신 법적 분쟁에 여러 번 휘말렸다. 미국 발명가인 레지널드 페센든Reginald Fessenden과 리 디포리스트Lee de Forest와의 분쟁이 특히 심했다. 역사 기록을 보면 그들 모두가 무선을 모스 시스템이 아닌 음성 시스템으로 전환하는 데 중요한 기여를 했음이 드러나므로, 그들이 비싼 비용을 들여가면서 법정에서 싸운 것은 사실 시간 낭비였다.

마르코니는 무선을 주로 통신 매체로 보고 있었기에, 방송이 무선 이야기에서 중요한 역할을 하리라는 것까지는 미처 생각하지 못했다. 그러나 1920년대에 이르자 방송이 출현할 가능성이 누구에게나 보였다.

마르코니는 이렇게 썼다. "세계 역사상 처음으로 인류는 이제 추종자 100만 명에게 직접 연설을 하여 호소할 수 있고, 동시에 5,000만 명의 대중에게 호소하는 것을 막을 수 없다." 아마도 자신의 발명에 어두운 측면도 있음을 깨닫기 시작한 듯하다. 1931년 2월 12일 교황은 마르코니가 옆에서 지켜보는 가운데 라디오 방송을 시작하여 세계의 대중을 놀라게 했다. 그 뒤의 환영회장에서 교황은 "인류를 위해 무선이라는 기적 같은 장치"를 내놓은 마르코니와 신에게 감사의 인사를 전했다.

더 안 좋은 의도를 지닌 이들도 바티칸의 사례에 주목했다. 1933년 8월 요제프 괴벨스는 이렇게 말했다. "무선이 없었을 때 하던 방식으로 권력을 취하거나 사용하기는 더 이상 불가능할 것이다." 2013년 한 경제학 연구진이 상세히 분석한 결과를 보면, 1930년 9월 선거에서 나치의 득표율이 라디오를 잘 들을 수 있는 지역에서는 더 낮았다는 것이 드러난다. 라디오 방송의 논조가 전반적으로 나치에 다소 반대하는 쪽이었기 때문이다. 1933년 1월 아돌프 히틀러가 수상이 된 직후에는 라디오에서 나치를 지지하는 선전 활동이 왕성하게 펼쳐졌고, 겨우 5주 뒤에 이루어진 마지막 보통 선거에서는 라디오의 영향이 뒤집혔다. 라디오를 들을 수 있는 사람이 더 많은 지역일수록 나치 득표율이 더 높았던 것이다. (1993년의 르완다 대학살 때에도 비슷한 양상이 나타났다. '증오 라디오 방송'인 RTLM이 들리는 지역에 사는 이들일수록, 투치족에게 더 심한 폭력을 가했다.)

나치는 라디오를 이용하여 독일뿐 아니라 오스트리아와 주덴텐 지역의 독일인에게도 지대한 영향력을 미쳤다. 나치는 저렴한 라디오 수신기인 폴크스엠펭거Volksempfänger, 즉 국민 라디오를 개발하여 76라이히마르크에 보급했다. 더 많은 사람이 라디오 방송을 들을 수 있도록 하기 위해서였다. 1936년의 한 선전 포스터는 "모든 독일인은 국민 라디오로 총통의 목소리를 듣는다"라고 자랑했다. 영국의 파시스트인 오스왈드 모슬리Oswald Mosley는 아내를 통해서 독일의 방송을 영국에도 내보내기 위해 히틀러의 지원을 받으려 시도했다. 민주주의 사회에서도 찰스 코글린Charles Coughlin 신부가 라디오를 이용해 3,000만 명의 청취자에게 은행가와 유대인을 향한 적개심을 부추기고 있을 때 프랭클린 루스벨트는 라디오로 자신의 정책을 설파하는 등, 라디오는 사회를 양극화하는 데 지대한 영향을 미쳤다. 이는 최근 소셜 미디어에서 일어나는 일을 떠올리게 한다. 마르코니는 1934년에 이렇게 물었다. "내가 세계에 선한 일을 한 것일까, 아니면 골칫거리를 늘린 것일까?" 그보다 5년 전 그는 무솔리니에게 후작 작위를 받았다.

아직 이유가 명확히 밝혀지지 않았지만, TV 방송은 라디오와 정반대로 사람들을 양극화하기보다는 사회적 합의를 때로 숨막힐 정도로 경직된 수준까지 이끌어내는 효과를 냈다. 이 변화를 잘 보여주는 사례는 1954년 4월, 미국인들이 상원의원 조 매카시Joe McCarthy를 TV로 처음 보았을 때 일어났다. 미국인의 눈에 그의 모습은 마음에 들지 않았고, 그 직후 매카시가 일으킨 광기의 거품은 터지고 말았다. 얼마 뒤 상원의원 스튜어트 사이밍턴Stuart Symington은 이렇게 말했다. "미국인들은 당신을 6주 동안 지켜보았습니다. 누구도 당신에게 속지 않아요." 나는 초기 라디오처럼 양극화의 힘을 발휘하는 소셜 미디어가 등장하면서 이 구심력 효과가 사라지고 있다고 본다.

컴퓨터는 누가 발명했을까?

증기 기관의 기원이 1700년대 초의 안개 속에 흐릿해진 것처럼 그 시대에는 무명의 가난한 이들이 이바지하고도 별 보상을 받지 못했고 그들의 모험이 역사에 기록되지도 않았다. 그렇다면 컴퓨터를 누가 발명했는지는 훨씬 더 쉽게 판단할 수 있지 않을까? 모든 주요 참가자들이 자신의 업적을 후세에 남길 기회를 충분히 얻었고 그들이 역사를 일구고 있음을 누구나 잘 알았을 20세기 중반의 발명이었으니까? 그러나 그런 행운은 없었다. 훨씬 더 오래된 불확실한 혁신과 마찬가지로, 컴퓨터의 기원도 수수께끼 같고 혼란스럽다. 컴퓨터의 발명가라는 영예를 받을 자격이 있는 사람은 아무도 없다. 대신에 매우 조금씩 점진적으로 서로 영향을 미치면서 뒤얽힌 과정에 중요한 기여를 한 많은 이가 있다. 컴퓨터가 출현했다고 주장할 수 있는 어떤 순간이나 장소 같은 것은 존재하지 않는다. 아이가 어른이 되는 순간 같은 것이 없듯이 말이다.

우리가 아는 컴퓨터는 단순한 계산기와 구별되는 필수 요소를 네 가지 지닌다. 디지털이어야 하고(특히 이진법 형태), 전자 기기여야 하며, 프로그래밍이 가능해야 하고, 범용이어야(즉 적어도 원칙적으로 모든 논리 과제를 수행할 수 있어야) 한다. 게다가 실제로 작동해야 한다. 역사가 월터 아이작슨Walter Isaacson은 많은 주장을 꼼꼼하게 조사한 끝에, 이 모든 조건을 충족하는 최초의 기계가 에니악ENIAC이라고 결론지었다. 전자식 수 적분기 겸 컴퓨터Electronic Numerical Integrator and Computer의 약자인 이 장치는 1945년 말 펜실베이니아 대학교에서 작동을 시작했다. 무게가 30톤에다가 크기는 작은 집채만 했고, 1만 7,000개가 넘는 진공관을 갖춘 에니악은 여러 해 동안 꾸준히 작동했고, 곧이어 나온 컴퓨터는 대부분 그 설계를 모방했다. 에니악은 세 사람이 만들었다. 저명한 물리학자 존 모클리John Mauchly, 완벽주의자인 기술자 프레스퍼 에커트Presper Eckert, 당시 유능한 군인이었던 허먼 골드스틴Herman Goldstine이다.

그러나 이 기계가 만들어짐으로써 컴퓨터가 전혀 없던 시대에서 갑자기 컴퓨터가 존재하는 시대로 넘어갔다고 본다면 오산이다. 우선 에니악은 이진법이 아니라 십진법을 썼다. 그리고 모클리는 에니악 설계의 특허권을 둘러싸고 벌어진 길고도 쓰라린 법적 분쟁에서 결국 지고 말았다. 판사는 모클리가 1937년 존 빈센트 아타나소프John Vincent Atanasoff라는 재능 있는 공학자가 도로변 선술집에서 문득 깨달음을 얻은 뒤 아이오와에서 만든 모호한 시험판 기계로부터 많은 핵심 개념을 훔쳤다고 판결했다. 그러나 아타나소프의 기계는 작았고, 완전한 전자 기기도 아니었고, 결코 작동한 적도 없었고, 프로그래밍이 가능하지도 않았고, 범용도 아니었다. 그러니 그 소송 결과는 무의미하다. 변호사들만 좋았을 뿐이다. 모클리가 아이오와로 아타나소프를 방문하여 몇몇 좋은 착상을 얻은 것은 사실이지만, 본래 혁신은 그런 식으로 이루어지는 법이다.

에니악의 권리 주장에 도전하기에 더 적합한 후보는 콜로서스Colossus일지 모른다. 이 컴퓨터는 영국의 블레츨리파크에서 독일군의 암호를 깨기 위해 만들었다. 콜로서스는 에니악보다 약 2년 전에 만들어졌다. 1943년 12월에 첫 기계가 만들어졌고, 1944년 6월에 좀 더 큰 두 번째 기계가 만들어져서 실제 작전에 쓰였다. 콜로서스는 몇 주 지나지 않아서 히틀러의 노르망디 전투 명령문 중 일부를 해독했다. 콜로서스는 완전한 전자 기기에다가 디지털이었고(게다가 에니악과 달리 이진법을 썼다), 프로그래밍이 가능했다. 그러나 범용 기계가 아니라 단일한 목적을 위해 설계되었다. 게다가 1970년대까지도 이 기계의 존재는 비밀로 유지되었기에, 후에 개발된 기계들에 별 영향을 못 미쳤다. 콜로서스에게 자격이 있다고 해도, 그 컴퓨터를 설계했다는 영예는 누구에게 돌아가야 할까? 그 기계를 만든 공로는 대체로 진공관을 써서 복잡한 전화기 회로를 만든 개척자인 토미 플라워스Tommy Flowers라는 기술자와 그의 상사인 수학자 맥스 뉴먼Max Newman에게 돌아가지만, 그들은 블레츨리의 비운의 천재 암호 해독가인 앨런 튜링Alan Turing에게 자문을 구했다. 튜링은 헛 8Hut 8이라는 부서에서 봄브Bombe라는 전기기계식 장치를 이미 200대 만든 참이었다. 전쟁이 끝난 뒤, 1948년 6월 프레더릭 윌리엄스Frederic Williams가 토미 플라워스와 앨런 튜링의 영향을 받아 만든 '맨체스터 베이비Manchester Baby' 컴퓨터가 맨체스터 대학교에서 작동을 시작했다. 이 컴퓨터는 세계 최초의 프로그램 내장 전자식 컴퓨터(최초로 폰 노이만 구조를 구현한 장치)라고 할 수 있기에, 상황은 더욱 복잡해진다. 그리고 그 후속작인 맨체스터 마크 1Manchester Mark 1은 최초로 시장에서 판매된 컴퓨터인 페란티 마크 1Ferranti Mark 1로 이어졌다.

그러나 튜링이라는 이름이 나오면, 우리가 찬미해야 하는 건 실제 기계보다는 범용 컴퓨터라는 개념이 아닐까 하는 생각이 들게 마련이다. 1937년 튜링은 탁월한 수학 논문인 〈계산 가능한 수에 관하여On Computable Number〉에서 모든 논리적 과제가 수행 가능한 보편적인 컴퓨터가 존재할 수 있음을 최초로 논리적으로 설명했다. 오늘날 우리는 그런 컴퓨터를 '튜링 기계'라고 한다. 튜링은 실제로 1937년 프린스턴에서 계전기 스위치를 써서 문자를 이진수 숫자로 부호화하는 기계를 만들었다. 비록 완성된 것도 아니고 컴퓨터도 아니었지만, 유레카의 순간이었다고 할 수 있다.

그러나 튜링의 개념은 실체가 없는 수학적인 것이었다. 더 실질적인 개념은 클로드 섀넌Claude Shannon이 조기 졸업하면서 내놓은 석사 논문에 담겨 있었다. MIT 학생이었던 그는 1937년 여름에 벨연구소에서 일하기도 했다. 섀넌은 거의 한 세기 전에 수학자 조지 불George Boole이 개발한 불 대수Boolean algebra를 전기 회로로 구현할 수 있다고 했다. '그리고'라는 단어는 연이어 놓인 두 스위치, '또는'은 병렬적으로 놓인 두 스위치로 나타낼 수 있다는 식이었다. 그는 이렇게 결론지었다. "계전 회로를 써서 복잡한 수학 연산을 수행할 수 있다." 훗날 〈사이언티픽 아메리칸〉은 섀넌의 논문을 '정보 시대의 마그나 카르타Magna Carta(영국 입헌제의 기초가 된 문서-옮긴이)'라고 했다.

그리고 컴퓨터의 배경이 된 이론을 논의할 때면, 요한 폰 노이만Johann von Neumann을 언급하지 않을 수 없다. 천재적인 두뇌와 사교성을 겸비한 헝가리인인 그는 현대 컴퓨터의 구조를 이야기할 때면 반드시 언급된다. 그는 프린스턴에서 튜링을 가르치기도 했다. 1945년 6월 폰 노이만은 〈에드박에 관한 보고서 초안First Draft of a Report on the EDVAC〉이라는 좀 모호한 제목의 논문에서 컴퓨터의 구조에 가장 영향을 끼칠 지침을 제시했다. 범용 컴퓨터가 데이터와 함께 프로그램도 기억 장치에 저장해야 한다는 개념을 최초로 제시한 문헌이었다. 엄청난 영향을 미친 문헌답게, 핵심을 찔렀다. 비록 주로 기차에서 손으로 썼으며 미완성 상태이긴 했지만 말이다. 에드박, 즉 전자적 이산 변수 자동 컴퓨터The Electronic Discrete Variable Automatic Computer는 에니악의 후속작으로, 1949년에 완성되었다.

그런데 폰 노이만은 '초안'에 담긴 개념을 어디에서 얻은 걸까? 주로 하버드에서 마크 1 컴퓨터를 연구하며 얻었다. 교수였다가 해군 장교로도 복무했던 하워드 에이킨Howard Aiken의 연구진이 만든 기계였다. 마크 1은 전자식이 아니었기에 최초라는 영예를 주장할 수 없지만, 에니악보다 더 프로그래밍이 가능했다. 에니악보다 2년 먼저 나왔고, 펀치 카드를 써서 프로그래밍을 했다. 이 방식 자체도 중요한 혁신이었다. 허먼 골드스틴은 1944년 8월 메릴랜드 애버딘의 철도역 승강장에서 폰 노이만과 우연히 만나서 그에게 에니악 이야기를 했다. 폰 노이만은 일정을 잡아서 에니악을 보러 갔고, 에니악이 마크 1보다 계산을 훨씬 빨리 하지만 재프로그래밍이 훨씬 느리고 더 거추장스럽다는 것을 금방 알아차렸다. 그래서 그는 데이터와 함께 프로그램도 저장하도록 에니악을 설계하라고 제안했다. 폰 노이만은 연구진 사이를 자유롭게 오갈 수 있는 특권(그리고 높은 보안 등급) 덕분에 분야 간 착상 전파자 역할을 했다.

그런데 그때 마크 1을 자신이 설계했다는 에이킨의 주장을 IBM이 반박하고 나섰다. IBM은 자사의 기술자들이 에이킨의 의뢰를 받아서 마크 1을 개선하고 다듬는 데 필요한 작지만 중요한 일련의 발명을 했고, 에이킨은 손가락 하나도 까딱하지 않았다고 주장했다. 이 주장은 IBM이 당시에 이미 운영되고 있었을 뿐 아니라, 인간 '컴퓨터'를 대신할 계산 기계를 만드는 큰 규모의 산업을 주도하고 있었음을 상기시킨다. IBM은 1924년 여러 기업의 합병을 통해 생겼는데, 그중 한 곳이 1890년 미국 인구 조사표 작성을 돕기 위해 설립된 기업이었다. 따라서 컴퓨터의 지류 중 하나는 그 산업에서 유래한다. 혁신이 사업가가 아니라 대학교수에게서 시작된다고 보기를 좋아하는 이들은 이 점을 종종 놓치곤 한다.

　게다가 폰 노이만의 '초안' 논문은 에이킨의 부관이자 가공할 재능의 소유자인 그레이스 호퍼의 생각과 글에 깊이 의존했다. 아마 표절했다고까지 말할 수 있을 것이다. 호퍼가 프로그램 서브루틴과 컴파일러라는 개념의 창안자라는 영예를 받을 자격이 있다는 점을 생각할 때, 그녀야말로 컴퓨터의 하드웨어만큼 중요한 혁신인 소프트웨어 산업의 어머니라고 할 수 있다. 그 후에 그녀는 자연어 프로그래밍도 창안함으로써, 또한 번 중요한 돌파구를 열었다. 따라서 컴퓨터의 기원을 이야기할 때 하드웨어보다 소프트웨어 쪽이 더 중요할 수 있다. 그럼에도 호퍼는 그 영예의 상당 부분을 에니악의 프로그래머들과 나누어 가져야 한다. 그들도 여성이었으며, 프로그램을 짜는 분야를 개척한 이들이었다. 에니악은 원래 다양한 기상 조건에서 포탄의 궤적을 정하는 사표射表를 만드는 데 쓰려고 했는데, 1945년 이후에는 그 업무가 우선순위에서 밀려났다. 에니악의 개척자 중 한 명인 진 제닝스Jean Jennings는 관리자들이 컴퓨터를 재구성하는 일을 하찮게 여기기 때문에 자신들이 기회를 잡은 것임을 예리하게 간파했다. "에니악의 관리자들이 전자 컴퓨터의 기능에서 프로그램이 대단히 중요해지리라는 것, 그리고 대단히 복잡해지리라는 것을 알았다면, 그런 중요한 역할을 여성에게 맡기기를 더 주저했을지도 모른다."

　남성 위주의 하드웨어 이야기에서 호퍼와 제닝스에게로 넘어간 김에, 더 거슬러 올라가서 그들의 선배도 살펴볼 필요가 있다. 남성 하드웨어 개척자와 여성 소프트웨어 개척자인 에이킨-호퍼 관계를 떠올리게 하는 거의 동일한 관계가 그보다 한 세기 전인 1840년대에도 나타났다. 찰스 배비지Charles Babbage라는 시대를 한참 앞선 발명가는 두 기계식 계산기를 만들기 시작했다. 첫 번째는 미분 방정식을 풀기 위해 고안한 차분 엔진difference Engine 으로 영국 정부로부터 무려 1만 7,000파운드라는 엄청난 지원을 받았다. 두 번째는 분석 엔진analytical Engine 으로 본질적으로 범용 컴퓨터가 될 예정이었지만, 배비지는 끝내 완성하지 못했다. 그런데 그 개념은 러브레이스Lovelace 백작 부인인 에이다 바이런Ada Byron의 탁월한 정신에 영감을 주었다. 그녀는 소프트웨어와 서브루틴을 포함하여 현대 컴퓨터의 개념 중 상당수를 예견한 일련의 글을 썼다. 그녀는 컴퓨터가 숫자만이 아니라 어떤 주제든 다룰 수 있으리라는 것을 알아차렸고, 그 데이터를 디지털 형식으로 나타낼 수 있다고 보았으며, 사실상 최초의 컴퓨터 프로그램이라고 할 것을 발표했다. 이 이야기에서 시대를 가장 앞선 인물을 꼽으라면 아마 그녀일 것이다.

배비지와 러브레이스도 이 이야기의 전체 맥락 안에 넣어야 한다. 그들은 섬유산업에서 이미 쓰이고 있던 자카드 직기Jacquard loom가 일종의 프로그램임을 알았다. 카드 집합을 써서 자동적으로 실을 알맞은 순서로 들어 올려서 천에 특정한 무늬를 짜 넣는 기계였다. 이 대목이 그저 신사-철학자가 아니라 생산업자의 영역이었다는 이유로, 이야기에서 빼버려서는 안 된다. 에이다 러브레이스가 자카드 직기에 정당한 영예를 부여하고 그것을 찬미함으로써, 현재 친숙한 논쟁에서 부친과 반대편에 섰다는 점도 언급해두자. 기술 옹호 논리와 기술 반대 논리 사이의 논쟁이다. 부친인 시인 로드 바이런Lord Byron은 하원에서 자동화가 일자리를 없앤다는 이유로 그런 직기를 파괴했던 러다이트Luddite를 옹호하는 열정적인 연설을 했다. 반면 그의 딸은 혁신을 적극적으로 옹호했다.

요약하자면 에니악은 발명된 것이라기보다는 더 이전의 개념과 기계를 조합하고 적용하는 과정을 통해서 진화한 것으로 볼 수 있다. 그리고 컴퓨터의 점진적인 진화 과정에서 한 단계를 차지할 뿐이다. 컴퓨터의 발전에 기적의 해가 있었다면, 즉 개념과 장치의 교차 수정으로 가장 생산적인 결실을 거둔 해가 있었다면 언제일까? 월터 아이작슨은 1937년이라고 본다. 바로 그해에 튜링은 〈계산 가능한 수에 관하여〉를 발표했고, 클로드 섀넌은 스위치의 회로가 불 대수를 구현할 수 있음을 설명했고, 벨연구소의 조지 스티비츠George Stibitz는 전기식 계산기를 제안했고, 하워드 에이킨은 마크 1을 의뢰했고, 존 빈센트 아타나소프는 전자 컴퓨터의 핵심 특징을 제시했다. 또 1937년에 베를린의 콘라트 추제Konrad Zuse는 펀치 카드에서 프로그램을 읽을 수 있는 계산기의 시제품을 만들었다. 그가 1941년 5월 베를린에서 완성한 Z3 기계도 범용 프로그래밍이 가능한 디지털 컴퓨터였다고 주장할 수 있다. 다른 기계들만큼 일찍 나온 것이었으니까.

물론 그 무렵 그의 조국은 전쟁 중이었다. 많은 이가 전시에 지원이 늘면서 컴퓨터의 발달이 촉진되었다고 으레 가정했지만, 전쟁이 터지지 않았다면(1939년 영국과 독일에서, 1941년 미국에서) 어떻게 되었을지 알기 어렵다. 전쟁이 없었다고 해도 1945년에는 분명히 전자식의, 디지털의, 프로그래밍 가능한, 범용 기계가 나와 있었을 것이다. 사실 비밀로 유지할 필요성이 없었다면, 여러 연구진이 생각을 더 빨리 공유하고, 포탄의 탄도 계산이나 적군의 암호 해독에 쓰이던 기계가 다른 목적으로 쓰임으로써 더 빨리 진화했을 수도 있다. 추제, 튜링, 폰 노이만, 모클리, 호퍼, 에이킨이 평화로운 시기에 학술대회에서 서로 만났더라면, 어떤 일이 얼마나 빨리 일어났을지 누가 알겠는가?

계속 작아지는 트랜지스터

혁신가는 때로 비합리적인 행동을 하는 이들이다. 침착하지 못하고, 분쟁을 일으키고, 만족하지 못하고, 야심적이다. 이민자일 때도 많다. 특히 미국 서부 해안 지역에서 그렇다. 물론 모두가 그런 것은 아니다. 조용하고, 나서지 않고, 겸손하고, 집에 틀어박혀 있는 유형도 있다. 자신의 경력과 통찰력으로 1950년에서 2000년에 걸친 컴퓨터의 경이로운 진화 양상을 가장 잘 간파한 인물이 바로 그렇다. 고든 무어는 이 기간 내내 그 업계의 중심부에 있었고 그것이 혁명이 아니라 진화임을 어느 누구보다도 잘 이해하고 설명했다. 캘리포니아 공과대학에서 대학원을 다니고 동부에서 2년 동안 불행한 생활을 한 것을 제외하면, 그는 캘리포니아는커녕 베이에어리어조차도 거의 떠난 적이 없다. 캘리포니아 주민 중 특이하게도 그는 토박이였다. 현재 실리콘밸리라고 하는 곳의 언덕 지대 바로 너머 태평양 연안의 페스카데로라는 소도시에서 자랐다. 그 뒤 새너제이 주립대학에 입학했고, 그곳에서 같은 학교 학생인 베티 휘태커**Betty Whitaker**를 만나서 나중에 부부가 되었다.

어릴 때 무어는 교사들이 걱정할 만큼 과묵했다. 그는 직접 나서는 일이 없었고, 대신에 동료인 앤디 그로브**Andy Grove** 같은 동업자나 아내가 나서서 싸우곤 했다. 모국인 헝가리의 나치와 공산당 체제 양쪽에서 살아남은 강인한 인물인 그로브는 이렇게 말했다. "그는 관리자가 해야 할 일을 체질적으로 못하거나 아예 하려는 의향이 없었다." 무어의 주된 취미는 낚시였다. 무엇보다도 인내심을 요하는 여가 활동이다. 그리고 그를 아는 거의 모든 이는 그가 일부 기업가와 달리 그저 평범한 좋은 사람

1부 혁신의 발견

이라고 말한다. 그리고 현재 그는 90대다. 나서려 하지 않는 성격을 가진 그는 컴퓨터에서의 혁신이 사실 예나 지금이나 갑작스러운 돌파구를 이루는 영웅적인 발명가들의 이야기가 아니라, 케빈 켈리^{Kevin Kelly}가 '테크늄^{technium}(대규모로 상호 연결된 기술계-옮긴이)'이라고 한 것 자체의 요구에 따라 추진되는 점진적이고 냉엄하면서 불가피한 발전이라는 점을 어느 정도는 포착했다. 사실상 성격과 무관한 혁명 속에서 개인숭배 문화를 만드는 데 성공한 스티브 잡스 같은 현란한 인물들보다도 더 그러했다.

1965년 무어는 〈일렉트로닉스^{Electronics}〉라는 산업지에 미래에 관한 글을 써달라는 요청을 받았다. 당시 그는 페어차일드반도체에서 일하고 있었다. 6년 전에 독재적이고 성질 더러운 윌리엄 쇼클리^{William Shockley}가 운영하는 기업에서 뛰쳐나온 그를 비롯한 이른바 '여덟 명의 배신자^{traitorous eight}'가 차린 회사였다. 그들은 실리콘칩에 인쇄한 축소판 트랜지스터로 이루어진 집적회로를 창안했다. 무어와 로버트 노이스^{Robert Noyce}는 다시 뛰쳐나와서 1968년 인텔을 창업했다. 1965년에 쓴 그 글에서 무어는 전자 기기가 계속해서 소형화될 것이고 언젠가는 '가정용 컴퓨터, 자동차의 자동 제어, 개인 휴대용 통신기기 같은 경이로운 기기들'이 나올 것이라고 예측했다. 그러나 이 글이 역사에서 특별한 위치를 차지하는 이유는 이 선견지명이 담긴 말 때문이 아니다. 보일, 훅, 옴^{G. S. Ohm}처럼 고든 무어가 자신의 이름이 붙은 과학 법칙을 갖게 된 것은 다음의 문단 덕분이었다.

최소 비용으로 구입하는 부품의 복잡성은 1년마다 약 두 배씩 증가해왔다. 단기적으로 이 비율은 증가하지는 않더라도 확실히 계속될 것이라고 예상할 수 있다. 더 장기적으로 보면 증가율이 좀 더 불확실하지만, 적어도 10년 동안은 거의 일정하게 유지되지 않을 것이라고 믿을 이유가 전혀 없다.

무어는 사실상 소형화와 비용 감소가 연간 두 배로 이루어지면서 꾸준히, 하지만 빠르게 진행된다고 예측했다. 회로가 더 싸지면 새로 이용하는 이들이 늘고, 그 결과 투자가 더 늘어나고, 그러면 더 싼 마이크로칩으로 같은 출력을 낼 수 있게 되는 식으로 선순환이 이어지는 것이다. 이 기술의 독특한 점은 트랜지스터가 더 작을수록 전력을 덜 쓰고 내는 열도 줄어들뿐더러 스위치를 켜고 끄는 속도도 더 빨라질 수 있고, 따라서 더 잘 작동하고 더 신뢰할 수 있다는 것이다. 칩이 더 빨라지고 더 싸질수록, 더 많이 쓰이게 된다. 무어의 동료인 로버트 노이스는 일부러 마이크로칩의 가격을 싸게 매겼다. 그러면 더 많은 이가 더 많은 제품에 쓸 것이고, 그에 따라 시장이 커질 것이기 때문이다.

1975년경에 무어가 예측했던 그대로 칩 하나의 부품 수는 6만 5,000개가 넘었고, 트랜지스터의 크기가 점점 줄어듦에 따라 계속 늘어갔다. 비록 그해에 무어는 칩에 들어가는 트랜지스터의 수가 2년마다 두 배로 는다고 증가율 추정값을 수정하긴 했지만 말이다. 그 무렵에 무어는 인텔의 최고 경영자였고 기업의 폭발적인 성장을 이끌면서 메모리칩에서 마이크로프로세서를 만드는 쪽으로 변화를 도모하고 있었다. 마이크로프로세서는 본질적으로 실리콘칩 하나에 담은 프로그래밍 가능한 컴퓨터였다. 무어의 친구이자 옹호자인 카버 미드Carver Mead는 최소화가 한계에 다다르려면 아직 멀었다는 계산 결과를 내놓았다.

무어의 법칙은 단지 10년 동안이 아니라 약 50년 동안 계속됨으로써 모든 이를 놀라게 했다. 그러나 아마도 이제 드디어 기력이 다해가는 듯하다. 원자의 한계가 눈에 보인다. 트랜지스터는 폭이 원자 100개 미만으로 줄어들었고, 칩 하나에 수십억 개가 들어 있다. 현재 칩이 조 단위로 존재하며, 그 말은 행성 지구에 수십억 조 개의 트랜지스터가 있다는 뜻이다. 아마 지구에 있는 모래알의 수에 맞먹는 규모일 것이다. 마이크로칩처럼 모래알도 산화된 형태이긴 하지만 대부분 실리콘(규소)으로 이루어져 있다. 그러나 모래알이 무작위적인(따라서 있을 법한) 구조를 이루고 있는 반면, 실리콘칩은 고도로 비무작위적인, 따라서 있을 법하지 않은 구조를 지닌다.

무어가 자신의 법칙을 처음 간파한 이래로 지난 50여 년을 돌아볼 때, 놀라운 점은 발전이 너무나도 꾸준하게 이루어졌다는 것이다. 가속도 전혀 없었고, 감속도 중단도 전혀 없었으며, 세계에서 어떤 일이 일어나든 전혀 영향을 받지 않았고, 어떤 발명이 돌파구를 열든 간에 도약도 전혀 일어나지 않았다. 전쟁과 경기 후퇴, 경기 호황과 각종 발견도 무어의 법칙에 전혀 영향을 끼치지 못한 듯했다. 또 레이 커즈와일Ray Kurzweil이 지적했다시피 실리콘에 관한 무어의 법칙도 그 이전 시대의 진공관과 계전기로부터 도약한 것이 아니라, 점진적으로 발전해온 것임이 드러났다. 특정한 비용으로 컴퓨터에 넣을 수 있는 스위치의 수는 트랜지스터나 집적회로가 발명될 때에도 갑작스러운 돌파구가 열렸다는 징후를 전혀 보이지 않은 채, 꾸준히 증가했다. 가장 놀라운 점은 무어의 법칙이 발견된 것이 무어의 법칙에 아무런 영향을 끼치지 않았다는 사실이다. 특정한 처리 능력을 갖추는 데 드는 비용이 2년 사이에 절반으로 줄어든다는 것을 알아냈다면, 그 정보는 틀림없이 가치 있었을 것이다. 모험심 강한 혁신가라면 더 일찍 그 목표를 달성하겠다고 뛰어들 수 있었다. 그러나 변한 것은 전혀 없었다. 왜일까? 주된 이유는 다음 단계로 넘어갈 방법을 알아내려면 바로 이전의 단계가 필요했기 때문이다.

인텔의 유명한 '틱톡tick-tock' 경영 전략은 이 과정을 잘 요약한다. 틱은 2년마다 새 칩을 출시하는 것이었고, 톡은 그 중간 해에 설계를 세부적으로 다듬어서 다음 출시 제품을 준비하는 것이다. 그러니 무어의 법칙은 어느 정도 자기실현적인 예언이기도 했다. 그 법칙은 그 산업에서 일어나고 있는 일의 서술이 아니라 처방이 되었다. 고든 무어는 1976년에 이렇게 말했다.

반도체산업이 개발해온 비용 감축 기계의 핵심은 이것이다. 우리는 특정한 복잡성을 지닌 제품을 생산한다. 그 과정을 다듬어서 결함을 제거한다. 서서히 수율을 높여간다. 이어서 이 모든 개선 사항을 활용하여 더욱 복잡한 제품을 설계한 뒤, 생산에 들어간다. 우리 제품의 복잡성은 시간이 흐르면서 기하급수적으로 증가한다.

실리콘칩 홀로 컴퓨터 혁신을 이룰 수는 없었다. 새로운 컴퓨터 설계, 새로운 소프트웨어, 새로운 용도도 필요했다. 무어가 예측한 것처럼 1960~1970년대 내내 하드웨어와 소프트웨어는 자동차와 석유가 그랬듯이 공생 관계를 유지했다. 양쪽은 혁신적인 수요와 혁신적인 공급을 통해 서로 도왔다. 그러나 그 기술이 전 세계로 퍼지는 가운데에도, 디지털산업은 점점 더 실리콘밸리에 집중되어갔다. 그 지명은 1971년에 몇 가지 역사적 사건이 겹치면서 나왔다. 스탠퍼드 대학교가 국방 연구비를 따내기 위해 애쓴 데 힘입어서 전자 기기 분야에 많은 기업이 생겨났고, 그 신생 기업에서 다른 기업이 생겨나는 과정이 되풀이되었다. 하지만 이 이야기에서 학계가 한 역할은 놀라울 만치 미미했다. 비록 디지털 폭발의 개척자 중 상당수가 물리학이나 전자공학을 전공했으며, 그 기술 중 상당수가 기초 물리학에 토대를 두고 있다는 것은 분명하지만, 하드웨어도 소프트웨어도 기초과학에서 응용과학으로 향하는 단순한 경로를 따르지 않았다.

사람뿐 아니라 기업도 기회를 잡고, 인재를 확보하고, 잘나가는 경영자의 말을 엿듣기 위해서 샌프란시스코만의 서쪽으로 모여들었다. 생물학자이자 버킹엄 대학교의 부총장을 역임한 테런스 킬리Terence Kealey는 혁신이 동호회와 비슷할 수 있다고 했다. 회비를 내고 시설을 이용하는 식이라는 것이다. 베이에어리어에서 발달한 기업 문화는 평등주의적이고 개방적이었다. 인텔을 본받아서 대부분의 기업 경영자는 따로 배정된 주차 공간도 커다란 사무실도 없으며 위계질서를 따지지도 않았고 때로 혼란스러울 정도까지 자유로운 의견 교환을 장려했다. 디지털산업에서 지식재산권은 크게 중요하지 않았다. 특허를 받거나 방어하는 데 시간을 쓰기 전에 이미 후속 발전이 이루어지곤 했기 때문이다. 끊임없이 냉정한 경쟁이 이루어졌지만, 협력과 교차 수정도 마찬가지로 이루어졌다.

혁신은 실리콘에서, 디지털 생산라인에서 굴러 나왔다. 1971년 마이크로프로세서, 1972년 최초의 비디오게임, 1973년 인터넷을 가능하게 한 TCP/IP 프로토콜, 1974년 그래픽 사용자 인터페이스를 갖춘 제록스 파크 앨토 컴퓨터, 1975년 스티브 잡스와 스티브 워즈니악Steve Wozniak의 애플 1, 1976년 크레이 1 슈퍼컴퓨터, 1977년 아타리 비디오

게임 콘솔, 1978년 레이저 디스크, 1979년 컴퓨터 바이러스의 조상 격인 '웜worm', 1980년 싱클레어 ZX80 개인용 컴퓨터, 1981년 IBM PC, 1982년 로터스 123 소프트웨어, 1983년 CD-ROM, 1984년 '사이버스페이스'라는 용어, 1985년 스튜어트 브랜드Stewart Brand의 전 지구 전자 연결Whole Earth 'Lectronic Link, Well, 1986년 최초의 인공지능 연구용 컴퓨터 커넥션, 1987년 휴대전화용 GSM 표준, 1988년 스티븐 볼프람Stephen Wolfram의 매스매티카 언어, 1989년 닌텐도의 게임보이와 도시바의 다이나북, 1990년 월드 와이드 웹, 1991년 리누스 토르발스Linus Torvalds의 리눅스, 1992년 영화 〈터미네이터 2〉, 1993년 인텔 펜티엄 프로세서, 1994년 집 디스크, 1995년 윈도 95, 1996년 팜파일럿, 1997년 IBM의 딥블루가 세계 체스 챔피언 가리 카스파로프Garry Kasparov를 이긴 일, 1998년 애플의 컬러 아이맥, 1999년 앤비디아의 소비자용 그래픽 처리 장치 GEForce 256, 2000년 심스Sims. 그런 식으로 계속 이어져왔다.

몇 달마다 급진적인 혁신이 일어난다는 예상을 으레 하게 되었다. 인류 역사상 유례없는 상황이었다. 거의 누구나 혁신가가 될 수 있었고, 고든 무어와 친구들이 파악하고 풀어놓은 불변의 논리 덕분에 새로운 것은 기존 것보다 거의 언제나 자동적으로 더 저렴하고 더 빨라졌다. 따라서 발명은 곧 혁신을 의미했다.

새로운 착상이 다 성공한 것은 아니었다. 막다른 골목에 다다른 것도 많았다. 쌍방향 텔레비전, 5세대 컴퓨팅, 병렬 처리, 가상현실, 인공지능이 그러했다. 이 용어들은 각각 서로 다른 시기에 정부와 언론을 통해 유행하면서 엄청난 돈을 끌어모았다가, 시기가 무르익지 않았거나 과장된 것임이 드러났다. 컴퓨팅의 기술과 문화는 하드웨어, 소프트웨어, 소비자 제품 분야에서 폭넓게 대규모로 시행착오를 거치면서 발전하고 있었다. 돌이켜보면 역사는 가장 적게 오류를 낸 시행착오자에게 천재라는 별명을 붙이지만, 대체로 그들은 적절한 시점에 적절한 일을 시도한 운이 좋은 사람들이었다. 빌 게이츠, 스티브 잡스, 세르게이 브린**Sergey Brin**, 래리 페이지**Larry Page**, 제프 베이조스, 마크 저커버그는 모두 테크늄 발전의 산물이자, 그 발전의 원동력이었다. 공유경제를 창안한 이 가장 평등주의적인 산업에서 놀라울 만치 많은 억만장자가 출현했다.

컴퓨터와 통신의 비용 저하 속도에 현혹된 나머지 나중에 당혹스러워할 말을 내뱉는 이도 많았다. 그런 말은 후대 평론가들이 캐낼 풍부한 인용문 광맥이 된다. 곧 혼란에 빠질 산업에 가장 가까이 있던 이들이 앞으로 어떤 일이 닥칠지를 가장 모를 때도 많다. IBM의 회장인 토머스 왓슨**Thomas Watson**은 1943년에 "컴퓨터의 세계 시장 규모는 다섯 대쯤일 것이다"라고 했다. 미 연방통신위원회 위원장 터니스 크레이번**Tunis Craven**은 1961년에 이렇게 말했다. "미국에서 인공위성이 전화, 전신, 텔레비전, 라디오 서비스를 개선하는 데 쓰일 가능성은 사실상 전혀 없다." 휴대전화를 발명했다고 주장할 자격이 꽤 되는 인물인 마티 쿠퍼**Marty Cooper**는 1981년 모토로라의 연구 책임자로 있을 때 이렇게 말했다. "휴대전화는 지역 유선망을 완전히 대신하지 못할 것이다. 우리 생애 이후까지 내다본다고 해도, 그 정도까지 저렴해지지 않을 테니까." 팀 하포드**Tim Harford**는 1992년에 개봉된 미래를 그린 영화 〈블레이드 러너〉에서 경찰관이 사랑에 빠질 만큼 로봇이 사람 같아지지만, 그가 그녀에게 만나자고 할 때 휴대전화가 아닌 공중전화를 쓴다고 지적한다.

경이로운 검색엔진과 소셜 미디어

나는 매일 검색엔진을 쓴다. 검색엔진이 없는 삶은 더 이상 상상조차 할 수 없다. 검색엔진이 없었을 때 우리는 필요한 정보를 어떻게 찾아냈을까? 나는 검색엔진을 써서 뉴스, 사실, 사람, 제품, 오락물, 열차 시간, 날씨, 개념, 현실적 조언을 찾는다. 검색엔진은 증기기관이 그랬던 것처럼 분명히 세계를 바꾸어왔다. 나는 집에서 진짜 책장에서 진짜 책을 찾을 때처럼 검색엔진을 이용할 수 없는 경우에도 검색엔진이 있었으면 하고 몹시 바란다. 검색엔진이 가장 정교하거나 어려운 소프트웨어 도구는 아닐지 모르지만, 가장 돈벌이가 되는 도구임은 확실하다. 검색은 아마 연간 거의 1조 달러를 벌 것이고, 기존 매체의 수익을 상당 부분 잠식했고, 온라인 상거래의 성장에 기여했다. 나는 인터넷이 사람들의 실생활에 기여하는 것 중, 검색엔진이 가장 큰 부분을 차지한다고 감히 주장한다. 거기에 소셜 미디어도 덧붙이자.

나는 소셜 미디어도 매일 쓴다. 소셜 미디어를 통해 친구와 가족을 계속 접하고, 사람들이 이런저런 소식이나 남들에 관해 뭐라고 말하는지도 듣는다. 장점만 있을 리는 없지만, 소셜 미디어가 없는 삶은 이제 떠올리기가 어렵다. 이전에는 대체 어떻게 서로 만나고, 연락을 유지하고, 세상이 어떻게 돌아가는지를 알았을까? 2020년대에 소셜 미디어는 폭발적으로 불어나서 인터넷의 가장 규모가 크고 두 번째로 돈벌이가 되는 용도가 되었으며, 정치와 사회의 경로를 바꾸고 있다.

그런데 여기에 역설이 하나 있다. 검색엔진과 소셜 미디어 양쪽 다 필연적이라는 것이다. 래리 페이지가 세르게이 브린을 만나지 못했다고 해도, 마크 저커버그가 하버드에 들어가지 않았다고 해도, 검색엔진과 소셜 미디어는 출현했을 것이다. 둘 다 그들이 구글과 페이스북을 내놓기 전에 이미 존재했다. 그러나 검색엔진과 소셜 미디어가 출현하기 전에, 그런 것이 이렇게 엄청나게 성장하기는커녕 출현할 것이라고는 그 누구도 예측하지 못했을 듯하다. 적어도 상세히는 말이다. 돌이켜보면 필연적이지만, 그 당시 앞을 내다볼 때에는 지극히 수수께끼 같던 것들이 있다. 혁신의 이 비대칭은 우리를 놀라게 한다.

검색엔진과 소셜 미디어의 발전은 혁신의 일반적인 경로를 따른다. 조금씩 서서히 우연한 행운이 곁들여지면서 꾸준히 이루어지고, 유레카의 순간이나 갑작스러운 돌파구는 거의 나타나지 않는다. 이 역사를 추적할 때 우리는 전후에 MIT에서 국방 분야 연구를 주도한 버니바 부시Vannevar Bush와 J. C. R. 리클라이더J. C. R. Licklider 같은 인물에게까지 거슬러 올라갈 수도 있다. 그들은 앞으로 컴퓨터망의 시대가 도래할 것이라면서 새로운 유형의 색인화와 네트워크화 개념이 나올 것임을 시사했다.

1945년에 부시가 한 말을 보자. "인류 경험의 총합은 엄청난 속도로 확장하고 있는데, 그 결과인 미로를 헤치면서 지금 당장 중요한 항목을 찾기 위해서는 사각 돛을 단 범선의 시대에 쓰던 것과 동일한 수단을 사용한다." 또 리클라이더는 곳곳에 많은 영향을 끼친 '미래의 도서관Libraries of the Future'이라는 1964년에 쓴 글에서, 컴퓨터가 이런 구체적인 질문에 답하는 미래를 상상했다. "컴퓨터는 주말에 걸쳐서 1만 가지가 넘는 문서를 검색하고, 관련 내용이 많이 담긴 모든 구절을 훑고, 고차원 술어 계산으로 그 모든 구절을 문장별로 분석하고, 문장들을 질의응답 하위 시스템의 데이터베이스에 입력한다." 그러나 솔직히 말해서 이런 옛 역사는 수백만 건의 자료를 즉시 검색하는 미래를 그들이 거의 내나보지 못했음을 알려줄 뿐이다. 컴퓨터 소프트웨어 분야에서 이루어진 일련의 발전에 힘입어서 인터넷이 가능해졌고, 인터넷의 등장으로 검색 엔진은 필연적인 것이 되었다. 시분할time sharing, 패킷 교환, 월드 와이드 웹 등도 그렇다. 그리하여 1990년에 검색엔진이라고 할 만한 것이 처음으로 출현했다. 그 최초라는 영예를 놓고 경쟁이 벌어지는 것은 필연적인 일이었지만 말이다.

그 검색엔진은 아치Archie였고, 몬트리얼에 있는 맥길 대학교의 학생인 앨런 엠티지Alan Emtage가 동료 두 명과 함께 개발했다. 월드 와이드 웹이 공개·이용되기 전이었고, 아치는 FTP 프로토콜을 썼다. 1993년 아치는 상용화와 함께 급성장했다. 속도는 오락가락했다. "토요일 밤에는 응답하는 데 몇 초가 걸린 반면, 주중 오후에는 단순한 질의에 답하는 데에도 5분에서 몇 시간이 걸릴 수도 있었다." 엠티지는 아치에 특허를 신청하지 않았고 한 푼도 벌지 못했다.

1994년경에는 웹크롤러와 라이코스가 새로운 텍스트 크롤링 봇bot을 써서 링크와 키워드를 모아 색인을 만들고 데이터베이스에 담는 일에 열중했다. 곧이어 알타비스타, 익사이트, 야후가 등장했다. 검색엔진이 난무하는 단계에 접어들고 있었고, 사용자는 여러 개 중 원하는 것을 골라 썼다. 그러나 무슨 일이 벌어지고 있는지는 아직 누구도 알아차리지 못했다. 이 분야의 가장 최전선에 있는 이들도 사람들이 특정한 목표를 염두에 두고서 검색엔진을 찾아온다기보다는 그냥 인터넷을 돌아다니면서 이런저런 것들을 접하고자 한다고 예상했다. 야후의 초대 편집장 스리니자 스리니바산Srinija Srinivasan은 이렇게 말했다. "탐험과 발견에서 지금의 의도 기반의 검색으로 넘어간다는 것은 상상조차 할 수 없었다."

그때 래리가 세르게이를 만나게 된다. 그 무렵에 신생 기술기업의 산실이라는 역할에 중독된 스탠퍼드의 대학원에 들어가기 전 오리엔테이션에 참가한 래리 페이지는 세르게이 브린이라는 학생의 안내를 받았다. 훗날 브린은 말했다. "우리 둘 다 서로 역겨운 녀석이라고 생각했다." 둘 다 기술 분야에서 일하는 교수의 아들이었다. 페이지의 부모는 미시간 대학교의 컴퓨터과학자였고, 브린의 부모는 모스크바에서 메릴랜드로 와서 각각 수학자와 공학자로 일하고 있었다. 두 젊은이는 어릴 때부터 컴퓨터에 푹 빠져 있었다.

페이지는 웹페이지 사이의 링크를 인기에 따라 순위를 매긴다는 관점에서 연구하기 시작했다. 그리고 어느 날 밤 꿈을 꾸다가 깨어나서 기하급수적으로 팽창하는 웹에 있는 모든 링크를 목록으로 작성한다는 착상을 떠올렸다고 한다. 그는 링크에서 링크로 옮겨가는 웹크롤러를 만들었고, 곧 그가 구축한 데이터베이스는 스탠퍼드 인터넷 대역폭의 절반까지 잡아먹게 되었다. 그러나 그의 목적은 웹을 검색하는 것이 아니라, 웹에 주석을 다는 것이었다. 페이지는 말했다. "놀랍게도 나는 검색엔진을 구축한다는 생각을 전혀 한 적이 없었다. 그런 생각은 아예 떠오르지도 않았다." 앞서 말한 비대칭성이 다시금 생각난다.

이때 수학 전문지식을 갖춘 활달한 성격의 브린이 페이지의 연구 과제에 참여했고, 그 과제는 백럽, 페이지랭크를 거쳐서 구글이 되었다. 구글은 동사로도 쓰이는 아주 큰 수를 가리키는 단어의 철자를 잘못 쓴 것이었다. 그 방식을 검색에 쓰기 시작했을 때, 그들은 그것이 기존의 모든 검색엔진보다 훨씬 더 지적이라는 것을 알아차렸다. 그냥 우연히 키워드를 지니게 된 사이트보다 세계가 더 중요하다고 여겨 링크가 더 많이 연결된 사이트에 더 높은 순위를 부여했기 때문이다. 페이지는 심지어 가장 잘나가는 검색엔진 네 가지 중 세 가지는 온라인에서 그들 자신을 찾을 수 없다는 것을 발견했다. 월터 아이작슨은 이렇게 말했다.

그들의 접근법은 사실 기계와 인간 지능의 융합이었다. 그들의 알고리듬은 사람들이 자신의 웹사이트에 링크를 만들었을 때 내린 수십억 번의 인간적인 판단에 의지했다. 인간의 지혜를 활용하는 자동화된 방식이었다. 다시 말해, 더 고차원적인 형태의 인간-컴퓨터 공생이다.

그들은 더 나은 결과를 얻을 때까지 프로그램을 조금씩 다듬어갔다. 페이지와 브린은 남들에게 돈을 벌게 해줄 무언가를 창안하는 차원에서 그치지 않고 직접 적당한 사업체를 세우기를 원했지만, 스탠퍼드는 논문을 발표하라고 고집했다. 그래서 1998년 그들은 현재 유명해진 〈대규모 하이퍼텍스트 웹 검색엔진의 구조The Anatomy of a Large-Scale Hypertextual Web Search Engine〉라는 논문을 내놓았다. 논문은 이렇게 시작된다. "이 논문에서 우리는 구글…을 제시한다." 몰려든 벤처 투자자들의 지원을 받아서 그들은 어느 집 차고를 빌려 회사를 차리고 사업을 시작했다. 나중에야 그들은 벤처 투자자 앤디 벡톨샤임Andy Bechtolsheim의 권고로 핵심 수익원이 될 광고 사업을 시작했다.

검색엔진처럼 소셜 미디어도 세계를 경악시켰다. 나는 1990년대에 인터넷이 사람들을 반사회적으로 만들 것이라는 암울한 예측을 내놓은 책 두 권의 서평을 쓴 바 있다. 사람들이 침실에 틀어박혀서 게임에 몰두하면서, 사회 붕괴가 일어나기 시작하여 이윽고 재앙으로 치달을 것이라는 주장이었다. 그러나 그로부터 10년도 지나지 않아서 인터넷은 대규모로 사회적 활동을 부추기는 데 쓰이기 시작했다. 현재 교사와 부모는 아이들이 사이버 따돌림과 또래 압력의 위험에 노출될 뿐 아니라, 지속적으로 온라인 사회 활동에 몰두하느라 학업을 소홀히 한다고 우려하고 있다.

페이스북은 2004년 2월 하버드 대학교 네트워킹 사이트로 출범했다. 앞서 11월에 캐머런Cameron Winklevoss과 타일러 윙클보스Tyler Winklevoss라는 두 학생이 하버드 커넥션이라는 소셜 네트워킹 사이트를 만들어달라고 마크 저커버그에게 의뢰했다. 그러나 저커버그는 따로 자신의 사이트를 개발하여 '페이스북'이라고 이름 붙였다. 그리고 에드와도 새버린Eduardo Saverin, 더 뒤에 숀 파커Sean Parker와 피터 틸Peter Thiel의 자금 지원을 받아서 그 착상을 상업화했다. 윙클보스 형제는 그를 고소할 당시에는 나름 유리한 입장이었지만, 디지털 혁신이라는 거친 세계에서는 다수가 지지하는 쪽이 이기는 법이다.

소셜 미디어는 다른 방식으로도 세계를 놀라게 했다. 모두가 공유하고 서로의 견해를 돌아보는 균일화한 이상적인 민주주의적 계몽의 시대로 인도하기는커녕, 자신의 편견을 확인하고 다른 이들의 견해를 욕하는 데 시간을 보내는 반향실echo room과 필터 버블filter bubble의 미로로 우리를 빠뜨린다. 우리를 양극화하고 분노를 자극하고 침울하게 만들고 중독시키고 환멸을 불러일으킨다.

소셜 미디어 피드를 죽 이어서 계속 볼 수 있게 해주는 '무한 스크롤infinite scroll'의 발명자 중 한 명인 아자 라스킨Aza Raskin은 현재 그 발명을 후회하고 있다. 그는 그것이 '사람을 돕기 위해서가 아니라 붙잡아두기 위해서' 고안된 기술의 첫 번째 특징 중 하나였다고 말한다. 현재 그는 기술산업을 더 유익하면서 중독을 덜 일으키는 방향으로 돌리려는 노력을 하고 있다. 모든 정보 기술이 초기에는 강력하면서 도움이 안 되는 영향을 미칠 수 있지만, 대개 시간이 흐르면서 길들여진다는 데에는 의문의 여지가 거의 없는 듯하다. 인쇄술, 값싼 신문, 라디오도 그랬다.

엘리 프레이저Eli Pariser는 2011년 저서《생각 조종자들The Filter Bubble》에서 이 메아리 효과가 뿌리박히게 된 결정적인 순간이 두 차례 있었다고 말한다. 한번은 2009년 12월 4일 구글이 사용자의 습관과 취향에서 비롯되는 신호를 토대로 검색 결과를 개인화하겠다고 발표했을 때였다. 동일한 조건에서 검색해도 사람마다 다른 결과를 얻을 것이라는 의미였다(그리고 실제로 그렇다). 프레이저는 두 친구의 사례를 인용한다. 둘 다 좌파 성향의 동부 해안 여성인데, 멕시코만에서 일어난 원유 누출 사고 소식이 한창 들릴 때 BP라는 용어를 검색했다. 한 명은 환경 뉴스, 다른 한 명은 투자 조언 쪽으로 검색 결과가 나왔다.

두 번째 사건은 4개월 뒤, 페이스북이 페이스북 에브리웨어Facebook Everywhere를 내놓은 것이었다. 사용자가 웹에서 찾은 모든 것에 '좋아요'를 누를 수 있게 하는 서비스였다. 그럼으로써 뉴스, 광고, 정보 등 모든 것을 개인화할 수 있도록 했다. 개인화 혁신은 아마존이 부상한 열쇠이기도 했다. 단순한 온라인 서점이었을 때부터 아마존은 협업 필터링collaborative filtering이라는 새 기법을 써서 엉성하긴 했지만 검색 결과를 개인별로 맞추었다.

개인화하기 위해 개인의 자료와 취향을 취합하는 일은 당시에는 아직 무해해 보였고, 버락 오바마는 2012년 선거 때 소셜 미디어를 이용하여 유권자를 맞춤 공략했다는 찬사를 받았다. 그러나 그 뒤로 시간이 흐르면서 분위기가 바뀌었다. 지금은 필터 버블과 케이블 TV가 전 세계에서 정치적 양극화를 일으키고 있다는 데에 의심의 여지가 거의 없다. 좌파 성향인 사람을 더 왼쪽으로, 우파 성향인 사람을 더 오른쪽으로 몰며, 러시아 같은 곳에서 정부의 지원을 받는 세력은 불길하게도 이 추세를 더욱 부추긴다. 최근 한 사회과학 연구진은 일주일에 적어도 세 번 트위터를 방문하는 민주당원과 공화당원의 대규모 표본을 추출하여 한 달 동안 봇을 통해 반대당의 정치이념이 담긴 메시지를 전달했다. 그러자 공화당원은 좌파 성향의 트위터 봇을 접한 뒤에 더욱 보수적으로 변했고, 민주당원은 보수적인 성향의 트위터 봇을 접한 뒤 좀 더 자유주의적인 태도를 보였다.

프레이저는 이렇게 예측했다. "자신의 장치가 작동하는 대로 내버려 둔다면, 개인화 필터는 일종의 보이지 않는 자동 선전 도구 역할을 하여, 우리 자신의 생각으로 우리를 세뇌하고, 익숙한 것을 추구하려는 욕구를 증폭시키고, 무지의 암흑세계에 숨어 있는 위험을 못 보게 만든다." 혁신은 때로 세계를 의외의 방향으로 이끈다.

우리는 전에도 이런 일을 겪었다. 인쇄술의 발명은 서양에서 사회를 양극화하고 수많은 목숨을 앗아간 정치적, 사회적 격변을 일으켰다. 이러한 일은 주로 성찬식 때 나오는 성체에 예수의 몸이 들어 있다는 말을 곧이곧대로 받아들일지 상징적으로 받아들일지, 교황의 판단이 절대적으로 오류가 없는지를 놓고 벌어진 전쟁 때문이었다. 또 인쇄술은 넓이와 깊이 면에서 유례없는 수준으로 지식과 이성의 계몽운동을 촉진했다.

1450년경 요하네스 구텐베르크가 해낸 인쇄기, 종이, 활자의 조합은 엄청난 사회적 변화를 야기한 정보 혁신이었다. 거의 예측할 수도 없었고, 전적으로 다 좋은 쪽이었다고도 할 수 없는 변화였다. 스티븐 존슨Steven Johnson이 간파했듯이, 구텐베르크의 인쇄술은 '돌파구보다는 브리콜라주bricolage에 더 가까운, 고전적인 조합형 혁신의 사례'였다. 이는 포도 압착기를 작동시키는 사람들을 비롯해 남들이 이미 발명한 것들을 조합하여 만들어졌다.

그러나 설령 구텐베르크를 발명가라고 부른다고 해도, 마르틴 루터는 진정한 혁신가였다. 그는 인쇄술을 주로 교회 엘리트만이 이용하는 눈에 잘 안 띄는 사업에서 일반인을 겨냥한 대중 시장 산업으로 변모시켰다. 그는 라틴어가 아니라 대중이 쉽게 읽을 수 있는 독일어로 소책차를 찍어 냈다. 1519년까지 그는 45권의 책자를 펴내서 거의 300판까지 찍었다. 그는 유럽에서 가장 많은 책을 낸 작가였다. 아마존의 제프 베이조스나 페이스북의 마크 저커버그처럼, 그도 신기술이 지닌 엄청난 규모의 잠재력을 깨달은 사람이었다.

배우는 기계

현재 인공지능은 정보 세계에서 가장 유행하는 최첨단 분야다. 또 컴퓨팅 분야에서 가장 오래된 개념 중 하나이자, 역사적으로 실패를 거듭한 사례이기도 하다. 1956년, 즉 지금으로부터 60여 년 전 다트머스 대학에서 존 매카시John McCarthy와 마빈 민스키Marvin Minsky는 인공지능 회의를 주최했고, 그 뒤로 인공지능이라는 분야는 공수표를 계속 남발했다. 매카시는 '세심하게 고른 과학자 집단이 여름 동안 그 문제를 함께 연구한다면' 생각하는 컴퓨터를 개발하는 데 상당한 발전이 이루어질 수 있으며, 컴퓨터에 인간의 지능을 복제하거나 그에 비견될 지능을 담을 돌파구가 약 20년 뒤에는 열릴 것이라고 보았다. 그러나 그런 돌파구는 열리지 않았고, 투자자들은 인내심을 잃었으며, 영리한 컴퓨터를 개발하는 분야는 이른바 'AI 겨울'을 맞이해야 했다. 1980년대에도 다시금 비슷한 상황이 벌어졌다. 월터 아이작슨은 심드렁하게 평한다. "10년이 지날 때마다 새로운 세대의 전문가들이 등장하여 인공지능이 머지않아 모습을 드러낼 것이라고, 기껏해야 20년 뒤면 등장할 것이라는 주장을 펼쳤다. 그러나 인공지능은 그 뒤로도 죽 늘 20년쯤 지나면 나타날 신기루로 남아 있었다."

물론 컴퓨터가 영리한 기법을 배울 때마다 우리가 즉시 그것을 지적이지 않은 일이라고 재분류하는 경향이 있다는 점도 거기에 한몫을 한다. 컴퓨터가 이해하지 못한 채 해내는 것임을 알아차리기 때문이다. 스마트폰이 일상생활에서 우리가 원하는 것을 예측하는 양상은 인공지능적이지만, 우리는 그런 식으로 평가하지 않는다. 그저 생각이 없는 알고리듬임을 알기 때문이다. IBM 컴퓨터 딥블루가 1997년 체스 경기에서 가리 카스파로프를 근소한 차이로 이김으로써 컴퓨터의 영리함에 이정표를 세웠을 때, 그 성취는 무지막지한 힘brute force의 승리라고 치부되었다. 딥블루는 초당 3,300만 가지의 수를 평가했지만, 과연 스스로 생각하거나 상상하거나 느낄 수 있었을까?

20년 뒤인 2016년에 런던의 신생 기업 딥마인드는 알파고라는 프로그램으로 아시아 전역에 생중계된 바둑 대국에서 세계 챔피언 이세돌을 물리쳐서 세계를 놀라게 했다. 그 사건은 인공지능 이야기에 한 전환점이 되었고, 새로운 흥분의 열기를 일으켰다. 중국에서 특히 그랬다. 이 상황도 다시금 'AI 겨울'로 이어질까, 아니면 이번에는 다를까?

바둑은 너무나 복잡해서 딥블루가 썼던 무지막지한 힘 기법으로는 감당하기 어려웠다. 대신에 알파고는 학습 능력이라는 중요한 구성 요소를 도입했다. 알파고는 바둑의 규칙을 배운 것이 아니라, 대국 사례들을 접하면서 신경망을 써서 규칙을 파악했다(이 프로그램의 최신판은 사람들의 대국 사례를 아예 참고하지 않는다). 따라서 알파고의 프로그램을 짠 사람들은 알파고가 대국에서 왜 그런 수를 택했는지를 전혀 알지 못한다. 2차 대국의 37번째 수를 두고 바둑 해설자는 '창의적'이고 '독특하다'고 평했다. 바둑의 모든 정석에 어긋날 뿐 아니라, 어리석은 수처럼 보였기 때문이다. 이세돌은 유달리 장고를 한 뒤에야 맞수를 두었는데, 매우 탁월한 수였지만 알파고가 151, 157, 159번째에 마찬가지로 탁월한 수를 둠으로써 결국 지고 말았다.

그 뒤로 인공지능 연구의 초점은 영리한 사람이 자신의 지식을 컴퓨터에 부여하려고 시도하는 '전문가 시스템' 접근법에서 프로그램이 스스로 문제 해결법을 찾아내는 학습 접근법으로 옮겨갔다. 이 변화는 현대 컴퓨터 세계의 세 가지 특징 덕분에 가능해졌다. 새로운 소프트웨어, 새로운 하드웨어, 새로운 데이터다. 새 소프트웨어는 적어도 어느 정도는 토론토에 사는 영국계 과학자 제프리 힌턴Geoffrey Hinton에게서 유래했다. 힌턴의 가문에는 유명한 수학자, 곤충학자, 경제학자가 많다. 그는 원래 심리학을 전공했는데, 1990년대 초에 신경망의 '역전파back propagation' 개념을 내놓았다. 본질적으로 피드백 기법인데, 신경망이 이른바 '비지도 학습unsupervised learning'을 통해서 세계의 내부 표상을 만들 수 있게 해준다. 이런 프로그램은 능력이 매우 한정되어 있다가 지난 10년 사이에 데이터가 기하급수적으로 증가한 덕에 비로소 잠재력을 발휘하기 시작했다. 지금은 어떻게 하라고 상세히 지시를 하지 않아도, 엄청난 양의 데이터로부터 일반화와 통찰을 이끌어내는 일을 놀라울 만치 잘한다. 이를테면, 전립샘암 영상 데이터를 많이 입력하면, 컴퓨터는 종양을 찾아내고 방사선 치료를 할 경계가 어디인지를 파악하는 방법을 스스로 터득할 수 있다. 사람이 직접 그 일을 하려면 시간이 오래 걸리고, 높은 연봉을 받는 방사선과 의사가 필요하다.

이 변화에는 새로운 하드웨어도 필요했는데, 놀라운 곳에서 나왔다. 바로 컴퓨터 게임산업에서였다. 컴퓨터의 핵심 부품은 중앙처리 장치, 즉 CPU다. CPU는 계산을 맡은 하나 이상의 '코어core'와 많은 캐시 메모리를 지닌다. CPU는 대부분의 일을 잘 해내지만, 게임업계는 현실감 있는 삼차원 영상을 만들려면 다른 유형의 칩이 필요하다는 사실을 알아차렸다. 수백 줄의 소프트웨어를 동시에 처리할 수 있도록 수백 개의 코어를 지닌 칩이 필요했다. 이 그래픽 처리 장치, 즉 GPU는 CPU를 대체하는 것이 아니라 보강하며, 역전파를 통해서 심층 학습을 구현하는 데 대단히 유용하다는 것이 드러났다. 그래픽 카드 제조사인 엔비디아는 1999년 GeForce 256 그래픽 카드를 출시할 때 GPU라는 용어를 창안했는데, 당시에는 오로지 게임만을 염두에 둔 부품이었다. 엔비디아는 어릴 때 미국으로 이민을 간 대만 출신의 젠슨 황黃仁勳이 1993년에 동료 두 명과 창업했다. 그들은 병렬 칩의 발명자가 아니라 개선자였다. 첫 범용 GPU는

2007년에 출시되었다. 2018년에 엔비디아는 단순히 사람을 관찰함으로써 일하는 법을 배울 수 있는 로봇을 공개했다.

따라서 최근 이루어진 AI 돌파구는 새로운 데이터와 새로운 착상의 산물인 동시에 새로운 도구의 산물이기도 하다. 그러나 기계 학습을 일반 대중이 일상생활에서 믿고 쓸 수 있으려면 여러 중요한 문제가 해결되어야 할 것이다. 시애틀에 있는 워싱턴 대학교의 연구진은 사진을 겨우 20장만 보고서도 허스키와 늑대를 구별할 수 있도록 신경망을 훈련시켰다. 그들은 의도적으로 늑대 사진은 눈을 배경으로 한 것만 골랐고, 개 사진은 풀밭을 배경으로 한 것만 골랐다. 그러니 당연하게도 알고리듬이 동물보다 배경에 훨씬 더 주의를 기울였다는 사실이 드러났다. 이 신경망이 좋은 판단을 내릴 것이라고 믿겠냐고 사람들에게 묻자, 이 사실을 설명한 뒤에는 그렇다고 답하는 사람이 훨씬 줄었다. 따라서 설명 가능성explainability(알고리듬이 어떻게 추론했는지를 따져 물을 기회)이야말로 인공지능을 신뢰하게 만들 핵심 요소일 것이다. 사례를 하나 더 들자면, 아마존은 고용 과정에서 도움을 받기 위해 개발한 신경망이 여성을 차별하기 시작했음을 알아차렸다. 그러나 사람의 뇌도 때로 왜 그렇게 추론했는지가 불분명한 블랙박스이므로, 우리는 기계에 사람보다 더 높은 기준을 부여하는 것일 수도 있다.

당분간은 수백 년 동안 자동화가 그래왔던 것처럼, 인공지능이 사람을 대신하기보다는 보완할 것이라고 보는 편이 안전할 것이다. 체스 대국을 보면, 요즘 가장 성적이 좋은 팀은 '켄타우로스centaurs'다. 알고리듬과 사람이 협력하는 팀이다. 운전도 마찬가지일 것이다. 나는 이미 차선을 이탈하면 내게 경고하고, 주차장에서 후진할 때 다른 차가 다가오면 알려주는 자동차의 장치에 의지하고 있다. 앞으로 차에 더욱 많은 '지적인' 기능이 들어가겠지만, 내가 차에 타서 그냥 목적지만 알려주고 알아서 가라고 맡긴 채 잠을 잘 수 있는 날이 오려면 (내 생각에) 꽤 오랜 시간이 지나야 할 것이다.

2부

HOW
INNOVATION
WORKS

혁신의 전개

선사시대의 혁신

불에서 비행에 이르기까지,
모든 위대한 발명은 어떤 신을 모욕했다는 말을 듣기 마련이었다.

−J. B. S. 홀데인^{J. B. S. Haldane}

최초의 농민

약 200년 전까지, 혁신은 드물었다. 사람은 새 기술을 한 번도 접하지 않은 채 평생을 살 수도 있었다. 수레, 쟁기, 도끼, 초, 종교 교리, 옥수수는 태어났을 때부터 죽을 때까지 변치 않는 것 같았다. 혁신은 일어나긴 했지만 드문드문 느리게 일어났다. 더 과거로 거슬러 올라가면 변화의 속도는 더욱 느려진다. 타임머신의 연대 표시가 지금보다 1만 년 전에 다다르면, 한평생이 아니라 열 평생을 살아도 알아차릴 수 없을 만치 변화가 아주 느렸던 세계가 나온다. 그러나 그 세계에서는 가장 기념비적인 혁신 중 하나가 일어나고 있었다. 바로 농경의 채택이다.

농경은 인류를 드문드문 퍼져 있는 수렵자와 채집자 집단에서 높은 밀도로 모여 살고, 생태계를 변화시키는 존재로 바꾸었다. 나일강, 인더스강, 유프라테스강, 갠지스강, 양쯔강 등의 유역은 사람들이 특정한 풀을 골라서 돌보고 심는 대체로 인위적인 생태계가 되었고, 아시아의 스텝 지역과 언덕 지대에서는 사람들이 돌보는 소와 양과 말이 주된 동물이 되었다. 떠돌이 집단들은 정착했다. 인구밀도는 급증했고, 오로지 새로운 감염병이나 기근이 돌 때에만 줄어들었다. 곧 왕, 신, 전쟁 같은 낯설고 새로운 문화적 혁신이 주된 사건이 되기 시작했다. 농경은 증기기관이나 컴퓨터만큼 엄청난 파급 효과를 미친 혁신이었다. 산업혁명처럼 농업혁명도 전적으로 에너지에 관한 것이었다. 즉 에너지를 더 많이, 더 집약된 형태로 생산하고, 다른 종을 희생시켜 인체를 더 많이 만들어냄으로써 엔트로피를 역전시킨 과정이었다. 그리고 혁신을 다루는 책이라면 모름지기 이 고대의 혁신도 논의해야 한다.

안타깝게도 여기서는 이야기를 들려줄 전기 작가가 없다. 농경 '혁명'에도 선사시대의 노먼 볼로그가 있었을 가능성이 높지만 말이다. 그렇긴 해도 농경의 발명은 다른 측면에서 몇 가지 친숙한 양상을 보여준다. 첫째, 동시 발명이라는 현상이다. 1870년대에 세계의 많은 지역에서 거의 동시에 독자적으로 전구가 출현했던 것처럼, 농경도 그러했다. 여기서는 '동시'가 1,000~2,000년을 가리킬 수도 있지만 우리 종이 50만 년 넘게 수렵 채집을 하고 있었다는 점을 생각하면 수천 년은 눈 깜박할 시간에 불과하다. 그 시기에 인류는 적어도 여섯 곳에서 서로 독자적으로 농경을 시작했다. 근동, 중국, 아프리카, 남아메리카, 북아메리카와 중앙아메리카, 뉴기니에서다. 이들이 서로에게서 농경이라는 착상을 얻었다는 증거는 전혀 없으며, 지역마다 작물과 경작법이 서로 달랐다. 메소포타미아의 밀 농민은 중국의 기장 농민에게 영향을 끼치지 않았고, 안데스산맥의 감자 농민이나 뉴기니의 얌 농민에게도 마찬가지였다.

이 우연의 일치는 사람들의 뇌가 나란히 진화하여 농경이라는 개념을 떠올릴 능력을 갖추게 되었거나, 아니면 농경의 가능성을 높일 어떤 새로운 조건이 형성되었음을 시사한다. 전자일 가능성은 적어 보인다. 후자 쪽을 보면, 사실 특별한 일이 일어났다. 바로 기후였다. 1만 2,000년 전까지 세계는 빙하기에 갇혀 있었다. 즉 지구가 훨씬 추웠고, 유럽과 북아메리카의 넓은 지역이 거대한 빙원에 덮여 있었고, 더 남쪽의 산악 지역도 그랬다. 또 이는 세계가 훨씬 더 건조했다는 의미이기도 하다. 바닷물이 더 차가워서 증발하는 양이 적었고, 따라서 비가 덜 왔으며 내리는 양도 적었기 때문이다.

아프리카에서는 가뭄이 오래 이어졌고, 사막 같은 조건이 수십 년간 이어졌다. 빅토리아호는 1만 6,000년 전에 아예 말라붙었고, 칼라하리 사막은 더 넓어지고 더 건조해졌다. 아마존 우림은 줄어들어서 초원 사이에 군데군데 고립된 숲이 남아 있는 조각보 같은 모습이 되었다. 전 세계에서 엄청난 먼지구름이 일면서 남극대륙의 빙원까지 뒤덮었다. 너무나 많은 수분이 빙하에 갇히는 바람에, 해수면은 지금보다 100미터 이상 더 낮았다. 바다가 너무나 차갑고 층이 져 있어서 물에 녹은 이산화탄소는 빠져나오지 못했다. 그래서 마지막 빙하 최대기에 대기의 이산화탄소 농도는 겨우 190ppm, 즉 0.02퍼센트 미만이었다. 그래서 식물도 설령 자란다고 해도 빨리 자라기가 매우 어려웠다. 건조한 지역에서는 더욱 그랬다. 이산화탄소를 흡수하기 위해 기공을 열 때 수분이 빠져나가기 때문이었다. 실험해보니 190ppm일 때 밀과 벼 같은 식물은 물과 비료를 잘 주어도 낟알 수확량이 지금의 약 3분의 1에 불과했다.

남극대륙의 빙하 코어 기록을 보면, 먼지와 아주 낮은 이산화탄소 농도 사이에 상관관계가 강하게 나타난다. 즉 식물이 다수의 산지와 건조한 지역에서 사라짐으로써 흙이 쉽게 바스러져서 먼지가 풀풀 날렸다는 뜻이다. 비도 잘 내리지 않았다. 남극대륙의 빙하 코어 기록으로 판단할 때 약 2만 년 전의 먼지 폭풍은 정말로 끔찍했을 것이다. 한 번에 몇 주씩 거의 세계 전역에서 하늘이 어두컴컴해지곤 했다. 그 뒤로 1만 년 동안 이어진 간빙기 때보다 당시에 남극대륙에는 약 100배나 많은 먼지가 쌓였다. 어떤 대륙에서든 간에 식물을 먹으면서 살아가려고 애쓰던, 뇌가 크고 창자가 짧고 에너지를 많이 쓰는 유인원에게는 좋은 시대가 아니었다. 말, 들소, 영양, 사슴 등 풀을 뜯는 동물의 성긴 무리가 열량을 모아서 살로 저장하도록 놔두었다가, 잡아먹는 편이 더 나았다. 일부 지역에서는 덩이뿌리를 캐 먹거나(인류의 특기) 견과를 따먹었을 수도 있지만, 이런 식물들은 또 다른 이유로 길들이기가 쉽지 않았을 것이다. 기후가 극도로 오락가락했기 때문이다.

이런 사실은 남극대륙과 그린란드에서 질 좋은 빙하 코어 표본을 떠낼 수 있게 되면서 최근 들어서야 알려졌다. 여러 기록은 마지막 빙하 최대기의 기온이 지금보다 훨씬 더 오락가락했음을 시사한다. 극지방뿐 아니라 열대지방도 마찬가지였다. 세계 기온은 10년 사이에 지금의 네 배까지 변하곤 했다. 예로 지중해 꽃가루 기록은 더 최근의 수천 년에 비해 빙하기 때 훨씬 더 심한 변동을 보였다. 그러니 농경이 아예 불가능했을지 모른다. 가뭄이나 기나긴 추위로 농민은 쭉정이만 남은 작물을 버리고 이주해야 했을 테고, 떠돌이 수렵 채집 생활을 하려는 동기가 더 강했을 것이다.

2001년 문화 진화 분야의 두 개척자인 피터 리처슨Peter Richerson과 로버트 보이드Robert Boyd는 농경이 "플라이스토세(빙하기)에는 불가능했지만 홀로세(현재의 간빙기)에는 의무적"이었다는 주장을 최초로 펼친 선구적인 논문을 발표했다. 기후가 더 따뜻하고 더 습하고 더 안정적으로 변하고 대기 이산화탄소 농도가 높아지자, 거의 곧바로 사람들은 더 식물 집약적인 식단으로 옮겨가면서 인간의 식량을 더 집중적으로 생산하는 쪽으로 생태계를 바꾸기 시작했다. 그들은 이렇게 썼다. "홀로세에 농경 집약화의 궤적은 거의 다 점진적이었고 … 이윽고 농경은 한계 환경을 제외한 모든 곳에서 주된 전략이 되었다." 그런 의미에서 농경은 의무적이고 불가피했다. 그렇게 많은 지역에서 농경이 발생한 이유도 그 때문이다.

고고학 기록을 보면 주거지에서 농사의 흔적이 전혀 없다가 기른 낟알이 출토되는 식으로 갑작스럽게 농경이 시작된 양 보일 수 있지만, 갈릴리해에 보존된 고고학 유적지를 더 자세히 조사하면 훨씬 더 일반적인 양상이 드러난다. 수천 년에 걸쳐서 수렵 채집인들이 생선과 가젤을 잡아먹고, 가을에는 주변 땅에서 채집한 씨앗에 계절적으로 의존하는 행태가 아주 서서히 증가해왔음이 드러난다. 처음에는 식물의 생장에 개입하는 것이 정원을 가꾸는 듯 보였을 것이다. 사람들은 때로 씨를 묵혀두었다가 봄에 더 잘 자라도록 젖은 땅에 뿌리고, 보호하기 위해 초식동물과 새를 쫓고 잡초를 뽑았을 것이다. 아마 기름지지만 자라는 식물이 없는 강이 있는 실트질섬에서 길렀을 것이다. 밀의 두 초기 조상인 에머밀과 아인콘밀이 운 좋게 교배되어 나온 잡종의 유달리 무거운 씨를 수확한 사람도 있었을 것이다. 의도적으로 교배한 것이 아니었을 수도 있다. 그 잡종인 빵밀은 사람의 손길이 없이는 씨를 퍼뜨릴 수도 살아남을 수도 없는 무거운 씨를 맺는 6배체 유전적 괴물이었다. 그 씨는 인위선택을 통해 조금씩 변해갔을 것이다. 더 무겁고, 스스로 탈곡되고, 더 쉽게 수확할 수 있고, 낟알이 더 빽빽하게 열려서 계속 뿌려졌을 것이다. 일종의 선순환이다. 어떤 의미에서는 그 식물이 주도권을 잡은 것이었다.

농경에는 그보다 나중에 일어난 혁신과 비슷한 점이 또 하나 있다. 풍족한 시기에 풍족한 곳에서 일어났다는 것이다. 혁신이 평화롭고 비교적 번영하는 시기에 부유하고 성장하고 교류가 잘되는 곳에서 꽃피우는 것처럼(현재의 캘리포니아, 스티븐슨 시대의 뉴캐슬, 피보나치 시대의 르네상스 이탈리아) 농경도 유프라테스강, 양쯔강, 미시시피강 유역처럼 따뜻하고 물이 풍부한 곳이나 뉴기니와 안데스산맥처럼 기름지고 햇볕을 잘 받은 토양에서 시작되었다.

농경으로의 전환이 컴퓨터의 발명보다 더 절실한 것이었다는 징후는 없었다. 사실 농경 생활로 가장 가난한 이들이 고되게 일하고 영양실조에 시달리곤 했음이 드러나긴 했지만, 이는 가장 가난한 이들이 죽지 않았기 때문이었다. 수렵 채집 사회에서는 사회의 주변부에 있는 이들, 즉 부상이나 질병 때문에 부적합자가 된 이들은 그냥 죽었다. 농경 덕분에 가난한 이들도 자식을 키울 수 있을 만큼 오래 살아 있을 수 있었다. 여기서도 현대의 혁신과 유사한 부분이 있다. 컴퓨터 덕분에 빅토리아시대였다면 중화학공업 공장에서 힘겹게 일했을 사람들이 좋은 일자리를 지닐 수 있으니까.

농경을 하면서 인류는 밀과 소의 유전자를 바꾸었을 뿐 아니라, 자기 자신의 유전자도 바꾸었다. 후속 혁신 중 하나는 유전자와 문화가 어떻게 공진화하는지를 아주 명확히 보여준다. 바로 약 8,000년 전에 발명된 낙농업이다. 그때쯤 인류는 소를 길들이고 젖을 짜기 시작했다. 그런데 한 가지 문제에 처했다. 우유가 아기에게는 탁월한 음식이었지만, 모든 포유동물 성체처럼 어른도 우유의 주요 당인 젖당을 소화할 수 없었다. 젖당 유전자는 젖을 떼면 꺼지도록 되어 있었다. 더는 필요 없기 때문이다. 우유는 단백질과 지방이 풍부하기에 어른에게도 여전히 맛있고 영양가 높은 음식이지만, 젖당을 분해할 수 없었으므로 사람들은 생우유를 마시면 속이 불편하고 가스가 찬다는 것을 알아차렸다. 지금도 낙농 문화의 후손이 아닌 많은 이가 그런 증상을 겪는다. 우유로 치즈를 만들어 먹으면 더 나았다. 세균이 젖당을 분해하기 때문이다.

그러다가 어느 날 젖을 뗀 뒤에도 젖당 유전자가 꺼지지 않는 돌연변이를 지닌 아기가 태어났다. 아이는 우유를 마심으로써 훨씬 더 많은 보상을 얻었고, 튼튼하고 건강하게 자라서 남들보다 더 많은 자식을 낳았다. 이윽고 그 유전자는 집단 전체로 퍼졌다. 이 '젖당 내성' 돌연변이는 유라시아와 아프리카를 비롯한 세계의 몇몇 지역에서 우세해졌다. 그리고 그런 곳에서는 반드시 그 돌연변이가 출현할 무렵에 낙농업의 발명이 일어났다. 그러나 낙농업이 생긴 뒤에 유전적 변화가 선택된 것이지, 그 반대 방향으로 일이 진행된 것이 아님은 분명하다. 사람들에게 일어난 유전적 혁신은 문화적 혁신의 불가피한 결과였다.

개의 발명

농경이 발명되기 훨씬 전에 인류는 운명을 바꿀 한 가지 중요한 혁신을 이루었다. 바로 개였다. 개는 인류가 처음으로 길들인 동물로, 전 세계에서 사람 곁에서 사냥하면서 상호 혜택을 보는 생태학적 동반자가 되었다. 그 뒤로 선택 교배되면서 각기 맡은 역할이 다른 아주 다양한 품종이 나왔다. 이 혁신은 누가 어디에서 어떻게 이루었을까? 개를 길들이는 일은 유라시아에서 이루어졌다. 이를 아는 이유는 개가 유라시아 늑대와 가장 가까운 친척이고, 인류가 아메리카로 이주하기 전에 길들였기 때문이다. 개는 인류가 호주로 이주할 때(아마 최초 이주 때는 아니었을 것이다) 함께 갔고, 나중에 야생으로 돌아가서 딩고가 되었다.

최근 들어서 유전학 덕분에 개를 길들인 시점을 좀 더 구체적으로 꼽을 수 있게 되었는데, 그동안 추정했던 것보다 더 이전이었다. 뉴욕 스토니브룩 대학교의 유전학자 크리슈나 비라마Krishna Veeramah는 4,700~7,000년 전에 살았던 고대 개 세 마리의 뼈에서 DNA를 채취하여 분석한 뒤, 현생 개와 늑대 5,649마리의 DNA 서열과 비교했다. 2017년 연구진은 개가 약 4만 년 전에 늑대와 갈라졌고, 그 뒤에 약 2만 년 전에 다시 두 집단(동부와 서부)으로 갈라졌다고 발표했다. 그 뒤로 중국의 개는 유럽 혈통과 유전적으로 달라졌다. 이는 개의 가축화가 단 한 차례 일어났고, 그 일이 2만~4만 년 전에 일어났음을 시사한다. 서유럽이나 동남아시아, 또는 그 사이의 어딘가에서 일어났을 수 있다.

3만 5,000년 전 시베리아 북부에서 죽은 늑대의 DNA도 그 무렵에 이미 늑대가 개와 갈라졌음을 시사한다. 마지막 빙하 최대기보다 한참 전, 그래도 지금보다 훨씬 추웠던 시기에 유라시아 본토에 살던 이들은 야생 늑대를 친구로 만들어서 유용한 도구로 변모시킨 것이다.

아니, 실제로는 정반대로 진행된 것이 아니었을까? 개가 사람에게 유용한 만큼 사람도 개에게 유용하므로, 나는 집필을 하는 동안 옆에서 꾸벅꾸벅 졸고 있는 개를 보면서 내가 개에게 사료와 누울 깔개를 사주기 위해 책을 쓰고 있는 것이 아닐까 하는 생각을 종종 한다. 늑대가 사람들이 먹다 남긴 동물 사체를 뜯어먹으려고 야영지 주위를 어슬렁거리면서 이들을 길들이는 일이 시작되었을 가능성도 꽤 높다. 더 대담한 녀석들은 창에 찔릴 위험을 무릅쓰며 더 많은 먹이를 얻었다. 한 늑대 집단에서 사람들이 있을 때에도 어슬렁거리는 대담한 녀석들이 점점 늘어갔고, 이윽고 사람들은 반쯤 길든 늑대가 주변에 어슬렁거리는 편이 도움이 된다는 사실을 알아차렸다. 늑대가 습격의 조기 경보 시스템 역할을 했거나, 다친 사냥감을 추적하는 데 도움이 되었기 때문일 수도 있다.

시베리아에서 1960년대부터 수행된 놀라울 만큼 오래 이어진 실험은 이 과정이 어떻게 이루어지는지를 보여주고, 개와 사람 양쪽에서 일어난 길들이기의 진화에 관한 놀라운 사실을 드러낸다. 그 실험은 여우를 대상으로 했지만 결과는 더 일반적이다. 1937년 저명한 유전학자 니콜라이 벨랴예프Nikolai Belyaev는 서양의 유전학에 불순한 관심을 갖고 있다는 이유로 체포되어 재판 없이 처형되었다. 그의 동생인 드미트리Dmitri Belyaev는 당시 겨우 20세였는데 형처럼 유전학자가 되었다. 그러나 그 시기에 유행하던 스탈린주의의 환경론적 교리가 옳다고 입에 발린 소리를 하면서 매우 조심성 있게 행동했다. 그는 모피용 동물을 연구하는 연구소에서 일했고, 1958년 노보시비르스크에 있는 소련과학아카데미 시베리아 지부에 속한 세포학 및 유전학 연구소로 자리를 옮겼다. 그곳에서 그는 은여우silver fox를 연구하게 되었다.

은여우는 붉은여우의 아종으로서 원래 캐나다에서 출현했는데, 시베리아에서는 모피를 얻기 위해 사육하고 있었다. 사실 사육한다는 말은 틀린 표현일 것이다. 여전히 우리에 갇힌 야생동물이나 다름없었기 때문이다. 은여우는 포획된 상태에서 적응하고 길들여진다는 징후를 전혀 보이지 않았다. 당시 니키타 흐루쇼프^{Nikita Khrushchev}가 지지한 리센코^{Trofim Lysenko}의 정론에 따르면, 포획하여 기르면 길들여지는 모습이 나타나야 하는데, 그렇지 않은 상황이라는 것이 분명했다. 벨랴예프는 선택 교배를 해보기로 했다. 그는 아주 단순한 방법을 썼다. 각 세대에서 가장 경계심이 적은 개체를 골라 교배했다. 우리에서 가장 덜 으르렁거리는 녀석들을 골랐다. 그런 뒤 새끼 가운데 가장 친근하게 굴고 가장 겁을 덜 먹고 가장 공격적이지 않은 녀석들을 골랐다. 그는 해마다 새끼 1,000마리 중에서 200마리를 골라서 교배를 했다. 그런 과정이 50년 동안 이어졌다.

거의 즉시 연구자들은 차이를 알아차렸다. 4세대에서 새끼 중 일부는 사람들에게 꼬리를 흔들면서 먼저 다가왔다. 야생 여우라면 결코 하지 않을 짓이었다. 몇 세대가 더 지나자 사람에게 적극적으로 다가와서 손을 핥는, 길이 잘 든 개체들도 나타났다. 그러나 가장 놀라운 점은 여우의 모습도 변했다는 것이었다. 꼬리가 말리고, 귀가 늘어지고, 좀 더 연약해 보이는 머리에다가 이마에 하얀 반점이 생겼다. 이 반점은 기르는 소, 말, 그 밖의 애완동물에게 흔히 나타나는 특징이었다. 또 더 큰 새끼를 낳았고, 더 이른 나이에 번식을 했고, 번식기도 모호해졌다. 벨랴예프는 밍크와 쥐를 대상으로도 같은 실험을 했는데, 비슷한 결과가 나왔다.

벨랴예프가 유순하다는 특징을 선택한 것이 공교롭게도 다른 형질들의 유전자 돌연변이도 선택한 셈이 되었다는 사실이 나중에 밝혀졌다. 그런 선택은 이른바 길듦 증후군domestication syndrome을 낳았다. 특히 그는 자신도 모르게 배아 발생 때 일어나는 '신경 능선neural crest' 세포들의 이동을 지연시키는 역할을 했다. 이 세포들은 배아 전체로 퍼져서 피부와 뇌 같은 기관 내에 특정한 조직을 만든다. 검은 색소를 만드는 세포는 대부분 신경 능선에서 유래하는데, 길이 든 동물의 머리에는 이런 세포가 적어서 얼굴에 하얀 무늬가 생긴다. 벨랴예프의 여우에서는 검은 털을 만드는 멜라닌모세포의 이동이 느려지면서 털에 흰 반점이 나타난다. 또 축 처진 귀와 더 작은 턱도 신경 능선 세포의 이동이 느려져서 나타난다.

하버드 대학교의 인류학자 리처드 랭엄Richard Wrangham은 신경 능선 세포가 뇌에서 스트레스, 두려움, 공격성을 조절하는 부위에도 중요한 역할을 한다고 가정한다. 길들여진 결과 동물이 반응적 공격성에 사로잡힐 가능성이 낮아지는 효과가 나타난다는 것이다. 랭엄은 이것이 애완동물뿐 아니라 인간의 특징이기도 하다고 지적한다. 침팬지와 달리 우리는 서로를 죽이지 않으면서 혼잡한 버스에 타고 내릴 수 있다. 침팬지에게는 불가능한 일일 것이다. 우리는 계획된 공격성 쪽으로는 설령 더 강하진 않더라도 침팬지만큼 뛰어난 능력을 보이지만, 반응적 공격성 측면에서는 그렇지 않다. 개도 마찬가지다. 늑대나 침팬지는 애완동물로서는 위험하다. 여러 해 동안 친근하기 지내다가도 잘못된 방식으로 건드리면 갑자기 치명적인 공격 행동을 보일 수 있기 때문이다. 랭엄은 개에게 하듯이 갇혀 있는 늑대를 쓰다듬으려다가 팔을 잃을 뻔한 사람의 이야기를 상세히 들려준다.

사람은 거의 그렇게 행동하지 않는다. 태어날 때부터 우리는 놀라울 만치 남들에게 관대하다. 우리도 낯선 이들에게 공격적인 반응을 덜 보이고, 도시나 농경 정착촌이나 옹기종기 모인 수렵 채집인 정착지에서 더 잘 살아남도록 여러 벨라예프 박사들을 통해서(서로서로) 길든 종처럼 보인다. 선사시대의 어느 시점에 신경 능선 세포가 빨리 이동하고 예민하게 반응하는 이들을 우리가 솎아낸 것이 틀림없다. 세대마다 그들을 처형했든 추방했든 전쟁터로 보냈든 아니면 이 세 가지를 조합했든 간에, 우리는 더 최근까지도 계속 그렇게 했으며, 오늘날까지도 형벌 제도를 써서 그렇게 한다.

우리는 원인原人인 조상들에 비해 자기 자신에게 훨씬 더 길듦 증후군을 일으켰다. 더 여성적인 특징, 더 작은 턱, 그에 따라서 더 촘촘하게 난 이, 성차의 감소, 더 지속적인 성적 활동, 때로 이마 위에 모여 나는 흰 머리 등이 그렇다. 뇌도 더 작아졌다. 머리뼈를 보면 지난 2만 년 사이에 사람의 뇌는 약 20퍼센트가 줄어든 것으로 나타났다. 생물학자들은 이 사실에 곤혹스러워하곤 한다. 개를 비롯한 다른 종들도 길들여질 때 뇌가 줄어든다. 랭엄은 이렇게 썼다. "현생 인류와 더 이전 조상들의 차이점은 한 가지 뚜렷한 양상을 지닌다. 개와 늑대의 차이와 비슷하다." 심지어 지금은 어느 유전자가 바뀌어서 이런 결과가 나왔는지까지도 밝혀져 있다. 예를 들어 BRAF 유전자는 최근에 고양이, 말, 사람에게서 강한 진화적 선택을 받았음을 보여주며, 이는 신경 능선 세포의 이동과 관련이 있다.

개 자체는 분명히 탁월한 발명품이지만, 길듦 유전학을 혁신이라고 말하기는 아마도 무리가 아닐까? 하지만 과연 그것이 정말로 산업혁명과 그렇게 다를까? 산업혁명도 그다지 의도하고서 이룬 것이 아니며, 당대에는 어떤 파급 효과를 미칠지 거의 알아차리지 못했다. 오늘날에도 혁신은 우리가 생각하는 것보다 훨씬 덜 일관적이고 덜 계획적이다. 대부분의 혁신은 설계상의 변이를 무작위적이지 않은 방식으로 보존함으로써 이루어진다.

석기시대의 대도약

농경과 개의 발명이 혁신이라고 하기에는 믿기지 않을 만큼 오래되었고 더디게 진행된 것 같은가? 그렇다면 훨씬 더 오래전인 적어도 10만 년 전 석기시대 후반기에 이루어진 복잡한 도구의 발명은 어떨까? 이른바 인간 혁명human revolution 말이다. 그러나 그것도 혁신의 분출이었고, 컨테이너선과 휴대전화를 우리에게 안겨준 것과 동일한 힘을 통해 추진되었다. 훨씬 더 느리긴 했지만 말이다.

인간 혁명 이전에 원인도 도구를 지니고 있었다. 200만 년 전 우리 인류의 조상은 커다란 뇌에 어울리는 기술을 지니고 있었다. 그들은 부싯돌을 두드려서 가장자리가 날카로운 주먹도끼를 만들었고, 고기를 자르거나 재료를 가공하는 데 이 도구를 썼다. 그러나 아주 오랫동안 그들은 혁신을 이루지 않았다. 적어도 어떤 의미에서든 간에 우리가 혁신이라고 볼 만한 것은 전혀 없었다. 수십만 년 동안 똑같은 인공물이 쓰였고, 따라서 제작 방법도 변하지 않았다. 수천 킬로미터 떨어진 다른 대륙에서 쓰는 것도 똑같았으며, 아마 다른 원인 종이 쓰는 것도 같았을 것이다. 그래서 호모 에렉투스가 쓰던 것인지 다른 종이 쓰던 것인지 구별하기가 쉽지 않다. 과학자들은 여전히 이 현상을 제대로 설명할 수가 없어서 당혹스러워한다. 기술은 혁신의 양상을 드러내기는커녕 문화적 다양성조차도 전혀 보이지 않았다.

아마 새의 둥지와 비교하면 도움이 될 듯하다. 둥지도 학습을 할 수 있는 뇌를 지닌 척추동물이 만든 가공물이자, 더 나아가 기술이다. 그러나 새 둥지의 구조와 재료는 각 종의 고유한 특징이며, 수천 킬로미터 떨어져 있든 수십 년이 흐르든 간에 거의 동일하다. 제비는 진흙으로 컵 모양의 둥지를, 굴뚝새는 이끼를 둥글게 뭉친 모양의 둥지를, 비둘기는 막대기를 모아서 깔아놓은 둥지를 만든다. 둥지 짓기는 타고난 본능이며, 그래서 거의 달라지지 않는다. 아마 도구 제작은 호모 에렉투스의 타고난 본능이었던 듯하다.

텔아비브 대학교의 마이어 핀킬Meir Finkel과 란 바칼Ran Barkal은 이 보수적 경향이 석기에만 한정된 것이고 인류 조상의 다른 기술과 습관은 그렇지 않았을 것이라고 본다. 특히 아슐리안형acheulean 주먹도끼는 다른 도구보다 더 문화적 동조 현상cultural conformity을 보이면서 고정된 듯하다. 호모 에렉투스는 모서리가 날카로운 이 눈물방울 모양의 석기로 죽은 대형 포유동물의 살점을 베어냈다. 말이나 코뿔소의 뼈 옆에 버려진 것이 발견되기도 한다. 두 사람은 이렇게 썼다. "우리는 이 주먹도끼가 아슐 문화의 적응에 핵심적인 역할을 했고, 그래서 아마도 다수를 모방하려는 심리적 편향을 통해 인류 사회에 고착된 뒤 사회규범 또는 전통이 되었을 것이라고 주장한다."

그러나 그 뒤로 서서히 혁신이 일어나기 시작했다. 16만 년 전 아프리카에서 새 도구들이 출현하기 시작했다. 열 처리를 한 석기 같은 복잡한 제조법도 등장했다. 중동에서는 4만 5,000년 전 무렵에 새 도구가 폭발적으로 늘어난 것이 명백하며, 그 뒤로 가속 자체가 수천 년 동안 가속되면서 부메랑과 활과 화살이 나왔다. 그런데 연구자들은 산업혁명과 마찬가지로, 인간 혁명도 신기루였음을 밝혀내왔다. 유럽에서는 약 4만 5,000년 전에 새로운 석기 기술이 쏟아져 나왔다. 그러나 지금은 그것이 그저 '따라잡기 성장catch-up growth'의 결과였음을 안다. 한국이 제2차 세계대전 이후에 급속히 산업화한 것과 비슷하다. 당시 유럽은 아프리카를 따라잡고자 하고 있었다. 아프리카에서는 훨씬 더 일찍부터 그리고 훨씬 더 서서히 신기술이 출현하고 있었던 것이다. 이 점은 인류학자인 샐리 맥브러티Sally McBrearty와 앨리슨 브룩스Alison Brooks가 2000년에 처음으로 지적했다. 유럽에서의 인간 혁명이 인류의 뇌 작동 방식에 변화가 일어났음을 뜻한다는 이론을 통렬하게 비판하면서다. "이 관점은 지극히 유럽 중심적 편견에서 비롯되었으며, 아프리카의 고고학 기록의 깊이와 폭을 제대로 이해하지 못한 것이다." 더 작은 석기와 칼, 뼈 도구와 아마도 교역을 통해 이루어졌을 도구의 장거리 이동 등 인간 혁명의 구성 요소 중 상당수는 그보다 수만 년 전에 이미 아프리카에서 출현했다.

그런데 그런 일이 하필이면 왜 아프리카에서, 왜 그때 일어났을까? 이 느릿느릿 이루어진 석기시대 혁신의 기원을 추적하면 아프리카 남부, 특히 한 동굴 지대에 다다르게 된다. 남아프리카 남동 해안에 있는 피너클 포인트Pinnacle Point로, 빙하기 때 최악의 사막 기후 조건도 이곳까지는 다다르지 못했다. 이 해안에서는 칼라할리 사막이 확장되고 기후가 극도로 건조해가던 시기에도 식생이 꽤 무성하게 자라고 있었을 것이다. 당시의 해수면은 지금보다 훨씬 낮았고 동굴은 해수면보다 더 높은 곳에 자리했지만, 그래도 해안에 충분히 가까워서 초기 인류는 이곳을 보금자리로 삼았다. 그리고 해산물을 먹고 난 쓰레기와 도구를 남겼다. 그 때문에 고고학자 커티스 마리안Curtis Marean은 몇 년 전 이 동굴 지대를 상세히 조사하기로 마음먹었다. 그는 적어도 16만 년 전부터 인류가 그곳에 살았다는 증거를 찾아냈다. 현재의 간빙기 이전의 간빙기보다 더 앞선 시기다. 또 인간의 복잡한 행동이 예상했던 것보다 수만 년 더 앞서 출현했다는 증거도 발견했다. 용도가 다른 다양한 석기, 물감의 이용, 불을 써서 도구의 강도를 높이는 방법 등이 그렇다. 세계의 다른 지역에서는 이런 것들이 훨씬 더 뒤에야 나타난다. 또 그는 인류가 해산물을 먹었다는 증거도 많이 발견했다.

'잔석기microlith'의 사용이 한 예다. 잔석기(세석기)는 커다란 돌에서 떼어낸 작은 조각을 모양을 다듬고 불을 써서 더 단단하게 만든 것이다. 인류는 이를 던지는 무기의 촉으로 삼았었다. 마리안은 피너클포인트에 쌓인 7만 1,000년 전의 동굴 퇴적층에서 잔석기를 발견했다. 그는 그것이 화살을 만드는 데 쓰였을 수도 있다고 본다. 그렇다면 활이 지금까지 추측했던 것보다 수천 년 더 일찍 발명되었다는 의미가 된다. 또는 그보다 더 늦게 발명된 투창용으로 쓰였을 수도 있다. 마리안은 이렇게 결론을 내린다. "남아프리카의 초기 현생 인류는 이런 복잡한 제작 기술을 고안하고 고도로 충실하게 전달할 인지 능력을 갖추고 있었다." 잔석기를 써서 인류는 다칠 위험이 더 적은 상태에서 더 멀리 있는 동물을 잡을 수 있었고, 손으로 던진 창이 닿을 수 있는 거리 내에 들어온 적을 없앨 수 있었다. 이 기술이 유럽에 들어왔을 때 네안데르탈인도 그렇게 죽었을지 모른다. 그런데 이 남아프리카인들이 어떻게 그렇게 혁신적이었던 것일까?

마리안은 피너클포인드에서 다음과 같은 식으로 일이 전개되었을 것이라고 추정한다. 아프리카의 다른 지역에서는 늘 식량 상황이 불확실하게 오락가락했고 게다가 식량이 드문드문 있어서 구하려면 멀리 돌아다녀야 했다. 열매를 맺는 나무나 이주하는 동물 떼는 비가 온 뒤에 갑작스럽게 많은 식량을 제공하기도 했지만, 그런 상황이 오래 지속되지는 않았다. 반면에 덩이뿌리와 작은 영양류처럼 주변에 늘 있는 식량은 더 드문드문 퍼져 있었다. 따라서 수렵 채집인은 외로이 계속 떠돌아다녀야 했다. 집단은 크기가 작아지고 집단 사이는 멀리 떨어지게 됐다. 그런 조건에서는 집단 뇌collective brain가 작았다. 즉, 전문화나 분업이 이루어질 여지가 그다지 없었다. 그런 서식지에 사는 수렵 채집인은 아주 단순한 도구, 문화, 습관을 유지했다.

그러나 아프리카 대륙에는 자원이 풍부하고 예측 가능하고 지속적으로 존재하는 곳이 몇 군데 있었다. 물고기를 잡고 악어와 하마를 죽이거나 새를 잡는 법을 안다면 몇몇 호수도 그런 곳이 될 수 있었다. 해안도 좋지만, 모든 해안이 그렇지는 않았다. 열대 해변과 바위투성이 해안은 비교적 생산성이 낮았다. 조석간만의 차가 적고 해류가 약한 지중해 연안이 대표적이다. 그러나 물이 차갑고 영양분이 풍부해서 어류, 물범, 패류가 풍부한 남아프리카 해안은 유달리 믿음직하게 풍부한 식량을 제공했을 것이다. 마리안은 이런 환경에서 사람이 많이 모이고 정착하고 세력권을 지키는 행동을 함으로써 혁신이 일어나기 시작했다고 본다. 해안에서 채집하는 생태적 지위를 차지함으로써 정착한 이들은 꽤 큰 집단을 이루게 되었고, 이 특정한 해안 지역을 지키게 되었다. 풍부한 식량을 토대로 '마을'을 이루어서 풍족한 물질문화를 누리며 자식을 많이 낳다 보니, 이들은 경쟁 관계에 있는 집단의 습격 표적이 되었을 것이고, 따라서 투창이나 활을 발명할 동기가 생겼다. 개미에게서도 분업을 수반하는 고도의 사회적 행동은 정착형 개미집이 발명되었을 때 출현했다. 좀 현대적으로 표현하자면, 최초의 활 제작자는 친구들이 일종의 '방위 예산' 개념의 물고기를 연구비로 충분히 '지불한' 덕분에 실험할 여유가 있었다고 할 수 있다.

여기서도 풍족함과 혁신의 상관관계가 나타난다는 점에 주목하자. 오늘날 혁신이 부유한 실리콘밸리에서 번성하고, 르네상스 시대에는 부유한 이탈리아 도시국가에서 번성했고, 고대에는 그리스와 중국의 도시국가에서 번성했으며, 농경이 비옥한 강 유역에서 발명되었듯이, 석기시대 혁신은 해산물이 풍부한 곳에서 시작되었다.

유니버시티 칼리지 런던의 마크 토머스Mark Thomas 연구진은 2009년에 후기 구석기시대의 혁신이 전적으로 인구통계학적이라고 주장하는 논문을 발표했다. 밀집된 인구는 인류의 기술 변화를 자극하기 마련이다. 사람들이 전문화할 수 있는 조건을 빚어내기 때문이다. 이 개념을 뒷받침하는 가장 놀라운 증거는 태즈메이니아에서 나온다. 혁신이 아니라 '탈혁신disinnovation'을 보여주는 사례로서다. 태즈메이니아인은 약 1만 년 전 빙하기가 끝나면서 해수면이 상승할 때 그 지역이 호주 본토와 단절된 섬이 되면서 고립되었다. 그들은 서양 탐험가들이 올 때까지 사실상 외부 세계와 격리되어 있었다. 그렇게 수천 년을 고립되어 지내는 동안 약 4,000명에 불과했던 섬 주민들은 기술 혁신 쪽으로는 거의 징후조차 보이지 않았으며, 더 나아가 그들은 애초에 지녔던 기술 중 일부를 사실상 버리기도 했다. 이윽고 그들에게서 뼈 도구도, 추위를 막는 옷도, 자루를 끼운 도구도, 미늘이 붙은 창도, 낚시용 작살도, 투창도, 부메랑도 찾아볼 수 없게 되었다. 2004년 인류학자 조 헨리치Joe Henrich는 이를 고립됨으로써 '유효 집단 크기effective population size'가 갑작스럽게 줄어들며 일어난 일이라는 중요한 논문을 발표했다. 태즈메이니아인은 큰 집단의 작은 일부였다가 작은 집단 전체가 되었다. 이는 그들이 많은 이들의 착상과 발견을 더 이상 활용할 수 없게 되었음을 의미했다. 모든 기술은 숙달하려면 배워야 하므로, 태즈메이니아에서는 작은 집단 내에서 필요한 한정된 수준의 전문화를 지탱할 수 있는 수준으로 기술이 퇴화했다.

여기서 15만 년 전의 어느 시점에 인류가 전문화와 교환을 통해 매개되는 집단적인 사회적 뇌에 의지하게 되었다는 놀라운 개념이 등장한다 (내가 《이성적 낙관주의자》에서 주장한 것이기도 하다). 사람들의 교환을 차단하면, 곧 혁신의 가능성을 낮추는 것이다. 다른 계통의 증거도 이 개념을 뒷받침한다. 태평양의 섬 주민은 더 큰 섬에 살수록 그리고 (더욱 중요한 점인데) 다른 섬들과 교역을 꽤 많이 할수록 더 복잡한 낚시 기술을 지니고 있다. 유럽에 들어온 현생 인류 수렵 채집인들은 교역을 통해 멀리 떨어진 곳에서 나온 물건을 구할 수 있었다. 네안데르탈인은 정반대였다. 그들은 오로지 자기 지역에서 얻은 물건만 썼고, 이방인과 교역을 하지 않았던 듯하다. 현생 인류가 먼 곳에서 나온 물건을 구할 수 있었다면, 착상도 얻을 수 있었을 것이다. 그리고 오늘날까지도 작고 고립된 집단은 지닌 기술이 단순할 뿐 아니라 혁신 속도도 느리다. 수렵 채집인 중에는 안다만 제도의 주민이 그렇고, 산업화한 사회 중에는 북한이 그렇다.

우리는 더 최근의 역사에서도 동일한 교훈을 얻는다. 혁신은 인도, 중국, 페니키아, 그리스, 아라비아, 이탈리아, 네덜란드, 영국처럼 다른 도시와 자유롭게 교역을 한 도시에서 번성했다. 착상이 서로 만나고 짝을 지어 새로운 발상을 낳을 수 있는 곳들에서다. 혁신은 뇌 속에서가 아니라 뇌 사이에서 일어나는 집단 현상이다. 그것이 바로 현대 세계가 얻을 교훈이다.

불로 이룬 진수성찬

증기와 소셜 미디어 같은 혁신은 문화를 바꾼다. 불은 한 단계 더 나아가서 인류의 해부구조까지 바꾼 혁신이었다. 불이 언제 어디에서 발명되었는지는 아직 아무도 밝혀내지 못했다. 고고학적 증거에 담긴 단편적인 단서에 따르면, 50만 년 전이나 200만 년 전에 발명되었을 수도 있고, 한 차례 또는 여러 차례 발명되었을 수도 있다. 그보다는 해부학적 증거가 좀 더 탄탄하다. 인간은 날것만 먹고서는 살아갈 수가 없다. 우리 몸은 요리한 음식을 먹는 쪽으로 적응해 있는데, 아마 거의 200만 년 동안 그랬던 듯하다. 그리고 그 말은 인간이 그때부터 불을 제어했다는 의미다.

오늘날 날것만 먹으려고 시도하는 이들도 있지만, 그 결과 반드시 체중이 줄어들고 불임과 만성 에너지 부족에 시달리게 된다. 견과와 과일로 아무리 배를 채운들 마찬가지다. 주로 날것만 먹는 생식 애호가 500명 이상을 조사한 독일 연구진은 이렇게 결론을 내렸다. "엄격한 생식은 에너지를 충분히 공급한다고 보장할 수가 없다." 그리고 그런 식단으로도 잘 살아가는 침팬지처럼 식량을 찾아 열심히 숲을 돌아다니기는커녕, 야생의 식량보다 훨씬 소화가 잘되는 재배 과일과 채소를 먹는 이들도 그랬다. 대다수의 생식주의자는 요리한 음식도 얼마간 먹어야 한다. 인간의 창자는 날것인 채소, 고기, 견과, 과일에서 충분한 에너지를 뽑아내는 쪽에 적응해 있지 않다. 그 점은 생각할수록 매우 기이하다. 개 같은 길들인 종까지 포함하여 다른 종들은 결코 그렇지 않기 때문이다.

생태계가 얼마나 단순하든지 주식으로 삼는 종이 어떤 생물이든지 간에, 우리가 아는 모든 인류 사회는 음식을 요리한다. 이누이트에서 센티널제도 주민, 푸에고섬 주민에 이르기까지 다 그렇다. 모든 수렵 채집 사회는 요리하는 불을 중심으로 돌아간다. 그들은 낮에는 날것을 간식으로 먹을지도 모르지만, 저녁이 되면 모닥불 앞으로 돌아와서 요리를 해 먹는다. 리처드 랭엄은 바다에서 구명정을 탄 채 거북과 물고기의 살을 먹으면서 31일을 버틴 끝에 구조된 두걸 로버트슨Dougal Robertson 가족의 사례를 자세히 다룬다. 그들은 생존했지만 체중이 쑥 빠졌고, 요리한 음식을 먹는 환상에 빠지곤 했다. 또 사람은 다른 유인원보다 썩은 고기나 독소가 든 야생식물을 먹었을 때 훨씬 더 쉽게 탈이 난다. 우리는 진정으로 요리한 음식에 적응해 있다.

요리는 음식을 미리 소화하는 과정이다. 녹말을 젤라틴화함으로써 소화할 수 있는 에너지의 양을 거의 두 배로 늘린다. 또 단백질을 변성시켜서 달걀이나 스테이크를 먹을 때 흡수할 수 있는 에너지의 양을 약 40퍼센트 늘린다. 이는 우리가 바깥에 위장을 하나 더 지니는 것과 비슷하다. 따라서 요리는 우리가 왜 체중에 비해 다른 유인원보다 치아가 작고 위장도 작고 창자 길이도 겨우 절반 남짓에 불과한지를 설명해준다. 이 작은 창자는 유지하는 데 비용이 덜 든다. 다른 유인원에 비해 인간은 소화관을 가동하는 데 드는 에너지가 10퍼센트 더 적다. 따라서 요리에 이용하는 불은 우리에게 에너지를 제공할 뿐 아니라, 우리의 에너지도 절약한다. 레슬리 아이엘로Leslie Aiello가 주장했듯이, 이는 뇌의 팽창으로 이어지는 중요한 단계였다. 인류의 초기 조상은 목 위에 놓인 에너지를 갈구하는 기관의 크기를 더 키우려 했지만, 간이나 근육을 희생시킬 수는 없었다. 그러나 위장과 창자는 줄일 수 있었고 실제로 그렇게 했다. 따라서 요리 덕분에 뇌가 커질 가능성이 생겼다.

더 큰 뇌와 더 작은 창자로의 전환은 200만 년 전 아프리카를 비롯한 세계에서 호모 에렉투스가 호모 하빌리스를 대체하고 얼마 뒤에 일어난 듯하다. 비록 인류의 조상이 아주 오랜 기간에 걸쳐서 서서히 조금씩 변했고 화석이 아주 드물기 때문에 이렇게 정확히 두 종으로 나누는 데서 오해가 생길 수도 있지만 말이다. 최근까지는 그 변화를 육식으로 옮겨간 것으로 설명했다. 그러나 리처드 랭엄은《요리 본능Catching Fire》에서 그 이론을 납득할 수 없다고 주장한다. 인간의 창자는 이를테면 개에 비해서 날고기를 소화하는 능력이 떨어지며, 고기와 균형을 맞추어줄 지방(추운 기후에서)이나 탄수화물(따뜻한 기후에서)에도 깊이 의지하기 때문이라는 것이다. 그래서 그는 그 변화를 설명하는 것이 요리라고 주장한다. 새로 출현한 호모 에렉투스는 이가 더 작고, 골반도 더 좁고, 갈비뼈도 덜 벌어져 있었다. 이는 모두 창자가 더 작았음을 의미한다. 게다가 뇌 부피가 크게 증가했다.

이 개념을 모두가 받아들이는 것은 아니다. 특히 관련 증거들은 뇌 크기는 전혀 갑작스레 커지지 않았으며, 오로지 시간이 흐르면서 서서히 커졌을 뿐이라고 시사한다. 기술에 이런저런 변화가 일어나도 정해진 비용으로 구입할 수 있는 계산 능력은 여전히 서서히 증가한다는 20세기 무어의 법칙과 좀 비슷하게, 인류 조상의 화석 기록에서 종이 계속 바뀌어가도 뇌 크기는 서서히 꾸준히 증가한 것으로 보인다.

호모 에렉투스는 어떻게 요리를 발명했을까? 물론 불을 모르지는 않았을 것이다. 특정한 계절이면 번갯불이 쳐서 들불이 흔히 일어났을 것이 분명하다. 침팬지는 이 자연현상에 나름대로 잘 대처한다. 호모 에렉투스는 아마도 그런 불 주변에서 서성거리다가 불길을 피해 뛰쳐나오는 작은 동물들을 잡지 않았을까? 또는 불에 타 죽은 동물의 사체를 찾아다니다가 발견해서 배불리 먹지 않았을까? 도마뱀, 설치류, 새알 같은 것을 먹지는 않았을까? 또는 견과는 어떨까? 이런 식으로 불 주변을 어슬렁거리는 포식자들은 더 있다. 매 종류도 그렇다. 아마 인류 조상은 깜부기불을 다른 곳으로 옮겨서 일부러 들불을 퍼뜨리는 습관을 들였을 수도 있다. 풀을 새로 자라게 하여 사냥감을 꾀기 위해서다. 또는 밤에 온기를 유지하기 위해 불붙은 막대기를 모아놓곤 하다가 나중에야 요리하는 데 쓰기 시작했을 수도 있다. 아마 불을 일상적으로 사용하지 않고, 어느 한 집단만 활용하고 나머지 집단은 쓰지 않았던 시기가 오래 이어졌을 것이 분명하다. 이 집단에 각종 요리법을 시험하는 연구개발 전담팀이 있었을 가능성은 낮지만, 일단 불을 제어하는 방법이 널리 쓰이자 서식지 전체가 그런 실험실이 되었을 것이다.

호모 에렉투스는 여태껏 포유동물이 이용할 수 없었던 형태의 에너지, 즉 나무에 갇혀 있다가 태울 때 방출되는 에너지를 이용하는 법을 발견했다. 그리하여 인류는 그전까지 흰개미, 곰팡이, 세균의 영역에 속해 있던 에너지원을 훔치기 시작했다. 이는 사실상 수십만 년 뒤 화석연료를 채택한 것에 맞먹는 에너지 전환이었다.

궁극적 혁신, 생명

지구에 생명이 출현한 것이야말로 최초의 혁신이었다. 원자와 비트를 처음으로 목적에 맞게 에너지를 다스릴 수 있는, 있을 법하지 않은 형태로 재배치한 사례였다. 물론 이 말은 자동차나 총회에도 들어맞는다. 이 최초의 혁신은 40억 년 전에 일어났다. 지적인 존재는커녕 살아 있는 존재조차도 전혀 없던 때였다. 우리는 그 일이 어디에서 어떻게 일어났는지 그다지 잘 알지 못하지만, 그렇다고 해서 혁신이라는 지위에서 탈락되어야 하는 건 아니다. 우리는 그 일이 전적으로 에너지와 있을 법하지 않음에 관한 것임을 안다. 둘 다 오늘날의 혁신에도 중요한 것이다. 그리고 생명의 기원이 누군가가 계획한 것이 아니라는 사실도 중요한 교훈이다.

모든 생물은 에너지를 가두어서 유용한 것으로 만드는 독특한 방법을 지닌다. 생물의 세포는 양성자를 지질막의 한쪽 편으로 퍼내서 에너지 기울기를 생성한다. 그 에너지는 세포에서 이런저런 일을 하는 단백질을 합성하는 데 쓰인다. 단백질은 증기기관과 컴퓨터와 마찬가지로 에너지를 일로 전환한다. 생애의 1초마다 인간은 세포에 든 천조 개의 미토콘드리아에서 10억 x1조 개에 달하는 양성자를 내부막 건너편으로 퍼낸다. 이 양성자 기울기가 이루어지지 않는 것이 바로 죽음이라고 할 수 있다. 청산가리는 양성자 펌프를 차단하기 때문에 독이 된다. 막 사망한 시신은 어느 모로 봐도 살아 있는 몸과 똑같다. 눈에 보이지 않는 미세한 규모에서 양성자를 막의 한쪽 편으로 퍼내는 능력이 갑작스럽게 멈추었다는 것이 다를 뿐이다.

유니버시티 칼리지 런던의 닉 레인Nick Lane은 이것이 대단히 특이한 현상임을 처음으로 깨달은 사람이다. 에너지를 만들고 저장함으로써 국부적으로 엔트로피에 맞서는 이러한 방식은 지극히 임의적인 것처럼 보인다. 그는 그 현상이 생명이 어디에서 어떻게 처음 출현했는지를 알려줄 단서가 될 수 있지 않을까 추측했다. 일종의 흔적 화석이라고 본 것이다. 2000년 대서양 한가운데의 해저에서 새로운 유형의 열수 분출구가 발견되었다. 염기성을 띤 따뜻한 물이 새어 나오는 곳이었다. 해저의 다른 곳에서 발견된 산성을 띤 검은 연기를 뿜어내는 분출구와는 달랐다. 이곳 분출구 주위에는 탄산염이 거대한 굴뚝과 탑을 형성하고 있었기에, 잃어버린 도시Lost City라는 이름이 붙었다. 그런데 이 구조물의 니켈, 철, 황으로 이루어진 얇은 반전도성 벽에 난 미세한 구멍들을 통해 양성자가 확산된다는 것이 드러났다. 이런 곳에서 우발적으로 생기는 에너지 기울기는 유기 분자의 합성을 일으킬 수 있다. 그리고 그 분자들은 축적되면서 상호작용이 가능해진다. 레인은 생명이 40억 년 전에 이런 구멍 안에서 시작되었을 것이라고 본다. 이 우연히 자연적으로 생긴 양성자 기울기가 복잡한 분자를 만드는 추진력이 되었다는 것이다. 이 에너지의 원천은 암석과 유체 사이의 반응이었다.

생명이 단 한 차례 기원했다는 것(설령 두 번 이상 기원했다고 해도 하나만 남고 나머지는 다 사라졌다는 것)은 모든 생명체에 동일한 임의의 유전암호가 들어 있다는 점이 증명한다. 따라서 생명의 여명기에 우연한 재조합을 통해 혁신이 일어나면서 에너지를 이용하여 엔트로피를 줄이는 결과가 나온 것이다. 문명과 기술도 거의 같은 방식으로 기술했으므로, 인간의 혁신이 그저 40억 년 전에 시작된 과정을 잇고 있다는 말도 분명히 일리가 있다. 이 연속성을 끊는 어떤 영적인 속성 따위는 전혀 없다. 물질은 처음에는 전적으로 유기체 내에서 그리고 그 뒤에는 점차 유기체 바깥에서, 더욱더 복잡해져왔다. 최근에 《노바세Novacene》라는 책을 펴낸 제임스 러브록James Lovelock 같은 이들은 이 궤적이 유기적 요소를 아예 없애는 쪽으로 이어지기 직전에 와 있다고 본다. 로봇이 시대를 장악하고 우리가 마음을 컴퓨터로 옮기는 때다.

혁신의 본질

자유는 과학과 미덕의 부모이며,
국가가 자유로울수록 그 둘은 크게 증진될 것이다.

−토머스 제퍼슨Thomas Jefferson

혁신은 점진적이다

이 책에서 지금까지 만나본 혁신의 역사를 보면, 놀라울 만치 일관적인 몇 가지 양상을 드러내고 있다. 어제 일어났든 200년 전에 일어났든 간에, 높은 기술이었든 낮은 기술이었든 간에, 큰 장치였든 작은 장치였든 간에, 현실이든 가상현실이든 간에, 파괴적인 충격을 가했든 그저 도움을 주었든 간에, 성공한 혁신은 거의 동일한 경로를 따른다.

우선 혁신은 거의 언제나 점진적이지 갑작스레 이루어지지는 않는다. 유레카의 순간은 드물며 어쩌면 아예 존재하지 않을 것이다. 그리고 유레카의 순간이라고 찬미되는 것은 모든 일이 지난 뒤의 깨달음에 힘입은 바 크고, 오랜 준비 기간이 있었음을 언급할 때에도 그 과정에서 잘못된 길로 들어선 사례가 많았다는 사실은 전혀 전하지 않는다. 아르키메데스는

272

'유레카'라고 소리치며 욕탕에서 뛰쳐나오지 않았을 것이 거의 확실하다. 아마 사람들을 즐겁게 하기 위해서 나중에 그 이야기를 꾸며냈을 것이다.

컴퓨터에 대해서는 자카드 직기에서 시작하거나 진공관에서 시작하거나, 이론에서 시작하거나 현실에서 시작하는 등 다양한 방식으로 이야기할 수 있다. 그러나 더 깊이 들여다볼수록, 일련의 작고 점진적인 단계가 아닌 갑작스러운 돌파구가 일어난 순간을 찾아낼 가능성은 더 작아진다. 꼭 찍어서 어느 날이라고 결코 말할 수가 없다. 컴퓨터는 하루 전까지는 없다가 바로 그다음 날 떡하니 나타나지 않았다. 아빠는 유인원인데 그 딸은 인간으로 태어나, 유인원과 인간을 가르는 경계선이 되는 일이 없는 것처럼 말이다.

그것이 바로 불, 석기, 생명의 기원 같은 무의식적이면서 '자연적인' 혁신의 이야기가 현대 기술 발명과 하나의 연속체를 이루고 있다고 말할 수 있는 이유다. 이들은 본질적으로 동일한 현상이다. 진화 말이다. 자동차의 사례를 보면, 자세히 들여다볼수록 초창기 자동차는 마차, 증기기관, 자전거 같은 더 앞선 기술이 내놓은 산물들을 닮아 있다. 이는 거의 예외 없이 인위적인 기술이 더 이전의 인위적인 기술로부터 진화하며, 맨땅에서부터 발명되는 것이 아님을 상기시킨다. 이는 진화 체계의 핵심 특징이다. '인접 가능한adjacent possible' 단계로 이동한다는 것이다.

그런데 한번 생각해보자. 어쨌거나 1903년 12월 17일 라이트 형제의 플라이어가 공중에 뜬 순간이 있지 않은가? 그것은 갑작스럽게 돌파구를 이룬 순간이 확실하지 않나? 아니다. 그런 것과는 거리가 멀다. 그 내막을 알고 나면, 그토록 점진적인 이야기도 없으리라는 점을 깨닫게 된다. 그날의 비행은 몇 초 동안 지속되었다. 거의 뜀뛰기나 다름없었다. 강한 맞바람이 없었다면 불가능했을 것이고, 더 앞서 시도했을 때에는 실패했다. 몇 년에 걸친 힘겨운 노력, 실험과 학습을 거친 뒤에야 떠오를 수 있었다. 그 과정을 통해서 동력 비행에 필요한 모든 조각이 서서히 끼워 맞추어진 것이다. 호주의 초기 비행 실험가인 로렌스 하그리브스Lawrence Hargreaves는 1893년 동료 지지자들에게 '자기 노력의 결과를 자기만 꼭 틀어쥐고 있으면 한 재산 모을 것이 확실하다'라는 생각을 뿌리째 뽑아내야 한다고 썼다. 라이트 형제의 재능은 자신들이 점진적이고 반복되는 과정을 거치고 있다는 사실을 정확히 알고, 첫 시도에서 비행하는 기계가 나올 것이라고 기대하지 않았다는 데 있다. 그리고 키티호크에서 비행에 성공한 순간은 몇 년 동안 힘들게 뚝딱거리면서 고치고 또 고친 끝에 비행기를 몇 시간 동안 떠 있게 하는 법, 맞바람이 없이도 이륙하는 법, 선회하고 착륙하는 법을 알아낸 뒤에야 나왔다. 항공기의 역사를 더 자세히 살펴볼수록, 일이 더욱더 점진적으로 진행된 양 보인다. 이륙 순간 자체도 사실상 점진적이다. 바퀴를 누르는 무게가 서서히 줄어드는 과정이니 말이다.

이 논리는 이 책에서 지금까지 살펴본 모든 발명과 혁신뿐 아니라, 내가 살펴보지 않은 많은 발명과 혁신에도 들어맞는다. 이중나선의 발견도 마찬가지다. 1953년 2월 28일 제임스 왓슨James Watson은 두 염기쌍이 똑같은 모양이라는 것을 문득 알아차렸고, 그것은 두 가닥이 서로 반대 방향을 하고 있다는 의미임을 프랜시스 크릭Francis Crick이 깨달았다. 그들이 생명의 핵심에 선형 디지털 코드가 있는 게 틀림없다는 사실을 간파한 시점은 분명히 '유레카의 순간'처럼 보인다. 그러나 개러스 윌리엄

스Gareth Williams는 그 발견의 이전 역사를 살펴본 저서《이중나선 풀기The Unravelling of the Double Helix》에 이렇게 썼다. "이는 그저 오랫동안 끙끙거리면서 점점 나아가는 발견의 과정에서 나타나는 한 일화에 불과하다."

최근 수십 년 사이에 그 어떤 치료법보다 더 많은 목숨을 구한 의학적 발명인 경구수액요법oral rehydration therapy도 좋은 사례다. 1970년대에 방글라데시에서 많은 의사가 설사 때문에 생기는 탈수 증세로 아이가 죽는 것을 막기 위해 당과 소금을 넣은 용액을 쓰기 시작했다. 언뜻 보면 갑작스럽게 나타난 혁신 같다. 그러나 그 역사를 더 자세히 살펴보면 동일한 개념을 토대로 더 앞서 이루어진 실험들이 있었음을 알 수 있다. 1960년대에 필리핀에서도 유사한 실험이 이루어졌는데, 그 실험은 1950년대에 이루어진 쥐 실험에 토대를 두고 있고, 또 이 쥐 실험은 1940년대에 이루어진 정맥수액요법의 점진적인 개선에 토대를 둔 것임이 드러났다.

1967년 동파키스탄(지금의 방글라데시)의 다카에 있는 콜레라연구소의 과학자들은 분명히 어떤 실험적 돌파구를 이루었다. 데이비드 날린David Nalin 연구진은 소금물에 포도당을 첨가하면 나트륨이 몸에서 덜 빠져나간다는 것을 깨달았지만, 그들이 그저 앞서 이루어진 다른 연구에서 나온 단서를 재발견하여 더 큰 규모로 검증한 것이라고도 주장할 수 있다. 같은 시기에 캘커타에서 이루어진 실험에서도 그 발견을 재확인하는 결과가 나왔다. 그랬음에도 다카 연구소는 그 개념을 받아들이도록 의료진을 설득하기가 쉽지 않았다. 일부 전문가는 경구수액요법이 약간 도움이 되긴 하겠지만 정맥수액요법을 대체하지는 못한다고 결론지었으며, 상식적으로 볼 때 그 방법을 쓰려면 계속 굶어서 장을 싹 비워야 할 것이라고 했다. 그리고 1968년 동파키스탄의 농촌 지역(정맥수액요법을 쓸 여건이 안 되던)에서 경구수액요법을 시도할 계획이 제시되자, 필리핀에서 포도당의 효과를 처음 발견한 바로 그 과학자인 로버트 필립스Robert Philips가 강력하게 반대하고 나섰다. 그러다가 1970년대 초, 특히 방글라데시 독립 전쟁이 벌어지고 있을 때 경구수액요법은 콜레라를 비롯한 설사병에 월등히 뛰어난 최고의 치료법임이 증명되었고, 이윽고 그 혁신은 자리를 잡았다.

혁신이 점진적인 진화 과정이라면, 혁명과 영웅적인 돌파와 갑작스러운 계몽이라는 관점에서 기술되는 사례가 왜 그렇게 많을까? 답은 두 가지다. 인간 본성과 지식재산권 제도다. 이 책에서 여러 번 보여주었듯이 우리는 돌파구를 이룬 누군가의 중요성을 과장하고, 그의 경쟁자와 선배는 까맣게 잊고, 그 돌파구를 실용화한 후배를 무시하려는 유혹에 너무나 쉽게 또 너무나 자주 빠지곤 한다.

진정한 '발명자'로서 머리에 월계관을 쓰고 싶지 않은 이가 과연 누가 있겠는가? 혁신이 갑작스럽게 출현하여 세상을 바꾼다고 묘사하고 싶은 이들이 발명가만은 아니다. 언론인도 그렇고 전기 작가도 그렇다. 사실 발명과 혁신이 점진적이라고 주장하고픈 동기가 강한 사람은 거의 없다. 해당 발명가에게 간발의 차이로 뒤처져서 원통해하며 절망에 빠진 경쟁자도 그럴 것이다. 내가 《모든 것의 진화The Evolution of Everything》에서 말했듯이, 물론 이는 역사를 설명하는 '위인' 이론의 한 형태다. 즉, 특정한 족장, 사제, 도둑이 그 방향으로 이끌었기에 역사가 그쪽으로 흘러간다는 이론이다. 역사 전체를 보면 그 말은 대체로 사실이 아니며, 혁신의 역사에서는 더욱더 그렇다. 사람들은 자신의 삶을 자신이 실제보다 더 통제하고 있다고 생각하고 싶어 한다. 스스로 결정하고 도약을 이루는 인간 행위자라는 개념은 자신을 흡족하게 하고 위안이 된다.

국수주의는 이 문제를 더 악화시킨다. 새 착상의 수입이 새 착상의 발명과 혼동되는 사례는 아주 흔하다. 피보나치는 0을 발명하지 않았고, 그에게 그 개념을 전수한 알 콰리즈미를 비롯한 아랍인들도 마찬가지였다. 인도인들이 발명했다. 메리 워틀리 몬터규는 접종을 발명하지 않았고, 아마 그녀에게 그 개념을 전수한 오토만 제국의 의사들도 이를 발명하지 않았을 것이다.

특허권도 영웅적인 발명가 문제를 더욱 악화시킨다. 나는 이 책에서 혁신가들이 혁신의 특허권을 확보하거나 방어하기 위해 싸우느라 지쳐가는 모습을 반복해서 보여주었다. 새뮤얼 모스, 굴리엘모 마르코니를 비롯한 많은 이가 자신의 선취권에 도전하는 이들과 맞서 싸우느라 여러 해를 소송에 매달려야 했다. 또 누군가 받은 특허의 범위가 너무 넓어서 후속 혁신을 방해하는 사례도 있었다. 불을 이용해 물을 끌어올리는 세이버리의 특허가 그러했다. 그 때문에 뉴커먼의 증기기관도 와트의 고압 증기기관도 개선되기까지 수십 년이 걸렸다. 지식재산권이 현재 혁신에 도움이 되기보다는 혁신을 방해한다는 점은 뒤에서 다시 다루기로 하자.

혁신은 발명과 다르다

레이저를 발명하여 그 물리학으로 1964년 노벨상을 받은 찰스 타운스Charles Townes는 오래된 만화의 한 장면을 즐겨 인용했다. 비버와 토끼가 후버댐을 올려다보고 있는 장면이다. 비버가 말한다. "아니, 내가 직접 만든 건 아냐. 하지만 내 착상에서 나온 거야." 발견자와 발명자는 으레 자신이 좋은 착상을 내놓았는데 영예도 이득도 그다지 못 보았다고 느낄 때가 너무나 많다. 그 착상이나 발명을 적당한 가격으로 실용화하여 실제로 사람들에게 혜택을 주는 혁신을 이루는 데 얼마나 큰 노력이 필요한지는 잊거나 간과하면서 말이다. 경제학자 팀 하포드는 이렇게 주장했다. "가장 영향력 있는 신기술은 보잘것없고 값싼 것일 때가 많다. 유기체 로봇의 놀라운 복잡성보다 그저 적절한 가격에 필요한 것을 구입할 수 있는지가 더 중요할 때가 많다." 그는 이를 우리가 당연시하는 단순하지만 매우 중요한 기술의 이름을 따서 '휴지 원리toilet-paper principle'라고 부른다.

압력과 촉매를 써서 대기의 질소를 고정하는 프리츠 하버의 방법은 위대한 발명이었다. 그러나 사회가 지불할 수 있는 적절한 가격에 대규모로 암모니아를 제조할 수 있게 된 것은 카를 보슈가 여러 해에 걸쳐 힘든 실험을 진행하며 다른 산업으로부터 끌어온 새로운 착상으로 문제를 하나씩 해결해나간 덕분이었다. 우리는 맨해튼 계획이나 뉴커먼의 증기 기관도 같은 기준으로 볼 수 있다. 나아가 이 법칙은 대규모 산업 혁신에만 적용되는 것이 아니다. 혁신의 역사에는 비용을 줄이고 제품을 단순화하는 방법을 찾아내는 이들이 가장 큰 변화를 일으킨 사례가 반복해서 나타난다. 1990년대에 휴대전화산업이 거의 누구도 내다보지 못한 상태에서 예기치 않게 성공을 거둔 것은 물리학이나 기술에 어떤 돌파구가 일어나서가 아니라, 그저 가격이 갑작스럽게 하락해서였다.

조지프 슘페터는 1942년에 이렇게 썼다.

전등은 양초를 충분히 구입하여 하인들에게 옆에서 들고 다니게 할 만큼 돈이 많은 이에게는 별 혜택을 주지 못한다. 자본주의 생산의 전형적인 성과물은 대체로 부자에게 큰 의미가 있을 법한 개선 사례가 아니라, 저렴한 천, 저렴한 면직물과 인조견, 장화, 자동차 등이다. 엘리자베스 여왕은 실크 스타킹을 소유했다. 자본주의의 성취는 대개 여왕에게 실크 스타킹을 더 많이 제공하는 것이 아니라, 노력에 따르는 보상이 꾸준히 줄어들고 있는 공장 여성들도 실크 스타킹을 살 수 있게 만드는 데 있다.

혁신은 우연한 발견일 때가 많다

'serendipity(우연한 발견)'라는 영어 단어는 1754년 호레이스 월폴Horace Walpole이 사라진 그림을 추적하는 법을 설명하기 위해서 만들었다. 그는 그 단어를 《세렌딥의 세 왕자The Three Princes of Serendip》라는 페르시아 동화에서 따왔다. 월폴은 한 편지에 영리한 왕자들이 "우연과 명석한 머리 덕분에 굳이 찾아다니지 않은 것들을 늘 발견한다"라고 썼다. 바로 그것이 혁신의 잘 알려진 속성 중 하나다. 우연한 발견 말이다.

야후의 창업자들도 구글의 창업자들도 처음부터 검색엔진을 만들려고 한 것이 아니었다. 인스타그램의 창업자들은 게임 앱을 만들려 했다. 트위터의 창업자들은 팟캐스트를 검색하는 방법을 발명하려 했다. 1938년 듀폰에 근무하던 로이 플렁킷Roy Plunkett은 전적으로 우연히 테플론Teflon을 발명했다. 그는 더 나은 냉매를 개발하려고 애쓰던 중에 약 45킬로그램의 테트라플루오로에틸렌tetrafluoroethylene 기체를 원통에 넣어서 드라이아이스의 온도에 보관하게 됐다. 염소 처리를 할 예정이었다. 그런데 원통을 열어 꺼내보니 양이 부족했다. 화학물질 중 일부가 중합 반응을 일으켜서 하얀 가루가 되어 있었다. 폴리테트라플루오로에틸렌polytetrafluoroethylene, PTFE이었다. 냉매로서는 쓸모가 없었지만, 플렁킷은 그것이 어떤 성질을 지니는지 알아보기로 했다. 그 물질은 열에 잘 견디고 화학적으로 반응하지 않을뿐더러 기이하게도 마찰을 줄이며 끈적거리지도 않았다. 폴리테트라플루오로에틸렌은 이윽고 1940년대에 맨해튼 계획에서 불소 기체를 담을 용기를 만드는 데 쓰이게 되었다. 1950년대에는 달라붙지 않는 프라이팬의 코팅제로 쓰였다. 1960년대에는 고어텍스 옷을 만드는 데 쓰였고, 달에 가는 아폴로 탐사선에도 쓰였다.

20년 뒤 스테파니 퀄렉Stephanie Kwolek은 케블라Kevlar를 개발했다. 마찬가지로 듀폰에서였고 마찬가지로 우연한 발견을 통해서였다. 1946년에 입사한 중합체 전문가인 그녀는 실 형태로 뽑아낼 수 있는 새로운 유형의 방향성 폴리아마이드를 연구하고 있었다. 그녀는 망설이는 동료를 설득하여 이 미끈거리는 섬유로 직물을 짰다. 그러자 그 직물이 강철보다 강하고, 유리섬유보다 가볍고, 내열성을 띤다는 것이 드러났다. 좀 더 뒤에는 방탄복을 만드는 데 쓸 수 있다는 것이 드러났다. 퀄렉은 이렇게 말했다. "어떤 발명은 예기치 않은 사건과 그것을 알아보고 활용하는 능력으로부터 나온다."

미니애폴리스의 3M에서 일하던 스펜서 실버Spencer Silver는 강력하고 영구적인 접착제를 찾던 중에 오히려 약하고 잘 떨어지는 접착제를 발견했다. 1968년의 일이었다. 그런데 그 접착제를 어디에 쓸 수 있을지 아무도 생각해내지 못했다. 5년 뒤 아트 프라이**Art Fry**라는 그의 동료가 교회 성가대에서 노래를 할 때 찬송가 책에 끼운 책갈피가 계속 떨어지는 바람에 짜증을 내다가 그 접착제를 떠올렸다. 그는 실버에게 가서 작은 종이에 그 접착제를 발라달라고 했다. 그때 주변에 있는 건 노란 종이뿐이었다. 그리하여 포스트잇이 탄생했다.

유전자 지문의 발명도 마찬가지다. 이 기술은 유죄 판결을 내리는 데 대단히 가치가 있음을 증명했지만, 그보다는 무죄인 사람의 혐의를 벗기는 데 더 많이 기여했다. 그리고 친자 확인과 이민자 파악에도 아주 널리 적용되었으므로, 1990년대에 DNA가 예기치 않게 의학 내부보다 바깥에 훨씬 더 큰 영향을 미쳤다고 말해도 무리가 아니다.

레스터 대학교의 알렉 제프리스**Alec Jeffreys**는 DNA를 통해 개인과 그 친족들의 신원을 파악하는 법을 발견한 사람이다. 그는 1977년에 유전자 돌연변이를 직접 검출할 방법을 찾아내고자 DNA의 변이를 연구하기 시작했다. 1978년 그는 사람들에게 있는 DNA 변이를 처음으로 검출했고, 그것을 질병 진단에 쓸 수 있지 않을까 생각했다. 즉, 여전히 의학에 응용한다는 관점에서 생각하고 있었다. 그러나 1984년 9월 10일 아침에 그는 자신이 발견한 것에서 좀 이상한 점을 알아차렸다. 자기 연구실의 연구원과 자신의 부모를 포함해 조사한 사람마다 DNA는 언제나 서로 달랐고, 따라서 각자 독특하다는 것이 드러났다.

몇 달 지나지 않아서 그 기술은 이민 당국의 결정에 이의를 제기하고 친자 관계를 확인하는 데 쓰이게 되었다. 1986년 당시 레스터셔 경찰은 학습 장애가 있는 리처드 버클랜드**Richard Buckland**라는 젊은이를 체포했다. 앞서 나보로 마을 인근의 숲에서 15세 소녀가 두들겨 맞고 성폭행당한 후 목 졸려 죽은 채 발견된 바 있었다. 버클랜드는 그 동네에 살았고, 그 범죄 사건을 상세히 아는 듯했으며, 심문을 받자 곧 자신이 저질렀다고 자백했다. 그것으로 사건은 종결된 듯했다.

경찰은 버클랜드가 거의 3년 전에 얼마 떨어지지 않은 곳에서 일어난 아주 비슷한 범죄도 저질렀는지 여부를 알고 싶었다. 다른 15세 소녀가 성폭행당하고 살해당한 사건이었다. 버클랜드는 자신이 한 짓이 아니라고 주장했다. 그래서 경찰은 그 지역에 있는 대학교의 제프리스에게 새 DNA 지문 기술이 도움이 될 수 있는지 물었다. 양쪽 시신에서 다 정액이 발견되었기에, 제프리스는 검사를 하여 명확한 답을 내놓았다. 양쪽 범죄를 동일 인물이 저지르긴 했지만 버클랜드가 범인은 아니라는 것이었다. 당연히 경찰은 이 결론을 받아들이기를 꺼렸다. 아직 새로운 기법이라는 이유에서였다. 그러나 결국 제프리스의 증거에 비춰볼 때 버클랜드가 유죄일 리 없다고 판단했고, 버클랜드는 풀려났다. 그리하여 그는 DNA를 통해 혐의를 벗은 최초의 인물이 되었다.

경찰은 그 지역에 사는 특정한 연령대의 모든 남성을 대상으로 혈액 검사를 요청했다. 그렇게 8개월 동안 5,511명의 혈액을 채취해 조사했다. 그러나 범죄 현장에서 얻은 증거와 일치하는 사람은 없었다. 수사는 막다른 골목에 들어섰다. 그러던 중 1987년 8월 어느 술집에서 직장 동료와 맥주를 마시던 남자가 혈액 채취를 남에게 대신 받아달라고 부탁했다고 털어놓았다. 옆에서 누군가 그 말을 듣고 경찰에게 알렸다. 빵집에서 케이크를 장식하는 일을 맡은 27세의 콜린 피치포크Colin Pitchfork는 친구에게 대신 피 검사를 받아달라고 부탁하면서 자신이 전에 경찰과 좀 다투어서 그렇다고 핑계를 댔던 것이다. 경찰은 피치포크를 체포했다.

피치포크는 곧 자백했고, 범죄 현장에서 발견된 증거와 그의 DNA가 일치하는 것으로 드러났다.

DNA는 법의학적으로 처음 사용될 때부터 무죄인 사람의 혐의를 벗기고, 유죄인 사람의 혐의를 입증했다. 아마 그럼으로써 다른 여성들의 목숨도 구했다고 할 수 있을 것이다. 1990년대에 제프리스는 우연한 발견으로 DNA를 의학적 용도보다 범죄 수사에 훨씬 큰 변화를 이루는 쪽으로 이용할 길을 연 것이다.

혁신은 재조합이다

모든 기술은 다른 기술들의 조합이다. 그리고 모든 착상은 다른 착상들의 조합이다. 에릭 브린욜프슨Erik Brynjolfsson과 앤드루 맥아피Andrew McAfee는 이렇게 말했다. "구글의 자율주행차, 웨이즈, 웹, 페이스북, 인스타그램은 기존 기술의 단순한 조합이다." 그러나 이 말은 더 일반적으로도 참이다. 브라이언 아서Brian Arthur는 2009년 저서 《기술의 본성The Nature of Technology》에서 처음으로 그 점을 주장했다. "새로운 기술은 기존 기술의 조합을 통해 생기며, 따라서 기존 기술은 더 많은 기술을 낳는다." 당신의 주머니나 가방에서 기존 기술이나 착상의 조합이 아닌 기술의 산물(자연의 산물이 아니라)이 있는지 한번 찾아보라. 이 글을 쓰고 있는 지금 내 책상에는 머그잔, 연필, 종이, 전화기 등이 있는 게 보인다. 머그잔은 아마 가장 단순한 대상이겠지만, 여기도 유약을 발라 반질거리는 도기에 상표가 찍혀 있으며, 점토를 굽고 유약을 바르고 인쇄를 하고 손잡이를 붙이고 차나 커피를 담는다는 착상의 조합이다.

재조합은 자연선택이 생물학적 혁신을 이룰 때 기대는 변이의 주된 원천이다. 성性은 대부분의 재조합을 일으키는 수단이다. 수컷은 배아에 자기 유전자의 절반을 제공하며, 암컷도 마찬가지다. 이는 재조합의 한 형태이지만, 더욱 놀라운 일은 그다음에 일어난다. 그 배아는 나중에 정자나 난자를 만들 때, 교차라는 과정을 통해서 부계의 유전체와 모계의 유전체 중 일부를 교환한다. 유전자 카드들을 뒤섞어서 새로운 조합을 형성하여 다음 세대로 전달하는 것이다. 성은 누적 진화를 일으키고 생물들 사이에 좋은 착상을 교환하게 하는 방법이다.

인류의 혁신과 이 과정이 유사하다는 점을 누구나 알 수 있다. 내가 10년 전에 쓴 표현을 인용하자면, 혁신은 착상들이 섹스를 할 때 일어난다. 사람들이 만나서 상품, 서비스, 생각을 교환하는 곳에서 일어난다. 이는 혁신이 교역과 교환이 잦은 곳에서 일어나고, 고립되거나 인구가 적은 곳에서는 일어나지 않는 이유를 설명해준다. 북한보다 캘리포니아에서, 티에라델푸에고보다 르네상스 이탈리아에서 일어난다. 또 명나라 때 교역을 억제하여 중국이 앞서 나가던 혁신 능력을 잃은 이유도 설명한다. 1600년대에 암스테르담에서, 또 3,000년 전 페니키아에서 교역이 증가한 시기에 혁신이 분출한 이유도 설명해준다.

태평양에서 교역이 더 활발한 섬일수록 낚시 도구가 더 다양하다는 사실, 태즈메이니아인이 해수면 상승으로 고립되었을 때 혁신 능력을 잃었다는 사실은 교역과 새로운 것의 개발 사이에 긴밀하면서 필연적인 관계가 있음을 보여준다. 이는 애초에 혁신이 왜 시작되었는지도 설명한다. 10만여 년 전에 아프리카 남부에서 풍부한 해양 생태계를 이용하던 인구

밀도가 높은 집단에서 기술 혁신의 분출은 시작되었다. 이는 호모 에렉투스와 심지어 네안데르탈인도 결코 하지 못한 방식으로 사람들이 교환을 하고 전문화하기 시작했다는(어떤 이유에서든 간에) 사실로부터 비롯되었다. 이는 정말로 단순한 개념이며, 인류학자들이 받아들이는 데 아주 오래 걸린 것이기도 하다.

다윈주의자들은 재조합이 돌연변이와 같지 않으며, 인간의 혁신에서 중요한 의미를 지닌다는 것을 깨닫기 시작하고 있다. DNA 서열은 전사할 때 오류가 생기거나 자외선 같은 환경 요인이 돌연변이를 일으키면 변한다. 이런 아주 작은 오류, 즉 점 돌연변이point mutation는 진화의 연료다. 그러나 스위스 생물학자 안드레아스 바그너Andreas Wagner가 주장하듯이, 그런 작은 걸음은 생물이 불리함의 '골짜기'를 건너서 유리함의 새 '봉우리'를 찾아가는 데 도움을 줄 수 없다. 그런 작은 걸음으로는 그 정상까지 나아가는 도중에 나오는 비탈을 오르기가 어렵다. 즉 모든 점 돌연변이는 생물을 개선해야 하며 그렇지 못하면 선택되지 않을 것이다. 바그너는 생물이 그런 골짜기를 뛰어넘을 수 있으려면 교차나 이른바 이동성 유전 인자를 통해 DNA의 큼지막한 덩어리가 통째로 갑작스럽게 바뀌어야 한다고 주장한다. 잡종 형성hybridization은 그중 극단적인 사례다. 최근 수십 년 사이에 영국에서만 잡종 형성을 통해 일곱 종 이상의 새로운 식물이 생겼다. 북아메리카의 인동과실파리honeysuckle fly는 블루베리과실파리와 스노베리과실파리의 교잡을 통해 나온 신종이다.

바그너는 "재조합이 무작위 돌연변이보다 생명을 보존할 가능성이 훨씬 더 크다, 1,000배 이상까지도"라는 결론을 지지하는 많은 연구를 인용한다. 활동하는 유전자 전체나 그중 일부에 아예 새로운 일을 맡길 수 있기 때문이다. 반면에 단계적인 변화는 더 안 좋은 결과만을 낳을 것이다. 세균은 "유전자 전달에 힘입어서 드넓은 유전적 경관을 수백 킬로미터가 아니라 수천 킬로미터까지 날아갈" 수 있다.

마찬가지로 한 기술에서의 혁신은 맨땅에서부터 모든 것을 새로 설계하는 것이 아니라, 다른 기술로부터 유용한 부분을 통째로 빌린다. 자동차 발명가들은 바퀴, 스프링, 강철을 다 발명할 필요가 없었다. 그런 식으로 일을 했다면, 작동하는 장치를 아예 만들어내지 못했을 가능성이 크다. 현대 컴퓨터의 발명가들은 에니악에서 진공관이라는 개념을, 마크 1에서 내장 프로그램이라는 개념을 취했다.

혁신은 시행착오를 수반한다

대다수 발명가는 무언가를 '무작정 계속 시도할' 필요가 있다고 여긴다. 따라서 일이 잘못되어도 용인하는 태도가 대단히 중요하다. 신기술(예를 들어 철도나 인터넷)의 초창기에는 분명히 한 재산 버는 이들보다 파산하는 기업가가 훨씬 더 많았다. 험프리 데이비는 이렇게 말했다. "내가 이룬 가장 중요한 발견은 실패를 통해서 알게 된 것들이다." 토머스 에디슨은 영감이 아니라 땀을 통해서 전구를 완성했다. 그와 연구자들은 필라멘트를 만들기 위해서 6,000가지 재료를 시험했다. 그는 이렇게 말한 바 있다. "나는 실패하지 않았다. 그저 작동하지 않는 1만 가지 방법을 발견했을 뿐이다." 조지 스티븐슨을 도운 헨리 부스는 시행착오를 통해 로켓을 개량했다. 크리스토퍼 레일런드는 찰스 파슨스가 시행착오를 거쳐서 터빈 설계를 완성하도록 도왔다. 키스 탠틀링거는 맬컴 매클레인이 시행착오를 통해 선박에 싣기 딱 좋은 컨테이너를 개발하는 일을 도왔다. 마르코니는 시행착오를 거듭하면서 무선 실험을 했다. 라이트 형제는 추락을 통해서 날개의 모양을 얇게 만들어야 한다는 것을 알아냈다. 수압 파쇄법의 개척자들은 우연히 딱 맞는 방법을 발견했고, 무수한 실험을 통해 서서히 개선해갔다.

놀이라는 요소도 아마 도움이 될 것이다. 노는 듯이 일하는 혁신가들은 예기치 않은 발견을 할 가능성이 더 높다. 알렉산더 플레밍은 이렇게 말했다. "나는 미생물과 놀기를 좋아한다." 이중나선의 공동 발견자인 제임스 왓슨은 자신의 모형 작업을 '놀이'라고 했다. 그래핀의 발명자인 안드레 가임Andre Geim은 이렇게 말했다. "나는 늘 노는 태도로 연구에 임했다."

시행착오를 토대로 한 혁신의 사소한 사례를 하나 들어보자. 신생 기업 그로스트라이브Growth Tribe의 레이건 커크Regan Kirk는 고바야시 다케루小林尊를 예로 든다. 고바야시는 2001년 콘리섬에서 열린 핫도그 먹기 대회에서 놀라운 신기록을 세웠다. 10분 동안 무려 50개를 먹었다. 마르고 작은 체구라서 핫도그 먹기 대회 우승자처럼 보이지 않지만, 그는 체계적인 실험을 통해 나름의 비법을 알아냈다. 그는 소시지를 빵과 분리하면 더 빨리 먹을 수 있음을 알아냈고, 그 뒤에 빵을 물에 적시면 더 빨리 먹을 수 있다는 것도 알아냈다. 둘 다 규칙을 깨는 것은 아니었다.

좀 덜 사소한 사례를 들자면, 딕 포스버리Dick Fosbury는 오리건 주립대학교의 운동선수일 때 배면뛰기를 창안했다. 그 방법으로 그는 1968년 올림픽 높이뛰기 종목에서 실력이 더 좋은 경쟁자들을 경악시키고 관중의 환호성을 자아내면서 금메달을 땄다. 그는 공중의 막대를 뒤통수부터 등을 진 자세로 뛰어넘어서 목부터 바닥에 떨어졌다. 그는 그 기술을 다듬기 위해서 여러 달 동안 무수히 시행착오를 거쳤다고 후에 밝혔다. "어떤 과학이나 분석이나 생각이나 설계를 토대로 한 것이 아니었다. 그런 것들과 무관했다. … 어떻게 바꾸겠다는 생각도 전혀 하지 않았고, 계속 달라지고 있었으니 코치는 분명히 미칠 지경이었을 것이다."

이런 사례들을 토대로 아이오와 대학교의 에드워드 와서먼Edward Wasserman은 인류 혁신의 대부분이 지적 설계를 통해 만들어지기보다는 지극히 자연선택처럼 보이는 과정을 통해 진화한다고 주장했다. 와서먼은 바이올린 모양이 시간이 흐르면서 서서히 어떻게 변했는지를 보여주었다. 갑작스러운 개량을 통해서가 아니라, 표준 모양에서 조금씩 다르게 만들어서 소리가 나아지는지 아닌지 알아내며 변화를 거듭한 결과물이라는 것이다. 악기 한가운데의 구멍은 처음에는 둥근 모양이었다가 이런 점진적인 과정을 통해서 그 뒤에 반원형이 되었다가, 이어서 길어졌다가 마침내 알파벳 f자 모양이 되었다. 와서먼은 이런 혁신관이 생물학에서 자연선택이 직면한 것과 동일한 심리적 저항에 직면한다고 본다.

이 견해에 따르면, 우리가 이용하고 만드는 많은 것(바이올린처럼)은 효과 법칙에 따르는 변이와 선택의 과정에서 나온다. 널리 퍼진 견해와 정반대로, 이 과정에는 신비한 것도 낭만적인 것도 없다. 그것은 자연선택 법칙만큼 근본적이면서 어디에나 있다. 생물 진화에서의 자연선택 법칙이 그랬듯이, 인류 발명의 진화에 효과 법칙이 중요한 역할을 한다는 견해도 완강한 저항에 직면해 있다.

실수가 혁신의 중요한 일부라면, 미국의 가장 큰 장점 중 하나는 사업 실패를 비교적 관대하게 보는 태도라고 할 수 있다. 미국의 대다수 주에서 파산법은 혁신가들이 실리콘밸리의 표어처럼 '빨리 실패하고 자주 실패할' 수 있게 허용한다. 일부 주는 기업가가 사업에 실패해도 연방 파산법 7장의 조항에 따라서 집을 계속 지킬 수 있도록 허용하는 '주택 채무 집행 면책homestead exemption' 제도를 택하고 있다. 다른 주보다 이 면책 제도를 택한 주에서 더 많은 혁신이 이루어져 왔다.

혁신은 단체 스포츠다

고독한 발명가, 외로운 천재라는 신화는 타파하기가 어렵다. 그러나 협력과 공유가 이루어지지 않는다면 혁신도 없다. 가장 단순한 물건이나 간단한 과정도 어느 한 개인이 이해할 수 있는 수준을 넘어선다는 사실에서 이를 명확히 알 수 있다. 레너드 리드Leonard Reed는 '나, 연필I, Pencil' 이라는 유명한 글에서 단순한 연필 하나가 많은 이의 손을 거쳐서 만들어진다는 점을 지적했다. 누구는 나무를 베고, 누구는 흑연을 채굴하고, 누구는 연필 공장에서 일하고, 누구는 영업이나 관리를 한다. 또 누구는 벌목 인부와 관리자가 마실 커피를 재배한다. 그러나 서로 협력하는 사람들로 이루어진 이 방대한 팀에 속한 어느 누구도 연필을 만드는 법을 알지 못한다. 그 지식은 누군가의 머릿속이 아니라, 머리와 머리 사이에 저장되어 있다.

이 말은 혁신에도 들어맞는다. 혁신은 언제나 협력에서 나오는 현상이다. (호주까치도 더 큰 무리를 이룰 때 문제를 더 빨리 푼다.) 누군가는 기술적 돌파구를 열고, 다른 누군가는 그것을 실용화할 제조법을 찾아내고, 또 다른 누군가는 대중에게 널리 퍼지도록 결과물을 저렴하게 만드는 방법을 알아내는 식이다. 이들 모두는 혁신 과정에 속하지만, 그 혁신 전체를 이룰 방법을 아는 사람은 아무도 없다. 과학적 재능과 사업 능력을 겸비한 발명가도 있긴 하지만(이를테면 마르코니가 떠오른다) 그들도 애초에 남들의 어깨 위에 서 있으며, 나중에도 다른 이들에게 의지한다.

역사에서 혁신의 사례를 더 많이 골라서 하나하나 더 자세히 살펴본다면, 혁신이 얼마나 단체 스포츠인지가 더욱 뚜렷이 드러난다. 농업 분야의 유명한 녹색 혁명은 노먼 볼로그의 경이로운 근면성, 결단력과 추진력을 통해 가능해졌지만, 그의 업적만을 다룬다면 반쪽짜리 이야기에 불과하다. 그는 버튼 베일스로부터 키 작은 밀 품종을 알게 되었고, 베일스는 오빌 보겔에게 그 품종을 얻었고, 보겔은 세실 샐먼에게, 샐먼은 곤지로 이나즈카에게 밀 품종을 얻었다. 또 볼로그는 아시아에 그 개념을 전파하기 위해 만주르 바자와 몸콤부 삼바시안 스와미나탄 같은 이들과 협력했다.

테런스 킬리와 마틴 리케츠Martin Ricketts는 산업혁명을 다룬 최근 논문에서 착상을 자유롭게 공유하는 많은 참여자의 공동 연구개발을 통해 발전했다고 알려진 혁신적 산업의 목록을 길게 제시했다. 네덜란드 동인도 회사의 화물선인 플류트선Fluyt, 네덜란드의 풍차, 리용의 비단 산업, 영국의 돌려짓기 농법, 랭커셔의 면방적, 미국의 증기선용 엔진, 빈의 가구 산업, 매사추세츠의 제지 산업, 재봉틀 제조업체들의 특허 풀pool 등이 이에 속했다. 이런 양상은 예외가 아니라 규칙이며, 영국이 산업혁명을 이끌게 된 것도 협회, 동호회, 기술 연구소가 활발하게 활동했기 때문이다.

혁신은 냉혹하다

대부분의 발명은 경쟁하는 이들 사이에서 우선권 논쟁에 휘말린다. 사람들은 동시에 동일한 착상을 떠올리는 듯하다. 케빈 켈리는 《기술의 충격What technology wants》에서 이 현상을 살펴보았다. 그는 온도계는 적어도 여섯 명, 전신은 다섯 명, 소수는 네 명, 피하 주삿바늘은 세 명, 자연선택은 두 명이 발견하거나 발명했다는 것을 알아냈다. 1922년 컬럼비아대학교의 윌리엄 오그번William Ogburn과 도로시 토머스Dorothy Thomas는 두 명 이상이 거의 동시에 발명한 것의 목록에 사진술, 망원경, 타자기 등 148가지를 제시했다. 1886년 파크 벤저민Park Benjamin은 이렇게 썼다. "대단히 중요한 전기의 발명은 아마도 단 한 차례만 이루어진 것이 아닌 듯하며, 특이하게도 두 사람 이상이 그 발명의 영예를 주장해왔다." 더 멀리 거슬러 올라가면 놀랍게도 부메랑, 취관, 피라미드도 각 대륙에서 서로 독자적으로 발명되었다. 농경도 마찬가지다.

나는 이 책에서 이 현상의 많은 놀라운 사례를 제시했다. 공모나 의식적인 경쟁 결과인 사례도 분명히 있다. 그럼에도 이 양상이 실제로 존재한다는 것은 분명하다. 동시 발명은 예외보다는 규칙에 더 가깝다. 기술로 이어질 많은 아이디어는 그저 익어가며 나무에서 떨어질 준비를 하는 열매 같다. 가장 놀라운 사례는 전구다. 스물한 명이 각자 독자적으로 발명했다. 그중에는 남의 연구를 슬쩍 엿보거나 서로 협력한 사례도 좀 있었을지 모르지만, 대체로 그들이 서로의 연구를 알고 있었다는 증거조차 찾기 어렵다. 마찬가지로 1990년대에는 수십 종류의 검색엔진이 출시되었다. 1990년대에 검색엔진이 발명되지 않기란 불가능했으며, 1870년대에 전구가 발명되지 않는 것도 불가능했다. 모두 불가피하게 일어날 일이었다. 그 토대가 되는 기술은 출현할 수밖에 없는 상태에 도달해 있었다. 그 주위에 누가 있는지는 상관없었다.

여기서 얻는 교훈은 우리에게 두 가지 역설을 안겨준다. 첫 번째는 기이하게 들리겠지만, 그 발명이나 발견을 이룬 개인 자체는 없어도 된다는 것이다. 스완이나 에디슨이 어릴 때 마차에 깔려 목숨을 잃었다고 해도, 페이지와 브린이 자동차 사고로 목숨을 잃었다고 해도, 전구와 검색엔진은 세상에 나왔을 것이다. 아마 좀 더 뒤에 나왔을 수도 있고, 모습도 좀 다르고 이름도 달랐을지 모른다. 그러나 그 혁신은 일어날 것이다. 이 말이 좀 모질게 들릴지도 모르지만, 지금까지 살았던 모든 과학자와 발명가에게 들어맞는다는 사실을 부정하기 어렵다. 뉴커먼이 없었어도 증기기관은 1730년경에 분명히 발명되었을 것이고, 다윈이 없었어도 월리스Alfred Russel Wallace는 1850년대에 자연선택 개념을 내놓았을 것이고, 아인슈타인이 없었어도 헨드릭 로렌츠Hendrik Lorenz는 몇 년 안에 상대성 개념을 내놓았을 것이다. 또 실라르드가 없었어도 연쇄반응과 원자폭탄은 20세기의 어느 시점에 발명되었을 것이고, 왓슨과 크릭이 없었어도 모리스 윌킨스Maurice Wilkins와 레이먼드 고슬링Raymond Gosling은 몇 달 안에 DNA의 구조를 발견했을 것이다. 윌리엄 애스트버리William Astbury

와 엘윈 바이턴$^{Elwyn\ Beighton}$은 그보다 1년 앞서 이미 핵심 증거를 얻었지만, 그 사실을 깨닫지 못했다.

바로 이 역설 때문에 그런 성취가 놀라운 것이다. 그 성취를 이루기 위해 경쟁이 펼쳐졌고 누군가가 이겼기 때문이다. 장기적으로 보면 개인은 그다지 중요하지 않지만, 바로 그 점 때문에 단기적으로 보았을 때 성취를 이룬 개인이 더욱 비범하게 여겨진다. 그들은 수십억 명 중 누구라도 발견하거나 발명할 수 있는 것을 수십억 명의 경쟁자를 뚫고서 이루어낸다. 따라서 내가 불가피성과 무용성을 들먹거린 것은 결코 모욕이 아니라 사실상 찬사다. 수십억 명 중에서 새로운 장치, 메커니즘, 개념의 가능성을 처음으로 알아차린 사람이 된다니 얼마나 놀라운 일인가. 〈모나리자〉를 완성하거나 〈헤이 주드$^{Hey\ Jude}$〉를 작곡하는 것처럼 다른 사람은 결코 할 수 없는 무언가를 이루는 것보다 더욱 기적 같은 일이라고 주장할 수 있다.

발명의 불가피성에 관한 두 번째 역설은 혁신이 예측 가능해 보이지만, 실제로는 그렇지 않다는 것이다. 지금 돌이켜보면 검색엔진이 인터넷의 가장 큰 수익을 안겨주는 열매가 되리라는 것이 명명백백해 보인다. 그러나 그런 일이 일어나리라고 예측한 사람이 있었을까? 아무도 없었다.

기술은 돌아볼 때면 누구라도 뻔히 예측할 수 있었을 것처럼 보이지만, 미래를 내다본다는 관점에서 보면 아예 예측 불가능하다는 것이 드러난다. 따라서 기술 변화를 예측한 말을 보면 거의 언제나 지극히 어리석게 느껴지기 마련이다. 터무니없이 과장하거나, 터무니없이 과소평가했음이 드러난다. DEC$^{Digital\ Equipment\ Corporation}$ 창업자 켄 올슨$^{Ken\ Olsen}$

은 이른바 '미니컴퓨터'를 내놓아 엄청난 성공을 거두었다. 그런데 돌이켜보면 그 명칭이 커다란 탁자만 한 크기의 다양한 기계를 가리키는 것임을 깨닫고 웃음을 터뜨리게 된다. 커다란 방만 했던 컴퓨터를 대체한 1970년대의 컴퓨터를 가리켰던 것이다. 따라서 당신은 올슨이 컴퓨터가 그 뒤로도 점점 더 작아지고 싸져서, 이윽고 가정에서도 쓰이게 될 것이라고 내다보았다고 생각할지 모른다. 그러나 개인용 컴퓨터가 등장하기 겨우 몇 년 전인 1977년 보스턴에서 열린 세계미래협회 대회에서 그는 이렇게 연설했다고 한다. "컴퓨터를 집 안에 들이고 싶어 할 이유는 전혀 없어요."

마찬가지로 마이크로소프트의 최고 경영자 스티브 발머Steve Ballmer는 2007년에 이렇게 말했다. "아이폰의 시장 점유율이 의미 있는 수준까지 올라갈 가능성은 전혀 없다. 전혀." 스웨덴 작가 얄마르 쇠데르베리Hjalmar Söderberg의 말처럼, 때로 어떤 것을 이해하지 못하려면 도리어 전문가가 되어야 한다.

노벨상을 받은 경제학자 폴 크루그먼Paul Krugman은 1998년 잡지 〈레드 헤링Red herring〉에 쓴 '왜 경제학자들의 예측은 대부분 틀리는가'라는 글에서 인터넷의 성장과 닷컴 열풍에 쓴소리를 했다. 그러면서 너무나도 틀렸다는 것이 드러나게 될 예측을 함으로써 자신의 주장이 옳았음을 극적으로 보여주었다.

인터넷의 성장은 대폭 느려질 것이다. 네트워크에서 잠재적인 연결의 수가 이용자 수의 제곱에 비례한다는 '맷커프 법칙Metcalfe's law'의 결함이 뚜렷이 드러날 것이기 때문이다. 사람들 대부분은 서로에게 할 말이 전혀 없다! 2005년경이면 인터넷이 경제에 미친 영향이 팩스기가 미친 영향 수준에 불과했음이 명확히 드러날 것이다.

하지만 사람들은 서로에게 할 말이 많다는 것이 드러났다. 혁신가들은 종종 사람들이 무엇을 원하는지를 예측하는 데 뛰어나다는 것을 보여준다. 학자들은 덜 그렇다.

그러나 기술 발전을 예측할 때 너무 과소평가한 이들뿐 아니라 너무 과대평가한 이들의 말도 많이 찾아볼 수 있다. 1950년대에 아이작 아시모프Isaac Asimov는 2000년이면 달에 정착촌을 건설할 것이라고 예측했고, 로버트 하인라인Robert Heinlein은 성간 여행이 일상적으로 이루어질 것이라고 내다보았다. 초음속 로켓 선박을 타고 세계를 돌아다닌다거나, 가정에서 인간형 로봇을 쓰고 자이로콥터를 누구나 이용할 것이라고 예측한 이들도 있었다.

혁신의 과대평가 주기

내가 볼 때 혁신을 예측한 말 중 가장 통찰력이 드러나는 것은 스탠퍼드 대학교의 컴퓨터 과학자이자 미래 연구소 소장으로 장기 재직한 로이 아마라Roy Amara의 이름을 딴 '법칙'이었다. 아마라 법칙은 사람들이 신기술의 영향을 단기적으로는 과대평가하고 장기적으로는 과소평가하는 경향이 있다고 말한다. 로이 아마라가 이 생각을 정확히 언제 처음 했는지는 불분명하다. 그의 동료들은 1960년대 중반 무렵에는 그가 그 말을 하기 시작했다고 내게 말했는데, 물론 혁신이 으레 그렇듯이 이 말도 더 앞서 했다는 이들이 있다. 1900년대 초부터도 비슷한 말을 한 이들을 계속 찾아낼 수 있다. 아서 C. 클라크^{Arthur C. Clarke}에게 그 영예를 돌리는 이들도 많지만, 이 부분에서 가장 영예를 받을 후보는 아마라라는 점에 의심의 여지가 없다.

이런 사례는 풍부하다. 1990년대에 인터넷에 열광하다가 2000년에 닷컴 거품이 터지면서 실망으로 마감하게 된 듯한 시기가 있었다. 온라인 상품 거래, 온라인 뉴스 등등 희망찬 약속이 난무했던 그 모든 성장은 어디로 간 것일까? 다시 10년 뒤에 보니 거기에 있었다. 소매 부문, 뉴스 매체, 음악과 영화 산업 전체에 걸쳐서 기존 사업 모델을 교란하고 파괴하고 있었고, 게다가 누구도 예측하지 못한 급진적인 양상을 일으키고 있었다. 마찬가지로 2000년에 인간 유전체 서열이 처음으로 해독될 무렵에는 암의 종식과 맞춤 의학이 가능해질 것이라는 약속이 난무했다. 그런데 10년 뒤 당연하게도 역풍이 불었다. 유전체 지식은 의학에 거의 아무런 영향도 못 미친 듯이 보였다. '유전체 의학에 무슨 일이 일어난 것일까' 같은 기사가 나타나기 시작했다. 그러다가 또 10년이 지나자, 원래 과대평가했던 그대로 실현될 것처럼 다시 유망해 보이고 있다.

MIT 교수였다가 기업가로 변신한 로드니 브룩스^{Rodney Brooks}는 GPS를 아마라 과대평가 주기의 고전적인 사례라고 말한다. 1978년부터 군인들에게 야전에서 보급품을 찾을 위치를 알려준다는 목표로 스물네 대의 인공위성이 발사되었다. 1980년대에 그 계획은 약속한 것을 실현하지 못했고, 거의 취소될 뻔한 위기도 몇 차례 겪었다. 이 계획은 실패했다고 보는 견해도 나타나기 시작했다. 그러나 이윽고 군은 그 방식에 충분히 의지할 수 있다는 판단을 내렸다. 곧 그 방식은 민간으로도 빠르게 유출되었고, 오늘날 GPS는 농기계 차량, 선박, 화물 트럭, 비행기 운행뿐 아니라 등산객과 여행객을 비롯한 모든 사람에게 필수 불가결할 만큼 널리 퍼져 있다.

아마라의 과대평가 주기는 많은 것을 설명하며 초기의 실망과 그 뒤의 과소평가 사이, 어느 시점에 우리의 평가가 제대로 들어맞는 때가 분명히 있을 것임을 의미한다. 나는 요즘은 15년이 흘렀을 때가 그 시점이라고 본다. 우리는 처음 10년 동안은 혁신에 너무 많은 기대를 걸다가 그 뒤로 다시 10년 동안에는 아예 별 기대를 안 한다. 그러니 15년째에는 아마 정확히 짚을 것이다. 이 양상은 발명이 여러 해에 걸쳐서 실용적이고 신뢰할 수 있고 비용을 감당할 만한 혁신으로 전환될 때까지는 그 약속이 실현되지 못한 채로 남아 있다는 사실로 충분히 설명할 수 있다.

나는 현재 아마라의 과대평가 주기를 인공지능의 이야기에서 찾을 수 있지 않을까 한다. 그 기술은 오랫동안 약속을 지키지 못하고 실망을 안겨주었다. 그러나 그래픽 칩, 새 알고리듬, 엄청난 양의 데이터에 힘입어서 AI는 마침내 기사회생하기 직전에 와 있는 듯하다. 과거, 기계 학습에 관한 흥분의 열기를 싹 식혔던 'AI 겨울'이 이번에는 찾아오지 않을지도 모른다.

반면에 나는 블록체인이 과대평가 주기의 초기 단계에 있다는 생각을 떨칠 수 없다. 우리는 단기적으로 그 영향을 과대평가하고 있다. 블록체인은 중개인을 배제하고, 신용도를 높이고, 거래 비용을 줄이는 스마트 계약이 나올 것이라고 약속한다. 그러나 서비스 경제의 복잡한 생태계에서 하루아침에 그런 변화가 일어날 가능성은 전혀 없다. 그러니 약 10년 안에 블록체인이 이루어온 것에 실망하는 목소리가 터져 나오고, 많은 블록체인 기업이 파산하리라는 것은 거의 확실하다. 그러나 블록체인은 더 뒤에 엄청나게 성공할 수도 있을 것이다. 비록 진정한 블록체인은 아니지만 페이스북의 가상 화폐 리브라Libra는 앞으로 벌어질 일의 전조임이 분명하다. 세계 인구의 3분의 1이 이용할 수 있으며, 인플레이션의 유혹과 세금을 걷으려는 정부의 탐욕에 휘둘리지 않을 화폐로 소비자들이 옮겨가지 않을 이유가 어디 있겠는가?

자율주행차는 더욱더 들어맞는 사례다. 앞으로 몇 년 안에 트럭이든 택시든 리무진이든 간에 운전기사의 일자리가 다 사라질 것이고, 그 결과 실업자가 급증할 테니 그 문제에 대처하는 것이 시급하다고 보는 이가 많다. 그러나 그것은 성급한 판단처럼 느껴진다. 사실 자율주행차는 이용이 가능하긴 하지만 꽤 한정된 상황에서만 그러하며, 현실 세계에서 사람들이 생각하는 것처럼 상황이 빨리 바뀌지는 않을 수도 있다. 자동차가 장애물을 간파하여 피하고, 자동차 전용도로나 고속도로에서 정속 운행을 하고, 평행 주차를 하고, 교통 혼잡으로 늦어질 것이라고 운전자에게 알리는 등의 운전자 지원 수단은 이미 엄청나게 많이 나와 있고 더 나올 것이 확실하다. 그러나 혼잡한 거리, 교통 법규, 예절, 나쁜 날씨, 외딴 시골길로 가득한 혼란스러운 현실 세계에서 이처럼 점점 늘어나는 스마트 지원 시스템으로부터 자동차가 목적지까지 알아서 간다고 믿고 운전대를 맡기고 잠을 잘 수 있는 단계로 넘어가는 것은 엄청난 도약이다. 도로 주행차량의 제어를 컴퓨터에 완전히 넘기는 것은 하늘에서 비행기 운항을 컴퓨터에 맡기는 것보다 훨씬 어려운 문제다. 보험 시장은 말할 것도 없고, 자율주행차에 맞게 도로를 비롯한 기반 시설 전체를 재설계할 필요도 있다. 그런 일에는 시간이 걸린다.

　자율주행차가 절대 나올 수 없다고 말하는 것이 아니다. 그저 나오기까지 걸릴 시간을 과소평가하면서 그사이에 실망할 가능성이 높다고 말하는 것일 뿐이다. 나는 앞으로 10년 동안 2010년대에 나온 자율주행차에 관한 예측이 틀렸다는 기사가 언론에 잔뜩 실릴 것이라고 내다본다. 그리고 지구에 지금보다 직업 운전사가 줄어드는 대신, 더 늘어날 것이라고도 본다. 그리고 다시 10년 이상이 지난 뒤인 2040년대에는 정말로 상황이 빠르게 바뀔 것이다. 내가 이 예측이 맞았다고 기뻐할지 틀렸다고 당혹스러워할지 알게 될 때까지 살 수 있을까!

혁신은 분열된 통치를 선호한다

역사의 특징 중 하나는 제국이 혁신에 안 좋다는 것이다. 부유하고 많이 배운 엘리트층이 있긴 하지만, 제국의 통치는 창의성을 서서히 쇠퇴시키다가 이윽고 말살하는 경향이 있다. 이집트, 페르시아, 로마, 비잔티움, 한나라, 아스테카, 잉카, 합스부르크, 명나라, 오토만 제국, 러시아, 대영 제국은 모두 그렇다는 것을 보여준다. 시간이 흐를수록 중앙 권력이 경직됨에 따라서 기술은 정체되는 경향을 보이고, 엘리트층은 새로운 것에 저항하는 경향을 띠고, 진취적인 모험심보다 사치품, 전쟁, 부패 쪽으로 돈을 더 많이 쓴다. 이는 제국이란 사실상 착상이 그 내부에서만 퍼지는 거대한 '단일 시장'이기 때문이다. 이탈리아가 가장 창의력이 풍부했던 때는 르네상스 시대였다. 상인들이 운영하는 작은 도시국가들이 혁신을 이끈 시대였다. 제네바, 피렌체, 베네치아, 루카, 시에나, 밀라노 같은 곳이 그러했다. 분열된 통치가 통합된 통치보다 낫다는 것이 증명되었다. 고대 그리스인이 전하는 교훈도 같다.

1400년대에 유럽은 원래 중국에서 개발된 기술인 인쇄술을 빠르게 받아들였고, 그 결과 서유럽의 경제, 정치, 종교는 크게 바뀌었다. 유럽이 당시 정치적으로 분열되어 있었다는 점은 인쇄술이 유행하는 데 지대한 역할을 했다. 요하네스 구텐베르크는 일을 할 수 있게 허용하는 정부를 찾아서 고향 도시인 마인츠를 떠나 스트라스부르로 이주해야 했다. 마르틴 루터는 엄청난 성공을 거둔 인쇄 사업가가 되었는데, 작센의 프리드리히 3세가 바르트부르크에서 보호해주었기에 살아남았다. 윌리엄 틴들William Tyndale은 북유럽에 숨어 지내는 동안 매우 개혁적인 관점에서 탁월한 문장으로 성서의 영어 번역본을 내놓았다. 중앙 집권적 제국이었다면 가능하지 않았을 일이다.

대조적으로 오토만 제국과 무굴 제국은 3세기 넘게 인쇄술을 금지했다. 이슬람교도뿐 아니라 기독교도도 속해 있던 방대한 제국의 중심인 유럽 가장자리의 거대한 문화 도시 이스탄불은 그 신기술에 저항했다. 그곳이 바로 제국의 수도였기 때문에 그러했다. 1485년 술탄인 바예지드 2세는 인쇄술을 금지했다. 1515년 술탄인 셀림 1세는 이슬람교도가 인쇄술을 쓰면 처형한다고 선포했다. 이는 사악한 동맹의 산물이었다. 자신의 독점 사업을 지키려는 필경사들이 종교를 독점하는 지위를 지키려는 사제들과 공모하여, 인쇄술을 계속 금지해달라고 당국에 압력을 가해 거둔 성과였다. 오토만 제국 내에서 외국인은 이윽고 외국어로 책을 인쇄할 수 있는 허가를 받아냈지만, 이슬람으로 개종한 헝가리인 이브라

2부 혁신의 전개

힘 무테페리카Ibrahim Muteferrika는 1726년에야 비로소 당국을 설득하여 세속적인 책(종교 서적은 아니었다)을 아라비아어로 인쇄할 수 있도록 허가를 받았다. 술탄이 통치한 그 땅이 종교가 서로 다른 여러 영토로 쪼개져 있었다면, 인쇄술은 분명히 더 일찍 더 빨리 퍼졌을 것이다.

중국에서도 여러 국가가 다투던 '전국시대'에 혁신이 폭발적으로 이루어졌다. 명나라를 비롯하여 강한 제국이 유지될 때에는 혁신뿐 아니라 더 일반적으로 교역과 사업도 사실상 중단되었다. 18세기 저술 활동을 했던 데이비드 흄David Hume은 이 진실을 이미 깨닫고 있었다. 중국이 통일되어 있었기에 새로움의 원천 역할을 못한 반면, 유럽은 분열되어 있었기에 발전했다는 것이다.

미국은 예외처럼 보일지 모르지만, 실제로는 이 규칙을 입증해왔다. 연방 체제라 언제나 실험이 가능했던 것이다. 단일정부의 지배를 받는 형태가 아니어서 19~20세기의 대부분에 걸쳐 각 주는 서로 다른 법규, 조세, 정치, 관습의 실험장이 되었고, 기업가들은 자신의 사업 계획에 더 적합한 주를 찾아서 자유롭게 이동했다. 최근 들어서는 연방정부가 점점 더 강력해져왔고, 그러면서 많은 미국인은 왜 조국에서 예전처럼 혁신이 발 빠르게 이루어지지 않는지 의아해하고 있다.

이 파편화는 도시국가가 형성될 때 가장 잘 작동한다. 이 작은 국가들은 언제나 혁신을 낳는 최고의 공간이었다. 한 도시가 지배하는 국가 말이다. 적어도 1,000년 동안 혁신은 도시에서, 특히 자치 도시에서 유달리 많이 이루어졌다. 샌타페이연구소의 물리학자 제프리 웨스트Geoffrey West는 도시에 관한 놀라운 발견을 했다. 그는 도시들이 거듭제곱 법칙이라는 예측 가능한 수학 공식에 따라서 규모가 커진다는 것을 밝혀냈다.

즉 그는 한 도시의 인구로부터 주유소 수, 송전선의 길이, 도로의 길이뿐 아니라, 음식점과 대학의 수와 임금 수준까지 놀라울 만치 정확히 추정할 수 있다.

정말로 흥미로운 점은 도시가 커질수록 인구당 필요한 주유소 수, 송전선과 도로의 길이는 더 줄어드는 반면, 교육기관의 수, 특허 수, 임금 수준은 더 빠르게 증가한다는 것이다. 다시 말해, 도시가 커짐에 따라서 기반시설은 저선형sublinear으로, 사회경제적 산물은 고선형superlinear으로 증가한다는 것이다. 그리고 이 양상은 제프리 웨스트와 동료들이 살펴본 세계의 모든 도시에서 나타난다. 기업은 그렇지 않다. 기업은 커질 때 어느 시점을 넘어서면 효율이 떨어지고, 관리하기도 어려워지고, 혁신성도 떨어지고, 낭비가 심해지고, 기발함을 덜 용인하게 된다. 웨스트는 그것이 바로 기업은 반드시 사라지는 반면 도시는 사라지지 않는 이유라고 말한다. 디트로이트와 카르타고조차도 사라지지 않았다. 아예 사라진 마지막 도시는 시바리스Sybaris였다. 기원전 445년의 일이었다.

혁신은 덜 쓰고 더 얻는 것이다

에너지를 써서 있을 법하지 않은 것을 만들어낸다는 관점에서 볼 때, 도시는 커질수록 더 생산적이고 더 효율적이 된다. 동물의 몸과 마찬가지다. 체중에 비해 고래는 땃쥐보다 에너지를 덜 쓰며, 더 오래 살고, 뇌가 더 크고, 더 복잡한 방식으로 행동한다. 규모에 비해 런던은 브리스톨보다 에너지를 덜 쓰고, 집단 뇌가 더 크고, 더 복잡한 방식으로 행동한다.

이 말은 경제 전체에도 들어맞는다. 따라서 자원이 유한한 세계에서 무한한 성장이 불가능하다고, 아니 적어도 지속 불가능하다고 말하는 이들은 틀렸다. 이유는 단순하다. 성장은 덜 쓰면서 더 많이 얻는 식으로 이루어질 수 있기 때문이다.

많은 '성장'이 실제로는 감축이다. 대체로 알아차리지 못하고 있지만 현재 싹트고 있는 추세가 하나 있다. 경제 성장의 주된 엔진이 자원을 더 많이 쓰는 방식이 아니라, 혁신을 통해 덜 쓰면서 더 많이 얻는 방식으로 바뀌고 있다는 것이다. 땅과 물을 덜 쓰면서 식량을 더 많이 수확하고, 연료를 덜 쓰면서 더 멀리 가고, 전기를 덜 쓰면서 통신을 더 많이 하고, 강철을 덜 쓰면서 더 큰 건물을 짓고, 실리콘을 덜 쓰면서 트랜지스터를 더 많이 만들고, 종이를 덜 쓰면서 편지를 더 많이 주고받고, 돈을 덜 쓰면서 양말을 더 많이 만들고, 시간을 덜 들이면서 더 많은 모임을 갖는 것이 그렇다. 몇 년 전 록펠러 대학교의 제시 오서벨Jesse Ausubel은 미국 경제가 '탈물질화'를 시작했다는 뜻밖의 사실을 발견했다. 산출량 단위당 물질을 덜 쓸 뿐 아니라, 아예 물질 자체를 덜 쓰기 시작했다는 것이다. (크리스 구달Chris Goodall은 영국도 그렇다는 것을 이미 밝혀낸 바 있다.) 미국은 다음 금속들의 사용량이 정점에 달했을 때보다 2015년에 강철을 15퍼센트, 알루미늄을 32퍼센트, 구리를 40퍼센트 덜 썼다. 인구가 더 많아지고 상품과 서비스의 산출량이 훨씬 더 많아졌음에도 그렇다. 농장은 비료와 물을 주는 방식을 개선한 덕분에 비료를 25퍼센트, 물을 22퍼센트 덜 쓰면서도 수확량을 더 늘렸다. 발전소는 킬로와트시당 오염물질(이산화탄소, 이산화황, 질소산화물) 배출량을 더 줄였다. 2008년부터 10년 사이에 미국 경제는 15퍼센트 성장했지만, 에너지 사용량은 2퍼센트가 줄었다.

이는 미국 경제가 생산하는 물품이 점점 적어지고 있기 때문이 아니다. 생산량은 더욱 늘어나고 있다. 물론 재활용이 늘고 있는 것은 분명하지만 그것이 더 많아져서도 아니다. 이유는 혁신이 낳은 경제와 효율 덕분이다. 알루미늄 음료 캔을 예로 들어보자. 1959년 표준 알루미늄 캔이 처음 등장했을 때 무게는 85그램이었다. 바츨라프 스밀 교수에 따르면 지금은 13그램에 불과하다고 한다. 여기에는 직관에 반하는 의미가 함축되어 있다. 누군가가 자원을 더 많이 쓰지 않고서는 성장이 불가능하다고 말한다면, 그건 그냥 잘못된 말이다. 같은 양을 생산하는 데 쓰이는 자원의 양을 더 줄이면서도 언제나 생활수준을 향상시킬 수 있을 것이기 때문이다. 따라서 성장은 한없이 '지속 가능해진다'.

19세기 경제학자 윌리엄 스탠리 제번스William Stanley Jevons는 에너지 절약이 에너지 사용량이 늘어나는 결과로 이어질 뿐이라는 역설을 발견했다. 이 역설에는 그의 이름이 붙었다. 우리는 투입할 자원이 싸지면 그 자원을 더 쓰는 식으로 반응한다. 전기가 싸지면 전등을 더 오래 켜둔다. 그러나 앤드루 맥아피는 저서 《포스트 피크 거대한 역전의 시작More from Less》에서 경제의 많은 부문에서 현재 제번스 역설의 기력이 다하고 절약이 늘어나기 시작했다고 주장한다. 동일한 양의 빛을 내는 데 LED가 백열전구보다 전기를 25퍼센트 덜 쓰므로, LED로 백열전구보다 많은 전력을 쓰려면 열 배 이상 더 오래 켜두어야 하는데 그럴 가능성은 없다는 것이다.

맥아피는 탈물질화가 1970년대의 많은 비관적 예측, 즉 기름, 가스, 석탄, 구리, 금, 납, 수은, 몰리브덴, 천연가스, 석유, 은, 주석, 텅스텐, 아연과 재생이 안 되는 많은 자원이 21세기 초에 고갈될 확률이 높다고 한 예측이 그토록 놀라운 수준으로 틀렸음이 입증된 이유 중 하나라고 주장한다. "얼마 안 되는 보급품을 싣고서 우리를 태운 채 우주를 날아가는 '우주선 지구'라는 이미지는 압도적이긴 하지만, 큰 오해를 불러일으킨다. 지구는 우리 인간의 여행에 필요한 자원을 충분히 지니고 있다. 우리가 줄이고, 교환하고, 최적화하고 증발시키면서 탈물질화를 향해 빠르게 나아가고 있으므로 더욱 그렇다."

혁신의 경제학

착상은 토끼와 비슷하다.
두 개를 얻어서 다루는 법을 배우면 금방 열두 개로 불어난다.

−존 스타인벡John Steinbeck

수확 체증의 수수께끼

경제 이론의 핵심에는 신기하게도 구멍이 하나 뻥 뚫려 있다. '혁신'이라
는 단어가 들어가야 할 자리다. 데이비드 워시David Warsh는 경제사를 다
룬 책《지식경제학 미스터리Knowledge and the Wealth of Nations》에서 애덤
스미스가 스스로 결코 해결하지 못한 모순을 하나 만들어냈으며, 그 모
순은 지금까지도 일부 형태로 남아 있다고 지적했다. 그는 유명한 '보이
지 않는 손'을 통해 시장이 서서히 균형 상태에 이르고, 그때 생산자도 소
비자도 더는 개선할 수 없는 최적의 거래가 이루어진다고 했다. 이는 수
확 체감을 뜻한다. 즉, 세계가 어떤 상품의 적정 가격을 도출하면 거래 당
사자들은 더는 이득을 낼 수 없게 된다.

반면에 스미스의 또 다른 개념인 분업은 정반대를 의미한다. 즉, 수확

체증이다. 그가 제시한 사례를 인용하자면, 핀 공장에서 노동자들이 업무를 분담하면서 자기 일에 점점 더 전문성을 갖추고 혁신을 도모하면 전체적으로 생산성이 높아지므로, 핀 생산에 드는 비용은 점점 줄어든다. 생산자와 소비자 모두 덜 쓰면서 더 많이 얻게 된다. 따라서 첫 번째 비유는 음성 되먹임negative feedback, 두 번째 비유는 양성 되먹임positive feedback을 가리킨다. 둘 다 옳을 수는 없다.

스미스의 발자취를 따르는 경제학자들은 수확 체증과 핀 공장은 거의 잊은 채 보이지 않는 손에만 초점을 맞추었다. 데이비드 리카도David Ricardo, 레옹 발라Léon Walras, 윌리엄 스탠리 제번스, 존 스튜어트 밀John Stuart Mill, 앨프리드 마셜Alfred Marshall, 존 메이너드 케인스John Maynard Keynes 모두 다소 노골적으로 수확 체감을 믿었다. 그들은 혁신이 지속되고 경제 성장이 가속되는 시대를 살았음에도, 그 잔치가 결국 끝나리라고 생각했다. 예를 들어 밀은 기술 발전을 무시하지 않았지만 그것을 설명하려는 시도도 하지 않았으며, 결국에는 그 동력이 다할 것이라고 여겼다. 마셜은 이 역설을 해결할 실마리를 하나 찾아냈다. 그는 '스필오버spillover', 즉 긍정적 외부 효과라는 개념을 창안했다. 그러나 그 개념은 경제학에서 수학적 문제를 해결하고자 내놓은 영리한 장치일 뿐이었다.

그러다가 1928년 경제학자 앨린 영Allyn Young이 스미스의 모순을 다시 들고 나왔다. 그는 새로운 도구, 기계, 재료, 설계의 발명이 분업도 수반한다고 했다. 다시 말해, 혁신은 전문화와 별개가 아니라 전문화 증가의 산물이라는 것이었다. 그러나 그는 그 개념을 더 깊이 살펴보지 않았다. 1942년 조지프 슘페터는 혁신이 수확 체증을 무한정 이어갈 수도 있는 중심축이라고 주장했다. "우리가 어떻게 할지를 알게 되어 총산출량이 원하는 만큼 늘어날 것임을 생각할 때, 내다볼 수 있는 미래에 우리가 식량과 원료가 남아돌 만큼 풍족한 상태에서 산다고 보는 것은 가장 안전한 예측에 속한다." 이 견해는 당시에도 별 인기가 없었고, 지금도 그렇다. 그 뒤로 이 내용이 사실임이 계속해서 드러났음에도 그렇다. 한 예로 케인스는 대공황이 수확 체감이 도래했음을 의미하며, 그러니 더 적어진 일자리를 더 공평하게 나누어야 한다고 보았다. 문제는 슘페터가 수학에 별 관심이 없었던 반면, 경제학은 점점 더 방정식을 예찬하는 쪽으로 나아갔다는 것이다. 그래서 슘페터는 대체로 무시당했다.

1957년 로버트 솔로Robert Solow는 다시금 혁신이 경제 이론에서 빠져 있다면서 문제를 제기하고 나섰다. 솔로는 지금까지 이루어진 경제 성장 중 쟁기질할 땅을 더 늘리고, 더 많은 노동자를 산업으로 끌어들이고, 투자를 받아 자본을 더 늘린 것으로 설명할 수 있는 부분은 15퍼센트에 불과하다고 주장했다. 이런 생산 요소들로 설명할 수 없는 나머지 85퍼센트는 (명백히) 혁신의 결과임이 틀림없다.

그러나 솔로의 모델에서도 혁신은 하늘에서 내려온 만나인 양 그냥 출현한다. 즉, 모델의 '외부' 요인이다. 그는 왜 혁신이 어떤 장소에서 어떤 시기에 더 잘 나타나는지를 설명할 이론을 전혀 내놓지 않았다. 더 뒤에 리처드 넬슨Richard Nelson과 케네스 애로Kenneth Arrow는 정부의 연구비 지원이 이 만나의 원천이라고 파악했다. 그들은 민간 부문이 달려들지 않을 것이기에 혁신은 그냥 방치될 것이라고 주장했다. 과학은 어느 누구에게도 수익을 안겨주지 않기 때문이라는 것이다. 사업가는 남의 착상과 혁신을 모방하는 편이 쉽다는 것을 늘 알아차릴 것이고, 지식재산권 (특허, 저작권, 영업비밀)의 보호가 미흡할 수 있다는 것이 그들의 논거다. 따라서 혁신으로 이어질 지식은 국가가 제공해야 한다는 것이다. 테런스 킬리가 평했듯이, 이는 상아탑에 사는 이들이 현실 세계에서 일어나는 일을 무시하면서 내놓은 견해였다.

넬슨과 애로의 논문이 지닌 문제는 이론적이라는 것이며, 좀 고분고분하지 않은 한두 사람이 경제학자들의 둥지 바깥을 한번 내다보기만 해도 현실 세계에서 민간 지원을 받은 연구가 일어나고 있는 듯하다는 점을 눈치챌 것이다. 사실상 아주 많이 이루어지고 있다.

1990년 젊은 경제학자 폴 로머Paul Romer는 수확 체증과 지식의 성장이라는 문제에 관심을 가졌다. 로머는 답을 짜냈고, 이윽고 그 업적으로 노벨상을 받았다. 그는 경제 성장의 원천인 혁신을 '내생적' 요소로서 성장 모델에 끼워 넣으려 시도했다. 다시 말해 혁신을 생산물이라고, 경제 활동의 투입인 동시에 산출로 쓰인다고 보았다. 그의 핵심 논리는 새 지식의 주된 특징이 비경쟁적이라는 것이었다. 즉 써도 고갈되지 않기에 사람들이 공유할 수 있다는 의미다. 그러나 그 지식은 부분적으로 배제 가능하기도 하다. 따라서 그 지식을 움켜쥔 사람은 처음에 적어도 얼마 동안은 그 지식을 이용하여 돈을 벌 수 있다. 사람들은 새 지식을 비밀로 유지하거나(하버와 보슈가 철 촉매를 비밀로 유지했듯이), 특허를 받거나(모스가 전신 특허를 받았듯이), 경쟁자들에게 추월당하기 전까지 그냥 '암묵' 지식으로 갖고 있으면서(소프트웨어 분야의 개척자들이 대부분 그랬듯이), 충분히 오랫동안 어느 정도 독점적인 수익을 올릴 수 있다. 그 전까지는 이런 중요한 구분이 이루어지지 않았다. 지식은 공공재인 동시에 일시적으로 사유재이기도 하다. 지식은 생산하는 데 비용이 많이 들지만, 때로 본전을 뽑을 수 있다.

혁신은 상향식 현상이다

최근에 특히 영국에서 다소 '창조론적'이라고 할 혁신관이 유행하고 있다. 혁신이 정부의 지적 설계의 산물이며, 따라서 정부가 방향을 정해서 산업 혁신 정책을 펼쳐야 한다는 주장이다. 경제학자 마리아나 마주카토Mariana Mazzucato는 2014년에 출간한 《기업가형 국가The Entrepreneurial State》에서 이 견해를 옹호했다. 혁신의 주된 원천이 '임무 지향적 방향 설정mission-oriented directionality'으로 연구개발을 지원하는 정부라고 주장한다.

　나는 이 견해가 설득력이 없으며 그것을 상세히 비판한 견해, 특히 알베르토 밍가르디Alberto Mingardi와 테런스 킬리의 견해가 더 설득력 있다고 본다. 이유는 이렇다. 이 책에서 설명했듯이, 혁신은 새로운 현상이 아니다. 19세기와 더 이전부터 출현하여 인류의 생활수준을 대폭 개선한 원인이었다. 그러나 이 '대풍요great enrichment'를 추진한 기술과 착상에 정부는 거의 또는 전혀 이바지하지 않았다. 19세기 내내 영국과 유럽에서 새로운 철도, 철강, 전기, 섬유 등 많은 기술이 개발될 때, 정부는 뒤늦게 규제자, 표준 제정자, 소비자 역할을 한 것 외에는 거의 아무런 역할도 하지 않았다. 마주카토는 특히 철도를 공공 혁신의 사례로 들지만, 1840년대에 영국을 비롯한 전 세계에서 일어난 철도 열풍은 전적으로 민간 부문의 현상이었다. 악명을 떨칠 만치 그러했다. 거품과 붕괴가 되풀이되면서 대박을 치거나 쫄딱 망하는 이가 부지기수였다. 이 시기에 영국 국가 예산은 거의 다 국방과 전쟁에서 비롯된 부채를 갚는 데 쓰였고, 임무 지향적 방식은커녕 혁신에 사실상 한 푼도 쓰이지 않았다. 그러나 철도는 사람들의 삶을 변화시켰다. 윌리엄 새커리 **William Thackeray**는 이렇게 썼다.

> 어디에나 있는 철도를 축복하자
> 그리고 세계의 발전도
> 모든 철도 주식을 축복하자
> 이탈리아, 아일랜드, 프랑스에서
> 거지는 이제 더 이상 절망할 필요가 없고,
> 모든 불량배에게도 기회가 있으니까

경제사학자 조엘 모키르 **Joel Mokyr**는 "산업혁명 이전과 도중에 장기 경제 성장을 추진할 목적을 지닌 그 어떤 정책이 있었다는 증거는 찾기가 어려울 것이다"라고 주장한다. 혁신이 19세기에는 국가의 관리 없이 일어날 수 있었고 20세기에야 국가가 개입했다는 주장이 기이해 보일지 모른다.

미국도 마찬가지다. 20세기 초의 수십 년 동안 세계에서 가장 발전했으며 가장 혁신적이었던 미국은 1940년 이전까지 연구개발에 의미 있는 수준의 공공 예산 지원을 전혀 한 적이 없다. 극소수의 예외 사례는 이것이 규칙이었음을 확인해주는 역할을 한다. 이를테면 정부는 동력 비행기를 만들겠다는 새뮤얼 랭글리에게 엄청난 예산을 지원했지만 그는 장엄하게 실패한 반면, 관심도 받지 못한 라이트 형제는 놀라운 성공을 거두었다. 그러나 라이트 형제가 비행에 성공한 뒤에도 정부는 관심을 기울이지 않았다.

몇 년 뒤에도 유사한 사례가 나타났다. 1924년 영국의 새 노동당 정부는 대양을 건널 수 있는 비행선을 설계할 필요가 있다는 판단을 내렸다. 그러면 공기보다 무거운 기존 비행기가 승객을 실어 나를 수 있는 거리를 넘어서는 업적이 나올 것이라고 여겼다. 전문가들은 정부에 민간 기업과 계약하라고 촉구했지만, 사회주의 정부였기에 당국은 이윽고 두 가지 방식으로 통제된 대조 실험을 하기로 결정했다. 비커스(영국의 엔지니어링 회사-옮긴이)는 민간 투자를 받아서 R100을 제작하고, 정부는 예산을 지원하여 R101을 제작하기로 했다. 참으로 임무 지향적 혁신이었다. 결과는 명백했다. R100은 더 가볍고 더 빠르게 더 일찍 완성되었다. 1930년 여름에는 아무 탈 없이 캐나다까지 왕복 비행하는 데 성공했다. R101은 더 늦게 더 많은 비용을 들여서 만들었는데, 설비는 더 복잡하고 출력은 더 약했고, 가스가 곳곳에서 누출되었고, 양력을 더 높이기 위해 막판에 다급하게 설계를 수정하기도 했다. R101은 1930년 10월 항공 장관을 태우고 인도까지 첫 비행에 나섰다. 그런데 프랑스 북부에 이르렀을 때 추락하고 말았다. 탑승자 54명 중 장관을 포함하여 48명이 사망했다. 그 48명의 시신이 봉안된 웨스터민스터홀에는 지금도 명판이 놓여 있다. R100 사업에 기술자로 참여했고 나중에 소설가가 된 네빌 슈트Nevil Shute는 《계산자Slide Rule》에서 그 실패한 국가 주도의 계획을 신랄하게 비판했다. "R101 재앙이 일어났을 때 나는 서른한 살이었다. 나는 비행선 분야에서 일하면서 처음으로 공무원 및 정치인을 가까이 접했고, 그들이 재앙을 일으키는 것을 지켜보았다."

20세기 후반에 국가는 대규모로 혁신을 후원했지만, 거의 모든 서양 국가들에서 정부가 국민소득의 10퍼센트를 쓰다가 40퍼센트를 쓰게 되었다는 점을 생각하면 그리 놀랄 일도 아니다. 밍가르디는 이렇게 말했다. "그렇게 대폭 증가했으니, 공공 지출이 어느 시점에 혁신을 일으키는 기업 주변까지 다다르지 않을 리가 없다." 따라서 국가가 일부 혁신을 일으켰는지 여부는 중요하지 않다. 문제는 다른 행위자보다 그 일을 더 잘하는지, 지향적인 방식으로 그렇게 하는지 여부다. 나는 민족국가가 제2차 세계대전 때 추진력을 제공한 기술 가운데 상당수(컴퓨터, 항생제, 레이더, 심지어 핵분열까지)가 평시에 기원했으며, 전쟁이 터지지 않았더라도 마찬가지로 빨리, 아니 아마 더 빨리 발전했을 것임을 이 책에서 보여주었다. 아마 핵분열은 예외일 수 있겠지만.

게다가 마주카토가 인용한 정부가 지원한 혁신 사례는 대부분 지향보다는 '파급spillover'에 속했다. 미국 정부가 국방부고등연구계획국의 컴퓨터 네트워킹 연구에 예산을 지원했을 때, 정부가 처음부터 세계 인터넷을 구축하겠다는 목표를 갖고 있었다고 주장하는 사람은 아무도 없다. 사실 인터넷은 국방부의 손아귀에서 벗어나서 대학과 기업이 받아들였을 때 출범했다. 비록 패킷 교환 등 인터넷의 몇몇 핵심기술이 공공기관에서 나오긴 했지만, 민간 부문에서 나온 것도 많다. TCP/IP 프로토콜은 시스코에서 개발했고, 유리섬유는 코닝에서 개발했다.

마주카토는 현대 스마트폰에 중요한 터치스크린의 토대가 되는 기술이 공립대학교의 박사 논문 과제, 즉 델라웨어 대학교의 웨인 웨스터면Wayne Westerman의 연구에서 나왔다고 지적한다. 그러나 그 연구는 이 개념이 유용한 혁신으로 발전하기까지 나아간 과정의 아주 작은 한 부분일 뿐이며, 나머지는 민간 부문에서 이루어졌다. 게다가 그 연구도 지향적 연구비 지원과 정반대의 사례였다. 해당 대학교와 학생이 고른 연구 주제에 국립과학재단이 연구비를 지원한 것이었기 때문이다. 우리는 기술이 처음 발명된 뒤에 펼쳐지는 발전 과정, 즉 혁신의 아주 큰 부분을 차지하는 단계를 경시하지 않도록 경계해야 한다. 후버댐의 영예를 비버에게 돌리는 일이 없도록 말이다.

마주카토는 또 로널드 레이건 대통령이 출범시킨 소기업혁신연구 사업을 정부가 지원하여 민간 부문에서 이루어진 혁신의 사례로 인용한다. 그러나 밍가르디는 이것이 지향적 혁신의 정반대 사례라고 지적한다. 그 사업은 그저 연구개발 예산이 1억 달러를 넘는 모든 정부 기관에 그 예산의 2.8퍼센트를 중소기업의 혁신을 촉진하는 데 쓰라고만 요구했을 뿐이다.

일본 정부는 1950~1990년에 지향적 혁신을 지원하여 엄청난 경제 성장을 이루었다는 이유로 기업가형 국가의 사례로 종종 인용되곤 한다. 그러나 이것도 신화에 불과하다. 테런스 킬리에 따르면, 1991년까지 일본 정부가 연구개발에 지원한 예산은 "전체 R&D 예산의 20퍼센트에도 못 미쳤고, 정부의 지원을 받은 과학 연구 기관도 절반에 못 미쳤다"고 한다. "OECD 정부 중에 유달리 예외적인 사례다. OECD 정부는 평균 자국 R&D의 약 50퍼센트, 자국 과학 연구 기관의 85퍼센트를 지원하고 있었다." 일본의 기적은 중소기업들로 이루어진 방대한 생태계가 뒷받침하는 민간 부문이 이루어냈다.

대조적으로 소련은 기업가형 국가의 아주 명확한 사례였다. 민간 기업이 거의 허용되지 않았기에 연구의 대부분은 중앙정부의 지원을 받았으며 그 결과 교통, 식량, 건강, 소비자 부문에서는 황량할 만치 혁신이 이루어지지 않았고, 군사적 하드웨어 부문에서만 많은 발전이 이루어졌다.

2003년 OECD는 기업가형 국가 논리를 옹호하는 측이 불편하게 여길 논문을 발표했다. 〈OECD 국가들의 경제 성장 원천〉이라는 제목의 그 논문은 1971년부터 1998년까지 성장에 기여한 요소를 체계적으로 검토했는데, 민간 부문에서 지원한 연구개발 예산은 경제 성장률에 영향을 미친 반면, 정부가 지원한 예산은 그렇지 않았다는 결과가 나왔다. 충격적인 결과였다. 이 결과는 아마도 '구축 효과crowding out'로 가장 잘 설명할 수 있을 듯하다. 즉 연구에 지원을 하는 정부는 연구자들의 에너지를 정부가 높은 우선순위를 부여한 쪽으로 돌리게 하는데, 그 우선순위는 산업이나 소비자의 방향과 일치하지 않을 수도 있다(소련의 사례에서는 놀라울 만치 그러했다). 아메리칸 대학교의 월터 파크Walter Park는 이렇게 말한다. "공공 연구의 직접적인 효과는 다소 부정적이며, 이는 공공 연구 지출이 민간 부문 생산 증가에 악영향을 미치는 구축 효과를 일으키기 때문일 수 있다." 마주카토는 "상위 제약회사들은 국가가 예산을 더 지출할 때 R&D에 쓰는 돈을 줄이고 있다"라고 기록하여, 이 구축 현상을 인정했다.

물론 민간의 투입이 그다지 없는 상태에서 정부가 엄청나게 중요한 혁신을 목표로 하여 이루고 완성하는 것도 불가능하지는 않다. 핵무기가 그렇고 달 탐사도 그런 사례다. 비록 소비자에게 어떤 가치가 있다고 하기는 어렵고, 둘 다 실질적으로 민간 부문에 많은 하청을 주었지만 말이다. 그저 그런 일은 아주 자주 일어나지 않으며, 우연한 발견과 착상의 교환을 통해 발명과 발견이 이루어지고 개인, 기업, 시장, 물론 때로는 공무원이 그것들을 밀고 당기고 빚고 변형하고 널리 퍼뜨릴 때가 훨씬 더 많다. 정부가 지향적인 의도를 지니는지 그렇지 않은지 따질 필요 없이, 정부를 이 과정의 주요 행위자인 양 여기려는 시도는 본질적으로 진화적 과정에 창조론적 접근법을 취하는 것이다. 아무튼 핵분열의 연쇄반응은 1933년 9월 12일 런던의 사우샘프턴 거리에서 신호등 앞에 서 있던 한 피난민 실업자의 머릿속에 떠올랐던 중요한 깨달음에 토대를 두었다. 바로 레오 실라르드의 머릿속이었다.

정부가 적극적으로 기술을 방해하는 사례도 많다. 11장에서 더 깊이 살펴볼 예정인 휴대전화를 예로 들어보자. 미국 정부의 법규가 휴대전화의 발전을 수십 년 동안 차단하고 있을 때, 유럽은 앞서 나갈 기회가 있었지만 2G망의 산업 정책을 명시적으로 채택함으로써 대륙 전체를 하나의 표준에 가두었고, 그 결과 곧 미국에 따라잡혔다.

정부가 혁신의 원천이라는 명제에는 또 한 가지 문제가 있다. 그 논리는 거의 언제나 정부가 발명을 한 뒤 민간 부문으로 전파한다는 식으로 이어진다. 그러나 정말로 그렇다면, 정부가 그 혁신을 먼저 정부 내에 적용하지 않겠는가? 그런데 실제로는 정부의 관행과 전제 조건이야말로 가장 혁신이 부족한 영역이다. 게리 런시먼Garry Runciman은 대니얼 디포Daniel Defoe가 1727년《영국 여행기A Tour through the Whole Island of Great Britain》를 내놓은 지 3세기 뒤인 현재 부활한다면, 오늘날의 자동차, 비행기, 고층건물, 청바지, 수세식 화장실, 스마트폰, 직장 여성을 보면서 놀라자빠진 다음에 유일하게 친숙한 것이 의회와 군주제뿐임을 알아차릴 것이라고 했다. 나머지는 어리둥절할 정도로 다를 것이다. 의회는 사회학적 실러캔스, 즉 정치적 고생대 이래로 거의 변하지 않은 살아 있는 화석이다. 이것이 나쁘기만 한 것은 아니다. 법을 제정하는 전통적인 방식을 파괴하기 어렵게 만든 데에는 나름 타당한 이유가 있다. 그러나 그것이 정부로부터 혁신이 바깥으로 퍼져 나가는 사회를 의미하지는 않는다.

그렇다고 해서 정부가 혁신을 자극할 능력이 없다거나 다른 행위자들이 혁신에 집중하는 편이 모두 더 낫다는 말은 아니라는 점을 여기서 다시 한번 강조해두자. 광고 전문가 로리 서덜랜드는 화상 회의를 영국 정부가 고속 광대역망을 개통시키면서 유용하게 추진한 기술의 사례라고 본다. 같은 시간대에 속하고 같은 영어를 쓰면서 교통 혼잡에 시달리는 나라이기에 그 기술로 유달리 큰 혜택을 볼 수 있었고, 정부가 나섰기에 일을 추진하는 데 드는 비용을 총괄하여 협상을 할 수 있었고, 그리하여 많은 이가 이용할 때에만 사실상 유용해지는 기술에 네트워크 효과를 일으켜 유용한 것이 되도록 했다는 것이다. 즉 무임승차를 문제가 아니라 기회로 만들었다. 그런 기회는 분명히 존재한다. 그러나 최근의 혁신이 대부분 정부가 계획하여 주도한 것이라는 생각은 신화일 뿐이다.

혁신이 과학을 낳을 때

정치가, 언론인, 대중 사이에는 과학이 기술을 낳고, 기술이 혁신을 낳는다는 견해가 널리 퍼져 있다. 이 '선형 모델'은 거의 모든 정책 결정자를 지배하며, 과학에 공공 예산 집행을 정당화하는 데 쓰인다. 과학이 혁신의 궁극적 연료이니까. 때때로 그럴 수 있긴 하지만, 발명이 과학의 부모일 때도 그에 못지않게 많다. 즉 어떤 일을 진행할 기술과 공정이 먼저 개발된 뒤, 왜 그런 작동이 가능한지는 나중에야 이해될 때도 많다. 증기기관에 힘입어서 열역학의 이해가 이루어진 것이지, 그 반대가 아니었다. 항공역학의 대부분은 동력 비행이 먼저 이루어진 뒤에야 출현했다. 동식물의 교배는 유전학보다 먼저 등장했다. 집비둘기 애호가들은 다윈이 자연선택을 이해하는 토대가 되었다. 야금술은 화학의 탄생에 기여했다. 백신의 개척자 가운데 백신이 왜 효과가 있는지를 어설프게라도 짐작한 사람은 아무도 없었다. 항생제의 작용 양상은 그것이 실제로 쓰이기 시작하고서 오랜 시간이 흐른 뒤에야 이해했다.

1776년 애덤 스미스는 실천이 가장 중요하다는 걸 잘 알았다. 그는 혁신이 '일반 노동자'의 어설픈 수선과 '기계 제작자의 창의성'에서 유래한다고 보았다. 그런 것이 학술 연구보다 훨씬 더 중요했다. 비록 "철학자라고 불리는 이들이 기계류에 일부 개선을 이루긴 했"지만, 철학이 산업에 기여한 것보다 산업에서 얻은 것이 훨씬 많았다. "현대에 철학의 몇몇 분야에서 이루어진 개선은 대부분 대학에서 행해진 것이 아니다."

이 양상은 최근 수십 년 사이에 분명히 변했다. 그러나 1990년대에 에드윈 맨스필드**Edwin Mansfield**가 기업들을 설문 조사하여 혁신의 원천을 파악했더니, 거의 다 가정이나 기업 내에서 기원했음이 드러났다. 새로운 공정(새 제품만큼 중요한) 가운데 대학에서 시작된 것은 2퍼센트에 불과했다. 예를 들어 대학은 산업 조직에 관한 개념에 거의 아무런 기여도 하지 않았다. 과학이 새로운 산업을 낳을 때에도 호혜적인 효과가 나타날 때가 많다. 즉 과학은 기술 발전을 돕고, 그렇게 발전한 기술은 거꾸로 과학 발전을 돕는다. 최근의 연구 결과를 보면, 특허 중 약 20퍼센트는 학계 과학 연구를 인용하고, 약 65퍼센트는 과학 연구와 어느 정도 연결되어 있고, 기초 연구에 치우친 과학 분야들이 약물과 특허승인으로 이어지는 사례가 더 많다고 나왔다. 이는 선형 관계가 아니라 쌍방향 관계임을 증명하는 것이라고 할 수 있다.

1953년 DNA 구조의 발견은 언뜻 보면 선형 모델에 들어맞는, 즉 순수 과학이 후에 엄청난 실용적인 의미를 지니게 된 좋은 사례 같다. 그러나 그 발견은 생물 분자의 구조를 알아내는 데 쓰인 X선 결정학의 발전에 많은 빚을 졌다. 그 연구는 양털의 특성을 더 잘 이해하고자 했던 섬유산업에서 시작되었고 그 업계의 지원도 받았다. 윌리엄 애스트버리가 리즈 대학교에 자리를 얻은 것도 그 덕분이었다. 개러스 윌리엄스의 말을 빌리자면, 그의 화학과는 "사실상 섬유 산업으로 진출할 이들을 위한 최종 학교"였다. 애스트버리의 교수 자리는 방직공 길드라고 할 워십풀 컴퍼니 오브 클로스워커스Worshipful Company of Clothworkers의 후원으로 유지되었다. 애스트버리는 플로렌스 벨Florence Bell, 엘윈 바이턴과 함께 최초로 X선을 사용해 단백질과 DNA의 구조를 이해하고자 시도했다. 바이턴은 실제로 레이먼드 고슬링, 로절린드 프랭클린Rosalind Franklin보다 DNA의 구조를 보여주는 사진을 1년 더 앞서 찍었다. 그러나 그 사실을 깨닫지는 못했다. 애스트버리가 그 사진과 사진의 중요성을 간과한 일은 발견의 영예를 간발의 차이로 놓친 역사상 가장 안타까운 사례에 속한다.

마찬가지로 4장에서 다루었던 21세기의 사례인 크리스퍼 유전자 편집 기술의 발명으로 이어진 연구는 어느 정도는 요구르트 산업의 현실적인 문제를 해결하려는 욕구를 통해 추진되었다. 여기서 내 말의 요지는 언제나 과학에서 기술이 흘러나온다고 주장한다면 실수라는 것이다. 과학적 이해야말로 기술 혁신을 설명하고 개선하려는 시도에서 아주 자주 나온다.

그 '선형 모델'은 사실상 좀 허수아비 같다. 정치인은 그 모델에 푹 빠져 있지만, 경제학자나 과학자 중에 그 모델을 믿는 사람은 사실상 없다. 기술 역사가인 데이비드 에저턴David Edgerton이 주장했듯이, 그 모델을 창안했다고 여겨지는 이들조차도 그것을 지지하지 않았다. 한 예로 전시에 미국 정부의 과학 자문가였던 버니바 부시는 1945년《과학Science》이라는 책을 썼는데, 그 책은 선형 모델의 경전으로 여겨진다. 부시가 이렇게 쓴 것은 맞다. "민간 기업과 공기업의 바퀴를 돌리려면 새로운 과학 지식의 흐름이 있어야 한다. … 예전보다 지금 더욱더 기초 연구는 기술 발전의 선두 주자 역할을 한다." 그러나 그는 사실 국가가 기초과학을 그 자체로 지원해야 한다고 주장하고 있었다. 그런 연구가 정부와 산업 양쪽에서 응용 연구의 성장 속도를 따라가지 못한다는 이유에서다. 부시는 학계 과학이 혁신의 주된 원천이라고 주장한 것이 아니라, 새로운 지식의 주된 원천이라고 주장한 것이다. 대다수 유럽 국가와 달리, 당시 미국은 연방정부가 기초과학을 거의 지원하지 않았다. 영국도 프랑스와 독일에 비해 과학에 대한 정부 지원을 미적거리고 있었다. 그러나 킬리는 이렇게 간파했다. "대륙이 과학 부문에서 시장이 실패했다고 여긴 반면, 영국은 그렇지 않다고 여겼고, 산업혁명은 프랑스나 독일이 아니라 영국에서 일어났다."

영국의 전시 과학 책임자였던 헨리 티저드Henry Tizard는 전쟁이 끝난 뒤 이렇게 썼다. "이 나라에서 산업의 건강을 회복하는 데 가장 중요한 것

2부 혁신의 전개

은 연구의 전반적인 확대가 아니며, 산업의 일상적인 문제와 거리가 먼 정부 연구의 확대 또한 분명히 아니다. 가장 중요한 것은 이미 알려진 지식을 응용하는 것이다." 그가 이렇게 현대 영국이 연구의 강점을 경쟁력 있는 혁신 성공 사례로 전환하지 못한다고 최초로 한탄한 이래로 같은 말을 하는 이들이 죽 이어졌다. 1958년 경제학자 존 주크스John Jewkes는 《발명의 원천The Sources of Invention》이라는 책에서 과학이 기술의 원천이라는 개념을 반박하면서 정부가 경제 성장을 자극하리라는 희망을 품고서 순수과학에 투자를 하면 안 된다고 경고했다. 에저턴은 2004년에 통명스럽게 말했다. "따라서 내 주장은 혁신을 연구한 첫 세대의 연구자들에게서도 '선형 모델'을 찾아볼 수 없었다는 것이다."

최근 들어 정치인 사이에서 과학이 발명의 어머니라는 개념을 받아들이고 그것을 과학 연구 지원을 정당화하는 주된 근거로 삼는 경향이 점점 커지고 있다는 것은 분명하다. 내가 보기에는 안타깝다. 역사를 잘못 읽어서가 아니라, 과학을 평가절하하기 때문이다. 선형 모델을 거부한다고 해서 과학 연구 지원을 반대한다는 말은 결코 아니며, 과학 자체를 반대하는 말은 더더욱 아니다. 과학은 단연코 인류 성취의 가장 큰 결실이며, 모든 문명사회라면 풍족하게 열정적으로 지원해야 마땅하다. 그러나 혁신을 장려하는 방법으로서가 아니라, 과학 그 자체를 가치 있는 목표로 삼아야 한다. 과학은 씨앗보다는 열매라고 봐야 한다. 1969년 물리학자 로버트 윌슨Robert Wilson은 미국 상원이 입자가속기 예산 지원을 논의할 때 증인으로 출석했다. 입자가속기가 국방에 기여할지에 관한 질문을 받자 그는 이렇게 답변했다. "지킬 가치가 있는 무언가를 만드는 데 기여한다는 것 외에는 국방과 직접적인 관련은 전혀 없습니다." 최근 학계 과학자들은 자신의 연구가 응용 분야에 파급 효과를 일으킨다는 것을 보여줌으로써 납세자들로부터 받는 연구비 지원을 정당화하라는 요구를 점점 더 받아왔다. 솔직히 말해서 스티븐 호킹에게 블랙홀 연구가 어떤 산업 활동으로 이어질지 보여달라고 하거나 프랜시스 크릭에게 비슷한 근거를 들어서 DNA 연구를 정당화하라고 요구하는 것은 윌리엄 셰익스피어나 톰 스토파드**Tom Stoppard**에게 그들의 희곡이 경제 성장에 기여한다는 점을 보여달라고 요구하는 것과 다를 바 없다. 기여할 수도 있겠지만 그들이 희곡을 쓴 주된 이유는 그것과 거의 무관하다.

혁신을 원치 않는 소비자에게 강요할 수 없다

혁신이 반드시 좋은 것만은 아니다. 유독하거나 위험한 산물로 이어진다면 해로울 수 있다. 프리츠 하버는 합성비료만이 아니라, 참호를 공격하는 데 쓸 독가스도 발명했다. 또 혁신은 일반인에게 무용지물일 수도 있다. 유인 우주여행은 지금까지 탐사와 오락용으로 유용하다는 것이 드러났지만(달 착륙과 아폴로 계획을 토대로 만든 영화는 인류 문화에 소소한 기여를 한다) 중요한 경제적 혜택의 원천으로서는 아니다. 특정한 기술을 개발할 방법을 이해한다는 관점에서 보면 몇몇 파급 효과를 낳았을 수도 있다(그러나 달라붙지 않는 프라이팬이 그중 하나라는 이야기는 신화에 불과하다. 실제로는 그 반대다. 테플론은 아폴로 계획에 매우 중요한 역할을 했다). 하지만 그 정도의 엄청난 예산을 다른 계획에 투입했더라면 그런 파급 효과가 나타나지 않았을 것이라고는 장담하기 어렵다.

이를테면 미 항공우주국 제트추진연구소는 카메라 폰, CAT 촬영, LED, 운동화, 은박 담요, 주택 단열, 무선 헤드셋, 동결건조 식품이 모두 우주여 행이 없었다면 나오지 않았을 발명품이라고 자랑한다. 우주 탐사 계획에 관여하는 누군가가 어느 시점에 그런 물품의 개발에 기여했기 때문이라는 것이다. 그것은 불합리한 논리이며 매우 의심스러운 주장이다.

여기서도 우주 탐사 계획에 대해 투덜거리려는 것이 아니다. 나는 내 지식과 상상의 우주를 한껏 확장하는 데 도움을 주었고 열한 살 때 짜릿한 순간을 맛보게 해준 닐 암스트롱과 미국 납세자들에게 무척 고마운 마음을 품고 있다. 그러나 유인 우주 탐사는 본전을 뽑을 가능성을 볼 때 사실상 혁신의 시험을 통과하지 못한다. 그런 의미에서 예술에 더 가깝다. 인류의 복지에 기여하고, 따라서 보조금 없이도 널리 퍼지려면, 혁신은 두 가지 시험을 통과해야 한다. 개인에게 유용해야 하며, 어떤 과제를 이루는 데 드는 시간이나 에너지나 돈을 절약해야 한다. 기존 장치보다 구입하는 데 더 비싸면서 아무런 추가 혜택을 제공하지 않는다면 아무리 창의적이라고 해도 널리 퍼지지 않을 것이다. 우주에서 무언가를 제조하는 일도 이 시험을 결코 통과하지 못할 수 있다. 비용 때문이다.

혁신은 상호 의존성을 높인다

혁신은 사람들의 삶에 무엇을 더할까? 나는 인류 역사의 장엄한 주제가 소비의 다양성 증가와 결합된 생산의 전문화 증가라고 주장해왔다. 우리는 소비하는 것을 점점 더 다양화하기 위해서 생산하는 것(우리는 그것을 직업이라고 부른다)의 범위를 점점 더 좁혀왔다. 자급자족 농민에 비해 현대인이 하는 일은 대개 덜 다양하지만 삶은 훨씬 더 다양하다. 이 점에서 우리는 자신이 생산하는 것만 소비하는 다른 동물들과 대비된다. 전체 역사에서 경기 후퇴기(로마제국의 몰락에서 대공황에 이르기까지)에는 자급자족 형태로 되돌아가는 양상이 두드러지게 나타났다. 반면에 경제가 발전할 때(농경의 발명에서 무선 인터넷에 이르기까지)에는 전문화된 서비스를 팔고 다른 모든 것을 사는 데에서 비롯되는 상호 의존성과 협력이 점점 증가하는 양상이 나타난다. 한마디로, 서로를 위해 일한다. 혁신은 '일'의 범위를 좁히고 다른 모든 것의 범위를 넓혀왔다. 이에 비추어볼 때, 생산의 전문화 증가나 소비의 다양성 증가가 유행할 것이고, 우리를 자급자족으로 되돌리는 무엇인가는 유행하지 않으리라고 예상하는 것이 합리적이다.

인터넷은 정반대의 일을 해 오지 않았냐고? 우리는 여행사를 통해 항공편을 예약하는 대신에 지금은 직접 예약한다. 구술하는 대로 타자를 치는 사람을 고용하는 대신에 지금은 직접 자판을 두드린다. 그런 것을 생각할 때 자신이 중상류 계급의 관점에서 보고 있다는 점을 떠올리자. 즉 자신을 원래 여행사와 비서 같은 서비스를 이용했던 사람이라고 보는 것이다. 인터넷은 여행사를 웹사이트의 형태로 모두에게 붙여주었다. 맞춤법 교정, 서식 작성, 그래픽 기능을 갖춘 문서 편집 프로그램이라는 형태로 '비서'도 붙여주었다.

경제학자 돈 보드로가 지적했다시피, 한 세기 전과 달리 오늘날 군중 속에서 부자를 찾아내기가 어려운 이유도 그 때문이다. 다음에 식당에 가면 옆 식탁에 앉은 사람을 살펴보라. 그가 억만장자일까? 예상 밖의 일인데, 그렇다는 사실을 어떻게 알았을까? 경호원, 바깥에 주차된 고급차, 옷에 붙인 전세기 로고? 그렇다, 모두 사치품이다. 필수품은 어떨까? 치아는 더 좋을까? 다리는 더 길까? 배는 더 나왔을까? 옷은 더 좋은 것일까? 그의 바지에 구멍은 안 나 있겠지(요즘은 이전과 반대일 가능성이 더 높다!)? 2세기 전에는 이 모든 것으로 부자인지 아닌지 판단할 수 있었을 것이다. 지금은 그렇지 않다. 비슷한 스마트폰, 똑같은 인터넷, 똑같은 유형의 화장실, 같은 슈퍼마켓을 이용한다. 오늘날 서양 국가에 사는 대다수 주민 사이에 존재하는 불평등의 상당 부분은(비록 전부는 아니지만) 필수품이 아니라 사치품과 관련이 있다. 적어도 예전보다는 더 그렇다. 가난한 이들이 때로 굶어 죽거나 추위에 얼어 죽거나 전등 같은 단순한 것조차 접하지 못하던 시절보다 그렇다. 그리고 그것이 바로 거의 모든 사람이 구입할 여력이 있는 바지와 책이 아니라, 자신을 특별하게 해준다는 의미에서 한계가 없는 사치품, 포도주와 부동산 같은 것을 주로 부자들이 이야기하는 이유다. 혁신은 일의 생산성, 따라서 모든 이의 생활수준을 높임으로써 그렇게 한다.

혁신은 실업을 야기하지 않는다

혁신이 일자리를 없앨 것이라는 두려움은 역사가 깊다. 1800년대 초의 이른바 러드 장군General Ludd과 스윙 선장Captain Swing으로까지 거슬러 올라간다. 1812년 러다이트는 섬유 산업에 새 기계가 들어오는 것에 항의하는 차원에서 양말 짜는 기계를 부수었다. 그들은 1779년에 같은 일을 했다는 네드 러드라는 사람의 출처가 의심스러운 일화에서 영감과 명칭을 얻었다. 1830년 농업 분야의 업무 조건에 항의하던 일꾼들은 스윙 선장이라는 가공의 지도자를 중심으로 모여 건초 더미를 불 지르고 탈곡기를 부수었다. 이 역시 기계가 생계에 미칠 영향에 항의한 사례였다. 경제학자 데이비드 리카도는 "인간 노동을 기계로 대체하는 것이 노동 계급의 이익을 심하게 훼손하곤 한다는 것을 확신하게" 되었다. 그러나 기계의 등장으로 농촌이 더욱더 비참한 상황에 내몰린 것은 결코 아니었다. 오히려 농장 노동자의 임금은 전반적으로 증가했고 남는 인력은 곧 도시에 생긴 일자리로 넘어가서 가처분 소득이 더 늘어난 이들에게 상품을 공급했다.

그러나 기술이 실업을 야기한다는 개념은 사라지지 않았다. 1930년 존 메이너드 케인스는 "노동력 흡수 문제에 대처할 수 있는 수준보다 기술의 효율 증가가 더 빠르게 일어나 왔다"고 우려했다. 1960년 경기 침체로 미국에서 실업률이 증가하자, 주간지 〈타임Time〉은 "많은 노동 전문가가 주로 자동화를 원인으로 지목하는 경향이 있으"며, 상황이 더 나빠질 것이라는 기사를 썼다. "많은 직업 전문가가 자동화 때문에 경제가 새로운 일자리를 충분히 만들어내지 못할 수도 있다는 것을 더욱 우려한다." 1964년 린든 존슨 대통령은 혁신이 일자리를 없애는지 여부를 조사하기 위해 기술, 자동화, 경제 발전에 관한 국가 위원회를 설립했다. 위원회가 1966년 2월 보고서를 내놓을 무렵에, 미국의 실업률은 다시 회복되어 겨우 2.8퍼센트에 불과했다. 그럼에도 위원회는 기본소득과 일자리 보장제를 비롯하여 남은 일자리를 공평하게 나누는 강력한 행동을 취할 것을 권고했다. "인간의 협조를 받을 필요가 없는 기계 시스템을 통해 생산이 무제한적으로 이루어질 가능성" 때문이었다.

한마디로 혁신이 일자리를 없앤다는 개념은 어느 세대에서든 회자되고 있다. 그런데 지금까지는 틀렸다는 것이 드러났다. 지난 2세기 동안 농업 생산성은 극적으로 증가했지만, 농장 노동자는 도시로 옮겨가서 제조업 쪽에 일자리를 얻었다. 그 뒤에 제조업의 생산성이 급증하자, 일자리를 잃은 엄청난 수의 노동자는 서비스 부문으로 옮겨갔다. 그 분야는 아직 대량 실업의 징후가 전혀 보이지 않는다. 양초는 전등으로 대체되었지만, 심지를 자르는 일을 하는 이들은 다른 일을 구했다. 수백만 명의 여성들도 유급 노동력에 합류했다. 적어도 어느 정도는 세탁기와 진공청소기 같은 혁신 덕분에 가정의 여러 허드렛일에서 해방된 결과였다. 그럼에도 고용률은 낮아지지 않고 높아졌다. 2011년 오바마 대통령은 은행원을 현금 입출금기 때문에 사라지는 직업의 사례로 들었다. 그 말은 틀렸다. 현금 입출금기가 도입되기 전보다 지금 은행원이 더 많으며, 그들은 현금을 세는 것보다 더 흥미로운 일을 하고 있기 때문이다. 이 글을 쓰는 바로 오늘, 영국에서 경제활동 가능 연령 중 유급 근로자의 비율은 76.1퍼센트로 기록적인 수준에 다다랐다.

지금 사회는 인공지능 분야에서의 혁신이 많은 이에게 일자리 상실의 위협을 가하고 있다고 여긴다. 그리고 많은 사람이 이번에는 다르다고 말한다. 이번에는 무지막지한 힘이 아니라 기계의 인지 능력이 사람의 인지 능력과 경쟁하기 때문에, 일자리를 잃은 이들이 더 이상 갈 곳이 없어진다는 것이다. 나는 그런 말을 하는 학자나 정치인에게 그 말이 현재 위협을 받는 이들은 농장 인부나 가정주부나 공장 노동자가 아니라, 여러분 같은 지식인(그리고 변호사와 의사)이라는 뜻이라고 대꾸하곤 한다. 그들의 마음속에서 자신은 예외라는 심리가 얼마간 작동하는 듯하다.

칼 프레이Carl Frey와 마이클 오즈번Michael Osborne은 2013년에 대단한 영향을 끼친 연구 결과를 내놓았다. 논문에서 그들은 미국의 모든 일자리 중 47퍼센트가 '10~20'년 안에 자동화로 사라질 '고위험' 직업군에 속한다고 결론을 내렸다. 그러나 더 적절한 데이터베이스로 그 문제를 재검토한 OECD는 자동화로 사라질 위험이 있는 일자리가 훨씬 덜 섬 뜩한 9퍼센트 수준이며, 그조차도 다른 직업군에서 고용이 늘어나는 현상이 동반되며 일어날 것이라고 결론지었다.

그런 섬뜩한 시나리오는 정치가와 언론인에게 꽤 자주 인기를 끈다. 경제학자 J. R. 섀클턴J. R. Shackleton은 이렇게 간파했다. "기술 공포증에 빠져서 넋이 나간 듯한 정책 결정자들은 기존 일자리에 대한 위협과 거의 관계가 없는 이유 때문에 정치 활동가들에게 떠밀려 검증되지 않은 정책을 고려하려는 유혹에 이미 빠지고 있다." 최근의 설문 조사에서는 미국인 중 82퍼센트가 앞으로 30년 사이에 로봇과 컴퓨터가 '아마도 또는 분명히 사람이 하던 일의 대부분을 할 것'이라고 생각하지만, '자신이 하고 있는 일의 유형'을 생각할 때에는 37퍼센트만 그럴 것이라고 답했다. 큰 모순이다.

사실 일에 영향을 미친다는 측면에서 보자면, 현재의 혁신이라고 해서 결코 유달리 빠르다거나 포괄적이라거나 위협적이지는 않다. 어쨌거나 애덤 스미스가 지적했듯이, 생산의 목적은 소비다. 일의 목적은 원하는 것을 살 수 있을 만큼 돈을 버는 것이다. 생산성 향상은 원하는 상품과 서비스를 얻는 능력이 커짐을 의미하며, 따라서 그것을 공급하는 이들의 일을 원하는 수요도 늘어남을 뜻한다. 식당 요리사, 애완동물 수의사, 소프트웨어 전문가, 개인 트레이너, 동종요법사가 사업을 계속할 수 있는 것은 오로지 현대의 평균 노동자가 높은 생산성, 따라서 높은 구매력을 지니기 때문이다.

또 혁신은 전혀 새로운 유형의 직업도 만든다. 오늘날 사람들의 직업 대부분은 빅토리아시대 사람에게는 몹시 당혹스럽게 들릴 것이다. 소프트웨어 개발자, 콜센터 상담원, 비행기 승무원은 무엇일까? 혁신은 사람들이 정말로 가치를 두는 것을 할 여유를 제공한다. 굶어 죽지 않기 위해 작은 텃밭을 일구고 잡초를 뽑는 대신에, 직장에 일하러 가고 가게에서 채소를 사는 쪽을 택할 수 있다. 업무 생산성이 높아진 덕분에 가능해진 일이다. 월터 아이작슨은 이렇게 결론 내린다. "과학 발전을 실용화한다는 것은 더 많은 직업, 더 높은 임금, 더 짧아진 업무 시간, 더 풍부한 작물을 뜻하며 과거 보통 사람에게 부담을 주었던 고되고 지루한 일을 하지 않고 휴양과 공부와 살아가는 법을 배울 여유 시간을 늘려준다는 의미다."

게다가 많은 이는 자동화가 여유 시간을 추가로 늘린다는 점과 그 여유 시간이 실업자에게 강요되는 것이 아니라 우리 모두에게 꽤 평등하게 배분된다는 것을 알아차리지 못한다. 여기서 흥미로운 사실이 하나 있다. 1900년에 미국인의 평균 수명은 47세였고, 사람들은 14세 때 일을 시작했고, 일주일에 64시간을 일했으며, 은퇴라는 것은 꿈도 꾸기 어려웠고, 평균 남성은 생애의 약 25퍼센트를 일하면서 보냈다. 나머지는 어릴 때 보낸 시간을 빼면 집에서 잠자는 시간이었다. 지금은 약 10퍼센트로 낮아졌다. 평균적인 사람이 약 80세까지 살고, 생애의 절반이 교육과 은퇴 생활에 쓰이고, 하루에 3분의 1(8/24시간)씩 일주일에 5일만 일하기 때문이다. 생애의 절반을 하루 여덟 시간씩 일주일에 5일 일하면, 그 노동 시간은 생애의 12퍼센트에 약간 못 미치는 수준이다. 여기에다가 휴가 몇 주, 병가 며칠, 크리스마스 같은 기념일까지 빼면 약 10퍼센트가 된다. 게다가 그 시간은 일할 때 점심을 먹는 시간도 포함한다. 따라서 전체적으로 보면 사회는 혁신이 제공하는 더 높은 생산성을 모두에게 훨씬 더 많은 여가 시간을 주는 데 쓰기로 결정해왔다. 존 메이너드 케인스가 서양인들이 자동화의 결과로 일주일에 열다섯 시간만 일하게 될 것이라고 예측했을 때, 또는 허먼 칸Herman Kahn이 일주일에 4일만 일하고 휴가를 13주 쓰게 될 것이라고 예측했을 때, 그들은 터무니없는 상상을 한 것이 아니었다.

팀 워스톨Tim Worstall은 이렇게 간파했다. "내가 얻기까지 다른 사람의 손을 거쳐야만 하는 것 중에, 내가 꿈꾸고 원하는 모든 것을 당신이나 다른 누군가가 가지고 있을까? 아니라고? 아직 등 안마기와 껍질 벗긴 포도가 없다고? 그렇다면 아직 사람이 할 일이 한두 가지 남아 있는 셈이다." 로봇이 등 안마와 포도 껍질 까기를 포함하여 우리가 원한다고 상상할 수 있는 모든 것을 말 그대로 할 수 있고, 그것도 돈을 벌기 위해 굳이 일을 하러 나갈 필요가 전혀 없을 만치 아주 저렴하게 할 수 있다고 상상해보자. 그럴 때 정확히 뭐가 문제가 될까? 우리는 비용을 전혀 안 들이면서 원하는 상품이나 서비스를 무엇이든 간에 불러낼 수 있다. 그렇다면 생계를 위해 돈을 벌 필요가 없다. 생활이 무료이기 때문이다. 물론 그런 일은 일어나지 않을 것이다. 특히 로봇이 할 수 없지만 우리는 할 수 있다고 생각할 만한 것은 언제나 있을 것이고(정말로 로봇이 우리를 위해 테니스 치기를 원할까?) 로봇에게 에너지가 필요한 한 비용을 전혀

2부 혁신의 전개

들이지 않고 로봇을 이용할 수가 없을 것이기 때문이다. 그러나 유용한 사고 실험이긴 하다. 일은 그 자체가 목적이 아니다.

대기업은 혁신을 잘 못한다

혁신은 때로 외부에서 온다. 이 말은 조직뿐 아니라 개인에게도 들어맞는다. 존 해리슨John Harrison은 요크셔의 시계공이었는데, 배에 쓸 튼튼한 크로노미터를 제작함으로써 경도를 알아내는 과제를 해결했다. 하지만 기득권 세력은 오랫동안 그의 주장을 진지하게 받아들이지 않았다. 그가 저명한 과학자도 아니었고 그의 해법이 최신 천문학 내용을 참조하지 않았기 때문이다. 토머스 뉴커먼에서 스티브 잡스에 이르기까지, 위대한 혁신가는 유행에 뒤떨어진 분야에서 연줄도 없고 교육도 제대로 못 받고 눈에 잘 안 띄는 상태로 출현하곤 했다.

규모 면에서 반대쪽 끝에 해당하는 커다란 조직은 종종 더 혁신적인 신생 조직에 밀려나곤 한다. IBM은 마이크로소프트에 자리를 내주었고, 마이크로소프트는 구글과 애플에 기습당했다. 코닥은 영화 업계에 튼튼한 입지를 구축하고 있었음에도 디지털 사진술을 개발하지 않았다. 전자 업계에서 온 침입자 때문에 자사의 사업 모델 전체가 무너져 사라질 지경이 될 때까지 겁에 질려서 멍하니 지켜보기만 했다. 그리고 2012년 파산 신청을 했다. 사실 코닥이 전혀 시도하지 않은 것은 아니다. 코닥은 디지털 사진술을 발명하긴 했지만, 기득권이 너무나 큰 나머지 새 기술을 탐구하기보다는 그 기술이 그냥 묻히기를 원했다. 1975년 스티븐 새슨Steven Sasson이라는 코닥의 젊은 연구자는 나중에 텔레비전 화면에 틀 수 있도록 카세트테이프에 흐릿한 전자 영상을 기록하는 커다란 카메라를 만들었다. 그는 관심을 가져달라고 경영진을 설득했지만 경영진은 비싸고 실용적이지 않고 품질도 안 좋다며 비판했다. 새슨은 〈뉴욕 타임스The New York Times〉에 이렇게 말했다. "인쇄는 100년 넘게 쓰였으며, 누구도 인쇄에 불만을 갖고 있지 않다. 인쇄는 아주 저렴하다. 그러니 굳이 텔레비전으로 사진을 보고 싶어 할 이유가 어디 있겠는가?"

대기업은 혁신을 잘 못한다. 너무 관료주의적이고, 기득권이 워낙 커서 현상 유지를 원하며, 고객의 실제 및 잠재적인 이익에는 별 관심을 기울이지 않기 때문이다. 따라서 혁신이 번창하려면 외부인, 도전자, 교란자가 발판을 마련하도록 장려하거나 적어도 허용하는 경제체제가 필요하다. 이는 경쟁에 개방적이어야 함을 의미하는데, 역사적으로 그런 특징을 지닌 사회는 거의 찾아보기 어렵다. 인류 역사 내내 군주들은 무역회사든 장인 길드든 국영 사업체든 간에 독점권을 부여하는 쪽에 중독되어 있었다.

대기업이 혁신을 이루게 하는 한 가지 방법은 경쟁이다. 월마트, 테스코, 알디 같은 기업이 운영하는 슈퍼마켓은 최근 수십 년간 소비자에게 끊임없는 혁신의 흐름을 안겨주었다. 바코드, 스캐너, 트럭에서 트럭으로 곧바로 짐을 옮기는 설비, 미리 세척한 샐러드, 간편식, 자체 상표 제품, 적립 카드 등등. 이런 기업들이 독점적 지위를 지니고 있었다면 혁신은 더 느렸거나 아예 이루어지지 않았으리라는 데에 의심의 여지가 없다. 그리고 소매 부문에서 이루어진 혁신의 상당 부분은 그 부문 바깥에서 온 것이다. 기업은 이용할 수 있는 신기술이 있는지 늘 살피고 있기 때문이다.

몇몇 대기업은 자체 연구개발에만 의지해서는 경쟁하는 데 필요한 혁신을 일으킬 수 없다는 사실을 몇 년 전에 자각했다. P&G는 좋은 사례다. 그 회사의 두 임원은 2006년 이렇게 설명했다.

2000년이 되자 자체 발명 모델이 높은 수준의 매출 성장을 유지할 수 없다는 사실이 명확해졌다. 신기술이 폭발적으로 늘어나면서 우리의 혁신 예산에 점점 더 부담이 가해졌다. 우리 R&D 생산성은 떨어졌고, 혁신 성공률(이익 목표를 충족시킨 신제품의 비율)은 약 35퍼센트에 머물렀다.

최고 경영자 A. G. 래플리A. G. Lafley는 모든 혁신의 절반을 기업 바깥에서 가져옴으로써 P&G의 문화를 바꾸는 일에 착수했다. 이 '열린 혁신' 전략은 바람직한 결과를 낳았다. P&G가 내놓는 신제품의 성공 비율이 다시 높아졌다.

열린 혁신의 궁극적 형태는 오픈소스 소프트웨어다. 이 분야는 한때 세계에 변경도 없고 재산권도 없기를 바라는 공산주의 몽상가들이 우글거리는 자유분방하고 괴팍한 곳이었다. 1980년대에 리처드 스톨먼Richard Stallman의 자유 소프트웨어 재단Free Software Foundation은 대기업의 특허 소프트웨어에 맞서 반기를 들었고, 사용자들이 혁신에 기여할 수 있다는 개념을 천명했다. 그는 유닉스 운영체제의 지위에 도전하기 위해 GNU(그는 유닉스가 아니다Gnu's Not Unix의 약자)를 개발했다. 1991년 리누스 토르발스는 GNU의 특징을 포함하는 오픈소스 리눅스 운영체제를 창안했다. 리눅스는 서서히 컴퓨터 세계의 상당 부분을 잠식했고, 이윽고 슈퍼컴퓨터 시장을 완전히 장악했으며 더 최근에는 구글의 안드로이드 기기를 통해 모바일 시장에도 자리를 잡았다. 2018년 IBM은 오픈소스 소프트웨어 기업 레드햇을 약 300억 달러에 인수한다고 발표했다. 아마존은 아마존웹서비스를 통해서 클라우드 산업을 주도하고 있는데, 이 서비스는 전적으로 오픈소스 소프트웨어를 토대로 하고 있다. 따라서 소프트웨어 세계는 점점 혁신을 개방적이고 자유롭게 공유하는 울타리 없는 초원이 되고 있으며, 혁신을 방해하는 대신에 혁신을 장려하는 효과가 나타나온 듯하다. 리눅스재단은 현재 '오픈소스 개발의 힘을 활용하여 유례없는 속도와 규모로 혁신을 촉진하기 위해' 수천 가지의 오픈소스 계획을 진행하고 있다.

혁신을 자유롭게

궁극적인 오픈소스 혁신은 소비자 자신이 이룬다. 매사추세츠 공대의 에릭 폰 히펠Eric von Hippel은 소비자의 공유형 혁신free innovation 부문은 경제에서 무시되었으며, 혁신이 생산자 혁신을 통해 추진된다는 가정이 오해를 불러일으킨다고 주장한다. 그는 해마다 소비자 수천만 명이 자신이 쓸 물건을 개발하고 개량하는 데 수백억 달러씩 쓴다고 계산한다. 사람들은 대개 여가 시간에 그렇게 하며 그것을 남들과 자유롭게 공유한다. 그는 나이트스카우트Nightscout를 사례로 든다. 인터넷을 통해 당뇨병 환자의 혈당 수치를 지켜보는 기술이다. 나이트스카우트는 당뇨병을 앓는 아이를 둔 부모 몇 명의 착상에서 나왔다. 덱스콤이라는 기업이 피부에 붙이는 패치에 담긴 센서로 혈당 수치를 기록하여 화면에 띄우는 휴대 장치를 개발했다. 2013년 뉴욕 리보니아에 사는 슈퍼마켓 소프트웨어 기술자 존 코스틱John Costik은 어린 아들이 학교에 있을 때 혈당 수치가 어떤지 알 방법을 고민하다가, 아들의 혈당 데이터를 웹에서 볼 수 있도록 그 장치를 해킹한 뒤 자신의 소스코드를 소셜 미디어를 통해 남들에게 공유했다. 캘리포니아 북부에 사는 기술자 레인 데스보로Lane Desborough에게도 당뇨병을 앓는 아들이 있었다. 그는 가정용 디스플레이 시스템을 고안하여 나이트스카우트라는 이름을 붙였다. 캘리포니아 남부에 사는 마찬가지로 당뇨병을 앓는 아이를 둔 제임스 애덤스Jason Adams라는 분자생물학자가 그것을 보고서, 나이트스카우트 시스템을 사용하는 부모들을 위한 페이스북 그룹을 만들었다. 그들은 규제와 지식 재산권 우려 때문에 오픈소스 코드를 발표하는 것을 좀 미루어야 했다. 이 과정에서 경제적 이익을 추구한 사람은 아무도 없었다. 이 추세를 이어 최근에는 당뇨병 환자를 위한 인공 췌장 시스템이 오픈소스 소프트웨어로 개발된 사례도 있다. 환자들이 스스로 설계하여 개량을 거듭하고 있다.

컴퓨터 설계 도구와 저렴한 통신비 덕분에 예전에는 기업 연구실에서나 할 수 있었던 일을 가정에서 할 수 있게 되면서 공유형 혁신의 기회가 커지고 있다. 혁신이 수익을 낼지 여부를 생각하느라 고심할 필요가 없이, 공유형 혁신가들은 기업이 손대지 않을 착상을 탐구할 수 있다. 그러나 이익을 추구하지 않으므로 그들은 사람들에게 굳이 자신의 발명을 말하려고 열심히 노력할 필요가 없고, 그래서 확산 속도가 느릴 수 있다. 폰 히펠은 공유형 혁신이 성장하고 있음을 기업들이 눈치채면서, 현재 소비자들의 착상을 '채굴하는' 일이 벌어지고 있다고 말한다. 한 예로, 서프보드 제작사들은 서퍼들이 어떻게 보드를 개조하는지를 참조하여 디자인에 반영하고 있다.

공유형 혁신가는 특허나 저작권을 거의 추구하지 않는다. 그 말은 기꺼이 자신의 착상을 자유롭게 공유한다는 의미다. 폰 히펠의 동료인 앤드루 토런스Andrew Torrance는 관습법과 미국 헌법 하에서 개인은 공유형 혁신에 참여하고 이용할 법적 기본권을 지니며, 언론의 자유에 따라서 자신의 혁신을 알리고 논의할 수 있다고 주장한다. 그렇다고 해도 정치인들은 그들의 앞길에 끊임없이 장애물을 놓는다. 토런스와 폰 히펠은 1998년 무료 복제, 즉 '해적 행위'를 단속하려는 목적으로 만든 디지털밀레니엄저작권법Digital Millennium Copyright Act, DMCA이 합법적으로 구입한 소프트웨어를 해킹하여 혁신하려는 공유형 혁신가의 능력에 심하게 재갈을 물리는 부수적인 피해를 입혔다고 주장한다. DMCA는 저작권 침해의 예외 조건인 '공정한 이용'의 여지를 사실상 대폭 줄였다. 토런스는 이 법안을 작성한 이들이 공유형 혁신에 피해가 갈 수 있음을 추측하기는커녕 그런 혁신의 존재 자체도 몰랐던 것이 분명하다고 주장한다.

흥미롭게도 토런스의 동료인 동물학자 리디아 호퍼Lydia Hopper는 사용자가 자기 자신을 위해 하는 공유형 혁신이 사람 이외의 동물이 하는 유일한 혁신이라고 본다. 즉, 인간을 제외한 동물 세계에서는 생산자와 소비자의 구분이 아예 없다는 것이다.

가짜 혁신

바늘을 움직이려면 더 많이 실패해야 한다. 실패하지 않았다면,
충분히 흔들지 않았다는 뜻이다. 정말로 세게 흔들어야 하는데,
그러다 보면 실패할 것이다. 하지만 괜찮다.

-제프 베이조스

가짜 폭탄 탐지기

혁신이 그러한 기적을 일으켜왔기에 때로 날조자, 사기꾼, 유행 추종자,
실패자를 끌어들이곤 하는 것도 그리 놀랄 일이 아니다. 이들은 안 되리
라는 것을 알면서도 기회를 노리거나, 순수하게 성공을 바라면서 혁신을
도모했다가 끝내 이루지 못하는 이들이다. 에너지 기업에서 온라인 에너
지 거래 플랫폼으로 변신했다가 이어서 일반 상품 거래 사업으로 또다시
변신을 시도한 엔론을 생각해보자. 엔론은 1996년부터 2001년까지 6년
연속으로 〈포춘Fortune〉 선정 '미국에서 가장 혁신적인 기업'에 뽑혔다.
그러다가 2001년 말에 대차대조표에서 손실을 숨긴 불법 회계를 저질
렀다는 사실이 발각되면서 파산했다. 주주들은 740억 달러가 넘는 손해
를 입었다. 엔론 경영진은 막판까지도 혁신의 혜택을 볼 것이라고 과장

된 약속을 계속 쏟아냈다.

가짜 혁신으로 사기를 친 또 다른 사례는 웨이드 쿼틀봄Wade Quattlebaum
이라는 사람에게서 시작된다. 왠지 지어낸 것처럼 들리지만 진짜 이름
이다. 1990년대에 미국 자동차 판매상이자 부업으로 보물 사냥꾼 일
도 하던 이 인물은 쿼드로 추적기Quadro tracker 또는 양성 분자 위치 탐지
기Positive molecular locator라고 불리는 혁신 제품을 내놓았다. 잃어버린 골
프공을 찾아준다는 고퍼Gopher라는 장치의 가짜 모방품이었다. 쿼틀봄
은 자신의 장치가 마약과 폭발물을 찾는 데에도 유용하다고 선전했다.
수맥 탐지 막대처럼 제멋대로 흔들리는 안테나를 권총 손잡이에 붙여서
끈으로 상자에 감은 장치였다.

잘 속는 이들은 흔들리는 안테나가 손의 움직임 때문이 아니라 어떤
신호를 받아서 움직인다고 믿을 수도 있었다. 위자보드Ouija board에 쓰이
는 것과 같은 자기기만, 즉 '관념운동 반응'을 이용하는 장치였다. 이 장
치가 폭발물과 마약은커녕 골프공이나마 찾을 수 있겠나 싶겠지만 이 뻔
한 속임수에 실제로 속는 이들이 있었다. 쿼틀봄은 몇몇 판매상과 계약
을 맺고서 마약 탐지용으로 학교에 팔려고 했지만, FBI에 걸렸고 법원은
쿼드로가 가짜라고 공표한 후 판매를 금지했다. 1997년 쿼틀봄과 공모
자 세 명은 우편 사기 혐의로 세 군데 법정에서 기소되었고, 또 한 곳에서
는 우편 사기 모의 혐의로 기소되었다. 기술을 속였다고 기소된 것이 아
니었다.

이 사건은 사소했지만, 곧 더 심각해졌다. 그 회사의 총무였던 맬컴
스티그 로Malcolm Stig Roe는 보석으로 나와서 영국으로 달아났고, 같은
제품을 포장만 바꾸어서 경찰서에 팔았다. 퇴직한 영국 경찰 짐 매코

믹Jim McCormick과 대리점 계약을 맺은 뒤에는 더 크고 더 좋아 보이고 더 비싼 모델을 직접 만들기로 했다. 2006년에 별 어려움 없이 한 공장에다가 자신이 개발한 'ADE 650'의 제조를 맡겼고, 첨단전술보안통신이라는 회사를 차렸다. 그는 곧 레바논 군대에 한 대에 1만 달러씩 다섯 대를 팔았고, 이어서 80대를 더 팔았다. 그러자 다른 정부도 곧 이 제품을 구입하기 시작했다. 돈이 쏟아져 들어왔다.

2003년 이라크가 종파 간 폭력 사태에 빠져들자 매코믹에게 엄청난 기회가 찾아왔다. 이라크 당국은 그의 폭탄 탐지기를 빨리 보내달라면서 최신 모델인 ADE 651s를 5,000대 구입했다. 이라크 당국은 도로를 차단하고서 차량 폭발물을 탐지하는 데 그 탐지기를 썼다. 그러나 그 장치는 작동할 리가 없었고, 폭발물이 없다고 차량을 통과시켜 많은 이가 목숨을 잃었을 것이 거의 확실하다. 매코믹은 그렇게 번 돈으로 배스에 300만 파운드짜리 저택을 사고, 키프로스에 별장을 구입하고, 요트와 여러 마리의 말도 함께 구입했다. 이윽고 기자들이 탐사 보도에 나섰고, 그는 '핵 쿼드로폴 공명 이론'으로 그 장치가 작동한다고 여전히 주장했다. 그 이론이 무슨 뜻인지 모르겠지만 말이다. 그는 10년 징역형을 선고받았다.

가짜 폭탄 탐지기 이야기는 우리를 심란하게 만든다. 너무나 명백한 사기임에도, '혁신'이라는 말로 얇게 한 꺼풀 칠한 덕분에 팔아먹을 만큼 그럴듯한 무언가로 변신했기 때문이다. 사람들은 단순한 장치로 폭탄을 탐지할 수 있다고 믿고 싶어 했기에 가짜 혁신의 유혹에 빠졌다. 매코믹은 영리하게도 자신의 장치에 높은 가격을 매겼다. 더 싸게 매겼더라면 아마 사기라는 것이 금방 드러났을지도 모른다.

유령 게임 콘솔

그보다 겨우 조금 덜 기만적인 사례가 있다. 준비가 되기 전에, 심지어 결코 준비될 리 없다는 것을 우리가 이미 알고 있음에도 혁신이 이루어졌다고 선포하는 관행이다. 팀 로버츠^{Tim Roberts}라는 기업가는 2002년에 인피늄랩스라는 회사를 창업했다. 나중에 사명은 더 이해하기 쉬운 팬텀 엔터테인먼트로 바뀌었다. 회사는 카트리지나 디스크를 써서 게임을 띄우는 방식 대신 온라인으로 원하는 비디오게임을 할 수 있는 '혁신적인 새 게임 플랫폼'을 내놓겠다고 발표했다. 현재와 미래의 개인용 컴퓨터 게임을 온라인으로 할 수 있을 것이라고 했다. 열렬한 게임 애호가들은 2003년에 나올 예정이었던 그 상품에 큰 기대를 걸었다.

2003년 8월 회사는 출시일이 2004년 초로 미루어졌으며 가격은 399달러가 될 것이라고 발표했다. 그런데 출시일은 다시 2004년 11월로 연기되었다. 이어서 2005년 1월, 그 뒤에는 3월, 이어서 9월로 또 미루어졌다. 2006년 8월이 되자 회사는 웹사이트에서 그 제품에 관한 내용을 아예 싹 지웠다. 그때쯤 미국 증권거래위원회^{SEC}는 팬텀과 로버츠를 유령 발표로 주가를 조작한 혐의로 기소했다. 로버츠는 벌금을 내고 회사 경영자 자리를 내놓기로 SEC와 합의했다.

이는 '베이퍼웨어^{vaporware}'의 전형적인 사례였다. 곧 나올 거라고 발표만 계속하고 증기처럼 실체는 없는 소프트웨어를 말한다(베이퍼는 증기라는 뜻이다-옮긴이). 때로는 소비자가 경쟁사 제품을 구입하는 것을 막기 위해 의도적으로 그 시기에 맞추어 발표를 하기도 한다. 이 단어는 1983년 에스더 다이슨^{Esther Dyson}이 창안했다. 좀 더 나은 형태, 즉 문제 해결을 확신하고서 실제로 그 문제를 해결하기 전에 미리 해결했다고 발표하는 관행은 훨씬 더 오래전부터 있었다. 이는 사람들이 더 자신감을 갖도록 돕기 위해 종종 제시되곤 하는 (관련 없는) 심리적 요령을 따서 '해낼 때까지 해낸 척하라'라고 알려져 있다. 토머스 에디슨은 신뢰할 만한 전구를 비롯하여 자신이 아직 만들 수 없는 제품을 만들었다고 발표하기를 주저하지 않았다. 그리고 솔직히 해낼 수 있을 때까지 혁신을 이루었다고 꾸며내는 태도는 디지털 산업의 일부 개척자가 꽤 오래전부터 써먹은 방법이었다. 그러나 이 방법은 최근 들어서 큰 추문 하나를 일으켰다.

테라노스의 몰락

엘리자베스 홈스Elizabeth Holmes는 10대 때 아무런 문제도 일으킨 적이 없었다. 야심찼고 잠을 쪼개가면서 열심히 공부하는 학생이었다. 중국어도 배우기 시작했고 스탠퍼드 대학교에 들어가기도 전에 경험을 쌓겠다고 여러 생명의학 연구실을 들락거리기도 했다. 그녀는 인맥이 탄탄한 집안 출신이었지만, 자신이 택한 의료 진단이라는 분야에서 스스로 길을 개척하겠다고 일찍부터 결심했다. 2003년 19세였던 그녀는 스탠퍼드를 중퇴하고 회사를 차렸다. 나중에 테라노스가 될 이 회사는 스마트폰처럼 편리하게 피 한 방울로 통증 없이 저비용 건강관리 서비스를 제공하겠다는 야심 찬 목표를 제시했다. 그녀는 자신의 지도교수인 채닝 로버트슨Channing Robertson과 그의 박사과정 학생 한 명을 끌어들였고, 실리콘밸리의 유명 투자사 한 곳으로부터 600만 달러의 벤처 투자금도 얻었다.

모두 강력한 카리스마 덕분이었다. 사업 계획은 그저 단순하면서 효율적으로 피 검사를 한다는 것이었다. 그 계획은 그녀가 유망한 사업가로서의 경력을 쌓아갈 탄탄한 출발점이 되었다.

계획의 중심에는 특허를 받은 혁신이 있었다. 피를 빼는 미세한 주삿바늘과 피를 분석하여 개인의 질병 지도를 작성하는 실리콘칩으로 이루어진 패치였다. 이 패치는 작동하기는커녕 아직 시제품조차 나오지 않고 칩도 개발되지 않았지만, 실리콘밸리에서는 모든 것이 빠르게 변하고 있으므로 곧 나올 것이라고 말해도 될 듯했다. 홈스는 본질적으로 무어의 법칙이 자기편이라는 쪽에 내기를 걸고 있었다. 해낼 수 있을 때까지 해낸 척하곤 했던 것이다. 그녀의 영웅은 스티브 잡스였다. 잡스는 애플에서 명백히 불가능해 보이는 것을 요구하고 안 된다는 답을 거부함으로써 기술의 기적을 이끌어냈다. 그녀는 자신의 제품을 '건강관리의 아이팟'이라고 했고, 검은 터틀넥 차림에 케일 셰이크를 홀짝이면서 스티브 잡스가 우상이라고 말하기를 좋아했다. 그녀는 〈스타워즈〉에 등장하는 요다의 말도 자주 인용했다. "하든지 말든지야. 해보겠다는 것은 없어."

그러나 미세유체공학 분야에서는 반도체 분야처럼 축소화가 쉽지 않다는 것이 드러났다. 트랜지스터는 크기가 줄어들수록 신뢰도가 높아지는 반면, 혈액 진단 검사는 반대였다. 홈스는 곧 패치를 포기하고 카트리지라는 좀 더 현실적인 방안으로 돌아섰다. 손가락 끝에서 소량의 피를 채취해 특허받은 '나노테이너nanotainer'에 넣어서 분리하여 여러 시약으로 검사하고, 그 결과를 연구실로 전송한다는 개념이었다. 그녀는 에디슨이라는 연구실용 로봇을 개발한 뒤, 그것을 축소한 미니랩miniLab을 내놓았다. 분광기, 세포 측정기, 항온 증폭기를 포함한 장치였다. 그녀는 혈액 검사 산업을 지배하면서 돈을 긁어모으는 두 기업에 도전하여 그들을 무너뜨리는 것을 목표로 삼았다.

이 장치 중 제대로 작동하는 것은 전혀 없었지만, 테라노스는 그 사실을 계속 숨겼다. 직원 가운데서도 이를 모르는 이가 많았다. 직원이 환멸을 느끼거나 해고당해서 회사를 떠나는 일이 계속 이어졌다. 테라노스는 경쟁업체와 특허 침해자를 상대로 툭하면 소송도 걸었다. 홈스 부모와 잘 아는 집안사람에게도 소송을 걸었다. CIA에서 쌓은 경력으로 의료 기기 쪽에 혁신을 일으킨 리처드 퓨즈Richard Fuisz였다. 이 소송 때문에 테라노스의 수석 과학자 이언 기번스Ian Gibbons는 결국 자살했다. 홈스와 자신의 이름으로 특허를 받은 발명 중 상당수는 그가 맡고 있었는데, 회사의 기술에 우려를 표명했다는 이유로 지위가 강등된 뒤였다. 그는 퓨즈 특허 침해 소송에서 증언을 하기로 한 전날 밤에 약물을 과다 복용했다.

홈스의 야심을 충족시키기는커녕 혁신조차 제대로 해내지 못했지만, 테라노스는 실리콘밸리의 총아가 되었다. 이사회에는 나이 지긋한 정계의 유명 인사들이 포진했다. 조지 슐츠George Shultz, 윌리엄 페리William Perry, 헨리 키신저Henry Kissinger 같은 전직 장관들, 상원의원 샘 넌Sam Nunn과 빌 프리스트Bill Frist, 장군인 제임스 매티스Jim Mattis도 있었다. 이 명성 높은 인물들은 미세유체공학과 아무런 관련이 없었지만, 그들이 있다는 것만으로도 잠재 고객은 깊은 인상을 받았다. 2011년 테라노스는 약국 체인점인 월그린과 해당 점포에 장치를 들여놓고서 고객의 피를 채취하여 주로 화학발광 면역 검사법을 써서 192가지 검사를 즉석에서 한다는 계약을 맺었다. 혁신 기술이 다른 업체로 갈까 봐 우려한 월그린 경영진은 테라노스의 주장이 맞는지 확인해달라고 고용한 전문가의 우려를 무시했다. 마찬가지로 슈퍼마켓 체인점 세이프웨이도 테라노스와 공동으로 고객을 위한 건강관리 센터를 출범시키기로 하고 그 준비 단계로 먼저 직원들의 피를 검사했다. 세이프웨이 중간 관리자들은 시험 결과가 너무 늦게 나오고 신뢰할 수 없다고 점점 의심을 키우기 시작했지만, 홈스의 매력에 푹 빠진 경영진은 그런 우려를 무시했다.

그 무렵에 홈스는 매티스 장군을 설득하여 테라노스 혈액 검사 기기를 야전에서 쓸 수 있도록 군과 계약을 맺으려 시도했다. 그런데 국방부의 전문가들이 테라노스의 기기가 법적 기준을 충족했는지 의문을 제기했다. 홈스는 뻔뻔스럽게도 매티스에게 불만을 털어놓았고, 매티스는 담당자들을 꾸짖었다. 결국 테라노스가 납품을 못 하는 바람에 그 사업은 중단되었다. 그럼에도 테라노스는 자사 기기가 중동의 전쟁터에서 쓰이고 있다고 광고했다. 또 테라노스는 존스홉킨스 의대가 그들의 기술을 조사해 '참신하고 신뢰할 수 있음'을 확인했다고 주장했지만, 사실 존스홉킨스에 기기를 보낸 적도 없었다. 또 테라노스의 연구실을 방문하겠다고 요청한 이들에게는 온갖 핑계로 거절하거나 다른 기업이 만든 기존 혈액 검사 기기만 있는 연구실을 보여주곤 했다.

그럼에도 돈과 저명인사들의 보증이 계속 쏟아져 들어왔다. 월튼Walton 가문, 루퍼트 머독Rupert Murdoch, 나중에 미국 교육부장관이 될 벳시 디보스Betsy deVos 등 1억 달러 이상을 투자하는 이들도 있었다. 2014년에 테라노스의 시가 총액은 무려 90억 달러에 달했다. 우버보다 많았다. 엘리자베스 홈스는 억만장자가 되었고, 몇몇 경영 잡지의 표지를 장식했으며, 〈뉴요커New Yorker〉에 인물 소개 기사도 특집으로 실렸다. 버락 오바마 대통령은 그녀를 세계 기업가정신global entrepreneurship 대사로 임명했고, 빌 클린턴은 클린턴재단 총회 때 연단에서 그녀를 인터뷰했다. 그녀는 힐러리 클린턴을 위한 모금 행사도 주최했다. 부통령 조 바이든은 그녀의 새 연구소 개소식에 참석하여 이렇게 말했다. "FDA가 최근에 귀사의 기기에 우호적인 평가를 내렸다고 하더군요." 그 말은 사실이 아니었다. 테라노스는 자사의 기기를 사용하려고 했지 팔려고 하지 않았기에, 연방 법규의 허점을 이용할 수 있었다. 투자자, 관리자, 고객, 비평가 등은 전반적으로 그녀의 혁신 제품이 작동한다는 것을 다른 누군가가 확인했음이 틀림없다고 여겼다. 그러지 않고서는 그렇게 성공적으로 투자를 받았을 리가 없다고 생각했다. 일종의 순환 논법이었다.

홈스와 그녀의 대리인(이자 비밀 애인)인 서니 발와니Sunny Balwani가 일이 결국 어떻게 되리라고 예측했는지는 불분명하다. 아마 그들은 그 기술에 진정한 돌파구가 일어나서 자신들을 구원할 것이라고 기대했을 수도 있다. 그러나 미세유체공학 분야에 돌파구가 일어날 것이라고 기대함으로써, 그들은 혁신의 핵심 규칙 하나를 어기고 있었다. 그것은 바로 해결 불가능할 수도 있으니 가장 어려운 문제에 먼저 달려들라는 것이다. '달 탐사'에 맞먹을 기발한 혁신을 추구하는 조직인 구글의 'X' 팀은 이를 "원숭이 먼저monkey first"라고 말한다. 원숭이가 연단에 서서 셰익스피어의 작품을 암송하게 하는 것이 사업 목표라면, 원숭이에게 말하는 훈련을 시키는 가장 어려운 문제를 나중으로 미루고 먼저 연단을 발명하는 일에 달려드는 것은 실수라는 뜻이다.

아니면 홈스와 발와니가 돌파구는 이미 이루어졌는데, 직원들이 무능하여 연구실에서 성과물을 내놓지 못한다고 자기 최면에 빠짐으로써 직원들을 계속 해고한 것일 수도 있다. 자기기만과 대의명분의 타락을 과소평가하지 말기를 바란다. 사람은 명분이 좋으면 어떤 수단도 정당화할 수 있다고 믿는 경향이 있다. 엔론 스캔들을 상세히 조명한 바 있는 니콜 앨비노**Nicole Alvino**는 테라노스의 이야기와 이 스캔들을 연관 지어서 이렇게 썼다. "사기는 어느 한순간에 일어나지 않는다. 그보다는 서서히 빵부스러기를 흘리며 나아가는 것과 비슷하다. 많은 사소하면서 무해해 보이는 일련의 결정이 만들어낸 최종 결과물이다." 복잡한 것이 거의 다 그렇듯이, 범죄도 진화한다.

어느 쪽이든 간에 테라노스 이야기는 실패한 혁신의 두드러진 사례다. 세계는 혁신이 일으킨 기적과도 같은 파괴적인 변화에 너무나 익숙해진 나머지, 교만에서 비롯된 무모한 주장을 회의적인 시선으로 바라봐야 한다는 것을 잊곤 한다.

이윽고 테라노스의 연구 책임자 한 명이 사직한 뒤에 회사에서 어떤 일이 벌어지고 있는지를 흥분해서 폭로하기 시작했다. 처음에는 한 블로거에게, 이어서 〈월스트리트 저널**The Wall Street Journal**〉의 탐사 보도 기자 존 캐리루**John Carreyrou**에게 털어놓았다. 그는 캐리루에게 공포 문화가 회사를 지배하고 있으며, 혈액 검사를 대부분 지멘스 기계로 하는데, 피를 너무 조금 채취하니까 희석해서 불린 뒤에 분석해야 하며 그 때문에 결과의 신뢰성이 더 떨어진다고 말했다. 갑상샘자극호르몬 등 자체 기기인 에디슨으로 분석한 것들은 결과가 너무나 엉망이었다. 회사는 관리 당국에서 방문하는 이들을 두 연구실 중 기존 기기가 있는 곳으로만 보내어 속이고 있었다. 회사는 숙련도 시험 규정을 어기고 있었다.

무엇보다도 가장 큰 문제는 사람들이 건강하지 못한데 건강하다는 결과를 받거나, 건강한데 건강하지 못하다는 결과를 받는다는 사실이었다. 캐리루는 곧 직접 검사를 받음으로써 그 사실을 확인했다. 네 가지 항목에서 건강에 문제가 있다고 나왔는데, 기존 방식으로 분석했더니 그렇지 않다고 모순되는 결과를 얻었다. 캐리루가 깊이 파고들자 테라노스는 비싼 변호사들을 동원하여 그의 정보원임이 드러났거나 추정되는 사람들을 위협하고 협박하는 식으로 대응했고, 홈스를 인터뷰하겠다는 제안을 거부했다.

2015년 10월 〈월스트리트 저널〉에 캐리루의 기사가 실리자, 홈스는 격렬하게 부정하고 나섰다. 테라노스는 그의 주장이 "미숙하고 불만에 찬 전직 직원들과 기존 업체들의 근거 없는 주장을 토대로 했으며 현실적으로도 과학적으로도 틀렸"다며 항의했다. 캐리루의 정보원 중 한 명인 타일러 슐츠Tyler Shultz는 할아버지인 조지 슐츠와 테라노스 변호사들의 극심한 압박을 받아 변호사 비용을 대느라 부모의 돈 40만 달러를 쓰면서도 굴복하기를 거부했다. 이제 폭로하고 나서는 이들이 더 늘어났다. 루퍼트 머독도 홈스와 테라노스 이사회의 강력한 압박을 받으면서도, 그리고 자신이 그 회사에 많은 투자를 했음에도, 〈월스트리트 저널〉에서 분노를 쏟아냈다.

이들의 발언에 힘입어 마침내 연방 당국이 테라노스를 조사하여, 연구실 절차에서 "환자의 건강과 안전을 직접적으로 위험에 빠뜨릴" 심각한 결함들을 찾아냈다. 2017년 테라노스는 투자자들이 제기한 몇 건의 소송을 해결했다. 2018년 3월 14일 증권거래위원회는 테라노스, 홈스, 발와니를 '다년간에 걸친 정교한 사기' 혐의로 민사 법원에 고발했다. 6월 14일 홈스와 발와니는 전신환 사기죄로 아홉 개 법정에, 전신환 사기 공모 혐의로 두 개 법정에 기소되었다. 그들은 유죄가 아니라고 주장했고, 재판은 2020년에 시작될 예정이다(홈스는 2022년 11월, 1심에서 징역 11년 3개월을 선고받았다—옮긴이).

사업을 중단할 때까지 테라노스는 거의 100만 명의 피를 검사했고, 많은 사람에게 잘못된 경고를 하고 잘못된 확신을 심어주었을 것이 거의 확실하다. 게다가 8,000곳이 넘는 월그린 점포를 통해 훨씬 더 큰 규모로 서비스를 제공할 예정이었다. 존 캐리루는 거의 단독으로 진행한 조사를 통해 앞으로 빚어질 건강 재앙을 막았다. 그는 아직도 우리가 배워야 할 일반적인 교훈이 하나 더 있다고 주장한다. "진짜로 얼마나 진척되었는지를 숨긴 채 제품을 과대평가하여 투자를 받고, 이윽고 현실이 그 과대평가를 따라잡기를 기대하는 행태가 기술업계에서 여전히 용인되고 있다는 사실이다."

현재 몇몇 기업은 테라노스가 하고자 했던 것 중 적어도 일부를 이루었다고 주장한다. 이스라엘 기업인 사이트다이그너스틱스는 기계 시각을 이용하여 손가락에서 빼낸 피 한 방울로 혈액의 세포들을 파악하여 말라리아를 비롯한 다양한 질환을 진단한다. 그러나 테라노스 몰락의 여파로 그런 기업의 주장을 진지하게 받아들이기가 어려운 상황이 되고 말았다. 한 혁신이 실패하면 그 분야가 초토화될 수도 있다.

수확 체감을 통한 혁신 실패: 이동전화

대부분의 혁신 실패는 사기가 아니다. 많은 실패는 세계를 개선하려는 정직한 시도가 목표를 달성하지 못함으로써 나타난다. 이동전화 시장의 역사를 예로 들어보자.

1990년대에 이동전화가 널리 퍼질 수 있을 만큼 충분히 작고 저렴해진 이후, 혁신이 지속적으로 일어났다. 송수화기가 작아지고, 배터리가 얇아지고, 신뢰도가 개선되고, 새로운 기능이 폭발적으로 늘어났다. 문자 입력은 2000년에 노키아가 도입했다. 모토로라는 2005년에 이동전화에 카메라를 집어넣었고, 블랙베리는 2006년 모바일 전자우편을 도입했다. 아이폰은 2007년 터치스크린, 음악, 앱을 통합했다. 스마트폰은 카메라, 손전등, 나침반, 계산기, 필기장, 지도, 주소록, 서류함, 텔레비전, 심지어 신용카드를 따로 들고 다닐 필요성을 일부 또는 완전히 없앴다. 2016년에 우리는 삼성 갤럭시와 아이폰으로 영화를 보고, 사진을 공유하고, 소셜 미디어를 돌아다녔다. 이동전화는 더 이상 필요한 기능만 갖춘 투박한 검은 기계가 아니라, 화려한 색깔을 띤 날렵한 기기가 되었다. 1990년대 초에 등장한 벽돌만 한 크기에서 계속 줄어든 스마트폰은 최근 들어서 다시 커지기 시작했다. 더 납작하긴 하지만 말이다. 변화는 끊임없이 일어났다. 개선되어 다음 기계가 나오는 것이 옷의 유행이 바뀌는 것만큼이나 자연스러워 보였다.

그러나 노키아, 모토로라, 블랙베리는 모두 고통스럽게 몰락했다. 노키아는 1865년 물레방앗간에서 종이를 만드는 사업체로 시작했으며, 그 뒤에 발전회사가 되었고, 이어서 장화 같은 임업 노동자가 쓰는 제품을 만드는 쪽으로 눈을 돌렸다가, 이동전화 사업에 일찍 뛰어드는 선견지명을 발휘했다. 회사는 1992년부터 10년 동안 연구개발에 4억 달러 넘게 투자했다. 애플, 구글 등 그 업계의 어느 기업보다도 큰 규모였다. 2000년에 시가 총액이 3,000억 달러를 넘었고 2007년에는 세계 이동전화 시장의 40퍼센트를 장악했기에 여력이 충분했다. 연구개발에 투자한 돈은 적절한 착상으로 이어졌다. 애플이 내놓은 것과 흡사하게 단추 하나 위에 컬러 터치스크린을 갖춘 스마트폰과 태블릿의 시제품이었다. 그러나 노키아는 그 착상을 실용적인 제품으로 발전시키지 못했다. 기업의 신중한 태도, 서로 경쟁하는 소프트웨어 개발팀 사이의 분쟁, 음성전화 부문이 주도하는 실적 때문이었다. 노키아는 이동전화가 하드웨어 위주가 아니라 소프트웨어 위주로 돌아가는 세상이 되려면 아직 시간이 있다고 판단했다. 기존의 핵심 사업에서 다른 사업으로 갑작스럽게 옮겨가기보다는 서서히 옮겨가고 싶어 했다. 퀄컴의 최고경영자 폴 제이콥스**Paul Jacobs**는 노키아가 다른 제조업체들보다 훨씬 더 오래 생각한 뒤에야 일을 진행한다는 것을 알아차렸다. "우리는 큰 기회가 될 만한 신기술을 노키아에 보여주곤 했다. 노키아는 기회를 그냥 움켜쥐는 대신에, 기회를 평가하는 일에 오랜 시간을, 6~9개월쯤을 보내곤 했다. 그리고 그때쯤이면 기회는 이미 사라지곤 했다." 블랙베리처럼 노키아도 아이폰이 대단히 혁신적이면서 인기를 끌 것임을 알아차리지 못했다. 그러기에는 한계가 뚜렷하다고 보았다. 결국 노키아는 겨우 72억 달러에 마이크로소프트에 이동전화 사업을 넘겼다. 혁신은 대개 자신의 자손을 먹어치운다.

　2017~2019년경 스마트폰의 혁신은 정체되기 시작했다. 사람들은 굳이 업그레이드를 할 필요가 없다고 느꼈고, 판매량은 떨어지기 시작했다. 세계 이동전화 판매량은 연간 20억대를 향해 거침없이 치솟았지만, 결코 그 값에 다다르지 못했고, 아마 앞으로도 그럴 것이다. 추가되는 새 기능은 그저 조금 유용할 뿐인데, 그것을 이유로 가격을 지나치게 올리

는 듯했다. 3G로 옮겨가는 것은 필수적이었다. 4G로 옮겨가는 것은 해도 그만 안 해도 그만처럼 느껴졌다. 5G로 옮겨가는 것은 사치인 양 느껴지며, 어쨌거나 기대한 것보다 더 느리게 진행되고 있다. 2019년 화웨이는 메이트 X를 출시했다. 8인치 화면에 접을 수 있는 형태인데, 가격이 무려 2,600달러였다. 삼성도 갤럭시 폴드를 선보였지만, 시제품의 화면이 계속 깨지는 바람에 정식 출시가 늦어졌다. 이는 사기나 위조 때문이 아니라, 수확 체감에 따른 혁신 실패다. 휴대용 기기에 유용해 보이는 기능을 집어넣는 데에는 한계가 있다. 많은 이가 생각하는 것과 정반대로, 사람들은 스스로 원치 않는 한 혁신이 새 착상을 밀어붙여도 받아들이지 않는다.

앞으로의 실패: 하이퍼루프

2013년 테슬라 자동차 회사의 창업자 일론 머스크는 하이퍼루프Hyperloop라는 새로운 교통 시스템을 발표했다. 그는 도시 사이를 잇는 기존 고속철도 계획이 낡고 비용이 많이 들고 비효율적인 기술에 의지하고 있다고 말했다. 그래서 나쁜 날씨에 구애받지 않고 '지속 가능한 방식으로 자체 동력을 얻고', 지진에 견디고 경로에 장애물이 놓일 일도 없는 더 안전하고 빠르고 저렴하고 편리할 새로운 수송 방식을 찾아볼 때가 되었다고 주장했다. 그는 승객 스물여덟 명을 태운 버스(즉, '포드pod')가 부분 진공상태인 튜브 속을 자기 부상 상태에서 시속 1,220킬로미터로 달리는 방식이 해답이라고 제시했다. 태양광으로 충전되는 리튬 배터리로 말이다. 그 방법을 쓰면 로스앤젤레스에서 샌프란시스코까지 35분에 갈 수 있고, 건설에는 총 75억 달러 그러니까 고속철도를 건설하는 비용의 약 20분의 1밖에 안 들 것이라고 약속했다.

빠른 운송을 제약하는 가장 큰 요인이 공기 저항이라고 한 그의 말은 옳으며, 바퀴의 마찰도 또 다른 큰 요인이다. 비행기가 성층권까지 올라가고 미사일이 우주로 튀어나갔다가 돌아오는 이유도 그 때문이다. 그리고 비행기는 어느 정도 날씨에 의존한다. 그러나 지표면 고도에서 공기를 희박한 상태로 만드는 일은 어렵고 비용이 많이 든다. 자기 부상도 마찬가지다. 게다가 튜브 안에서 고속으로 가속하고 회전하는 것은 위험하고, 실현하려면 꼼꼼한 공학이 필요하다. 주로 직선으로 나아가고 아주 완만한 곡선을 돈다고 해도 다를 바 없다.

머스크는 하이퍼루프를 직접 건설하겠다고 제시한 것이 아니라, 남들이 진행하도록 할 오픈소스 착상으로써 툭 내놓은 것이다. 몇 달 지나지 않아 미국, 중국, 유럽 등에서 그 착상을 실현하겠다는 여러 스타트업이 출현했다. 하이퍼루프트랜스포테이션테크놀로지스는 캘리포니아 키밸리에 길이 8킬로미터의 시험 트랙을 건설했다. 이 꿈을 추구하는 기업가들은 대부분 현재 머스크가 제시한 저압 방식이 아니라 거의 완전한 진공상태를 구현한다는 생각을 품고 있다. 투자 상담사들은 전 세계에서 잘 다듬은 파워포인트 발표로 쉽게 속는 투자자들을 꾀고 있다. 그러나 사실 하이퍼루프가 기존 교통수단보다 더 싸다거나 더 신뢰할 수 있다는 말은 헛소리다.

첫째, 그것은 결코 새로운 개념이 아니다. 일찍이 1800년에 조지 메드허스트George Medhurst는 공기 펌프를 써서 마차를 움직이는 '바람 기관Aeolian engine'에 특허를 냈고, 1812년에는 '공기의 힘과 속도로 폭 9미터의 튜브 속에서 철로 위로 상품과 승객을 빠르게 운송할 계획'을 세웠다. 1859년에는 증기기관으로 압축한 공기를 사용해 최대 시속 약 100킬로미터로 지하 튜브를 통해 우체국 사이에 소포를 주고받는 철도를 건설하겠다는 런던뉴매틱디스패치컴퍼니가 설립되었다. 1865년 회사는 유스턴과 홀본 사이에 첫 상용 노선을 개통했고, 축하 차원에서 회장인 버킹엄 공작Duke of Buckingham을 특수한 캡슐에 태워서 튜브를 통해 보냈다. 그런데 비용과 기술 측면에서 계속 문제가 발생했다. 물품이 계속 튜브에 걸렸다(공작은 다행히도 그런 불운을 겪지 않았다). 1874년경에 우체국은 그 시스템을 포기했고, 회사는 곧 파산했다.

압축 공기를 이용한 승객 수송은 때때로 시도되었지만 별 성공을 거두지 못했다. 앨프레드 엘리 비치Alfred Ely Beach는 1870년 맨해튼의 한 거리 지하에 차량 한 대로 한 곳에만 정차하는 가압 열차를 설계하여 건설했다. 시연용으로 만든 것으로써 승객은 노선의 한쪽 끝에서 탑승하여 끝까지 갔다가 돌아왔고, 차량은 공기 압력으로 추진했다. 운행을 중단할 무렵에는 타본 사람이 40만 명이나 되었지만, 이 착상은 널리 퍼지지 못했다.

이런 19세기의 여러 계획에는 진공 개념이 들어 있지 않았지만, 진공 개념도 꽤 오래전부터 있었다. 1910년 로버트 고다드Robert Goddard는 머스크와 똑같은 계획을 내놓았다. 공기를 뺀 튜브 안에서 자기를 이용해 열차를 움직여 보스턴에서 뉴욕까지 20분에 간다는 계획이었다. 그 계획은 제도판을 벗어나지 못했다. 1990년대와 2000년대 초에 많은 이들이 진공 튜브 안에서 움직이는 자기 부상 열차를 제시했다. 그러니 그 착상에 새로운 내용은 전혀 없으며, 어떤 기술적 돌파구가 일어나서 상황이 바뀌었다고 볼 이유도 전혀 없다. 교통 기술 분야에는 무어의 법칙이 적용된 적이 없다. 아마 운송해야 할 대상인 사람이 점점 작아지고 있지 않기 때문일 것이다.

다음은 공학적 문제를 살펴보자. 길이 수백 킬로미터에 걸쳐서 진공을 유지할 만큼 튼튼한 튜브를 만들려면, 가벼울 것이라고 기대하지 말아야 한다. 직선으로 평탄하게 놓으려면 튼튼한 벽과 토대도 필요할 것이다. 또 추운 밤에 이어 더운 낮이 찾아올 때 연결 부위의 열팽창도 고려해야 하며, 그러면서도 기밀 상태를 유지해야 한다. 게다가 방대한 표면의 면적 1제곱센티미터당 높이 10미터의 물기둥이 누르는 것과 같은 대기 압력도 견딜 수 있어야 한다.

진공을 유지하기란 쉽지 않을 것이고, 긴급 상황에서는 승객을 구하기 위해 튜브 속을 대기압 상태로 돌려놓을 방안도 마련해야 할 것이다. 그러나 그런 방안을 쓰려면 누출 위험을 감수해야 한다. 튜브의 압력을 다시 높이고 다시 낮추는 데에는 시간이 걸린다. 포드 자체는 늘 가압된 상태로 있어야 할 것이고, 승객을 대기압 상태에서 태운 뒤에 에어록을 통해 진공 속으로 들어갈 텐데 고장이 날 수도 있다. 물론 이런 문제 중에 극복 불가능한 것은 없지만(혁신의 황금률을 기억하라) 그런 일을 해결하려면 영리한 예측에만 기댈 것이 아니라 시행착오를 겪어야 하고, 그 과정에 큰 비용이 들어갈 수도 있다.

그리고 토지 문제도 있다. 하이퍼루프는 뚫는 데 비용이 많이 드는 터널 안에 설치하거나, 지상에 기둥을 세우고 설치해야 할 텐데, 토지는 싸지 않을뿐더러 집, 도로나 강, 산을 통과하지 않으면서 지상에 직선 경로를 내기란 쉽지 않다. (철도와 도로 건설업체에 물어보라.) 그러니 하이퍼루프를 어째서 철도보다 저렴하게 설치할 수 있다고 생각하는지는 불분명하다.

또 에너지 문제도 있다. 일본의 신칸센 같은 현대의 자기 부상 열차는 일반 열차보다 에너지를 덜 쓰는 것이 아니라 더 쓴다. 진공 안에서 달리면 에너지가 절약되겠지만 거기에는 대가가 따른다. 진공펌프는 동력을 필요로 할 뿐 아니라, 속도를 늦추는 데 도움을 줄 공기저항이 없으므로 제동할 때 에너지가 더 든다. 머스크는 모든 에너지를 태양전지판에서 얻겠다고 구상하지만, 태양전지판 자체의 가격이 하락하고 있다고 해도 토지, 기반시설, 유지 관리 비용 때문에 태양광은 여전히 비싸다. 태양 농장을 조성하려면 많은 땅이 필요할 것이고 밤에 열차를 운행하려면 많은 배터리가 필요할 것이다.

게다가 노선의 수송량에도 한계가 있을 것이다. 시간당 승객 5,000명을 수송하려면, 터널로 스물여덟 명이 탄 포드를 한 시간에 180대 보내야 한다. 그러려면 1분에 세 번 출발해야 한다. 제시간에 출발할 포드를 타려면 일찍 와서 줄을 서야 할 것이다. 따라서 출발지는 아주 바쁜 공항처럼 보일 것이다. 포드들의 목적지가 서로 다르다면 더욱 그렇다. 아직 보안 문제는 언급도 하지 않았지만 공항 못지않게 엄격할 것이다.

의지가 강한 혁신가라면 이런 문제 중 일부를 해결할 수 있겠지만, 비용을 절약하여 하이퍼루프가 열차나 비행기와 경쟁할 수 있게 되리라고는 장담할 수 없다. 자동차와 열차와 비행기가 존재하지 않는다면, 비효율적인 하이퍼루프라도 가치가 있을 것이다. 그러나 이미 열차와 비행기라는 교통수단이 존재하며, 하이퍼루프는 오래전에 자리를 잡은 이런 수단과 경쟁하면서 수익을 내야 한다. 우리가 혁신이 거의 모든 문제를 해결할 수 있다고 믿게 되었기 때문에 하이퍼루프를 과대평가하고 있다는 결론을 피하기 어렵다.

성공의 필수 요소로서의 실패: 아마존과 구글

세계가 모든 혁신 실패를 사기라고 내치거나 혁신에 너무 신중한 접근법을 취한다면, 혁신의 도중에 멈출 것이다. 많은 국가와 기업이 겪은 일이다. 아무튼 혁신의 중심 주제는 시행착오다. 그리고 착오는 실패다.

런던의 밀레니엄다리를 예로 들어보자. 템스강에 가로놓여서 많은 인파가 환호하는 가운데 개통식을 연 인도교다. 바닥이 칼날처럼 얇게 설계된 이 다리는 런던의 강 주변 풍경에 멋진 요소를 하나 덧붙였다고 찬사를 받았다. 개통 첫날인 2000년 6월 10일 9만 명이 넘는 사람이 그 다리를 건넜는데, 거의 즉시 한 가지 문제가 있음이 뚜렷이 드러났다. 걷는 사람이 늘어나자 다리가 흔들리기 시작했다. 처음에는 아주 약간 좌우로 흔들거렸지만, 흔들림은 점점 커졌다. 바로 그날 다리는 폐쇄되었다가 인원을 제한하여 다시 개통했다. 그러나 문제가 다시 나타났다. '흔들다리'라는 악명을 얻은 그 다리는 이틀 뒤 다시 폐쇄되었고, 1년 반 동안 500만 파운드를 들여서 안정화하는 보수 작업을 했다. 다리가 약간 좌우로 흔들릴 때 사람들이 본능적으로 그 흔들림에 반응하여 움직이는 바람에 흔들림이 더 커지는 것으로 드러났다. 양성 되먹임의 사례였다. 다리가 더 흔들릴수록 사람들이 다리를 더 흔들리게 했다. 다리는 제진기 서른일곱 개를 설치한 뒤에 다시 열렸고, 지금은 런던 풍경의 일부가 되었다.

제프 베이조스가 종종 자랑스럽게 주장하듯이, 아마존은 성공으로 나아가는 실패의 좋은 사례다. "아마존에서 우리의 성공은 우리가 매해에, 즉 매해 매달 매주에 실험하는 횟수의 함수이다. 일이 잘못되면 좀 상처를 입겠지만, 뒤처지면 죽을 것이다." 베이조스는 이렇게도 말했다. "실험 횟수를 100번에서 1,000번으로 늘릴 수 있다면, 여러분이 내놓는 혁신의 수는 대폭 늘어난다."

베이조스는 책이 온라인 판매를 하기에 좋은 상품이라는 것을 영리하게 간파하고, 그를 꺾으려 온라인 판매에 나선 대형 서점들의 도전을 좌절시킨 뒤, 1997년 기업 공개를 했다. 그 뒤 인터넷의 모든 것에 손을 대면서 일반 기술기업의 선두로 나섰고, 아주 빨리 거대해졌다. 1998~2000년 닷컴 열풍이 불 때 아마존은 매출 20억 달러를 넘었고, 번 돈의 대부분을 닷컴 스타트업을 인수하는 데 썼다. 익스체인지닷컴이라는 거래 사이트, 플래닛올이라는 소셜 네트워크 사이트, 알렉사인터넷이라는 데이터 수집 기업, 영화 데이터베이스 사이트 IMDB닷컴, 북페이지스라는 영국 서점과 텔레부흐라는 독일 온라인 서점을 인수했다. 브래드 스톤Brad Stone이 《아마존, 세상의 모든 것을 팝니다The Everything Store》에서 말했듯이, 아마존은 벤처 투자금을 다른 스타트업에도 뿌렸다. 드럭스토어닷컴, 페츠닷컴, 기어닷컴, 와인쇼퍼닷컴, 그린라이트닷컴, 홈그로서닷컴, 코즈모닷컴 등이었다. 이 신생기업들은 그 뒤에 닷컴 버블이 터질 때 거의 다 몰락했다.

1999년 아마존은 호기롭게 장난감 판매에 나섰다가 팔리지 않은 상품 값 3,900만 달러를 대손 상각했다. 또 아마존 옥션스를 출범시켰지만, 이베이와의 경쟁에서 실패했다. 최고운영책임자 조 갤리^{Joe Galli}는 물러났고, 주가가 떨어지고 회사에는 불안감이 팽배했다. 스톤은 분위기를 이렇게 묘사한다. "새천년이 시작될 때 아마존은 벼랑 끝에 서 있었다. 2000년에 10억 달러 넘게 손실을 보고 있었다." 리먼브라더스의 주식 분석가 라비 수리아^{Ravi Suria}는 아마존이 "지독하게 무능"하다고 비난하면서 1년 안에 현금이 고갈될 거라고 예측했다. 주가는 계속 떨어졌다. 2001년에는 직원의 15퍼센트를 내보냈다. 아마존이 그 시점이나 좀 더 뒤에 무너졌다면(2005년까지도 이베이가 아마존보다 시가 총액이 세 배 많았다) 교만과 인과응보의 교훈을 전하는 이야기가 되었을 것이다.

그러나 수리아가 무능이라고 본 것은 사실 실험 욕구와 실패를 용인하는 태도였다. 잘못된 사업 사이에는 잘된 사업도 있기 마련이다. 베이조스가 좋다고 생각한 착상을 다른 임원은 쓰레기라고 여겨 의견 충돌이 빚어지는 사례가 계속 나왔다. 광고에 돈을 쓰지 말자는 제안이 그러했다. 외부 판매자가 아마존 자신과 경쟁할 수 있도록 한 마켓플레이스의 출범도 그러했다. 한 동료는 이렇게 표현했다. "늘 그랬듯이 제프는 세상에 맞섰다." 베이조스는 마이크로소프트 같은 대기업에서 혁신을 질식시키는 역할을 하는 중간 관리층의 자기만족이 관행화하는 것을 피할 관리 방식을 설계하고자 했다. 그래서 그는 작은 '피자 두 조각' 역할을 할 사업팀을 만들어 서로 경쟁시켰고, 대규모 회의와 파워포인트 발표를 매우 싫어하는 태도를 보였으며, 일종의 역거부권 방침을 택했다. 새 착상을 관리자 중 단 한 명이라도 쓰레기가 아니라고 생각한다면 위로 올리는 방식이었다. 모두 혁신을 장려하고, 사실상 실패가 비교적 고통 없이 이루어지도록 허용하는 조치였다. 아마존이 온라인 판매보다 더욱 큰 사업을 발견하게 된 것도 이런 종류의 다윈주의 과정을 통해서였다. 외부인에게 클라우드 컴퓨팅을 제공하는 사업인데, 이윽고 아마존웹서비스로 출범했다. 구글과 마이크로소프트는 아마존이 무엇을 하고 있는지, 어떻게 여러 기술 스타트업을 출범시킬 수 있었는지를 서서히 알아차렸다. 19세기의 에디슨처럼 베이조스에게도 세상을 바꿀 파괴적 혁신이란 새로운 장난감을 만드는 문제가 아니라, 실제 고객이 원하는 것을 중심으로 새 사업을 출범시키는 것을 의미했다. 그리고 그 성배를 찾아내려면 정직한 실패를 많이 겪어야 한다.

마찬가지로 구글도 실패를 용인하고 나아가 장려한다. 2009년에 출범한 'X'라는 혁신을 겨냥한 자회사는 크고 파괴적인 새 사업 기회를 찾는 일에 나섰다. 대부분은 실패했다. 큰 주목을 받으면서 선보인 안경에 소형 화면과 음성으로 작동하는 카메라를 붙인 구글글래스Google Glass는 X의 가장 널리 알려진 가장 값비싼 판단 오류였다. 구글은 2013년 4월 개발자용 '구글글래스 익스플로러'를 내놓았고 다음 해에 1,500달러에 일반 대중용 제품을 출시했다. 겨우 7개월 뒤 회사는 제품 판매를 중단하면서 2년 내에 다시 출시하겠다고 약속했다. 그러나 재출시는 없었다. 무엇이 잘못되었을까? 소비자는 그 제품의 가격, 위험(건강과 사생활 침해), 쓸 만한 용도 부족에 실망했다. 소비자는 이 제품이 그저 혁신 자체를 위한 것이며, 삶에 아무런 가치도 제공하지 않는다고, 적어도 1,500달러나 주고서 살 가치가 없다고 결론지었다. 구글은 여전히 병원 같은 곳에서 특수한 용도로 그 기술을 사용할 방안을 추구하고 있지만, 소비자용 제품으로서는 실패였다. 구글글래스가 정부 사업이었다면 지금도 여전히 붙들고 있을 가능성이 높다.

풍선을 이용하여 와이파이를 쓸 수 있게 한다는 프로젝트 룬Project Loon은 풍선에서 바람이 빠지는 것을 막을 수 없다는 사실이 드러나면서 실패했다. X는 바닷물에서 이산화탄소를 추출하여 전기를 사용해 마찬가지로 물에서 추출한 수소와 결합하여 연료를 만드는 포그혼Foghorn이라는 사업 계획도 추진했다. 액체 영구 운동기관과 좀 비슷하게 들린다. 어쨌거나 열역학 법칙은 연소된 산물(CO_2와 H_2O)을 연소 가능한 연료로 전환하는 데 드는 에너지가 연료를 태울 때 얻는 에너지보다 더 많다고 말한다. 그러나 X는 그 불가능해 보이는 일에 너무나 집착했기에, 열역학 법칙을 깰 준비까지 했다. X의 캐시 하눈Kathy Hannun은 5년 내에 실용화하기는커녕 5달러에 연료 20리터를 만든다는 목표를 결코 달성할 수 없으리라는 점을 깨닫자 2016년에 포그혼 사업을 접었다. 실험을 장려하려면 그렇게 가차 없는 판단을 내리는 것이 중요하다. X의 책임자 애스트로 텔러Astro Teller는 그런 실패를 한탄하기보다는 축하했다. 2016년 밴쿠버의 TED 강연에서 그는 "실패를 축하함으로써 예기치 않은 혜택"을 볼 수 있다고 했다. X는 언젠가 구글 자체를 훨씬 뛰어넘을 무언가를 내놓을지 모른다.

록히드마틴은 어처구니없는 시도를 용인함으로써 고위험을 무릅쓰는 사내 기업을 장려한다는 이 개념을 앞장서 도입했다. 그중에 대성공을 거둔 사례도 나타났다. 1943년 회사는 비밀리에 고등개발프로그램advanced development programs을 구성했다. '스컹크 사업단skunk works'이라고 더 잘 알려진 이곳에서는 최초의 제트 전투기와 고고도 정찰기를 개발했다. AT&T에 소속된 벨연구소도 1920년대부터 비슷한 방식으로 운영되면서 트랜지스터와 레이저 등 온갖 새로운 기술을 발명했다. 그러나 서서히 기술보다는 과학에 더 치중하는 쪽으로 나아갔고, 노벨상 수상자를 여덟 명이나 배출했다. 제록스의 팔로알토연구센터도 새로운 착상을 적용하고 새로운 사업체를 배출하는 가치 있는 연구소임을 보여주었다.

이런 스컹크 사업단 또한 실패를 무릅쓰려는 자세를 매우 중요하게 여겼다. 미국 서부 해안 지대에는 그런 일이 더 쉽게 일어나도록 허용하는 문화가 조성되어 있는 듯하다. 세계의 다른 곳에 있는 코닥, 블랙베리, 노키아를 비롯한 많은 기업은 유용한 실패를 용인하는 이 태도를 따라하는 데 실패했다. 이 지역에 이런 특별한 문화가 조성되도록 기여한 요인 중 하나는 차등 의결권 제도의 합법화였다. 그 결과 창업자는 기업의 의사결정 권한을 지키고 투자자는 그저 결실을 따먹으면 된다. 이 방식은 창업자가 조급하거나 신중한 결정을 요구하는 주주들의 요구를 적어도 일부는 무시하면서 위험을 무릅쓰고 장기 목표를 추구할 수 있게 해준다. 이런 심리적 분위기는 다른 어느 곳보다 실리콘밸리에 더 깊이 뿌리 내리고 있으며, 이 문화는 자기 강화적인 양상을 뚜렷이 보여준다.

데이비드 로완David Rowan은 《디스럽터 시장의 교란자들 Non-Bullshit Innovation》에서 남아프리카의 보수적인 신문사 내스퍼스의 놀라운 이야기를 자세히 설명한다. 수십 년 동안 한결같이 아프리카 백인 민족주의를 옹호하는 데 앞장섰던 그 회사는 1980년대에 기술에 투자하는 쪽으로 방향을 돌려서 성공을 거두었다. 쿠스 베커Koos Bekker라는 모험심 강한 젊은이의 제안을 받아들여 회사는 1980년대에 아프리카 최초의 케이블 TV망을 깔았고, 1990년대에는 아프리카 최초로 휴대전화망을 구축했다. 양쪽 다 쉽지도 저렴하지도 않았으며 위험 부담이 큰 도박이었지만, 결국 성공했다. 그 뒤에 내스퍼스도 노키아처럼 브라질의 한 벤처 기업에 투자했다가 4억 달러의 손해를 입었고, 이어 중국에서 여러 인터넷 사업에 투자했다가 값비싼 대가를 치렀다. 한 곳에서는 겨우 6개월 사이에 4,600만 달러를 날리기도 했다.

이야기는 결국 도박사의 행운이 다했음을 보여주는 것으로 끝났을 수 있다. 그러나 실제로는 그렇지 않았다. 막판에 베커는 방향을 바꾸었다. 중국에서 직접 기업을 설립하려고 시도하는 대신에 중국인 소유의 유망한 스타트업을 찾아 나섰다. 그는 선전 항만 관리소장의 아들인 포니 마馬化騰가 경영하는 텐센트라는 작은 기업을 찾아냈다. 텐센트는 그 도시에서 가입자가 약 200만 명인 인스턴트 메시지 사업을 하고 있었지만, 그 사업으로 수익을 낼 수 있을지는 불분명했다. 2001년 베커는 텐센트에 3,200만 달러를 투자하여 지분 46.5퍼센트를 받았다. 17년 뒤 텐센트의 주식 가치는 1억 6,400만 달러로 치솟았다.

혁신과 저항

새로운 발명이 처음으로 제시될 때면 모든 사람이 반대하고,
가여운 발명가는 성마른 조롱에 조리돌림을 당한다.
−윌리엄 페티, 1662년

새로운 것이 기존 체제를 뒤엎을 때: 커피

혁신은 번영의 원천이지만, 때로는 인기를 얻지 못한다. 커피의 사례를
살펴보자. 커피는 늦게야 문명 세계에 들어왔다. 1500년대 이전까지는
유럽과 아시아의 많은 지역으로 퍼지지 않은 상태였다. 커피는 에티오
피아 식물로, 커피콩을 볶으면 자극적이면서 중독성을 띤 음료를 만들
어 먹을 수 있다. 커피콩을 적절히 볶고 갈려면 기구가 필요하므로 커피
는 공용 공간에서 사서 마시는 경향이 있다. 이상적인 만남의 장소라는
평판과 멋진 차림표를 갖춘 커피 체인점이 전 세계로 퍼지는 양상은 흔
한 현대적 현상으로, 스타벅스와 관련이 깊다. 그러나 이는 그 양상의 최
신판에 불과하다. 커피점은 4세기 전부터 인기 있는 만남의 장소였다.
1655년 아서 틸야드Arthur Tillyard라는 약제사는 '카페café'라고 불릴 법

한 공간에서 학생들이 뜨거운 음료를 마시면서 생각을 나눌 옥스퍼드커피클럽을 설립했다. 7년 뒤 그 클럽은 영국의 과학 아카데미인 왕립협회가 되었다.

커피의 역사는 혁신의 주요한 한 가지 특징도 보여준다. 거의 언제나 저항과 맞닥뜨린다는 것이다. 1500~1600년대에 커피는 아라비아, 터키, 유럽으로 퍼질 때, 격렬한 반대에 직면했으며 금지당하는 일도 많았다. 결국에는 효과가 없긴 했지만 말이다.

1511년 카이르 베그Kha'ir Beg는 메카의 모든 커피점을 폐쇄시키고 모든 커피콩을 불태우고 그곳에 있던 이들을 잡아 매질했다. 카이로의 술탄은 그 조치를 뒤집는 명령을 내렸지만 오래가지 않았다. 1525년 메카의 커피점에 다시 영업 금지 조치가 내려졌다. 1534년에는 커피를 반대하는 운동이 카이로까지 다다라서, 군중이 커피점을 습격하곤 했다. 그러나 이번에도 커피를 금지하려는 시도는 실패했고, 커피는 존속했다. 심지어 남성이 아내에게 커피를 제공하지 못하면, 이혼의 근거가 된다는 놀라운 법까지 생겼다.

1550년대에 커피는 콘스탄티노플로 전파되었고, 술탄 셀림 2세는 즉시 커피를 금지했다. 1580년 찬탈자 무라드 3세도 커피를 마시는 걸 통제했고 1630년대에 무라드 4세도 똑같이 금지했다. 이는 그런 금지 조치가 매번 실패했음을 의미한다. 이 통치자들은 왜 그렇게 이 음료를 억누르려고 애썼을까? 주된 이유는 커피점이 잡담을 하는 곳이어서 선동을 일으킬 수 있는 장소가 되기 때문이었다. 무라드 3세는 자신이 왕위를 차지하기 위해 가족 전부를 죽였다는 사실을 사람들이 커피점에서 떠들어댈지 모른다는 편집증에 시달렸다. 나는 그의 추측이 옳았고 그 주제가 때때로 커피점에서 언급되었을 것이라고 장담한다.

1673년 스코틀랜드와 잉글랜드의 국왕 찰스 2세는 커피점을 금지하려고 시도했고, 왜 그렇게 금지하려고 안달이었는지를 너무나도 솔직히 밝혔다.

커피, 차, 초콜릿이 대체 어디에 좋은지 전혀 모르겠다. 판매하는 장소에 앉아서 들어오는 모든 이와 온종일 나라가 어쩌고 떠드는 이들에게만 편리하다. 소식을 떠들고 거짓말을 들먹거리고, 장관의 판단과 분별력을 헐뜯고, 그들의 모든 행동을 비난하는 것으로 모자라 사람들의 귀에 대고 그들에게 편견을 갖도록 속삭인다. 또 자신의 이모저모와 지식과 지혜를 과장하고 칭찬하며, 통치자의 것은 나무란다. 그런 말을 너무 오래 듣고 있으면, 해롭고 파괴적일 수 있다.

그러나 커피를 저지하려는 다른 이유도 있었다. 프랑스의 포도주, 독일의 맥주 제조자와 판매자는 이 새 경쟁자에 반대했다. 커피는 고객을 해롱거리게 하는 대신에 각성시키는 음료다. 1670년대에 마르세유에서는 의료인들, 특히 엑스 대학교가 양조업자의 든든한 우군이었다. 그 대학의 두 교수는 '콜롬브Colomb'라고만 알려진 한 의대생에게 커피를 공격하는 논문을 쓰라고 했다. 콜롬브는 '커피 이용이 마르세유 주민에게 해로운지 여부'라는 논문에서 커피의 '폭력적인 에너지'가 피로 들어와서 림프를 끌어당기고 콩팥을 마르게 하여 피곤하게 하고 발기 불능으로 만든다고 주장했다. 물론 사이비 과학의 헛소리였지만 당시에는 주목을 받고 보상을 받았다. 그 무렵에 런던에서도 커피를 놓고 소책자 발간 전투가 벌어졌다. '커피에 대한 폭넓은 반대, 또는 터키인의 혼인'이 나온 1672년에서 2년이 지난 후 런던 최초의 커피점 창업자인 파스쿠아 로 제**Pasqua Rosee**라는 레바논 무역상이 이에 반박하는 소책자를 펴냈다. '커 피라는 정신을 맑게 하고 건강한 음료의 탁월한 가치에 대한 짧은 묘사' 라는 소책자였다.

18세기 후반에도 스웨덴은 무려 다섯 차례나 커피를 금지하려 시도 했다. 당국은 시민들에게서 커피 잔을 압류하고 1794년 커피 단지를 깨 부수는 공개 행사를 하는 등 커피를 금지하려고 필사적이었다. 국왕 구 스타브 3세는 통제 실험을 통해서 커피가 사람들에게 나쁘다는 것을 증 명하고자 했다. 그는 유죄 판결을 받은 살인자 중 한 명에게는 커피만 마 시게 하고, 다른 한 명에게는 차만 마시도록 명령했다. 놀랍게도 두 사람 모두 그 실험을 지켜본 의사들보다 그리고 왕보다 더 오래 살았다. 물론 커피를 마신 살인자가 가장 장수했다. 그럼에도 스웨덴에서는 20세기까 지도 커피 반대 운동이 계속되었다.

여기서 우리는 혁신 반대의 모든 특징을 본다. 안전 호소, 기득권 세력 의 어느 정도의 이익 추구, 권력자의 편집증 말이다. 유전자 변형 식품이나 소셜 미디어에 관한 최근의 논쟁은 이 오랜 커피 전쟁을 떠올리게 한다.

칼레스투스 주마**Calestous Juma**는 《규제를 깬 혁신의 역사**Innovation and Its Enemies**》에서 커피 전쟁뿐 아니라 마가린 전쟁의 이야기도 들려준다. 1869년 프랑스에서 버터 가격이 치솟자 그 대안으로 발명된 마가린은 미국 낙농업계로부터 수십 년 동안 '처바르기 운동'(내 표현이 아니라 주 마 교수의 익살이다)의 대상이 되었다. 최근의 생명공학적 작물에 반대 하는 운동과 그리 다르지 않다. 뉴욕낙농위원회는 이렇게 호통쳤다. "이

2부 혁신의 전개

가짜 버터 산업만큼 교묘하고 괘씸한 사기는 예전에도 없었고 앞으로도 결코 없을 것이다." 마크 트웨인도 마가린을 비난했다. 미네소타 주지사는 이를 혐오스러운 것이라고 했다. 뉴욕주는 아예 마가린을 금지했다. 1886년 연방 의회는 부담스러운 규제를 가함으로써 마가린의 판매를 제한하는 올레오마가린 법 Oleo-margarine act을 제정했다. 1940년대 초까지 미국 주의 3분의 2는 그럴듯하게 꾸민 건강 문제를 이유로 마가린을 여전히 법으로 금지하고 있었다. 전국낙농위원회는 으레 그래왔듯이 증거를 꾸며내면서 마가린 반대 운동을 펼쳤다. 그 증거란 스웨덴 살인자들에게 했던 식으로 한 대학교에서 두 마리 쥐에게 한쪽은 마가린, 다른 한쪽은 버터를 먹였는데 마가린을 먹인 쥐에게 끔찍한 건강 문제가 나타났다는 내용으로, 완전한 위조였다. 하지만 마가린 업계도 가만히 당하고만 있지는 않았다. 사실 음식의 지방이 심장병의 원인이라는 지금은 대체로 틀렸음이 드러난 오래된 이론은 원래 1950년대에 식물성 기름 산업이 버터 산업에 가한 역공에 어느 정도 자극을 받아 이루어진 연구에서 나왔다.

주마는 런던의 이륜마차 마부들이 우산 도입을 격렬하게 비난한 사례, 산과의사들이 출산 때 마취제 이용을 오랫동안 거부한 사례, 음악가 단체가 녹음된 음악을 라디오로 내보내는 것을 반대한 사례, 미국말협회가 트랙터에 반대하는 승산 없는 싸움을 여러 해 동안 벌인 사례, 냉장고가 안전하지 못하다면서 천연 얼음 채취 산업이 사람들을 두려움에 빠뜨린 사례 등을 나열한다. 사실 모든 신기술은 반발에 직면할 가능성이 높다. 그런 반발은 대개 어느 정도는 기득권층이 예방 원칙이라는 말로 포장하면서 주도한다. 1897년 런던의 한 평론가는 규제를 하지 않으면 전화기가 사생활을 파괴할 것이라고 우려했다. "우리는 곧 서로에게 투명한 젤리 더미나 다름없어질 것이다."

혁신이 악마화되고 지연될 때: 생명공학

생명공학이 유럽 농업에 퍼지는 것을 막으려는 운동은 커피와 마가린을 막으려는 운동을 떠올리게 하지만, 더 오래 성공을 거두었다. 지금까지도 그렇다. 운동의 두 가지 주요 무기는 악마화와 지연이다. 그 사업에 투자하는 것을 꺼리게 만들기 위해서 위험하다고 주장하고 도입을 늦추라고 요구하는 것이다.

1990년대에 주로 미국에서 개발된 형질 전환 작물은 처음에는 순조롭게 보급되었다. 일부 반대 운동이 일어나긴 했지만, 규모가 크지는 않았다. 10년 전에 딸기의 냉해를 막기 위한 유전자 변형 세균 사용에 반대하는 운동이 벌어졌다가 수그러든 것이 일종의 예행연습이 되었다. 그러나 GMO가 유럽에 발을 디디는 순간, 갑자기 모든 것이 바뀌었다.

정말로 갑작스러웠다. 1996년 영국의 슈퍼마켓에서는 유전자 변형 식품에 그 정체를 알리는 꼬리표를 붙여야 한다는 운동이 벌어졌지만, 관심을 끌지 못했다. 그러다가 1999년쯤에 찰스 왕세자를 비롯한 저명 인사의 지원과 든든한 후원금에 힘입은 활동가와 비판가 군대 앞에 생명공학은 완전히 물러나고 말았다. 그때쯤 그 산업은 작물 시험 재배를 하려는 시도를 완전히 포기한 상태였다. 흰 작업복을 입은 이들이 시험 재배지마다 몰려들어서 계획을 다 파괴했기 때문이다. 그런 이들 중에는 상원의원도 있었다. 몇 년 뒤 생명공학 업계는 사실상 유럽을 완전히 포기했고, 밀 같은 유럽의 주요 작물에는 유전자 변형을 시도조차 하지 않게 되었다.

이런 갑작스러운 변화의 원인이 무엇이었을까? 1996년 3월 영국 정부는 '광우병'으로 더 잘 알려진 소해면상뇌증Bovine Spongiform Encephalopathy, BSE에 걸린 소의 고기를 먹으면 사람이 위험할 수 있다는 것을 처음으로 인정했다. 바로 그달에 유럽집행위원회는 유전자 변형 콩의 수입을 처음으로 승인했다. 이렇게 우연히 시기가 맞아떨어지는 바람에 두 현안 사이에 혼동이 일어났고, 무언가가 안전하다는 정부의 말은 다 신뢰성을 잃고 말았다. 사실 BSE로 죽은 사람은 거의 없었고, GMO로 죽은 사람은 아무도 없었지만, 업계는 타격을 입었다. 로버트 팔버그Robert Paarlberg는 이렇게 기록했다. "BSE 사례로 식품 안전의 수호자라고 여겼던 정부에 대한 신뢰가 무너졌기에, 유전자 변형 콩이 안전하다고 소비자를 안심시키려고 한 유럽 당국의 노력은 아무런 효과가 없었다." 영국에서 활동하며 늘 새로운 현안을 찾으러 다니는 두 큰 운동 단체인 그린피스와 지구의 벗은 식품 안전성에 대한 우려를 대기업에 대한 반감과 결합시켰다. 그들은 나름의 시장조사를 통해서 대중이 이런 새로운 작물에 불안을 느끼고 있으며, 그 걱정을 부채질하면 단체 운영에 도움이 될 수 있음을 알아차렸다.

2005년 이래로 캐나다는 형질 전환 작물 품종을 70가지 승인했지만, 유럽연합은 단 하나만 승인했으며 그 승인에도 13년이 걸렸다. 그때쯤에는 이미 더 나은 품종이 나와 있었다. 당시 그 문제에 적극적으로 나섰던 이는 마크 라이너스Mark Lynas로, 저명한 활동가였으나 전향하여 유전자 변형을 강력하게 지지하고 나선 인물이었다. 그는 법원이 GM 작물 파괴 행위를 저지르다가 체포된 이들에게 유죄 판결 내리기를 거부하고, 판사가 그 행위에 탄복했다고 선언하던 때를 기억하고 있었다. 반대 열기에 들뜬 시절이었다. 학교 식단에서 GM 재료를 빼고 슈퍼마켓의 선반에서 GM 식품을 없애고, 중도 우파 논조의 〈데일리 메일Daily Mail〉이 '프랑켄식품Frankenfood'이라고 이를 비난하던 시절이었다. 영국에서만 그런게 아니었다. 프랑스에서는 조제 보베José Bové라는 농민 활동가가 GM 벼를 재배하는 논을 망쳐서 영웅 대접을 받았고, 이탈리아에서는 종자 창고를 불태우는 일도 벌어졌다.

이런 압력에 따라 유럽연합은 모든 새로운 GM 작물의 도입을 일시 중단하는 조치를 내렸다. 이 조치는 너무 복잡하고 시간이 오래 걸려서 사실상 금지하는 것이나 다름없는 승인 제도로 진화했다. 유럽연합은 이제 사전 예방 원칙을 지침으로 삼게 되었다. 언뜻 보면 현명한 개념(혁신의 의도하지 않은 결과를 걱정해야 한다는)이었지만, 활동가들은 더 위험한 기술을 생명을 구할 신기술로 대체하지 못하도록 원칙을 변질시켰다. 유럽연합이 리스본 조약에서 공식 채택한 이 원칙은 신기술에 기존 기술보다 더 높은 기준을 부과하며, 아무리 안전하더라도 모든 혁신에 본질적으로 장벽을 세움으로써 기존 방식의 위험성과 상관없이 그것을 지키는 역할을 한다. 이는 이 원칙이 혁신이 가져올 수 있는 혜택이 아니라 혁신의 잠재적 위험에 초점을 맞춤으로써, 혁신의 산물이 해를 끼치지 않으리라는 것을 입증하는 부담을 혁신가에게 떠넘기기 때문이다. 또한 혁신가가 새 산물이 좋은 결과를 가져온다거나 이미 해를 끼치고 있는 기술을 대체할 수 있음을 보여주는 것을 막는다. 그래서 유기농 농민은 20세기 전반기에 발명된 것이기만 하다면 살충제를 자유롭게 쓸 수 있다. 현재 쓰이는 것보다 훨씬 더 해로운, 그리고 그 어떤 합리적인 기준으로 보더라도 '유기적'이 아닌 구리 기반 화합물 같은 것까지도 포함해서다. 한 예로, 유럽화학물질청은 황산구리를 두고 "수생생물을 장기적으로 심각한 독성에 노출시키며, 암을 일으킬 수 있고, 생식 능력이나 태아에 손상을 입힐 수 있으며, 삼키면 해롭고, 심각한 시력 손상을 일으키며, 지속적으로나 반복적으로 노출되면 장기 손상을 일으킬 수 있다"라고 기술한다. 또 생물 농축도 일으킨다. 즉, 초식동물에서 육식동물로 먹이사슬을 따라 나아가면서 점점 더 독성이 축적된다. 그러나 유럽연합은 아무런 반대 없이 이 물질을 감자, 포도, 토마토, 사과 등 식용 작물을 재배하는 유기농 농민이 살균제로 쓰도록 계속 재승인하고 있다. 유기농 농민이 쓸 수 있는 다른 농약이 없다는 이유에서다. 그러나 대안이 없는 이유는 그저 그들이 더 안전하고 더 새로운 농약을 거부하기 때문이다. 이 양상은 되풀이되고 있다. 예방 원칙을 위해 감소라는 개념을 부정하면서, 기존 기술의 위험을 대체로 무시한다.

그린피스와 지구의 벗이 유럽에서 GMO에 맞서 이렇게 금방 승리하자 몇 가지 문제가 생겼다. 그 현안은 엄청난 후원금을 끌어들이는 역할을 했기에, 지속시켜야 했다. 두 단체는 세계의 다른 지역으로 시선을 돌렸고, 살아 있는 유전자 변형 생물의 국가 간 이동에 관한 국제 규약을 마련하는 협상에 직접 개입하고 그런 이동을 터무니없게도 유해 폐기물의 이동과 마찬가지로 다루어야 한다고 주장했다. 지구의 벗은 미국이 심각한 가뭄이 지속되고 있는 아프리카 남부의 굶주리는 사람들에게 GM 작물로 식량 원조를 하고 있다고 공격하기 시작했고, 결국 2002년 잠비아가 기아에 허덕이는 사람들에게 갈 GM 옥수수를 거부하도록 하는 데 성공했다. 이 압력단체들은 아프리카의 다른 지역과 아시아 각지로도 진출했다. 그린피스는 GMO를 인도주의적으로 사용하는 것을 막는 쪽으로 관심을 돌렸다. 특히 베타카로틴을 함유한 황금벼를 막는 데 노력을 집중했다. 황금벼는 가난한 아이들이 영양실조로 죽는 것을 막기 위한 비영리사업 계획을 통해 나온 산물이었다. 황금벼는 스위스에서 일하는 과학자 잉고 포트리쿠스^{Ingo Potrykus} 연구진이 1990년대 오랫동안 힘겨운 노력 끝에 개발했으며, 쌀을 주식으로 삼는 집단에서 비타민A 결핍증 때문에 나타나는 높은 사망률과 이환율을 줄이기 위해 세운 지극히 인도주의적이면서 비영리적 계획의 산물이었다. 쌀을 주식으로 삼는 가난한 나라에서 매일 5세 미만의 도시 아동 2,000명이 비타민A 결핍증으로 사망하며, 한 해로 보면 70만 명에 달한다는 추정값이 나와 있다. 이 결핍증을 앓으면 면역 저항성이 떨어지고 실명한다. 그런데 그린피스는 모든 수단을 다 이용해 이런 죽음을 막을 수 있는 기술을 막으려는 운동을 펼쳤다. 처음에 그린피스는 황금벼가 비타민A 결핍증을 치료하는 데 쓸모가 없다고 주장했다. 수선화 유전자를 삽입한 초기 황금벼가 베타카로틴이 너무 적어서 무용지물이었기 때문이다. 그런데 그 뒤에 옥수수 유전자를 넣은 새 벼 품종이 나오자, 베타카로틴 함량이 너무 높아서 독성을 일으킬 수 있다는 쪽으로 주장을 바꾸었다. 생명공학계에서 나오는 모든 좋은 소식을 다 없애려고 필사적이었던 그린피스는 냉철한 실험을 통해서 황금벼가 안전하고 효과가 있다는 사실이 입증된 뒤에도 열심히 반대 로비 활동을 계속했다. 이 충격적인 운동에 반발하여 2017년 노벨상 수상자 134명은 그린피스에 "생명공학을 통해 작물과 식량을 개선하려는 노력 전체, 특히 황금벼에 반대하는 운동을 그만둘" 것을 촉구했다(그 성명서에 서명한 사람은 이제 150명으로 늘었다). 그러나 그들의 요청도 아무 소용이 없었다.

생명공학의 악마화는 관련 기업의 입장에서는 악순환으로 이어졌다. 활동가들이 규제와 신중함을 요구하면 할수록, 새 작물을 개발하는 데 드는 비용이 더 늘어났고, 따라서 대기업을 빼면 개발하기가 더욱 불가능해졌다. 그리하여 대기업과 그 비판자 사이에 기이한 공생 관계가 생겨났다. 어느 시점에 활동가들은 몬산토에 후손을 남길 수 없는 작물을 만들라고 요구했다. GM 작물이 '수퍼잡초superweed'가 되어 야생 환경을 쑥대밭으로 만들 수 있다는 이유에서다. 어쨌거나 전혀 근거 없는 두려움이었다. 대다수 작물은 잡초가 될 만큼 야생 환경에서 살아남기가 어렵기 때문이다. 그러자 몬산토는 심었을 때 교배가 불가능한 유전자 변이체를 실제로 개발할 수 있는지 조사했다. 그런데 그런 작물이 개발되지 않았음에도, 활동가들은 즉시 기업들이 해마다 새 종자를 사야 하는 상황에 농민들을 빠뜨리는 '터미네이터 기술'을 도입하려 한다며 비난하고 나섰다. 비난의 연속이었다.

생명공학산업은 유럽의 정책을 바꾸려는 시도를 계속했다. 어쨌거나 아메리카에서 유전자 변형 콩을 소 사료로 열심히 수입하고 있었으니, 생명공학 품종을 재배하지 못할 이유도 없지 않을까? 2005년 유럽식품안전국은 독일 기업 바스프가 개발한 유전자 변형 감자 품종을 승인했다. 그러나 유럽연합은 사전 예방 원칙을 인용하면서 판매 허가를 내주지 않았다. 바스프는 2008년 유럽사법재판소에 제소했다. 유럽집행위원회는 2009년 식품안전국에 다시 평가를 의뢰하는 것으로 대응했다. 식품안전국은 이번에도 그 품종이 안전하다고 답변했고, 유럽연합은 2010년에 그 품종의 이용을 승인해야 했다. 첫 신청을 한 지 5년 뒤였다. 그러자 헝가리 정부는 그 품종의 이용을 막을 별난 방법을 찾아냈다. 유럽연합은 식품안전국의 첫 번째 승인을 토대로 허가를 내주었는데, 두 번째 승인을 인용하여 허가를 내주었어야 한다는 주장이었다. 결론은 똑같은데 말이다. 2013년 유럽연합 일반법원은 헝가리의 제소를 받아들여서 그 승인을 무효로 했다. 그때쯤 바스프는 이 사전 예방 원칙이라는 벽돌담에 머리를 계속 들이박는 짓에 질린 나머지 신청을 철회하고서, GM 작물 연구 전체를 미국으로 옮겼다.

사전 예방 원칙을 혁신을 가로막는 쪽으로 활용하는 한 가지 방법은 시제품이 나온 뒤 실제 적용하기 전에 해야 하는 실험을 실시하기 어렵게 만드는 것이다. 황금벼를 예로 들면, 그 원칙은 검사를 받을 품종마다 엄청나게 많은 증거를 개발자가 고생스럽게 모아 승인을 받도록 했다. 작물 육종 분야에서는 다른 분야가 으레 하듯이 많은 품종을 한꺼번에 심고서 농민이 원하는 것에 가장 가까운 품종을 고르는 것이 불가능하다. 원자력 발전소 설계와 마찬가지다. 처음에 고른 품종에서 실망스러운 결과가 나오면, 다시 처음부터 승인 절차를 밟아서 다른 품종을 고르는 짓을 되풀이해야 한다는 뜻이다. 그렇게 소중한 몇 년이 낭비되면서 그사이에 더 많은 아이가 죽어나갔을 것이 분명하다. 토머스 에디슨이 전구의 필라멘트 재료를 찾기 위해 조사했던 6,000가지 식물 표본에 하나하나 승인을 받아야 했다면, 그는 아마 대나무 필라멘트를 결코 발견하지 못했을 것이다.

마크 라이너스는 이 GMO 일화에 가차 없는 평가를 내린다. "우리는 세계의 아주 많은 지역의 대중이 GMO에 영구히 적대감을 갖도록 자극했으며, 믿을 수 없게도 그 전까지 멈추지 않고 나아가던 한 기술 전체의 행군을 저지시켰다. 그런데 전 세계에서 엄청난 성공을 거둔 우리 운동에는 단 한 가지 문제가 있었다. 그 명분이 진실이 아니었다는 것이다." 커피를 반대한 사례와 마찬가지로, 유전자 변형 작물에 대한 반대도 사실적 측면에서도 도덕적 측면에서도 잘못되었다는 것이 지금은 명확해졌다. 그 기술은 안전하며, 환경에도 이롭고, 소규모 농민에게도 긍정적일 수 있었다. GM 반대 운동은 풍족하고 저렴한 식품을 접하는 부유한 이들 사이에 유행했다. 그들의 삶은 수확량을 증대하는 일과 별 관련이 없었고 그 일에 절실하지도 않았다. 그 금지의 기회비용은 자신의 목소리를 내지 못한 병들고 굶주리는 이들이 치렀다. 그 큰 압력단체들조차도 최근 들어서는 그 일에서 슬그머니 발을 뺐다. 그러나 피해는 이미 일어났다.

두려움에 과학을 외면할 때: 제초제

라운드업Roundup이라고도 하는 제초제 글리포세이트glyphosate는 1970년 몬산토의 과학자 존 프란츠John Franz가 발명한 뒤로 잡초 방제에 널리 쓰이는 저렴한 방법이 되었다. 다른 제초제보다 장점이 엄청났다. 식물에만 있는 효소를 억제하므로, 표준 용량으로 쓰면 사람을 비롯한 동물에게 거의 무해하며 분해 속도가 빨라서 환경에 오래 남지 않는다. 기존에 쓰이던 농약인 파라콰트paraquat보다 훨씬 더 안전하다. 파라콰트는 자살할 때 쓰이기도 했을 정도니 말이다. 글리포세이트는 농민이 쟁기질이라는 생태학적으로 더 해로운 활동이 아니라 화학적으로 잡초를 제거할 수 있도록 함으로써 농업에 변화를 일으켰다. 즉 무경운 혁신을 일으켰다. 글리포세이트 내성을 지닌 유전자 변형 작물을 재배하는 땅에서는 더욱 그렇다.

그런데 2015년 세계보건기구 산하 국제암연구소International Agency for Research on Cancer, IARC는 글리포세이트가 매우 고용량일 때 암을 일으킬 수도 있다고 결론을 내렸다. 같은 기준을 적용하면 소시지와 톱밥도 발암물질로 분류되어야 하고, 커피는 더욱 위험하다고(그리고 글리포세이트와 달리 매일같이 마신다) 인정하긴 했다. 이 발암 효과는 미미할 것이다. 예로 벤앤제리스 아이스크림에는 최대 1.23ppb의 글리포세이트가 함유되어 있는데, 어떤 위험에든 처하려면 아이는 하루에 아이스크림을 3톤씩 먹어야 할 것이다. 유럽, 미국, 호주 등의 식품안전 당국은 모두 글리포세이트를 깊이 연구한 끝에 정상적으로 쓰는 용량에서는 위험하지 않다고 결론지었다. 독일연방위해성평가연구소German Federal Institute for Risk Assessment는 3,000건이 넘는 연구 결과를 조사했지만 동물에게 해롭다는 그 어떤 증거도 찾아내지 못했다.

곧 IARC의 결론이 증거를 편향되게 검토하여 나온 것임이 드러났다. 〈로이터Reuters〉는 이렇게 썼다. "글리포세이트가 종양을 일으킨다는 것을 부정하는 결론을 중립적이거나 긍정하는 결론으로 바꿔치기 혹은 삭제했다." IARC가 자문을 구한 과학자가 암 환자들을 대신하여 몬산토에 소송을 건 법률회사로부터 16만 달러를 받았다는 사실도 드러났다. 브뤼셀 상트루이 대학교의 데이비드 자룩David Zaruk은 이런 사례에서 활동가들이 "활동가, 정신적 지도자, NGO와 협력하여 대중의 지각을 조작하고, 공포나 분노를 자아내고, 희생양이 될 기업을 찾아내어 지독한 소송을 제기하는" 전술을 쓴다고 말한다. 유럽이 글리포세이트를 금지한다면 미국에서 소송 잔치가 벌어질 것이다. 대박을 노리는 법률회사들은 담배 소송 규모의 소송 거리를 찾느라 늘 혈안이 되어 있으니까.

인정하든 말든 간에, 이런 유형의 활동주의는 혁신을 상당히 저해한다. 종자 도포용 네오니코티노이드neo-nicotinoid 살충제도 기존 살충제에 비해 안전성이 뚜렷하게 개선되고 표적 이외의 종에 미치는 부수적인 피해가 적음에도 비슷한 반발에 직면해왔다. 이런 살충제 반대 운동은 작물 보호 제품의 연구개발을 상당히 지체시켰다. 만약 당신이 새 화학물질이 기존 화학물질보다 대개 더 낫고, 가능한 한 적은 땅에서 세계 인구를 먹일 식량을 충분히 생산하는 것이 좋다고 생각한다면, 이런 반대는 나쁜 일이다.

정부가 혁신을 방해할 때: 이동전화

5장에서 기술 대부분이 때가 되어야 출현하며 훨씬 더 일찍 출현할 수는 없다고 주장한 바 있지만, 이동전화는 예외 사례일 수 있다. 경제학자 토마스 하즐렛Thomas Hazlett이 2017년 저서 《정치 스펙트럼The Political Spectrum》에서 간파했듯이, 이동통신의 역사는 다양한 로비 집단이 정부에 압력을 가해서 관료주의적 지체를 이끌어낸 특이한 사례다. 이동전화는 실제보다 수십 년 더 일찍 출현할 수 있었다.

1945년 7월 미국 연방통신위원회 의장인 J. K. 젯J. K. Jett은 〈새터데이 이브닝 포스트 Saturday Evening Post〉와 인터뷰를 하면서 시민 수백만 명이 곧 "손에 드는 무선 전화기hand-held talkie"를 이용하게 될 것이라고 말했다. 연방통신위원회로부터 면허를 받아야 하겠지만, "어렵지 않을 것"이라고 했다. 이렇게 낙관론을 펴는 이유는 '셀룰러cellular' 개념이 그 기술을 혁신시킬 것이기 때문이라고 했다. 즉 송신자의 무선 전화기가 수신자의 무선 전화기와 선으로 죽 연결되어 있을 필요가 없고, 그저 가장 가까운 전파 안테나와 연결되어 있기만 하면 된다는 것이다. 그 전파 안테나는 전선을 통해서 수신자와 가장 가까이 있는 전파 안테나와 연결될 것이다. 사용자는 움직일 때 새 기지국으로 매끄럽게 옮겨갈 수 있다. 그러면 에너지가 절약되고 전파 스펙트럼을 국지적으로만 이용하게 되어 대역폭을 더 늘릴 수 있다. 무선으로 한 번에 수백 명이 아니라 수십만 명이 대화할 수 있다.

그러나 1947년에 바로 그 연방통신위원회는 기지국 서비스를 시작하겠다는 미국 통신 업체 AT&T의 신청을 거부했다. 극소수만 이용하는 사치스러운 서비스가 될 것이라고 주장하면서였다. 연방통신위원회에는 텔레비전이 우선이었으며, 그 결과 텔레비전은 전파 스펙트럼에서 많은 몫을 차지했다. 셀룰러를 포함한 '육상 이동' 범주는 겨우 4.7퍼센트만 확보했다. 그러나 텔레비전은 할당받은 주파수의 일부밖에 사용하지 않았으며, 하즐렛이 '방대한 황무지'라고 부른 미사용된 스펙트럼을 방치하면서 "한 세대 넘게 이동 무선을 막았다". 1950년대에 채널 중 3분의 2 이상이 쓰이지 않고 있었지만 방송사들은 이 빈 영토의 권리를 지키기 위해서 로비를 했다. 그저 경쟁을 말살하여 면허를 받은 텔레비전망의 과점 체제를 유지하려는 의도에서였다.

무선공중통신사업자Radio Common Carrier, RCC라는 이동전화 사업자가 있긴 했는데, 항공사나 해상 유정시설을 소유한 석유회사 같은 대기업에 무선 서비스를 제공했다. 그리고 셀룰러 형식이 아니었고, 각 지역의 두 통신원 사이에서만 통신이 가능했으며 한쪽은 거의 언제나 AT&T 소속이었다. 그 시장은 작았다. RCC는 자신들과 경쟁할까 봐 이동통신을 격렬하게 반대했다. 모토로라는 그들의 우군이었다. 대역폭이 한정된 규모가 크고 비싸고 에너지를 많이 잡아먹는 사업인 송수신기 제조를 거의 독점하고 있었기 때문이다.

AT&T는 반독점 재판의 합의 조건에 따라서 이동전화 제조를 금지당했다. 산하 연구소인 벨연구소가 이동통신을 고안하고 발명했음에도 말이다. 그러나 AT&T는 유선전화에서 편하게 독점을 누리고 있었고, 어쨌거나 자기 자신과 경쟁할 필요성을 전혀 못 느꼈다. 이동통신이 출현하고 있음이 뚜렷이 보이던 1980년, AT&T는 2000년에 미국에서 이동전화 이용자 수가 90만 명쯤 될 것이라고 내다보았다. 실제로는 1억 900만 명이었다. 전화 회사가 사람들이 서로 대화를 나누고 싶어 한다는 것을 알아차리지 못했다는 것이야말로 기업의 가장 극단적인 근시안을 보여주는 사례다.

한마디로, 정부는 엄청난 기득권을 지닌 정실 자본주의적 기업과 한통속이 되어서 거의 40년 동안 이동통신 서비스가 발전하지 못하게 막았다. 그리하여 어떤 기술 발전과 사회 변화가 막혔을지 누가 알 것인가? 1970년에야 비로소 연방통신위원회는 이동통신에 일부 스펙트럼을 할당하겠다고 시사했고, 1973년 모토로라 부회장 마티 쿠퍼Marty Cooper는 이동전화기로 최초의 이동통신 통화를 했다. 그러나 바로 그 시기에 그가 속한 기업은 막후에서 이동통신을 막고자 로비를 벌이고 있었다. (이동통신이 아닌) 무선통신 시장에서 편안하게 독점을 누릴 수 있었기 때문이다. 그 결과 연방통신위원회는 다음 10년 동안 여러 제소자와 법적 다툼을 벌여야 했고, 어쨌거나 이동통신이 '자연 독점'이며 따라서 AT&T가 소유한 상태로 있어야 한다는 당국자들 사이에 만연했던 잘못된 가정을 고수했다. 1982년에 워싱턴에서 경쟁에 호의적인 새로운 정책이 펼쳐진 뒤에야 비로소 연방통신위원회는 이동통신 면허 신청을 받기 시작했다. 젯이 이동통신 출범이 '어렵지 않을' 것이라고 말한 지 39년이 지난 1984년 7월 28일, 로스앤젤레스 올림픽 경기장에서 축하 행사와 함께 미국 최초의 이동통신 서비스가 시작되었다. 변화 속도가 아찔할 만치 빠르다고 과연 누가 말하겠는가?

미국이 스스로를 옥죄고 있었다면, 다른 대륙은 왜 먼저 치고 나가지 않았을까? 몇몇 더 작은 국가는 앞서나갔지만 큰 시장 없이는 제대로 성장할 수가 없었고, 유럽의 통신 규제는 더욱 경직되어 있었다. 유럽의 통신산업은 주로 국영 기업의 무대였는데, 그들은 편안한 지대 추구rent-seeking 모델을 파괴할 생각이 전혀 없었다. 따라서 이동통신 부문에서 유럽은 미국이 먼저 시작할 때까지 그냥 기다리면서 지켜봤다. 그러나 1G(아날로그) 이동통신이 예기치 않게 인기를 끄는 것을 보자, 유럽연합도 자극을 받아서 행동에 나섰다. 그들은 핵심 특허를 보유한 에릭슨, 노키아, 알카텔, 지멘스의 요청으로 GSM이라는 디지털 2G 표준을 마련하는 일에 착수했다. 미국 기업 퀄컴이 내놓은 표준인 CDMA는 유럽에서 그냥 금지되었다. 보호주의의 명백한 사례였다.

미국이 1995년까지 표준을 만들지 못했기에 유럽은 이동통신에서 미국을 앞서갔다. 그 시장을 열려는 연방통신위원회의 시도는 정치적 논쟁이라는 진창에 빠져들었다. 1980년대 말에 GSM은 세계 시장의 80퍼센트를 차지했고 유럽의 '산업 정책'은 보상을 받은 것처럼 보였다. 그러나 GSM은 음성 위주에다가 데이터를 추가한 방식인 반면, CDMA는 데이터 중심에 음성을 추가한 형태였다. 그래서 2000년 3G가 등장했을 때, GSM망은 대처할 수 없었고 세계는 곧 CDMA로 돌아섰다. 막판에 유럽이 세계 경쟁을 외면함으로써 스스로 제 발등을 찍어서가 아니었다.

이동전화 이야기는 정부가 민간 부문의 기득권 세력과 결탁하여 혁신에 저항한 사례다. 지금 우리가 쓰는 스마트폰은 정부 덕분에 나온 것이아니라, 정부의 방해에도 불구하고 나왔다.

드론의 발전은 이보다 좀 덜 극단적인 사례이다. 배터리로 움직이는 무인 항공기인 드론은 2020년대에 갑자기 널리 퍼지면서 세계를 놀라게 했다. 무선으로 조종하는 군용 무인 항공기는 2001년부터 널리 쓰였지만, 모든 소비자를 겨냥한 와이파이로 조종하는 쿼드콥터 드론인 프렌치패럿 AR^{French Parrot AR}은 2010년에 처음 출시되었다. 쿼드콥터 드론은 곧 조사, 항공 촬영, 농사, 수색과 구조 등의 분야에 널리 쓰였다. 각국 정부는 엄격한 법규를 만들어서 드론의 이용을 제한하는 반응을 보였고, 그런 법규는 경험을 통한 학습을 막아 혁신을 방해한다는 것이 드러났다. 미국에서는 2016년까지도 고도 1,200미터 이상으로, 조종자가 보이지 않는 곳으로, 공항 근처에서, 낮 시간 이외에 드론을 날리는 것을 금지했고, 25킬로그램이 넘는 드론도 금지했다. 신중한 예방 조치처럼 보일지 모르지만, 기업가 존 치점^{John Chisholm}이 주장했듯이 다음과 같은 식의 단순한 규정만으로도 충분히 같은 효과를 낼 수 있었을 것이다. "드론은 안전하게 작동되어야 하고 인명이나 재산에 피해를 끼치지 말아야 한다." 그리고 이 규정을 준수시키는 문제는 일반법에 맡기면 된다. 치점은 그런 자연스러운 방법이 드론 작동 방식에 혁신을 불러일으키고 위험을 감지하고 회피하는 능력을 개선함으로써 결국 드론을 훨씬 더 안전하게 만들 가능성이 높다고 주장한다. 규제가 훨씬 느슨한 중국은 곧 그 산업을 주도하게 되었다. 그 뒤로 미국은 서서히 규제를 완화했지만, 이미 너무 늦었을 수도 있다.

마찬가지로 앞으로 디지털산업에 가해질 규제도 그것이 어떤 쪽으로 무엇을 이루든 간에, 혁신을 질식시킬 것은 거의 확실하다. 유럽연합이 그 점을 보여주는 실험을 이미 수행했기 때문에 알 수 있는 일이다. 2018년 유럽연합은 일반개인정보보호법General Data Protection Regulation, GDPR을 제정했다. 인터넷 콘텐츠 사업자가 사용자의 개인정보를 이용하려면 먼저 사용자에게 허락을 받도록 한 법이다. 이 법은 몇 가지 혜택도 제공했지만, 유럽 내에서 경쟁을 억제함으로써 대기업의 지배력을 더 강화하는 결과를 낳았다. GDPR이 발효된 지 3개월 사이에 애드테크ad-tech 사업자 중 구글의 시장 점유율은 소폭 올라간 반면, 광고 수입에 의지하는 더 작은 기업들의 점유율은 급감했다. 유럽연합 바깥의 많은 작은 기업은 법을 준수하는 데 드는 비용을 감당할 수 없기에 그냥 유럽연합 콘텐츠를 차단했다. 미국 기술기업들은 GDPR을 준수하기 위해 1억 5,000만 달러를 썼고, 마이크로소프트만 해도 기술자 1,600명을 추가로 고용했다. 그러나 더 작은 기업이 지불한 비용은 상대적으로 더 높았다. GDPR이 긍정적인 역할을 한 측면도 있겠지만, 혁신적인 더 작은 기업이 기술 분야의 대기업에 도전하는 것을 막는 진입 장벽도 세워왔을 것이다. 늘 그렇듯이, 규제는 기존 사업자에게 유리하다.

법이 혁신을 질식시킬 때: 지식재산권

지식재산권(특허권과 저작권)은 투자와 혁신을 장려하는 데 필요하다는 이유로 정당화된다. 부동산 재산권을 보면, 사람들은 대개 자기 땅이 아니면 그 위에 집을 짓지 않을 것이다. 따라서 자신이 소유할 수 없다면 약을 발명하거나 책을 쓰는 일도 안 하지 않겠는가? 그 이론에 따라서 그리고 그 이론을 존중하여, 미국을 비롯한 각국 정부는 최근 수십 년 사이에 지식재산권의 범위와 효력을 꾸준히 늘려왔다. 문제는 여러 증거를 살펴보면 지식재산권이 혁신에 도움을 조금 주는 한편으로 혁신을 방해하기도 하며, 전체적으로는 혁신을 꺾는 효과를 일으킨다는 것이 명확하다는 점이다.

저작권의 존속 기한은 20세기 초에 14년에서 28년으로 늘어났다. 1976년에는 저자 사후 50년까지로 더 늘어났다. 1998년에는 사후 70년까지로 늘었다. (따라서 이 책이 잘 팔린다면 내 증손자도 저작료를 받을 수 있다. 가능하겠지?) 또 저작권은 미발표 작품도 포함하도록 확장되었고, 그 권리를 주장해야 한다는 조건도 없었기에 자동적으로 포함된다. 이렇게 늘린 결과로 책이나 영화나 음악 작품의 수가 폭발적으로 증가했다는 증거는 아주 적다. 물론 돈을 벌겠다는 마음도 있겠지만 대부분은 영향을 끼치거나 명성을 얻기 위해서 창작을 한다. 셰익스피어는 저작권 보호를 전혀 받지 못했고, 그의 희곡은 해적판이 난무했지만 그래도 그는 글을 계속 썼다. 오늘날 지식재산권을 보호받지 못하거나 권리가 허술한 분야에서도(예를 들어 음악산업에는 '해적 행위'가 난무한다) 창작자의 열정이 수그러드는 기미는 전혀 없다.

브링크 린제이Brink Lindsey와 스티븐 텔러스Steven Teles는《갇힌 경제The Captured Economy》에서 1999년에 냅스터가 처음으로 많은 이가 서로 파일을 공유할 수 있도록 했을 때, 미국 음악산업의 수익이 급감했음을 보여준다. 1998년에서 2012년 사이에 수익은 75퍼센트가 줄었다. 그러나 1999년 이후로 12년 사이에 새로 출시된 음악 앨범의 수는 두 배로 늘었다. 음악산업에서 온라인 파일 공유는 잠시 분쟁이 벌어진 뒤에, 그 산업을 무너뜨리지 않은 채 자리를 잡았다. 공연자들은 가만히 앉아서 저작료가 굴러들어오기만을 기다리는 대신에 돈을 벌기 위해 다시 공연에 나섰다. 기존 업계는 예술 세계에 등장하는 모든 혁신과 맞서 싸웠다. 음악의 실시간 재생뿐 아니라, 영화의 비디오 녹화도 그랬다.

한편 과학 분야를 보면 대부분의 연구가 납세자의 세금으로 이루어지는데 연구 결과는 고수익을 올리는 세 기업이 장악한 유명한 학술지에 실린다. 고액의 구독료를 지불하지 않으면 볼 수가 없다. 엘스비어, 스프링거, 윌리라는 이 세 기업의 사업 모델은 납세자의 투자로 나온 열매를 도서관을 통한 구독이라는 형태로 납세자에게 되파는 것이다. 윤리적으로 타당한지 여부를 떠나서, 이 방식은 대학에서 나오는 지식의 확산 속도를 대규모로 늦추기 때문에 혁신에 명백히 해롭다.

2019년 유럽연합은 온라인 저작권에 관한 지침을 제안했다. 그중에는 무언가를 온라인에 올리는 것을 허락할지 말지 판단할 권한을, 올리는 사람이 아니라 인터넷 플랫폼에 준다는 내용이 담겨 있었다. 빈트 서프^{Vint Cerf}, 팀 버너스리^{Tim Berners-Lee}, 지미 웨일스^{Jimmy Wales} 등 많은 인터넷 개척자는 그 지침이 잘못되었고, 기존 기술기업을 위해 작은 스타트업에 타격을 주는 결과를 초래할 것이라고 주장했다. "온라인저작권지침 13조는 인터넷을 공유와 혁신을 위한 개방형 플랫폼에서, 자동화한 감시와 이용자 통제를 위한 도구로 전락시키는 유례없는 조치다."

특허 제도의 목적은 발명의 세부 사항을 공개한다면 일정 기간 그 특허로부터 독점 이익을 얻도록 함으로써 혁신을 장려한다는 데 있다. 이를 재산권에 유추하자면('지식재산권'이라는 용어에 드러나 있는 그대로), 정원에 울타리를 치지 않으면 자신이 정원을 돌보지도 가꾸지도 않을 것이라는 말과 같다. 그러나 그 유추에는 결함이 있다. 새 착상을 내놓는 목적은 기본적으로 공유하고 모방하도록 하는 데 있다. 착상은 두 사람 이상이 써도 소진되거나 줄어들지 않지만, 물질적 재산은 그렇지 않다.

2011년 경제학자 알렉스 타바로크^{Alex Tabarrok}는 《혁신 르네상스를 시작하자^{Launching the Innovation Renaissance}》라는 저서에서 미국 특허 제도가 혁신을 부추기기는커녕 혁신을 꺾고 있다고 주장했다. 그는 냅킨에 간단한 그래프를 하나 그렸다. 어느 지점을 넘어서면 세율을 더 올릴수록 세수가 줄어든다는 유명한 래퍼 곡선^{Laffer curve}이 떠오르는 그래프였다. 어느 지점을 넘어서면 특허의 권리가 강해질수록 혁신이 줄어든다는 것이다. 착상을 공유하기 어렵게 만들고, 진입 장벽을 세우기 때문이다. 1984년에 제정된 반도체칩보호법은 미국에서 특허를 늘리는 반면 혁신을 줄이는 결과를 낳았다. 반도체 기업이 사실상 서로 분쟁을 벌일 때 쓸 특허권이라는 '군자금'을 쌓기 시작하는 결과를 빚어냈기 때문이다.

이 책에서 나는 특허 분쟁이 혁신가를 경쟁자와의 분쟁에 빠뜨려서 막심한 피해를 입히는 사례를 다수 이야기했다. 제임스 와트, 새뮤얼 모스, 굴리엘모 마르코니, 라이트 형제 등은 생애의 전성기를 법정에서 지식재산권을 방어하면서 보내야 했다. 그럴 만하다고 수긍이 가는 사례도 있다. 그토록 고된 노력을 해서 결과를 내놓았는데 표절자들이 자신의 창작물로 돈벌이를 하는 꼴을 어찌 두고 보겠는가. 그러나 적어도 일부 영예를 받을 자격이 있는 경쟁자를 향해 헛된 보복을 추구하는 사례도 그에 못지않게 많다. 정부가 개입해서 정리를 한 사례도 있다. 제1차 세계대전이 터지기 전에 프랑스 비행사들이 꽤 큰 발전을 이루고 있는 사이, 미국 비행사들은 소송이라는 진창에 빠졌고, 그 결과 혁신이 중단되었다. 한 세기 뒤에는 경쟁 관계에 있는 제조사들 사이에 '스마트폰 특허 전쟁'이 터졌고, 이 번잡한 법적 절차의 덤불 속에서 빠져나온 것은 사실상 매우 큰 기술기업들뿐이었다.

발명의 내용을 상세히 공개한 보상으로 발명가가 그 발명을 일시적으로 독점하여 이익을 볼 수 있도록 해야 한다는 논리는 그럴듯해 보인다. 그러나 제약산업(여러 해에 걸쳐서 큰 비용이 드는 임상시험을 한 뒤에야 비로소 그 약물을 판매할 허가를 받을 수 있는)처럼 특수한 사례를 제외하면, 그 논리가 들어맞는다는 증거는 약하다. 무엇보다도 특허로 보호를 받지 못하는 분야에서는 혁신이 덜 일어난다는 증거가 전혀 없다. 린제이와 텔러스는 특허를 내지 않아 남들이 마구 베껴서 이용하지만 그럼에도 열정적으로 발명이 이루어지는, 기업에서 일어난 다양한 조직 혁신의 사례를 나열한다. 사업부제 기업, R&D 부서, 백화점, 체인점, 프랜차이즈, 통계적 공정 관리, 적시 생산 재고 관리 등이다. 다음 여러 기술도 마찬가지로 실질적으로 그 어떤 특허도 받지 않았다. 자동 변속기, 파워 스티어링, 볼펜, 셀로판지, 회전 나침반, 제트 엔진, 자기 기록 장치, 안전 면도날, 지퍼가 그렇다. 무언가를 발명하면 선두 주자라는 유리한 입장에 놓이며, 대개는 이미 여기에서 보상을 충분히 얻는다. 영리한 발명가는 세부 내용을 헷갈리게 알려줌으로써 모방자를 헤매게 만들 수 있다. 보슈는 하버가 질소 고정법을 발표할 때 두 번째로 좋은 촉매만 공개하도록 수를 썼다.

또 한 가지 문제는 지리적으로나 역사적으로나 특허가 혁신을 장려하는 데 필요하기는커녕 도움이 된다는 증거도 전혀 없다는 사실이다. 18세기 영국의 시계와 도구 제작자를 예로 들어보자. 이 업계는 유럽 전역에서 부러워하는 품질 좋은 시계뿐 아니라 현미경, 온도계, 기압계 같은 새로우면서도 정밀한 장치를 점점 저렴한 가격으로 제작하면서도 매우 창의적이라는 평가도 받고 있었다. 클락메이커스와 스펙터클메이커스 같은 회사는 역사가 크리스틴 매클라우드^{Christine Macleod}가 '특허의 완강한 반대'라고 부른 견해를 유지했다. 그들은 특허를 도입한 법률을 무효화하기 위해 많은 돈을 썼다. 그들은 특허가 "누가 개발한 기술이든 간에 장인들 사이의 자유로운 교환을 통해 조금씩 개선된 것에 의지하기 마련인데, 그것을 자유롭게 쓰지 못하게 제약한다"는 논리를 폈다.

네덜란드와 스위스도 19세기 후반기까지 특허 제도가 없었지만, 혁신을 부양할 수 있었다. 조시 러너^{Josh Lerner}는 한 세기가 넘는 기간 동안 60개국에서 특허 정책이 강화된 사례 177건을 조사했는데, "그런 정책 변화는 혁신을 자극하지 않았다"라는 결론을 얻었다. 일본에서 이루어진 연구에서도 특허 보호 강화가 연구 예산 증가도 혁신 증가도 일으키지 않는다는 결과가 나왔다. 캐나다의 연구에서도 특허 절차를 잘 활용하는 기업이 혁신을 일으킬 가능성이 결코 더 높지는 않다는 결과가 나왔다.

또 다른 문제는 특허가 명백히 제품 가격을 높인다는 것이다. 특허의 핵심은 이것이다. 혁신가가 보상을 거두는 동안 경쟁을 저지하라. 이는 혁신의 발전과 확산을 늦춘다. 경제학자 조앤 로빈슨Joan Robinson은 이렇게 말했다. "특허 제도의 정당성은 기술 발전의 확산을 늦춤으로써 더 많은 발전의 확산을 보장한다는 데 있다." 그러나 일이 반드시 그런 식으로 전개되지는 않는다. 사실 역사를 보면 특허가 만료된 뒤에 혁신이 분출하는 사례가 가득하다.

마지막으로, 특허는 혁신보다 발명을 선호하는 경향이 있다. 즉 원리를 적용하여 시장에 내놓을 제품을 만드는 과정보다 더 위쪽에 놓이는 그 원리의 발견에 더욱 초점을 맞춘다. 그 결과 이른바 특허 덤불patent thicket이 늘어나는 현상이 나타났다. 특허 덤불이란 그 지적 경관을 헤치고 나아가면서 새로운 제품을 개발하려고 시도하는 사람의 앞길을 가로막는 모호한 지식재산권 울타리를 가리킨다. 이는 생명공학 분야에서 특히 문제를 일으킨다. 혁신가가 자기 연구의 극히 일부분에 필요한 분자를 썼다가 그것 때문에 특허 침해로 고소되는 사례가 종종 나타나기 때문이다. 스타트업은 새로운 분자 경로로 이어지는 실마리를 따라가다가 바로 그 경로에 있는 어떤 분자 하나의 이용에 다른 기업이 이미 모호하게 특허를 냈다는 것을 알아차리고 연구를 접곤 한다. 마이클 헬러Michael Heller는 2010년에 출간한 《소유의 역습 그리드락The Gridlock Economy》에서 이러한 상황을 시장으로 가는 길의 모든 길목에서 요금소와 마주치는 상인에 비유한다. 그런 요금소는 상품 가격을 올리고 사업을 억누른다.

이런 증거가 있음에도 산업(특히 법률산업)은 최근에 특허를 더 엄격하게 보호해야 한다는 주장을 펼쳐서 이겨왔다. 미국 특허청이 한 해에 등록하는 특허의 수는 2013년에 30만 건을 넘어서 1983년 이래로 다섯 배나 증가했다. 그 무렵에 경제 성장률은 떨어지고 있었으니, 특허 증가가 경제 성장에는 별 도움을 주지 않은 듯하다. 놀랍게도 화학과 제약산업을 제외한 다른 분야에서는 지식재산권으로 거두는 수익보다 그 재산권을 둘러싼 소송에 들어가는 돈이 네 배나 더 많다는 연구 결과가 있다. 사실 그런 소송 대부분은 제품을 전혀 만들지 않으면서 남의 특허를 사서 그 특허를 침해한 이들에게 소송을 거는 것을 주력으로 하는 기업들이 제기하고 있다. 이런 '특허 괴물patent troll' 때문에 2011년에만 미국에서 290억 달러의 비용이 소송에 들어갔다. 캐나다의 휴대전화 기업인 블랙베리는 그런 특허 괴물과 법적 분쟁을 벌이면서 엄청난 비용을 써야했다. 최근에는 블랙베리 자신이 특허 괴물처럼 변해서 휴대전화 제조, 휴대전화 광고, '메시지 도착 알림' 같은 으레 쓰는 것들의 지식재산권을 침해했다고 페이스북과 트위터에 소송을 걸었다.

타바로크는 3단계 특허 제도를 제시했다. 특허 존속 기간을 2년, 10년, 20년으로 나누고, 기간이 짧은 특허는 훨씬 더 적은 비용으로 더 쉽게 더 빨리 받게 하자는 것이다. 그는 새로우면서 확실하지 않은 착상을 지닌 사람에게는 그 혁신을 이루는 데 10억 달러가 들든 20달러가 들든 간에 20년짜리 특허를 내주자고 말한다. 그는 특허 제도가 더 정당화될 수 있는 산업 분야가 있다고 인정한다. 제약산업이 가장 명백한 사례다. 어떤 기업이 새 약을 개발하고 시험하고 안전하고 효과가 있음을 증명하는 데 10년 동안 10억 달러를 썼는데, 남들이 복제약으로 떼돈을 번다면 불공정해 보인다.

그러나 이 사례에서도 현재의 특허 제도에 반대하는 논리가 나와 있다. 기술 투자자로 성공한 빌 걸리Bill Gurley는 제약업체가 주로 신제품을 개발하려 애쓰기보다는 독점 제품을 판매하고 지킴으로써 독점 이윤을 올리는 데 치중한다고 주장한다. 제약산업이 실망스럽게도 알츠하이머와 같은 질병에 효과가 있는 신약을 개발하지 못하는 것, 아니 더 나아가 전반적으로 혁신 속도가 떨어지는 것은 지식재산권 제도의 효과를 증언하는 것이라고 보기 어렵다. 걸리는 내게 이렇게 말했다. "우리가 약물 특허가 아예 없는 세상에 산다고 상상해봐요. 그렇다고 해서 아무도 혁신을 일으키지 않으리라고 생각한다면 터무니없겠지요."

종합하자면 특허와 저작권이 혁신에 좋다는 증거는커녕 필요하다는 증거조차도 약하다. 혁신의 '시장 실패'가 지식재산권을 통해 바로잡히기를 기다린다는 징후는 전혀 없는 반면, 특허와 저작권이 혁신을 적극적으로 방해한다는 증거는 충분히 많다. 린제이와 텔러스의 표현을 빌리자면, 지식재산권 소유자는 "IP(지식재산권) 법이 천명한 목적과 정반대로, 혁신과 성장을 상당히 저해한다." 그들은 이렇게 말한다.

IP 보호에서 양의 탈을 벗기면 그것이 늑대를 위한 것임이, 즉 경제 침체의 주된 원천이자 부당한 치부의 도구임이 드러난다.

대기업이 혁신을 질식시킬 때: 먼지봉투 없는 진공청소기

비록 늘 그런 것은 아니라 해도 현대 서양의 경제는 지대 추구 기회의 제공이라는 형태로 혁신에 장벽을 쌓고 또 쌓는 경향을 보인다. 바로 규제를 통해서다. 특허는 그런 사례 중 하나일 뿐이다. 금융의 성장도 그렇다. 재능 있는 이들은 더 생산적인 직업을 기피하고 비교적 덜 생산적이지만 돈을 많이 버는 직업을 택한다. 치밀한 규제와 숨은 보조금 덕분에 경쟁 없이도 보호를 받으면서 투기적인 방식으로 돈을 굴리는 직업 말이다. 직업을 특정한 자격증을 가진 이들에게만 제한하는 직업 면허의 성장은 기업가정신에 따른 파괴적 혁신을 저지하곤 한다. 우리는 중세시대에 종종 상업을 독점하고 질식시키곤 했던 길드를 사실상 재발명하고 있다. 유럽에서는 정부가 주는 면허를 지닌 사람만이 가질 수 있는 직업이 약 5,000종에 달한다. 플로리다에서 인테리어 디자이너는 4년제 대학 과정을 마쳐야 개업을 할 수 있다. 다른 주에서 이미 인테리어 디자이너로 인정을 받았다고 해도 그래야 한다. 어떤 파괴 분자가 플로리다 아파트를 앨라배마 양식으로 꾸미려고 함으로써 공공의 이익을 해칠 위험이 있다고 보는 모양이다! 앨라배마에서 손톱 미용사는 750시간 실습을 받고 시험에 통과해야만 영업을 할 수 있다. 이런 진입 장벽은 기존 업자의 수익을 높이기 위해 고안된다.

1937년 파리의 택시 수는 최대 1만 4,000대였다. 2007년에는 최대 1만 6,000대였다. 그 기간에 택시를 타려는 소비자의 수가 대폭 증가했다는 사실에 아무도 관심을 안 가졌던 것일까? 그게 아니라면, 정부나 택시 회사의 어느 누구도 개의치 않았던 것이다. 우버 같은 외부인이 출현하여 이 자기 만족적인 산업을 뒤흔들고 소비자에게 GPS, 이동 데이터, 평점의 혜택을 제공하면서야 비로소 상황이 바뀌었다. 린제이와 텔러스는 우버에 대한 택시기사들의 저항이 '직업 면허와 혁신 사이의 갈등을 강력하면서 생생하게 보여주는 사례'라고 말한다. 파리와 브뤼셀 같은 도시는 우버를 제한하거나 심지어 금지하는 법을 제정했다.

토지 이용 계획도 혁신을 저해한다. 공급을 제한함으로써 빠르게 성장하는 도시의 주택 가격을 상승시키고, 그리하여 사람들이 혁신적인 지역을 나와 다른 곳으로 이사를 가는 기이한 결과가 빚어진다. 그래서 인터넷 열풍이 불던 1995~2000년에 미국인 10만 명 이상이 실리콘밸리의 중심인 새너제이로 이사한 것이 아니라 오히려 그곳에서 빠져나왔다. 집값이 너무 올라서였다.

유럽 정치제도가 기존 기술 쪽으로 얼마나 기울어져 있는지는 먼지봉투 없는 진공청소기의 신기한 사례가 잘 보여준다. 영국 공학자 제임스 다이슨은 먼지봉투 없이 작동하는 사이클론cyclone 진공청소기를 발명했다. 기존 청소기는 모터가 계속 같은 속도로 돌 때 먼지봉투에 먼지가 가득 차면 빨아들이는 힘이 약해지는 반면, 이 청소기는 흡수력이 약해지지 않았다. 2014년 9월 유럽집행위원회 '생태디자인과 에너지 효율 등급 표시제'를 공표했다. 제조사가 에너지 효율이 더 높은 제품을 만들도록 유도할 목적에서였다. 당연하게도 다이슨의 기업은 청소기 제조업체 최초로 진공청소기 모터의 에너지 소비량을 소비자에게 알리는 에너지 효율 등급 표시라는 개념을 지지하고 나섰다. 사이클론 제품은 먼지가 많이 찼을 때에도 효율이 매우 높았다.

에너지 효율 등급 표시는 전반적인 에너지 효율을 A에서 G까지로 표시한다. 연간 에너지 사용량을 킬로와트로 따져서, A가 효율이 가장 좋고 G가 가장 나쁘다. 또 청소기에서 나오는 바람의 먼지량, 소음 데시벨 수준, 카펫에서 먼지를 빨아들이는 능력, 딱딱한 바닥과 틈새에서 먼지를 빨아들이는 능력도 각각 A부터 G로 표시한다. 그런데 기이하게도 유럽위원회는 그 뒤에 진공청소기를 먼지가 전혀 없는 상태에서 검사해야 한다고 규정했다. 이는 국제표준 기구 중 하나인 국제전기기술위원회의 기준과 들어맞지 않는다. 그 위원회의 표준은 전 세계의 소비자 검사 기관과 제조사가 채택했다. 또 세탁기, 오븐, 식기세척기 같은 다른 가전제품은 텅 빈 상태가 아니라 채운 채 검사를 한다.

유럽위원회는 왜 이렇게 국제표준 방식에서 벗어나는 행동을 했을까? 답은 정보 공개 청구로 얻는 문서를 통해 드러났다. 먼지봉투를 넣는 진공청소기를 만드는 독일의 대기업들이 유럽위원회에 열심히 로비를 했던 것이다. 먼지봉투를 넣는 진공청소기는 먼지가 찰수록 전력 사용량을 더 늘리지 않으면, 성능이 떨어지기 때문이었다. 정실 자본주의의 고전적인 사례다. 혁신 기술보다 기존 기술을 편드는 법규를 만들도록 기업이 로비를 한다.

2013년 다이슨의 기업은 유럽연합 일반법원에 등급 표시제 규정이 잘못되었다고 제소했다. 진공청소기의 성능을 실제 사용 조건에서 시험해야 하며, 그때 진짜 먼지도 접하게 해야 할 것이라고 주장했다. 유럽연합 일반법원은 미적거리다가 2015년 11월에야 판결을 내렸는데, 다이슨의 주장을 기각했다. 먼지를 채우는 시험은 '재현하기'가 쉽지 않으니 시험할 때 채택할 수 없다는 논리를 펴면서였다. 국제 기준에는 먼지가 있어야 한다고 정해져 있음에도 그러했다. 다이슨은 이것이 쓰레기 같은 논리임을 알았다. 연구실과 실제 가정에서 실제 먼지, 보풀, 티끌, 개 비스킷과 좀 기이하지만 두 종류의 시리얼도 포함한 부스러기(최고의 혁신가는 인간의 갖가지 약점에 늘 주의를 기울여야 하는 법이니까)를 써서 늘 자신의 제품을 검사했기 때문이다.

다이슨은 2016년 1월 유럽사법재판소에 항소를 했다. 시간이 흘렀고, 2017년 5월 11일 그는 승리했다. 재판소는 일반법원의 판결이 "사실을 왜곡했고", "자체 법령을 무시했으며", "다이슨의 증거를 무시했고", "근거를 대야 한다는 의무를 지키지 않았다"고 결론지었다. 재판소는 시험할 때 기술적으로 가능한 상황에서는 "실제 사용 조건에 최대한 가까운 조건에서 진공청소기의 에너지 효율을 측정할 수 있는 계산 방법"을 채택해야 한다고 판결했다. 다이슨이 주장한 바로 그대로였다. 재판소는 재심하라고 사건을 일반법원으로 돌려보냈고, 일반법원은 터무니없게도 다시 18개월이나 시간을 끌었다. 2018년 11월에야 비로소 다이슨의 손을 들어주었다. 그러나 그때쯤에는 이미 중국 제조업체들이 다이슨을 따라 하고 있었다.

다이슨의 회사는 이렇게 무의미하게 값비싼 비용을 부담하게 하며 혁신 기술을 지체시킨 행태를 통렬하게 비판했다.

유럽연합의 등급 표시제는 한 특정한 기술을 지독히도 차별했다. 다이슨이 특허를 받은 사이클론 기술이다. 그리하여 집행위원회의 고위 관료들에게 로비를 한 기존의 잘나가는 독일 제조업체들에게 혜택을 주었다. 일부 제조업체는 시험할 때에는 모터 출력을 낮게 유지하다가 기기에 먼지가 찰수록 자동적으로 모터 출력을 높이는 기술을 써서, 즉 더 효율적으로 보이게 함으로써 규제를 적극적으로 이용하기까지 했다. 이 임의조작 소프트웨어defeat software로 그들은 규제의 취지를 우회할 수 있다.

2부 혁신의 전개

이 말에 곧바로 디젤 추문을 떠올릴 독자도 있을 것이다. 앞서 환경론자들은 유럽연합에 디젤 기관을 장려하라고 촉구한 바 있었다. 디젤 기관이 이산화탄소를 덜 배출한다는 이유에서였다. 입자물질과 질소산화물을 더 많이 배출하는데도 말이다. 디젤 기관 부문에서 우위를 점하고 있던 독일 자동차 제조사들도 이때다 싶어 동참했다. 그리고 여러 해가 지난 뒤 '임의조작 소프트웨어' 추문이 터졌다. 미국에서 차량이 배출가스 검사를 통과할 수 있도록 컴퓨터 프로그램을 조작했음이 드러난 것이다.

규제를 이용하는 계략은 기업가적 열정을 억누를 뿐 아니라, 잘못된 방향으로 이끌어서 피해를 입힌다. 경제학자 윌리엄 보멀**William Baumol**은 어떤 정책이 새 물건을 만들어 파는 것이 부자가 되는 최선의 방법이라고 장려하려는 의도로 나온 것이라면 기업가적 열정은 혁신 쪽으로 흐르겠지만, 기존 기술을 비호하는 법규를 제정하도록 정부에 로비를 함으로써 더 수월하게 돈을 벌려는 의도로 나온 것이라면 기업가적 열정은 모조리 로비를 하는 쪽으로 흘러갈 것이라고 주장했다.

유럽연합이 혁신 과정에 전반적으로(의도한 것이 아니라면) 적대적인 태도를 지닌 것이 최근에 유럽 경제의 성장이 느려진 원인일 수도 있다. 기업가의 활동을 방해하는 장벽을 너무 높게 쌓고 있기 때문이다. 유럽연합이 디지털 스타트업의 앞길을 막는 장애물을 죽 설치했기에, 유럽은 느린 차선으로 디지털 혁명을 향해 나아가고 있다. 그래서 중국과 달리 미국의 구글, 페이스북, 아마존 등을 따라잡을 디지털 거인을 전혀 배출하지 못했다.

유럽연합은 리스본 조약 자체에 극단적인 유형의 사전 예방 원칙을 집어넣었다. 유럽집행위원회와 유럽의회 모두 모바일 데이터, 전자담배, 수압 파쇄법, 유전자 변형, 봉투 없는 진공청소기, 가장 최근의 유전자 편집까지 혁신을 단호하게 반대하거나 저지했다. 때로는 압력단체나 기득권을 지닌 기업 로비 단체에서 내놓는 교묘한 논리를 들먹거리기까지 하면서 말이다.

2016년 비즈니스유럽BusinessEurope(유럽사업인연합, 유럽연합 및 비유럽연합 여섯 개 국가 기업의 이해를 대변하는 단체- 옮긴이)은 유럽의 규제가 혁신에 영향을 미친 사례를 길게 나열했다. 그 목록에는 규제가 혁신을 자극한 사례도 두 건 있었다. 폐기물 정책과 지속 가능한 이동성이었다. 그러나 유럽연합의 규제가 법적 불확실성, 다른 법규와의 불일치, 기술 규제 규정, 부담을 늘리는 상품 포장 규정, 높은 법규 준수 비용, 지나친 사전 예방 조치를 도입함으로써 변화를 저해한 사례가 훨씬 더 많았다. 예를 들어 유럽연합의 의료기기지침Medical Devices Directive 때문에 유럽에 도입되는 새 의료 기기는 종류가 훨씬 적을 뿐 아니라, 훨씬 비싸졌다. 새 의료 기기를 당국에 승인 신청할 때부터 환자가 이용 후에 환급을 받기까지 법적 절차를 거치는 데 미국에서는 약 21개월이 걸리는 반면, 독일에서는 70개월이 걸린다는 연구 결과가 있다. 스트라토스Stratos 삽입형 심박동기를 보면, 미국에서는 14개월이 걸렸지만 프랑스에서는 40개월, 이탈리아에서는 70개월이 걸렸다. 프레드리크 에릭손Fredrik Erixon과 비외른 바이겔Björn Weigel은 서양 경제가 "실험의 문화와 아예 결합할 수 없는 사전 예방에 거의 강박증을 띠기에 이르렀다"고 주장한다.

2부 혁신의 전개

투자자가 혁신을 회피할 때: 허가 없는 비트

피터 틸은 처음에 철학을 공부했고, 〈스탠퍼드 리뷰Stanford Review〉를 창간했으며, 그 뒤에 변호사가 되었다가, 벤처투자사를 차렸다. 페이팔을 창업한 뒤, 페이스북의 가능성을 간파하고서 가장 먼저 투자자로 나섰다. 2016년 대통령 선거 전에는 도널드 트럼프의 편에 서면서 세상이 어떻게 굴러갈지를 내다보고 있다는 평판을 굳혔다. 실리콘밸리에서는 눈총을 받았지만 말이다.

2010년대 중반 틸은 이렇게 간파했다. "나는 우리가 비트는 규제하지 않고 원자를 규제하는 세상에 살고 있다고 말하련다." 소프트웨어는 '무허가형 혁신'을 통해 진화하는 반면, 물리적 기술은 대체로 변화를 방해하는 규제에 얽매여 있었다. 틸은 이렇게 덧붙였다. "컴퓨터 소프트웨어 회사를 차리려면 10만 달러면 되겠지만, 신약은 허가가 나오기까지 10억 달러쯤 들 수도 있다." 실제로 그 결과 신약을 개발하겠다는 스타트업은 소수에 불과했다.

신약 개발의 규제를 완전히 철폐하자는 말이 아니다. 그러면 사람의 건강에 온갖 피해를 끼칠 위험이 있다. 어쨌든 페이스북의 초기 좌우명인 "빨리 움직여서 깨뜨려라"는 의료 혁신에 적용하기에는 위험할 것이다. 탈리도마이드thalidomide는 약물을 제대로 시험하지 않을 때 어떤 일이 벌어질 수 있는지를 떠올리게 하는 끔찍한 사례다. 임상시험을 할 때 태아에 미칠 영향을 살펴보지 않았던 것이다. 그러나 그것은 규제가 한 분야가 아니라 다른 분야의 혁신 쪽으로 투자의 방향을 돌리게 할 수 있으며, 정부가 투자자를 어느 분야의 혁신 쪽으로 끌어들이고자 한다면 실험을 가로막는 규제부터 살펴보아야 할 것임을 시사한다.

비트 분야에서 무허가형 혁신은 우연히 이루어지기도 하지만, 계획된 사례도 아주 많다. 적어도 미국에서는 그렇다. 애덤 시어러Adam Thierer는 1990년대 초부터 양쪽 정당의 정책 결정자들이 무허가형 혁신이라는 개념을 인터넷 정책의 토대로 삼기로 합의한 사례를 예로 들었다. 이것이 바로 전자 상거래의 성장을 일으킨 '비법'이었다. 1997년 클린턴 정부는 '세계 전자 상거래의 기본 원칙Framework for Global Electronic Commerce'을 발표했다. 놀라울 만치 자유주의적인 내용이었다. "인터넷의 규제를 받는 산업이 아니라 시장 주도의 분야로서 발전해야 한다", 정부는 "전자 상거래에 부당한 제약을 가하지 말아야" 한다, "정부의 관여나 개입을 최소로 하면서 당사자들이 인터넷에서 상품과 서비스를 거래할 합리적인 협약을 맺을 수 있도록 해야 한다", "정부가 관여해야 할 부분에서는 상거래를 위한 예측 가능하고 최소이면서 일관되고 단순한 법적 환경을 유지하고 집행하는 것을 목표로 해야 한다" 같은 조항이 그렇다. 이 접근법에 힘입어서 그 뒤로 20년 동안 전자 상거래 분야는 폭발적으로 성장했다. 미국이 이 부문에서 가장 앞서나간 것도 바로 그 덕분이다.

사실 미국은 거기에서 더 나아가 1996년에 제정한 전자통신법의 230절에서 인터넷에서 표현의 자유를 누릴 수 있도록 구체적으로 지정했다. 온라인 중개자에게 그 사이트의 콘텐츠에 대한 책임을 묻지 않는다는 내용이었다. 본질적으로 온라인 중개자가 발행인과 다르다고 규정한 것이며, 물론 현재 페이스북과 구글 같은 기술 대기업의 권력과 책임에 대한 우려도 거기서 비롯되었다. 1998년의 디지털밀레니엄저작권법도 512절에서 마찬가지로 온라인 중개자에게 저작권 침해 책임을 묻지 않는다고 규정했다.

보멀의 '비용 질병cost disease'은 혁신 연구 분야의 핵심 개념 중 하나이다. 한 분야의 혁신이 혁신으로 덜 이루어진 다른 분야의 상품이나 서비스의 비용을 증가시킬 수 있다는 경제학자 윌리엄 보멀의 깨달음에 붙여진 용어다. 혁신이 제조업 부문에서 노동 생산성을 높인다면, 경제 전체에 임금이 올라갈 것이고 서비스도 더 비싸질 것이라는 의미다. 1995년 독일에서 평면 텔레비전의 가격은 엉덩관절 수술에 드는 비용과 거의 같았다. 15년 뒤에는 엉덩관절 수술비로 평면 텔레비전 열 대를 살 수 있게 되었다. 경제의 생산성이 전반적으로 증가했기에 외과의의 임금도 올라갔지만, 외과의 자신의 생산성은 설령 증가했다고 해도 그 폭이 그다지 크지 않았다. 따라서 한 부문에서만 혁신을 허용한다면 문제가 될 수 있다.

혁신은 모든 이가 일반적으로는 선호하지만, 개별 사례에서는 누구나 반대할 이유를 가진다. 혁신가는 환영과 격려를 받기는커녕 기득권 세력, 보수적인 경향을 보이는 인간 심리, 반대 운동으로 이익을 보려는 이들, 특허와 규제와 표준과 면허 등으로 세워지는 진입 장벽에 맞서 싸워야 한다.

혁신 기근

우리는 하늘을 나는 자동차를 원했는데,
그 대신 문자 140자(트위터는 처음에 문자를 140자로 제한했다-옮긴이)를 얻었네요.
−피터 틸

혁신은 어떻게 이루어질까

혁신을 이끄는 주성분은 투자하고 실패할 자유다. 족장, 사제, 도둑의 착
취나 제약으로부터의 자유다. 소비자 입장에서는 마음에 드는 혁신에 보
상을 하고 그렇지 않은 혁신을 거부할 자유다. 자유주의자들은 적어도
19세기부터 자유가 번영으로 이어진다고 주장해왔지만, 나는 그들이 그
메커니즘, 즉 둘을 연결하는 구동 체인을 결코 설득력 있게 제시한 적이
없다고 생각한다. 그 구동 체인에서 빠진 고리는 바로 혁신, 즉 무한 불가
능 확률 추진기다.

혁신은 자유의 자식이다. 자유롭게 표현된 인간 욕망을 충족시키기 위
한 자유롭고 창의적인 시도이기 때문이다. 혁신적인 사회는 자유 사회다.
시민이 자유롭게 자신의 소망을 표현하고 그 소망을 충족시킬 방안을 찾

는 사회, 창의적인 이들이 그들의 요구를 충족시킬 방법을 찾기 위해서 자유롭게 실험하는 사회다. 물론 남에게 피해를 끼치지 않는 한에서다. 법조차 필요 없다는 극단적인 자유지상주의적 의미에서의 자유를 말하는 것이 아니다. 그저 명백하게 금지된 것이 아니라면 허용되어야 한다고 가정하는 일반적인 개념을 가리킨다. 우리가 무엇을 하지 말아야 하는지뿐 아니라 무엇을 할 수 있을지까지도 정부가 규정하려고 시도하는 현재 세계에서는 접하기가 놀라울 만큼 드문 현상이긴 하지만 말이다.

혁신을 미리 계획하기가 어려운 이유도 이렇게 자유에 의존한다는 점으로 설명할 수 있다. 인간의 소망도 그것을 충족시킬 수단도 상세한 수준까지 예견하기란 쉽지 않다. 그럼에도 돌이켜볼 때 혁신이 필연적인 양 보이는 이유도 그렇다. 욕망과 충족 사이의 연결고리가 나중에야 드러나기 때문이다. 혁신이 집단적이고 협력적인 사업인 이유도 그렇다. 한 사람은 다른 사람들이 어떤 생각을 하는지 거의 모르기 때문이다. 혁신이 유기적인 이유도 권력을 지닌 누군가가 우리가 원해야 한다고 여기는 것이 아니라, 우리가 자유롭게 떠올리는 진정한 욕망에 반응하기 때문이다. 혁신을 어떻게 일으켜야 하는지 사실상 아무도 모르는 이유도 누군가가 사람들에게 무언가를 원하도록 만들 수가 없기 때문이다.

밝은 미래

나는 결코 예언자가 아니며, 어쨌거나 혁신의 발전을 예측하기는 불가능하다고 주장했다. 미래의 기술과 실행을 생각할 때면 지나치게 낙관적인 시선도 지나치게 비관적 시선 못지않게 갖기 쉽다. 그렇긴 해도 앞으로 수십 년 안에 혁신이 세계를 극적으로 바꿀 수 있다는 점은 거의 확실하다. 그 잠재력은 엄청나지만, 발명자가 겪어야 할 조리돌림과 시련 때문에 불완전하게만 실현될 것이다. 이 부분에서는 다음 세대에 어떤 혁신이 나와서 많은 사람과 이 지구에서 우리와 함께 살아가는 다른 생물을 개선하게 될지를 좀 대담하게 추측해보고자 한다. 이는 우리 자신에게 무엇을 하도록 허용할 것인가와는 좀 다르다.

2050년이면 나는(살아 있다고 할 때) 92세일 것이고, 아마 돌봄을 받아야 하겠지만, 우리는 인공지능이 노인 돌봄의 상당한 비용을 감당하고 있으며, 그 형태도 더욱 인간적이고 효율적으로 바뀐 세상에 살고 있을 것이다. 이미 노인의 건강을 시시각각 관찰하는 원격의료 기기가 나와 있다. 그래서 자녀나 돌보미는 굳이 직접 들르지 않아도 노인이 안전하고 잘 먹고 활동한다는 것을 알 수 있다. 계속 찾아가거나 전화 통화를 하는 것보다 덜 성가시면서, 비상 단추보다 더 인기 있고 더 효과적인 수단임이 드러나고 있다. 그 결과 돌보미의 생산성이 높아진다면, 더 많은 이가 더 낮아진 비용으로 돌봄을 받을 수 있고 돌보미의 임금은 올라갈 것이다. 나를 비롯한 우리 세대는 이전 세대보다 노년에 더 풍부한 즐길 거리를 접하면서 더 편안한 돌봄을 받을 것이라고 기대할 수 있다.

조직에서 노화세포를 제거할 방법을 서서히 밝혀내고 있다는 점을 토대로 일부에서 내놓는 노화 과정 자체를 치료할 수 있게 되리라는 예측이 옳다면, 노인 돌봄에 드는 비용 또한 급감할 수 있다. 또 2050년이면 우리는 오랫동안 기대했던 '질병의 압축compression of morbidity'을 접할 수 있을 것이다. 더 오래 건강하게 살다가 짧게 앓고 죽음을 맞이하는 것이다. 지금까지는 그럴 수 없었다. 심장병 같은 갑자기 찾아오는 살인자를 예방하고 치료하는 쪽으로는 성과를 내고 있지만, 치매 같은 만성질환은커녕 암처럼 서서히 찾아오는 살인자를 예방하거나 치료하는 쪽은 진척이 더디기 때문이다. 그러나 미래에는 노화세포 제거제, 로봇 키홀keyhole 수술, 줄기세포 요법, 유전자 편집 암 치료 등 온갖 가능성을 여는 의료 혁신을 통해서 노년까지 더 건강하게 잘 살 수 있을 것이 확실하다. 인공지능은 더 저렴하고 더 좋은 의료를 받도록 돕고, 의사와 환자가 진정으로 필요하다고 여기는 상담 시간, 즉 에릭 토폴Eric Topol이 '시간의 선물'이라고 말한 것을 제공할 수 있을 것이다.

나는 현재 늘어나고 있는 알레르기와 자가면역질환이 2050년이면 이미 줄어들 것이라고 확신한다. 대체로 우리 면역계가 적응하면서 저항력을 갖추는 데 썼던 기생충이 사라지거나, 우리 창자에 사는 미생물군의 다양성이 부족해진 탓이라는 걸 알아차리면서다. 예전에 기생충과 세균이 제공했던 물질을 투여하거나 미생물군을 이식함으로써, 많은 자가면역질환을 없앨 수 있다. 심지어 자폐증 같은 정신질환에도 아마 도움이 될 수 있을 것이다. 또 치명적인 세균보다 계속 한 발 앞서나가는 새로운 전략을 채택하여 항생제 내성 문제도 해결할 것이 거의 확실하다.

2050년이면 교통 부문에서도 엄청난 개선을 이루었을 것이다. 일상적으로 우주여행을 하지는 않겠지만, 인공지능이 현재 하듯이 길 찾기뿐 아니라 도로와 하늘에서 안전하게 돌아다니도록 도울 것이 확실하다. 또 교통수단도 훨씬 깨끗해질 것이고, 도시의 대기질도 계속 나아질 것이다. 그리고 승차 공유, 도로, 차량의 효율도 더욱 개선될 것이다.

2050년이면 암호화폐를 씀으로써 급속한 인플레이션을 영구히 없애

정부와 돈의 관계도 달라질 수 있다. 또 블록체인을 활용해서 변호사, 회계사, 컨설턴트 등 비용이 많이 드는 일부 중간 상인을 들어낼 수 있을 것이다. 범죄를 저지르기는 훨씬 더 어려워지고 범인을 찾아내기는 훨씬 쉬워질 것이다. 세금은 더 공정해질 것이고, 정부의 지출 낭비는 줄어들 것이다.

2050년이면 '유전자 드라이브gene drive'(이를테면 DNA 서열을 써서 전염병 매개체의 암컷이나 수컷 중 한쪽을 없애는 방식)로 다른 종을 멸종 위기로 몰아넣는 외래 침입종을 요란스럽지 않게 박멸하거나 한 종의 개체수를 줄여서 더 희귀한 종을 도울 수 있으므로, 야생생물 보전 방식을 바꿀 수도 있을 것이다. 유전자 편집으로 도도새와 매머드를 부활시킬 수 있으며, 유전자 편집 작물로 농업 생산성이 높아지고 필요한 경작지 면적이 대폭 줄어들면서 그런 도도새와 매머드 같은 종들에게 새롭고 넓은 국립공원을 마련해줄 수 있을 것이다.

2050년이면 혁신적인 기계뿐 아니라 혁신적인 정책을 통해서 해양 생태계와 우림이 복원될 것이다. 경제의 탈물질화 사례가 보여주듯이, 성장이란 더 적은 자원을 써서 더 많은 혜택을 얻는 것이라는 의미로 점점 바뀌어가고 있다.

2050년에는 혁신 덕분에 이산화탄소를 훨씬 덜 배출하면서, 아니 더 나아가 흡수하면서 있을 법하지 않음과 번영을 추진할 에너지를 충분히 생산할 수 있을 것이다. 이는 아마도 핵융합을 포함한 효율 높은 새로운 모듈형 원자력 발전, 북해 같은 곳에서 대량으로 산소를 포집하는 산업, 가스를 훨씬 더 효율적으로 쓰고 석탄을 덜 쓰는 습관, 해양에서의 플랑크톤 증식과 육지에서의 삼림 복원이 결합된 결과일 것이다.

이 모든(그리고 훨씬 더 많은) 일은 다음 세대의 기업가들이 이룰 혁신에 속할 가능성이 높다. 우리는 그들이 혁신을 이루도록 놔둬야 할까, 아니면 혁신이라는 황금알을 낳는 거위의 목을 비틀어야 할까?

모든 혁신이 가속되는 것은 아니다

혁신이 해마다 가속된다는 말은 좀 상투적이다. 그리고 많은 상투적인 말이 그렇듯이 이 말도 틀렸다. 가속되는 혁신도 분명히 있지만, 느려지는 혁신도 있다. 속도 자체를 생각해보자. 내가 살아온 60여 년 동안 여행의 평균 속도는 거의 또는 전혀 빨라지지 않았다. 1958년에 내가 태어날 당시 비행기는 시속 약 1,000킬로미터, 자동차는 시속 약 110킬로미터로 움직일 수 있었다. 지금과 다를 바 없다. 도로와 공항의 혼잡 때문에 당시보다 지금이 두 지점 사이를 오가는 데 걸리는 시간이 더 늘어나기도 한다. 현대 여객기에는 고바이패스high-bypass 엔진에 덜 기울어진 후퇴익이 장착되어있다. 사실상 1960년대의 보잉 707보다 더 느리게 날도록 설계된 것이다. 이는 연료를 절약하기 위해서다. 유인 항공기의 최고 속도 기록은 1967년 X-15 로켓이 냈는데, 시속 7,274킬로미터였다. 반세기 전에 세워졌는데 아직까지 깨지지 않았다. ('공기 흡입식' 항공기 중에서는 SR-71 블랙버드가 1976년 시속 3,529.6킬로미터로 세계 기록을 세웠는데, 마찬가지로 그 뒤로 깨지지 않았다.) 보잉 747은 운항을 시작한 이래로 50년이 지난 지금도 날고 있다. 유일한 초음속 여객기였던 콩코드는 역사 속으로 사라졌다.

물론 도로도 좋아지고, 차도 더 믿을 만해지고(컵 받침까지 딸려 있다), 충돌 사고도 더 줄어들었으니 속도가 전부는 아니다. 그러나 이 경험을 통신과 컴퓨터의 속도 및 효율의 변화와 비교해보라. 후자는 내가 사는 동안 큰 변화를 보였다. 자동차가 1982년 이래로 컴퓨터만큼 빨리 개선되었다면 4리터로 약 700만 킬로미터를 갈 것이고, 연료통을 가득 채우면 달까지 100번 왕복할 수 있을 것이다.

1950~1960년대의 과학 소설을 읽어보면 이 모든 것이 더욱 놀랍게 다가온다. 그 당시 소설은 교통 기술에 금방 혁신이 일어날 것처럼 묘사한 반면, 컴퓨터는 거의 제대로 파악하지 못하고 있다. 이를테면 미래에 우리가 우주여행, 초음속 항공기, 개인용 자이로콥터를 으레 접한다고 묘사한다. 그러나 인터넷, 소셜 미디어, 이동전화로 영화 보기 같은 내용은 전혀 없다. 최근에 나는 1958년에 실린 '우리 생각보다 가까이 있다'라는 미래를 소재로 한 시사만화를 훑어봤다. 한 컷에는 '로켓 집배원'이 나온다. 그는 개인 제트팩으로 하늘을 날아서 집에 편지를 전달한다.

내 조부모 세대는 내 세대와 정반대 경험을 했다. 교통에는 큰 변화가 일어난 반면 통신에는 거의 변화가 없었다. 자동차도 항공기도 없던 시기에 태어나서 초음속 항공기가 하늘을 날고, 헬리콥터로 전투를 하고, 달에 사람이 가는 것도 보았지만 정보 기술에는 큰 변화를 못 느꼈다. 그들은 전신과 전화가 나온 뒤에 태어났지만, 이동전화와 인터넷이 등장하기 전에 세상을 떠났다. 내 조부모가 돌아가실 무렵, 대서양 건너편에 있는 딸과의 전화 통화는 아주 비싸서 하기가 어려웠고, 대개 교환수에게 예약을 해야 했다. 현재 우리는 앞으로 반세기 동안 컴퓨터의 발전이 세상을 주도할 것이라고 예상하고 있는데, 나는 그 정도까지는 아닐 것 같

2부 혁신의 전개

다는 생각이 든다. 또 나는 2070년경에는 정보 기술의 변화 속도가 느려지고 생명공학의 변화 속도가 가속되고 있다는 글이 나올 것이라고 추측한다.

혁신 기근

일부에서는 우리가 혁신 위기의 시대를 살고 있다고 주장한다. 혁신이 그리 많지 않다는 것이다. 특히 2009년 이래로 서양 세계는 어떤 적절한 속도로 경제를 확장하는 법을 잊은 듯하다. 그사이에 나머지 세계가 뒤를 따라잡고 있다. 특히 아프리카는 앞서 아시아가 20년에 걸쳐서 이룬 폭발적인 성장 속도에 맞먹는 속도로 성장하기 시작했다. 그러나 이는 대부분 따라잡기 성장이다. 즉 서양에서 이미 쓰이는 혁신을 채택함으로써 이루어지는 성장이다.

대조적으로 유럽, 미국, 일본에서는 자기만족과 정체라는 힘이 종종 이기고 있는 듯하다. 프레드리크 에릭손과 비외른 바이겔은《혁신 착각 The Innovation Illusion》에서 현재 자본주의의 실존주의적 과제는 혁신을 내세우지만 실제로는 혁신을 장려하기를 꺼리는 기업과 정부의 타성을 깨는 것이라고 주장했다.

슘페터가 말한 '창조적 파괴의 영원한 강풍'은 지대 추구라는 미풍으로 대체되어 왔다. 대기업이 거대 정부와 편안하게 한 통속이 되어 점점 시장을 지배해나가면서, 기업 경영자주의managerialism는 기업의 활력을 서서히 좀먹고 있다. 경영자는 불확실성을 기피하고, 기업을 점점 더 관료주의적으로 만든다. 타일러 코웬Tyler Cowan과 로버트 고든Robert Gordon 같은 경제학자도 우리가 수세식 화장실이나 자동차 같은 세계를 진정으로 변화시킬 것들을 더는 발명하지 못하고, 대신에 소셜 미디어 같은 사소한 것을 붙들고 점점 더 노닥거리고 있다고 주장했다.

그 질병의 한 증상은 기업이 조 단위의 엄청난 현금 더미를 깔고 앉아 있고, 다국적 기업이 돈을 빌리는 쪽이 아니라 빌려주는 쪽이 되어왔다는 것이다. 혁신에 돈을 투자할 방법을 찾지 못하기 때문이다. 몇몇 대형 제약사는 현재 약을 팔아서 얻는 수익보다 금융 투자로 얻는 수익이 더 많을 수도 있다. 대기업이 돈을 쓴다고 해도, 자사의 특허를 보호하거나 시장 점유율을 지키기 위해서일 때가 많다. 자산이 점점 노후화하고 있음에도 기업은 점점 더 안전을 추구하는 습성에 빠진다. 이는 어느 정도는 직접 연금 펀드와 국부 펀드 등에 소유가 분산되어 있어서 소유와 책임이 괴리된 탓이기도 하다. 그 결과 기업가는 지식재산권, 직업 면허, 정부 보조금으로 진입 장벽을 세워서 이룬 국지적 독점으로 이익을 짜내는 금리 생활자로 변신하는 경향이 있다. 이제 기업 경영자주의라는 나쁜 힘은 시장에서 경쟁하기보다는 시장을 지배하는 것이, 실험하기보다는 기획하는 것이 더 쉽다는 것을 알아차린다. 기업 내에 '준법 감시인compliance officer'이 빠르게 계속 늘어나고 있다는 사실은 이 양상이 어떻게 펼쳐지는지를 잘 보여준다. 법규 준수는 거의 언제나 대기업보다 소기업에 상대적으로 더 부담을 주며, 그래서 기존 시장에 새 착상을 지닌 새 참여자가 진입하는 것을 저지한다. 경제학자 루이지 징갈레스Luigi Zingales는 대개 "탁월한 착상을 내놓고 그것을 구현하기 위해 열심히 노력하는 것보다는, 정부와 끈끈한 관계를 맺는 것이 떼돈을 버는 더 좋은 방법이다"라고 주장한다. 물론 많은 기업이 혁신이라는 말이 들어가는 자리를 만들어서 경영자를 앉히고, 그 단어가 담긴 표어를 채택하는 등 혁신을 도모한다고 여전히 입으로는 떠들고 있지만, 현상 유지에 집착한다는 것을 숨기기 위한 무의미한 헛소리일 때가 많다.

세계화는 이 추세에 도전하기는커녕 이 추세를 더 굳히는 역할을 했을지도 모른다. 다국적 기업은 기업가 정신이 아니라 기획자의 정신을 받아들여왔다. 미국 경제의 활력 저하와 불평등 증가도 아마 이런 요인으로 설명이 가능할 것이다. 미국에서 새 기업이 창업되는 비율은 1980년대 말에는 12퍼센트였는데 2010년에는 8퍼센트로 줄었다. 주요 지수에 이름을 올린 기업이 바뀌는 비율도 상당히 낮아져왔다. 이는 기존 기업이 더 오래 그 자리에 머문다는 의미다. 1996년부터 2014년 사이에 20대가 창업하는 스타트업의 비율은 절반으로 떨어졌다. OECD는 18개국 중 16개국에서 스타트업 창업률이 낮아지고 있다고 발표했다.

유럽은 문제가 더욱 심각하다. 기존 기업을 편드는 법규를 제정하는 경향이 있는 유럽집행위원회의 아늑한 포옹 아래 창조적 파괴는 거의 멈춘 상태다. 유럽에서 가장 시가 총액이 큰 100대 기업 중에서 지난 40년 사이에 창업된 곳은 전혀 없다. 단 한 곳도 없다. 독일의 DAX 30지수에서 1970년 이후에 설립된 기업은 단 두 곳뿐이다. 프랑스의 CAC 40지수에서는 한 곳이 있고, 스웨덴의 상위 50대 기업 중에서는 전혀 없다. 유럽은 구글, 페이스북, 아마존에 도전장을 던질 디지털 거인을 단 한 곳도 배출하지 못했다.

이런 생각의 흐름이 옳다면, 서양 경제가 혁신을 일으키는 능력은 점점 약해져왔다고 볼 수 있다. 소득 증가가 정체되는 듯하고 사회적 이동의 기회가 없어지는 것은 혁신이 너무 많아서가 아니라, 거의 없기 때문이다. 에릭손과 바이겔은 이렇게 기록했다. "우리가 혁신 잔치보다 혁신 기근을 더 두려워해야 한다는 것은 심란한 현실이 아닐 수 없다." 브링크 린제이와 스티븐 텔러스도 이에 동의한다. "창조적 파괴의 기구는 느려지고 있으며, 기업 이익 증가, 창업 감소, 상위 기업의 안정성 대폭 증가가 바로 그렇다는 증거다." 하지만 아마 세계의 다른 지역이 구원자로 등장할 것이다. 유럽이 6세기 전 점점 경화증이 심해지는 중국으로부터 혁신의 배턴을 빼앗은 것처럼, 아마 중국이 그 배턴을 다시 빼앗을지도 모른다.

중국의 혁신 엔진

중국의 혁신 엔진에 불이 붙었다는 데에는 의심의 여지가 거의 없다. 실리콘밸리는 얼마 동안 더 불꽃을 튀기겠지만, 대부분의 지표는 캘리포니아가 앞으로 인재를 끌어들이기 어려울 것이라고 말하고 있다. 그곳에서 일하려면 점점 더 늘어나는 생활비를 감당해야 하고 제약과 규제에 시달리고 세금을 많이 내야 한다. 그보다 텍사스가 더 낫고, 이스라엘, 뉴질랜드, 싱가포르, 호주, 캐나다, 심지어 유럽의 몇몇 지역 특히 런던과 그 배후지도 더 낫다. 그러나 중국이 앞으로 수십 년 사이에 다른 어느 지역보다도 더 큰 규모로 더 빨리 혁신을 주도할 가능성이 높다. 중국의 정치가 권위주의적이고 불관용적임에도 그렇다. 많은 일이 기업가의 윗선에서 이루어지므로 기업가는 공산당의 눈 밖에 나지 않는 한 관료 체제의 온갖 사소한 규정과 절차 지연 문제에 거의 시달리지 않으며, 실험을 자유롭게 할 수 있다. 따라서 처음에는 정치적 자유가 없다는 것이 중요하지 않을 수도 있다. 물론 때가 되면 확실히 문제가 될 테지만 말이다.

중국이 제품과 과정을 모방함으로써 서양을 따라잡으려 하던 영리한 모방자 시절은 지나갔다. 중국은 미래로 도약하고 있다. 고정된 컴퓨터에서 벗어나 이동 기기만으로도 얼마든지 인터넷에 접속하고 있다. 적어도 도시에서 중국 소비자는 더 이상 현금을, 심지어 신용카드도 쓰지 않는다. 모바일 결제가 보편적으로 쓰인다. 텐센트와 알리바바가 주도하는 디지털 화폐도 빠르게 진화하고 있다. 식당에서 더는 메뉴판을 찾거나 가게에서 현금 지급기를 찾아다닐 필요가 거의 없다. QR 코드로 모든 것을 주문하고 결제한다. 이동데이터의 비용은 누구도 상상할 수 없을 만치 빠르게 줄어들어왔다. 5년 사이에 데이터 1기가바이트의 가격은 240위안에서 1위안으로 낮아졌다.

위챗 같은 기업은 소셜 미디어 회사로 시작했지만, 현재 전자 지갑, 택시를 부르고 음식을 주문하는 도구, 공공요금을 지불하는 수단 등 소비자가 원하는 모든 서비스를 제공하고 있다. 서양에서는 다섯 가지 앱이 필요한 일을 중국에서는 하나의 앱으로 할 수 있다. 앤트파이낸셜 같은 기업은 금융 서비스를 재창안하고 있다. 6억 명이 넘는 고객의 돈을 관리할 뿐 아니라 보험 같은 서비스를 모두 하나의 앱으로 수행하고 있다.

중국은 발견과 발명 분야에서도 마찬가지로 혁신적이다. 서양에서는 꿈에서나 가능할 엄청난 기세로 인공지능, 유전자 편집, 원자력과 태양력 등의 분야에 뛰어들고 있다. 일의 진행 속도는 경이롭다. 지난 10년 동안 해마다 1만 1,000킬로미터가 넘는 도로가 새로 깔렸고, 서양에서는 수십 년이 걸렸을 철도망과 지하철망 건설을 한두 해 사이에 끝낸다. 데이터망도 세계 그 어떤 지역보다 더 크고 빠르고 더 포괄적으로 구축되고 있다. 이런 기반시설의 구축 자체는 혁신이 아니지만, 분명히 혁신이 일어나도록 돕는다.

혁신의 속도와 폭이 이렇게 엄청난 이유를 무엇으로 설명해야 할까? 한마디로 업무량이다. 중국 기업가의 일주일은 9 – 9 – 6다. 오전 9시부터 오후 9까지, 6일을 일한다는 뜻이다. 미국인도 세상을 바꾸었을 때에는 그런 식으로 일했다(에디슨은 직원들에게 비인간적인 수준으로 장시간 근무할 것을 요구했다). 독일인도 가장 혁신적인 국민이었을 때 그렇게 했다. 19세기에 영국인도 그러했다. 그 이전에 네덜란드인과 이탈리아인도 그러했다. 실험하고 놀고, 새로운 것을 시험하고, 위험을 무릅쓰면서 몇 시간이든 기꺼이 보내려는 것, 어쩐 일인지 이런 특징은 젊고 새롭게 번영하기 시작한 사회에서 나타나며, 늙고 지친 사회에서는 더 이상 찾아볼 수 없다.

서양은 금융, 과학, 예술, 철학 쪽으로는 여전히 탁월한 새로운 것을 내놓을지 모르지만, 일상생활에 영향을 미치는 제품과 과정을 혁신시키는 일은 느려지고 있다. 관료주의와 미신은 혁신을 시도하는 모든 이의 앞길을 가로막는다. 런던은 주요 공항까지 새 고속도로를 내는 데 30년이 걸린다(아직도 건설되지 않았다). 그사이에 자문가들은 그 길을 놓을 곳에 있는 모든 도롱뇽과 박쥐에게 어떤 일이 일어날지, 소음은 얼마나 날지를 조사하면서 돈을 번다. 브뤼셀 주민은 곤충에게 내성을 띠는 작물을 누군가가 만들려고 시도하는 것 자체가 좋은 생각인지를 놓고 여러 해 동안 심사숙고하는 중이다. 워싱턴은 규제 당국, 변호사, 자문가, 지대 추구자가 기업가 정신을 지닌 기업으로부터 단물을 쪽쪽 빨아먹도록 잔치 마당을 깔아준다. 중앙은행은 암호화폐와 디지털 핀테크를 깔보고 있다. 명나라, 아라비아의 아바시드 왕조, 비잔티움, 인도의 아쇼카왕 시대와 마찬가지로, 이런 성숙한 문명은 혁신의 열정을 잃고 그 일을 다른 문명에 떠넘긴다.

추진력 회복

그러나 세계가 혁신을 중국에 의존한다면, 세상은 불편한 곳이 될 것이다. 중국인은 서양이 오래전에 떨쳐낸 자의적이면서 권위적인 제약을 받고 있다. 민주주의는 존재하지 않고 자유 언론도 불가능하다. 다시 한번 말하련다. 내가 이 책에서 살펴본 혁신 이야기는 혁신이 자유에 깊이 의존한다는 교훈을 전한다. 혁신은 착상이 만나서 짝을 지을 수 있을 때, 실험이 장려될 때, 사람과 상품이 자유롭게 이동할 수 있을 때, 돈이 새로운 개념을 향해 빠르게 흘러갈 수 있을 때, 투자하는 이들이 보상을 도둑맞지 않으리라는 점을 확신할 수 있을 때 일어난다.

서양은 관료주의적 옥죄기가 심해지면서 혁신이 일어나도록 허용해야 한다는 사실을 서서히 잊어가고 있을지 모르지만, 중국은 분명히 정치적 권위주의를 통해 혁신을 질식시킬 것이다. 또 권위주의 체제에서는 설령 용감한 외부자로 시작한 기업조차도 자리를 잡고 나면 혁신을 막는 진입 장벽을 세움으로써 아주 쉽게 기득권 세력이 될 것이다. 그러면 그 뒤에 도전장을 던질 나라는 어디일까?

인도일 수 있다. 현재 생활수준이 중간 수준에 다다랐고, 교육 수준이 높은 인구와 오래전부터 자유 기업과 자생적 질서를 갖춘 드넓은 나라다. 서양과 중국을 뛰어넘고 있다는 징후를 보여주는 지문과 홍채라는 생체계측학적 신원 확인 방법을 이용한 복지 수당 지불과 은행 업무 같은 기술 등에서 알 수 있듯 인도의 혁신은 눈에 띄게 가속되고 있다. 인도 제약산업은 복제약에서 혁신 의학으로 빠르게 옮겨가고 있다.

또는 브라질일 수도 있다. 겨우 10년 사이에 특허 출원 건수가 80퍼센트 증가한 나라다. 또 핀테크, 농업 기술, 앱 분야의 인재가 부러울 만큼 많다. 세계 최대의 압축기 제조사인 엠브라코는 압축기가 전혀 필요 없는 냉장고를 개발하려고 애쓰는 중이다.

나는 누구든 간에 혁신을 계속 이어가기를 바란다. 혁신이 없다면 우리의 생활수준이 정체될 것이고, 그 결과 정치적 분열과 문화적 절망이라는 황폐한 미래를 마주할 것이다. 혁신이 이루어질 때 우리는 더 많은 이가 더 충족된 삶을 살아가고, 경이로운 기술적 성취를 이루는 동시에 지구 생태계에 영향을 덜 끼치면서 건강하고 오래 살아가는 밝은 미래를 접할 수 있다.

나는 이 책에서 살펴본 이야기가 전하는 모든 교훈 중에서 토머스 에디슨의 것이 가장 의미 있다고 생각한다. 많은 이가 전구라는 착상을 떠올렸지만 그 착상을 실용화한 사람은 바로 그였다. 그는 재능이 아니라 실험을 통해서 그 일을 해냈다. 그가 몇몇 기자에게 말했듯이, 재능은 1퍼센트의 영감과 99퍼센트의 땀으로 이루어진다(그는 때로 2퍼센트와 99퍼센트라고 말하기도 했다). 그는 이렇게 덧붙였다. "재능은 열심히 일하는 것, 끈기 있게 달라붙는 것, 상식을 뜻합니다." 앞서 에디슨이 전구의 필라멘트에 적합한 대나무를 찾기 위해 6,000가지 식물 재료를 검사했다고 말했다. 서양의 많은 지역은 영감이 아니라 땀이라는 성분을 잊었거나 금지해왔다. 실험을 되풀이할 수 없어지면서 원자력 발전소가 더 안전하고 더 저렴해지지 못하게 되고, 황금벼가 더 일찍 아이들의 목숨을 구할 수가 없게 되고, 새로운 치료법의 개발이 늦어졌다. 인터넷의 성장과 디지털 통신의 확산은 무수히 실험을 반복한 덕분에 이루어졌다. 우리는 모든 혁신이 의존하는 시행착오라는 단순한 과정을 막지 않으면서 우리를 안전하게 지킬 수 있도록 규제 국가를 개혁할 방법을 어떻게든 찾아야 한다.

혁신은 자유의 자식이자 번영의 부모다. 이익과 손해를 따지자면, 혁신은 아주 좋은 것이다. 혁신을 포기하면 우리는 위험에 처한다. 인간은 다른 모든 종과 달리 자기 종의 복지에 실질적으로 쓰일, 새로우면서 열역학적으로 있을 법하지 않은 구조와 개념을 만들어낸다. 그렇게 인간이 세계의 원자와 전자를 재배치하는 습성을 지니게 되었다는 특이한 사실을 생각할 때면, 나는 늘 경이로움을 느낀다. 또 나는 그 종의 많은 이가 이 재배치가 어떻게 이루어지고 그것이 왜 중요한지에 거의 관심을 갖지 않는다는 사실이 의아스럽다. 그리고 많은 이가 혁신을 장려하기보다는 혁신을 제약할 방법을 더 궁리하고 있다는 사실이 걱정스럽다. 그러나 한편으로는 흥분이 되기도 한다. 앞으로 수백 년, 아니 수천 년 동안 인간이 세계의 원자와 전자를 재배치하여 있을 법하지 않은 구조를 만드는 방식에 실질적으로 아무런 제한이 없다는 사실 때문이다. 미래는 짜릿할 것이며 우리를 그 미래로 데려가는 것은 혁신이라는 불가능 확률 추진기다.

바이러스가
혁신의 가치를 일깨우다

나는 이 책의 최종 원고를 2019년 11월에 탈고했다. 코로나바이러스 19가 세계로 퍼지기 직전이었다. 12월과 1월에 새로운 유형의 바이러스성 '폐렴'이 돈다는 이야기가 몇 차례 중국 밖으로 흘러나오고 있었지만, 세계보건기구는 1월 14일까지도 이 바이러스가 사람 사이에 전파된다는 증거가 전혀 없으며, 큰 위험처럼 보이지 않는다고 주장했다. 2월이 되자 유행병이 통제를 벗어났음이 명확해졌다. 그 뒤에 이어진 이동 제한 조치로 영국에서 이 책의 출판 날짜가 2020년 3월 23일로 미루어졌다. 그래서 이 병이 이 책의 논리에 어떤 의미가 있는지를 살펴보는 후기를 쓸 시간을 얻었다.

이 책을 딱히 의학서라고 보기는 어렵지만, 감염병과 공중보건 분야에서 나온 혁신 사례를 많이 다루고 있다. 천연두, 소아마비, 광견병, 백일해의 백신 이야기, 페니실린 이야기, 말라리아를 막기 위해 살충제를 적신 모기장 이야기, 콜레라 치료에 쓰이는 경구수액요법, 수세식 화장실과 상수 염소 소독 이야기가 그렇다. 그런 이야기를 쓸 때 이 모든 사례가 이제는 위험을 끼치지 않는 과거의 일이라고 느껴졌다. 세계의 더 부유한 나라에 사는 많은 주민을 더 이상 죽일 수 없고 더 가난한 나라에서조차 빠르게 줄어들고 있는 감염병이라는 적에 맞선 장엄한 승리의 이야기라고 말이다. 그러나 그 모든 이야기는 이루 따질 수 없는 혁신의 가치도 보여준다. 또 그 점은 코로나바이러스 사례에서도 마찬가지로 드러날 것이다. 즉, 백신이든 알약이든 격리 의무화 조치든 감염자와 접촉한 이들을 추적하고 찾아내는 소셜 미디어 앱이든 간에 혁신은 이 감염병을 이길 것이다.

고백하자면 나는 세계적 유행병이 이렇게 심각한 영향을 미칠 가능성을 생각해보지 않았다. 어쨌거나 세계적 유행병을 우려하는 목소리가 이따금 터져 나왔지만 아무 일도 일어나지 않았으니까. 에볼라가 1995년에 100만 명을 죽일 것이라는 예측이 있었다. 2003년 사스, 2006년 조류독감, 2009년 돼지독감, 2013년 다시 조류독감, 2014년 다시 에볼라, 2016년 지카. 이 모든 사례에서 전문가들은 수학 모델을 써서 종말론적인 예측을 내놓았다. 그들이 상세히 조사하고 언론이 퍼뜨린 수학 모델에 따르면, 수십만 명, 심지어 수천만 명이 죽을 것이라고 했다. "늑대다!" 매번 그렇게 소리가 울려 퍼졌다. 각 감염병이 유행할 때마다 사람들이 죽었지만, 수백 명이나 수천 명이지 수십만 명은 아니었다. 늑대가 아니었던 것이다. 독감의 최신 형태가 1918년처럼 심각할 것이라는 말을 들었다가 결코 그렇지 않다는 것을 알게 되는 일이 반복되면서 우리는 지쳐갔다. 독감의 유용한 치료제가 될지 모를 타미플루는 창고에 잔뜩 쌓였고, 결국 제약사들은 2009년에 대량 구매를 해달라고 정부에 로비를 했다. HIV는 세계적 유행을 일으킬 수 있음이 드러난, 동물종에게서 전파되었다고 확인된 새로운 바이러스였다. 그 바이러스는 약 2,000만 명의 목숨을 앗아갔지만, 지금은 다행히도 치료가 가능하며 사망 원인 목록에서 순위가 내려가고 있다.

이솝 우화를 보면 정말로 늑대가 니타났을 때에는 "늑대나!"라고 외치는 소년의 말을 아무도 믿지 않았다. 이미 가짜 경보를 너무 자주 울렸기 때문이다. 세계적 유행병이 번질 것이라고 했지만 일어나지 않았던 사례도 모두 가짜 경보였다. 그러나 가짜 경보는 그것만이 아니었다. 나는 인구 폭발, 석유 고갈, 핵겨울, 산성비, 오존 구멍, 살충제, 멸종률, 유전자 변형 작물, 정자 수 감소, 해양 산성화, 특히 밀레니엄 버그millennium bug 등의 과장된 주장이 오고가는 것을 지켜보았다. 주의: 이것들은 진짜 현안이지만 언론에서는 과장된 말이 난무한다. 경쟁적으로 쏟아내는 부당한 경보는 언론인과 정치가에게 피와 살이 된다. 헨리 루이스 멩켄Henry Louis Mencken은 이렇게 말했다. "현실 정치의 전반적인 목표는 대개 상상의 산물인 괴물을 끝없이 들먹거리면서 대중을 계속 경계 상태에 놓는(그리하여 호들갑을 떨게 해서 안전을 도모하게 하는) 것이다." 그런 가짜 경보가 세계를 공황 상태에 빠뜨려서 해결책을 찾도록 한다는 설명도 들어맞지 않는다. 밀레니엄 버그는 이를 대비한 국가뿐 아니라 아무런 대책도 세우지 않은 국가에서도 불발탄이었다.

2020년 코로나바이러스19가 세계적 유행 단계에 들어서기 전까지, 서양 언론은 줄곧 종말론적인 경고를 가득 쏟아냈다. 인류가 처한 가장 큰 위기에 관한 항의와 분노에 찬 하소연이 넘쳤다. 평균 기온이 10년 사이에 영점 몇 도 오를 것이고, 특히 밤에 북쪽 지방에서 겨울에 더 오를 것이며, 이윽고 부정적인 영향이 드러날 것이라고 경고했다. 비록 기후 변화가 대처해야 할 심각하면서 장기적인 문제이긴 해도, 파국이 임박했고 수백만 심지어 수십억 명이 죽을 것이라는 주장이 이미 30여 년 넘게 점점 확대되어왔다. 그러나 실제로 그 기간에 기근, 태풍, 홍수, 가뭄으로 죽는 사람의 수는 급감했다. 그런 과장된 주장을 하는 게 멸종 반란Extinction Rebellion 같은 극단적인 항의 운동 단체만은 아니다. 세계적 유행병을 감시하는 일을 하는 국제기관인 세계보건기구는 2015년에 "기후 변화가 21세기에 세계의 건강에 가장 큰 위협이다"라고 선언했다. 다시 말해, 세계적 유행병보다 더 큰 위협이라는 것이다. 그러다가 진짜 늑대가 나타났다. 무뎌져서 현재 상태에 안주하게 된 우리는 그 말을 믿지 않았다. 처음에는 나도 많은 이처럼 이 코로나바이러스19가 그저 또 다른 종류의 '독감'임이 드러나거나, 곧 독성이 약해져서 독감 비슷한 열병으로 진화할 것이라고 생각했다. 의학 쪽의 내 친구들도 그럴 것이라고 나를 안심시켰다. 그리고 앞서 세계적 유행병이 되리라고 예측되었다가 실현되지 않은 많은 사례를 보면서 나도 안주하게 되었던 것이다.

그러나 감염병의 세계적 대유행이 일어날 수 있다는 것은 분명히 알고 있었다. 2010년 《이성적 낙관주의자》에서 나는 현 세기에 온갖 좋은 일이 일어나겠지만 차질도 빚어질 수 있고 어떤 것도 장담할 수 없다고 썼다. 또 이렇게 덧붙였다. "그러나 독감이 세계적으로 유행해서 21세기가 끔찍한 곳으로 변할 수도 있다." 또 1999년 질병의 미래를 다룬 글에서 새로운 세계적 유행이 일어난다면 그것은 세균도 곰팡이도 동물 기생충도 아니라 바이러스일 것이며, 야생동물에게서 전파될 것이라고 썼다.

우리는 이미 역사적으로 가축으로부터 질병을 얻었기 때문이다(홍역은 아마 소에게서 왔을 것이다). 당시 나는 이렇게 썼다. "나는 박쥐 쪽에 걸겠다." 박쥐는 1,000종이 넘으며, 집단생활을 하는 경향이 강하므로 호흡기 바이러스에 있어 이상적인 숙주다. 우리처럼 박쥐도 큰 무리를 이룬다. 그들은 우리처럼 장거리를 난다. 우리처럼 계속 시끄럽게 기침을 한다. 의사소통을 하고 길을 찾기 위해서다. 인간이 바이러스가 쉽게 전파되고 불어날 수 있는 조건을 계속 조성한다면, 밀려드는 새로운 바이러스 감염병에 우리는 계속 시달리게 될 것이다.

현재 우리는 코로나바이러스19를 일으키는 것이 박쥐가 지닌 여러 코로나바이러스 중 한 종류이며, 종 사이를 뛰어넘기 전에 이미 ACE2라는 수용체를 통해서 사람 세포로 침투할 능력을 갖추고 있었음을 안다(유전자 서열 분석 분야의 혁신 덕분이다). 그 바이러스가 여러 야생생물 종을 한데 모아놓고 식품이나 약재로 파는 비위생적인 '재래시장wet market'을 통해서 증식되어 우리에게 들어왔는지, 아니면 연구소에서 실험하던 중에 탈출했는지, 또는 양쪽 다 기여했는지는 아직 모른다. 그런 누출 사고는 일어나며, 지역 박쥐 동굴을 돌아다니면서 바이러스 채취를 하는 톈쥔화Tian Jun-Hua 같은 과학자가 있는 후베이 질병통제예방센터는 그 감염병이 시작된 듯이 보이는 우한의 재래시장에서 겨우 수백 미터밖에 떨어져 있지 않다.

과학 문헌을 훑어보면, 과거 이미 경고가 나왔음이 명확히 드러난다. 2007년 네 명의 홍콩 과학자는 이렇게 썼다. "관박쥐 집단에 있는 사스코브SARS-CoV 유사 바이러스의 대규모 저장소와 중국 남부의 별난 포유류를 먹는 문화가 결합되면 시한폭탄이 된다." 또 2019년에 그 연구진

중 일부는 이렇게 말했다. "중국 남부의 야생동물 재래시장과 식당에서 살아 있는 박쥐를 거래하는 것처럼 박쥐-동물과 박쥐-사람의 상호작용은 코로나바이러스의 종간 전파에 중요하며, 파괴적인 세계적 대유행을 일으킬 수도 있다."

백신과 진단법 분야의 혁신 소홀

그러나 그런 경고는 무시되었고, 야생동물 재래시장은 계속 번창했으며, 세계는 대비가 되어 있지 않았다. 더욱 큰 문제는 혁신이 가장 필요한 분야를 세계가 소홀히 했다는 것이다. 이를테면 21세기에 백신 개발은 세계보건기구와 각국 정부가 그다지 권장하지 않는 고아 기술이 되는 바람에 시들해졌다. 그런 기관과 정부는 공중보건 예산을 식단이나 기후 변화 문제를 사람들에게 교육하는 데 쓰는 쪽을 선호했다. 민간 부문도 백신 개발을 외면했다. 새 백신을 개발하는 일은 별 수익이 나지 않기 때문이다. 새 유행병에 쓸 백신을 개발했을 즈음이면 그 유행병은 이미 사라졌을 수도 있고, 그렇지 않다면 긴급 상황에서 그 백신을 공짜로 넘기라는 엄청난 압력을 받을 것이기 때문이다. 게다가 백신이 듣는다고 해도, 스타틴statin 같은 물질과 달리 한 사람이 한 번만 맞으면 되므로, 곧 사업을 접게 될 것이다. 2014년 서아프리카 에볼라 유행병의 사례를 보면, 11월에 시험용 백신이 처음 개발되었지만 7개월 사이에 에볼라 유행이 끝나는 바람에 회사는 최신 임상 시험에 필요한 자원자를 찾기조차 어려워졌다. 그런 사례에서 제약사의 곤경에 동정할 이들은 적으며, 그래서 많은 제약사는 아예 백신에 손을 대지 않기로 결심했다.

나는 2장에서 1930년대에 펄 켄드릭과 그레이스 엘더링이 겨우 4년 사이에 백일해의 백신을 개발하는 놀라운 성취를 이루었다고 말했다. 그들은 일과를 마치고 남는 시간에 열심히 연구하고 창의력을 발휘한 끝에 많은 생명을 구했다. 현재 유전자가 무엇으로 이루어져 있고, 면역계가 어떻게 작동하고, 단백질이 어떻게 합성되고, 유전 암호책이 무엇인지 등을 알고 있음에도 (그 두 여성과 달리) 백신을 만드는 데 여러 해가 걸린다는 것을 생각하면 충격적이다. 백신을 만들라는 명령문을 사실상 몸에 주입하는 형태인 전령 RNA 백신처럼 혁신적인 백신 제조 방식이 이번에는 우리를 구원할지 모른다. 그러나 그런 백신은 몇 안 되는 연구실에서 부족한 연구비로 소규모 연구진이 개발해온 것이다.

이 대유행이 일어나기 전인 2019년 인간백신계획Human Vaccines Project의 회장 웨인 코프Wayne Koff는 백신 개발이 "수십 년에 걸쳐 수십억 달러를 쓰면서 성공률이 10퍼센트도 안 되는 비싸고 느리고 고역스러운 과정이다"라고 했다. "백신 자체의 효과뿐 아니라 백신 개발 과정 자체를 개선할 방법을 찾아내는 것이 너무나 절실하다." 한마디로 예전이나 지금이나 혁신이 몹시 필요하다.

바로 이 문제를 해결하기 위해 2017년 감염병대비혁신연합Coalition for Epidemic Preparedness Innovations, CEPI이 설립되었다. 웰컴트러스트, 게이츠재단, 인도와 노르웨이 정부의 지원을 받아서였다. 그러나 사실 누군가(아마도 세계보건기구)가 훨씬 더 일찍 했어야 한다. 2020년까지 CEPI는 새로 출현하는 그 어떤 질병에든 맞추어서 진행할 수 있는 백신 개발 플랫폼을 창안하는 일을 거의 시작도 못 한 상태였다. 2020년 세계적 유행병을 겪게 된 우리의 가장 큰 실패는 백신 분야에서 충분한 혁신을 이루지 못했다는 것이다. 나는 정말로 놀랐다.

이런 실패는 백신 이외의 것에 더 크게 적용된다. 세계적 유행병이 퍼짐에 따라서 각국은 곧 그 바이러스에 맞서는 주된 무기가 진단 검사를 통해서 병에 걸린 사람을 찾아내어 격리하는 것임을 알아차렸다. 한국과 독일 같은 몇몇 국가는 재빨리 민간 부문을 합류시켜서 검사 도구의 개발, 제조, 보급을 기업에 맡겼고, 민간 부문은 시행착오 과정을 거쳐서 효과적이고 효율적인 해결책을 발견했다. 반면에 미국과 영국 같은 나라는 정부가 검사를 계속 독점하려고 했다. 그것이 품질을 유지하는 유일한 방법이라는 핑계를 대면서였다. 애덤스미스연구소의 매튜 레시^{Matthew Lesh}는 애틀랜타에 있는 질병통제예방센터가 처음에 "민간 부문이 자체 검사법을 개발하지 못하게 방해하고 자기 검사법이 신뢰도가 높다고 국가와 자치단체가 착각하게 만들어서 검사를 독점하려고 애썼다"는 조사 결과를 내놓았다. 심한 비판을 받은 뒤, 미국 정부는 정책을 바꾸어서 권한을 분산시키기로 했다. 곧 민간 부문이 빠르게 발전하면서 하루에 수십만 명씩 검사를 할 수 있게 되었다.

애덤스미스연구소는 같은 보고서에서 영국 당국도 모든 시료를 자체 연구실로만 계속 보냈고, "민간 부문의 다양한 도구 개발을 추진하고 신속 승인을 내주기보다는 자체 진단 도구의 개발과 이용"을 택했다고 썼다. 3월 중순에 국가 연구실이 감당할 수 없을 정도로 감염자 수가 치솟자, 영국은 검사를 외부에 위탁하는 대신에 증상이 있어도 병원에 입원하지 않는 한 검사를 하지 않는 쪽을 택했다. 환자보다 중앙집권적 통제와 명령을 우선시한 정말로 기이한 집착 증세였다.

영국 국민보건서비스National Health Service, NHS 내에 제도 바깥에서 나오는 혁신적인 제품을 거부하는 태도가 만연해 있다는 사실은 이미 몇 년 전에 생명과학 분야의 정부 자문가 존 벨John Bell이 지적한 바 있다. 1인당 체외 진단 사업의 시장 규모는 독일의 절반에도 못 미쳤다. 영국 체외진단협회는 이렇게 발표했다. "NHS는 새 IVD(체외 진단) 검사법을 채택하는 문제에서 너무 경직된 태도를 보인다. 대개 여전히 조제약만을 해결책이라고 생각하며, IVD를 제도적으로 채택하여 결과를 개선할 수 있을 것이라는 생각은 하지 않는다." 가슴 통증으로 응급실에 온 환자 중 20퍼센트만 치료가 필요하고 나머지 80퍼센트는 안전하게 집으로 돌려보낼 수 있는데, 그들을 신속하게 분류하여 병상과 의료비를 절약할 수 있는 새 검사법을 영국 기업에서 개발하여 전 세계에 수출하고 있는데도 정작 영국에서는 쓰지 못했다. 2020년에야 당국이 마지못해 허용하여 이 검사법은 지금 영국에서도 고귀한 생명을 구하고 있다.

각국이 세계적 유행병과 씨름하다 보니, '평시'에는 합리적으로 여겼지만 지금은 터무니없어 보이는 발전의 장애물과 맞닥뜨리고 있다. 테라노스(10장 참조)가 보유했던 특허는 진단 검사법의 개발을 막겠다고 위협했다. 그러다가 다행히도 그 특허를 넘겨받은 보유자가 주장을 철회했다. 많은 법규는 안전성을 높이지도 않으면서 그저 발전 속도만 늦추었다. 의료 기기의 안전성을 높이려는 의도로 제정된 법규가 새 진단 검사법을 개발하려는 개발자의 시도조차 막음으로써 발전을 엄청나게 지체시켰다는 사실이 드러났다. 시도했다가 실패한 사람은 얼마간이나마 증거를 남기지만, 혁신 제품을 출시하기가 너무 어려워서 아예 사업을 포기하는 이들은 거의 증거조차 남기지 못한다는 점을 명심하자. 11장에서 말했듯이, 이탈리아에서는 심박동기기의 사용 승인을 받는 데 70일이 걸렸다.

치료법도 마찬가지다. 세균과의 전쟁은 항생제라는 화학적 무기를 써서 어느 정도 승리해왔지만(항생제 내성 문제가 점점 커지고 있긴 하지만), 효과적인 항바이러스제를 발명하는 과정은 훨씬 진척이 느리고 성과도 그다지 없었다. 주로 특정한 바이러스에만 효과가 있는 약이 극소수 나왔을 뿐이다. 이 세계적 대유행이 시작되기 몇 달 전에 나온 한 보고서는 선견지명을 보여주는 결론을 내렸다. "진정한 광범위 항바이러스제가 거의 없기에 바이러스 감염병의 출현에 대비하는 데 큰 빈틈이 나 있다." 이는 바이러스가 대체로 자체 생화학 기구를 전혀 지니고 있지 않아서(그저 숙주의 생화학 기구를 자신의 필요에 맞게 바꿀 뿐이다) 숙주에게 피해를 주지 않으면서 바이러스를 공격할 표적 자체가 거의 없어서다. 또 한 가지 이유는 백신도 그렇지만 세계적 유행병을 멈출 약물도 10년쯤 쓰이면 더 이상 필요가 없어질 수 있으므로, 임상시험을 할 가치가 있다는 게 드러날 때에야 엄청난 투자를 하는 제약사에 수익을 꾸준히 줄 수가 없기 때문이다.

그러나 HIV의 사례가 보여주듯이, 대체로 단백질 가수 분해 효소 억제제 형태라면 항바이러스제도 만들 수 있다. 그런 약은 숙주의 특정한 효소를 써서 세포 안으로 들어가려는 바이러스를 막는다. 세계가 그 문제에 더 많은 시간을 할애했다면 그런 항바이러스제가 얼마나 더 많이 개발되었을지 누가 알겠는가? 아무튼 HIV에 쓰기 위해 개발한 단백질 가수 분해 효소 억제제와 단일 클론 항체, 에볼라를 막기 위해 개발한 RNA 중합 효소 억제제는 제약사에 코로나바이러스 치료제 개발의 출발점이 되어주었다. 우연한 발견의 좋은 사례로서, 후지필름의 항바이러스제인 파비피라비르favipiravir(약품명은 아비간Avigan)는 두 종류 이상의 바이러스를 막을 가능성을 보여주는 소수의 항바이러스제 중 하나다. 후지필름은 2000년대 초에 다른 화학과 의료 부문으로 사업을 다각화함으로써 코닥이 맞이한 운명을 피할 수 있었고, 2008년에 파비피라비르라는 유망한 약물 후보를 지닌 도야마케미컬을 인수했다. 이 약물은 바이러스학자 기미야스 시라기Kimiyasu Shiraki가 헤르페스 치료제를 찾다가 발견했지만, 지금은 인플루엔자를 막을 가능성이 있음을 보여주고 있다. 2014년 기니의 에볼라 환자에게 그 약물을 투여했을 때에는 미미한 효과만 나타났다. 그런데 중국의 코로나바이러스 환자를 대상으로 한 초기 임상시험에서 가능성이 엿보였기에, 후지필름은 치료제 역할을 할 수 있기를 바라면서 그 약물의 대량생산에 들어갔다. 이는 혁신이 어떻게 작동하는지를 보여주는 좋은 사례다. 한 바이러스에 맞서 싸우는 약물이 다른 바이러스에 맞서는 다음 전투로 이어지다가, 이윽고 세계적 유행병에 맞서야 할 순간에 마침 그 자리에 있었다. 공교롭게도 카메라 회사의 손에 들려서 말이다.

여러분이 책을 읽고 있을 무렵이면, 코로나바이러스19에 효과가 있는 치료제가 나왔을지도 모른다. 이는 이 첫 번째 세계적 유행이 백신이 아니라 항바이러스 요법으로 멈출 수도 있음을 시사한다. 현재로서는 어느 쪽이 맞을지 알 방법은 없다. 한 조사 자료는 가능한 후보 물질 30가지를 나열했다. 혁신이 늘 그렇듯이 시행착오를 통해 판가름이 나겠지만, 그 후보 약물 전부가 이 병을 치료하거나 약화시키지 못할 가능성은 낮다. 그 병에 걸린 사람뿐 아니라 걸렸던 사람도 찾아낼 수 있는 효과적인 항체 검사법이 나올 수도 있다. 어떤 식으로든 간에 우리는 이윽고 이 악몽에서 빠져나와 경제활동을 재개할 것이다. 우리는 몇 가지 다행스러운 점까지 고려하여 이 재앙이 그리 지독한 것은 아니었다고 평가할지도 모른다. 예를 들어 코로나바이러스19는 기저 질환을 앓고 있는 노인에게는 매우 위험하지만 아동에게는 큰 해를 끼치지 않는다는 것이 드러났다. 이 점에서 예전에 아동과 노인에게 똑같이 피해를 입힌 독감, 페스트, 천연두 등 대다수의 질병과 전혀 다르다.

디지털 혁신은 격리의 고립감을 줄여준다

이 바이러스가 가져온 한 가지 직접적인 효과는 세계 경제의 활동 중단이었다. 2020년 3월 바이러스가 유럽을 비롯한 여러 대륙으로 퍼지자, 각국 정부는 필수 인력을 제외한 거의 모든 국민에게 집에 머물라고 함으로써, 인구의 이동을 제한하는 힘겨운 결정을 내렸다. 그 충격은 엄청났지만 대다수가 손주에게 화상 통화를 할 수도 없고, 온라인 회의도 불가능하고, 온라인 쇼핑은 거의 존재하지도 않았던 20년 전이었다면 상황이 얼마나 더 나빴을지 생각해보라. 광대역 망 덕분에 이동 제한은 예전보다 훨씬 더 생산적인 것이 되었고, 아마도 많은 이에게 자신의 통신 습관을 되짚어보게 만들었을 것이다.

이런 면에서 이 유행병은 분명히 엄청난 혁신을 분출시켰다. 줌, 팀스, 페이스타임, 스카이프 같은 시스템을 많은 이가 접하며, 처음으로 화상 통화를 하는 인구가 임계 수준을 넘어선 듯하다. 아마 소박한 생각일지 모르지만, 공항을 통과하고 보안 검사를 받고 호텔 정문을 지나는 힘겨운 일을 하지 않고서도 이 책을 출판하는 전 세계의 문학 축제에 참석할 수 있기를 기대한다. 또 집에서 일하는 사람이 훨씬 늘어날 것이고 유행병이 수그러든 뒤에도 그들을 안 좋게 바라보는 시각이 덜할 것이 확실하다. 의사뿐 아니라 많은 전문가를 가상으로 방문할 것이기 때문이다. 이미 몇몇 국가에서는 노동자들이 집에서 일할 권리를 점점 더 많이 요구하고 있다. 원격 회의 혁신이 도움이 되도록 허용한다면, 건강관리, 회계, 법률 부문의 생산성은 정체되는 대신에 가속을 시작할 것이 확실하다. 또 확산되는 무료 데이터 공유는 연구자들을 돕고 과학 논문에 더 쉽게 접근할 수 있게 해왔다. 과학 논문 출판의 과점을 통해 부당 이득을 보는 사업도 이 뒤로는 분명히 달라질 것이다. 부당하게도 오랫동안 우리는 자신이 돈을 대서 나온 연구 결과를 돈을 주고 봐야 했다.

온라인에서 거래하는 쪽을 선호하게 되면서 번화가에서의 거래가 줄어듦에 따라, 현금의 소멸은 아마도 가속되어왔을 것이다. 이동 제한 동안 친구들이 서로를 보기 위해서 발명한 화상 통화 기능으로 저녁 모임을 하는 등의 사회적 사건은 우리가 실제 오프라인 모임으로 돌아가면 다시 사라지겠지만, 부모나 조부모와 멀리 떨어져 사는 이들 사이의 가족 대화는 온라인으로 계속될 것이다.

디지털 혁신은 의학적 용도로도 쓰인다. 스마트폰을 통해 사람들의 이동을 추적하는, 따라서 감염자와 접촉한 사람들을 찾는 능력은 한국 같은 나라에서 널리 쓰였으며, 세계 각지에서 질병을 관리하는 데 핵심적인 역할을 할 것이다. 이 기술은 이미 더욱더 효과적이고 안전하고 신뢰할 수 있는 형태로 발전하고 있다. 한 예로, 스마트폰은 서로 가까이 있을 때 암호화 행태로 의미 없는 메시지를 교환할 것이다. 이 메시지를 이용하면 감염자가 어떤 이들과 접촉했는지 동선을 추적할 수 있다. 따라서 정부나 기술 대기업에 자신의 이름이나 습관을 알리지 않으려면 전화기도 자가 격리를 시켜야 한다는 경각심을 갖게 될 수도 있다. 접촉 추적이 반드시 빅 브라더Big Brother가 지배하는 으스스한 세상으로 나아가는 것은 아니다.

혁신의 돌파구를 찾아서

이런 몇 가지 긍정적인 점을 찾을 수 있긴 해도, 세계적 유행이 끝난 뒤에 복구해야 할 심각한 경제적 피해도 있을 것이다. 경기가 심하게 침체되는 것은 피할 수 없다. 실업률은 서서히 높아질 것이고, 물가가 치솟을 것이며, 많은 이가 부채를 감당할 수 없게 될 것이고, 무역 보호주의가 확산될 것이다. 이런 충격은 분명히 제일 가난한 이들에게 가장 심하게 가해짐으로써 많은 이의 삶을 파탄 낼 것이다. 그리고 바로 거기에 이 책에서 세상이 배워야 할 주된 교훈이 있다. 번영은 혁신에서 나오며, 혁신은 새로운 것을 실험하고 시도할 자유에서 나오고, 자유는 결정을 허용하고 장려하고 재촉하는 분별 있는 규제에 의지한다. 빠른 경제 성장률을 회복하고 빈곤층을 돕는 가장 확실한 방법은 세계적 유행병이 판칠 때 혁신가가 의료 기기와 치료법에 달려들도록 규제 지연과 장애물을 조사하여 치우고, 그런 개혁이 영구히 지속될 수 있는지, 다른 경제 부문에도 적용될 수 있는지를 알아보는 것이다.

이 위기 때 내가 이야기를 나눠본 기업가와 과학자는 하나같이 관료주의적 절차 때문에 불필요하게 일이 지연되는 바람에 좌절을 겪는다고 말했다. 예로 정부가 진단 검사 도구를 구매하는 계약을 하는 데에는 열흘이 걸린다. 특히 공공 부문에서 공무원, 자문가, 법률 검토자가 드러내는 급할 것 없다는 태도는 위기 때 문제로 대두되지만, 평소에도 줄곧 문제라고 여겼어야 마땅하다. 새로운 의료 기구를 승인하는 것이든 새 공항 활주로를 건설하는 것이든 간에, 의사결정 과정은 마비 상태에 이를 만큼 느려져왔으며, 느긋하게 살펴보는 선출되지 않은 '자문가' 집단에게 돈을 주고 자문을 구하라는 요구까지 덧붙여졌다. 자산이 줄어들고 있음을 지켜보면서 혁신 제품을 출시하기 위해 애쓰는 기업가로서는 규제 당국이 '아니오'라고 말하는 것이 아니라, '예'라고 말하기까지 너무 오래 걸린다는 점이 문제가 된다. 바이러스 유행이 지난 뒤 다시 번영을 이루려면, 바뀌어야 한다.

정치인은 더 나아가 인간 노력의 중요한 분야에서 혁신이 거의 이루어지지 않는 상황에 두 번 다시 빠지지 않도록 더 전반적으로 혁신의 유인책을 고민해야 한다. 한 가지 방법은 연구비 지원과 특허에 의지하는 대신에 상을 더 폭넓게 활용하는 것이다. 1714년 해상에서 자신이 어느 경도에 있는지를 30분 이내에 정확히 측정하는 문제를 최초로 해결하는 사람에게 2만 파운드의 상금을 주겠다고 한 유명한 경도상Longitude Prize이 있었다. 많은 항해사와 천문학자들이 해결하려고 달려들었다가 실패한 뒤에 내건 상금이었다. 그 해결책은 예상하지 않았던 방향에서 나왔다. 존 해리슨John Harrison이라는 보잘것없는 시계공이 경도를 정확하게 측정하는 튼튼한 시계를 만들었다. 그런데 당국은 여러 해 동안 상금을 주지 않고 미적거려서 해리슨을 분개하게 만들었다. 현대판 경도상도 있는데, 영국은 항생제의 과다 처방을 막기 위한 현장 진단 장비를 개발하는 사람에게 800만 파운드를 주겠다고 2014년에 내걸었는데, 아직까지 받아간 사람이 없다.

이와 비슷한 우연한 발견은 지금도 일어나고 있다. 개인이나 기업, 기관이 스스로는 도저히 해결하기 어려운 문제의 세부 사항을 온라인에 올려서 대중 참여 방식으로 해결책을 찾는 이노센티브Innocentive라는 온라인 문제 공유 사이트를 조사한 연구진은 "해당 문제와 거리가 먼 전문 분야의 사람들일수록, 그 문제를 해결할 가능성이 더 높다"라는 결과를 얻었다. 존 해리슨과 마찬가지다. 이노센티브에서 190개국의 40만 명이 넘는 이가 문제 해결에 기여해왔으며, 성공적인 해결책을 내놓음으로써 타간 상금이 총 2,000만 달러가 넘는다.

2020년 3월 경제학자 타일러 코웬은 사회적 거리두기, 온라인 예배, 더 수월한 재택 근무 방식, 코로나바이러스19 치료제 분야에서의 혁신에 적절히 보상을 하는 일련의 상을 제정한다고 발표했다. 그는 이런 상이 "누가 돌파구를 이룰 가능성이 높은지 모르고, 과정보다 최종 결과물에 더 가치를 부여하고, 해결책이 시급하고(재능 계발은 너무 느리다), 성공을 비교적 정의하기가 쉽고, 노력과 투자가 제대로 보상을 받을 가능성이 적을 때" 이상적이라고 말한다.

그러나 이 목록은 현재의 세계적 유행병 사례에만이 아니라 인류 노력의 거의 모든 분야에 적용된다. 우리가 상을 더 많이 활용하지 않는 이유가 뭘까? 노벨상을 받은 경제학자 마이클 크레머Michael Kremer는 현안에 맞추어 주는 상금을 혁신 유인책으로 삼는 선진 시장 협약Advance

Market Commitment이라는 개념을 내놓았다. 아무튼 어떤 백신을 발명한 기업이 상금을 탄 뒤에 비용을 감당할 수 없다고 백신 생산을 하지 않기로 결정한다면, 상금 수여가 무의미해질 것이다. 그래서 2007년 게이츠재단은 개발도상국에 쓸 폐렴균 백신을 개발하는 이에게 주겠다고 15억 달러의 상금을 내걸었다. 그 백신은 가난해서 접종 비용을 낼 수 없는 이들에게 주로 쓰일 예정이었기에, 제약사는 그 특허를 계속 지닌다고 해도 그 발명으로 돈을 벌 수 없을 것이다. 그러나 재단은 상금을 한 번에 다 주는 대신에, 백신을 개발하고 생산하는 데 드는 비용을 10년 동안 대주는 계약 방식을 택했다. 제약사는 백신이 팔릴 때마다 받는 상금의 총액이 더 늘어났다. 이 경매 방식으로 1회 접종 비용이 2달러인 양호한 백신 세 종류가 개발되어서 1억 5,000만 명의 아동에게 접종되었고, 70만 명 이상의 목숨을 구했다.

또 정부가 특허를 사서 혁신의 제약을 없애는 방법도 생각해볼 수 있다. 런던 왕립예술협회의 안톤 하우스Anton Howes는 그런 매입이 과거에 좋은 효과를 발휘했다고 주장한다. 프랑스 정부는 1839년 루이 다게르Louis Daguerre의 사진술 특허를 매입하여 모두가 자유롭게 쓸 수 있도록 했다. 그 결과 창의적인 혁신이 분출했다. 최근에는 3D 프린팅 특허가 만료되자 혁신적인 활동이 쏟아졌다. 그 특허를 정부가 매입했더라면 혁신의 분출이 10년 더 일찍 일어났을 수 있다. 1998년 크레머는 특허를 적절한 가격에 매입할 수 있도록 경매를 통해 가치를 평가하는 방법을 고안했다. 정부가 매입할 의향이 있음을 입찰자들에게 알리지 않은 채, 민간 시장에서 여러 특허의 경매가 이루어지는 것을 지켜본다. 경매를 통해 가격이 결정되면 정부가 나서서 구매한다. 정부가 매입하는 사례가 아주 드물게 이루어진다면, 민간 입찰자들이 참여를 지나치게 꺼리는 일이 일어나지 않을 것이다. 하우스는 이렇게 주장한다. "앞으로 코로나바이러스19 같은 세계적 유행병과 맞서 싸우려면, 우리는 어느 특허(항바이러스제, 백신, 환풍기, 기타 위생 장비)를 매입하여 혁신의 병목지점을… 없앨지를 생각해야 할 것이다."

혁신 기근은 대기업, 관료주의적 거대 정부, 새로운 것에 공포증을 보이는 규모 큰 항의 단체의 자기만족적인 태도를 통해 서서히 전개되어 온 듯하다. 나는 이를 한탄하는 익숙하지 않은 비관적인 분위기로 이 책을 마감했다. 몇몇 예외가 있긴 하지만, 이 디지털 세계에서 대체로 혁신 엔진은 털털거리고 있으며, 사회가 필요로 하는 가치 있는 새 상품과 서비스가 그다지 출현하지 못하고 있다. 코로나바이러스19는 강력하게 그 메시지를 전해 왔다. 지금이 혁신이 작동하게 만들 때라고 말이다.

생물의 진화를 다룬 걸작을 쓰는 등 저술가로서도 잘 알려져 있고, 정치인으로도 활약한 저자 매트 리들리는 이 책에서 혁신의 의미를 다각도로 살펴본다. 이 책에는 농경의 시작부터 AI에 이르기까지, 인류가 지금까지 이룬 혁신의 사례들이 무수히 담겨 있다.

저자는 각 혁신이 이루어지기까지의 역사를 상세히 파헤친다. 증기기관, 컴퓨터, 항생제 등 우리는 인류 역사를 바꾼 발명이나 혁신을 이야기할 때면 으레 특정한 사람을 떠올린다. 역사에 기록된 발명가나 혁신가다. 천재적인 능력이나 영감을 지닌 사람이 출현해서 세상을 바꾸었다는 식으로 생각한다.

그러나 이 책에서 저자는 발명이나 혁신이 일어난 역사를 꼼꼼히 살펴보면, 그런 천재적인 인물과 혁신의 관계가 모호해진다는 것을 보여준다. 천재적인 인물보다 앞서 또는 동시에 비슷한 생각을 한 이들이 대개 한두 명도 아니고 여러 명 있었다는 것이다. 동력 비행기도, 인터넷도, 전화도, 전등도 어느 천재가 어느 날 갑자기 관련된 모든 문제를 해결하고서 짠 하고 내놓은 것이 아님을 설득력 있게 보여준다. 모든 발명과 혁신은 그 시대의 산물이자, 이름이 알려지지 않았거나 덜 알려진 다른 수많은 사람의 협력의 결과라는 것이다. 그러니 동시 발명이 아주 흔하며, 발명가나 혁신가가 으레 특허권과 영예를 놓고 분쟁을 벌이는 것도 당연하다고 말한다.

즉 저자는 혁신이 어느 한 개인이 이루는 것이 아니라, 많은 이의 협력의 산물이라고 본다. 발명가와 혁신가로 언급되는 역사적 인물이 없었더라도, 같은 시기에 또는 그보다 조금 늦게라도 분명히 다른 누군가가 그 일을 해냈을 것이라고 말한다. 같은 문제를 해결하고자 애쓰는 이들이 동시대에 많았고, 따라서 그 혁신이 이루어질 여건이 조성되어 있었기 때문이다. 그러면서 저자는 인류가 혁신을 통해 무엇을 얻었고, 역사적으로 무엇이 혁신을 가로막거나 지체시켰는지도 상세히 설명한다. 더 나아가 혁신을 장려하려면 어떻게 해야 하는지도 이야기한다.

혁신에 초점을 맞추다 보니, 이 책에는 독자가 의아하게 여길 사례도 종종 보인다. 논란이 되고 있는 전자담배와 살충제, 유전자 변형 작물 같은 것들이다. 논쟁을 거부하지 않는 당당한 태도를 보이는 저자이기에 일부러 넣은 사례처럼 보이기도 한다. 그런 사례들도 흥미로운 시각을 제공할 수 있다.

한 마디로 인류에게 혁신이 무엇을 의미하는지를 폭넓게 깊이 살펴볼 수 있도록 우리를 안내하는 책이다.

| 참고문헌 |

시작하며 무한 불가능 확률 추진기

- Schumpeter, Joseph. *Capitalism, Socialism and Democracy*. Harper and Row, 1950.
- Adams, Douglas. *The Hitchhiker's Guide to the Galaxy*. Pan Books, 1979.
- Christiansen, Clayton. *The Innovator's Dilemma*. Harvard Business Review Press, 1997.
- Hogan, Susan. '"Home of sliced bread": a small Missouri town champions its greatest thing'. *Washington Post*, 21 February 2018.
- Maddison, Angus. *Phases of Capitalist Development*. Oxford University Press, 1982.
- McCloskey, Deirdre. *The Bourgeois Virtues: Ethics for an Age of Commerce*. University of Chicago Press, 2006.
- McCloskey, Deirdre. 'The great enrichment was built on ideas, not capital'. Foundation for Economic Education, November 2017.
- Mokyr, Joel. *The Gifts of Athena: Historical Origins of the Knowledge Economy*. Princeton University Press, 2002.
- Mokyr, Joel. *A Culture of Growth: The Origins of the Modern Economy*. Princeton University Press, 2016.
- Petty, William. *Treatise on Taxes and Contributions* (pp. 113–14), 1662.
- Phelps, Edmund. *Mass Flourishing: How Grassroots Innovation Created Jobs, Challenge and Change*. Princeton University Press, 2013.
- Strauss, E. *Sir William Petty: Portrait of a Genius*. The Bodley Head, 1954.

1   에너지

- Bailey, Ronald. 'Environmentalists were for fracking before they were against it'. *Reason Magazine*, 5 October 2011.
- Boldrin, Michele, David K. Levine and Alessandro Nuovolari. 'Do patents encourage or hinder innovation? The case of the steam engine'. *The Freeman: Ideas on Liberty*, December 2008, pp. 14–17.
- Cohen, Bernard. *The Nuclear Energy Option*. Springer, 1990.
- Constable, John. 'Energy, entropy and the theory of wealth'. Northumberland and Newcastle Society, 11 February 2016.
- Friedel, Robert and Paul Israel. *Edison's Electric Light*. Johns Hopkins University Press, 1986.
- Jevons, William Stanley. *The Coal Question: An Inquiry Concerning the*

Progress of the Nation and the Probable Exhaustion of Our Coal-Mines. Macmillan, 1865.

- McCullough, David. *The Wright Brothers*. Simon and Schuster, 2015.
- Rolt, L. T. C. *Thomas Newcomen: The Prehistory of the Steam Engine*. David and Charles/Mcdonald, 1963.
- Selgin, George and John Turner. 'Watt, again? Boldrin and Levine still exaggerate the adverse effect of patents on the progress of steam power'. *Review of Law and Economics* 5, 2009: 7–25.
- Smiles, Samuel. *Story of the Life of George Stephenson*. John Murray, 1857.
- Smith, Ken. *Turbinia: The Story of Charles Parsons and His Ocean Greyhound*. Tyne Bridge Publishing, 2009.
- Swallow, John. *Atmospheric Engines*. Lulu Enterprises, 2013.
- Swan, Kenneth R. *Sir Joseph Swan*. Longmans, 1946.
- Triewald, Marten. *Short Description of the Atmospheric Engine*. 1728. (Published in English by W. Heffer and Sons, 1928.)
- Vanek Smith, Stacey. 'How an engineer's desperate experiment created fracking'. National Public Radio, 27 September 2016.
- Weijers, Leen, Chris Wright, Mike Mayerhofer, et al. 'Trends in the North American frac industry: invention through the shale revolution'. Presentation at the Society Petroleum Engineers Hydraulic Fracturing Technology Conference, 5–7 February 2019.
- Zuckerman, Gregory. 'Breakthrough: the accidental discovery that revolutionized American energy'. *Atlantic*, 6 November 2013.

2 공중 보건

- Pylarini, Jacob. 'A new and safe method of communicating the small-pox by inoculation, lately invented and brought into use'. *Philosophical Transactions of the Royal Society* 29:347, 1716.
- Bookchin, Debbie and Jim Schumacher. *The Virus and the Vaccine: Contaminated Vaccines, Deadly Cancers, and Government Neglect*. St. Martin's Press, 2004.
- Brown, Kevin. *Penicillin Man: Alexander Fleming and the Antibiotic Revolution*. The History Press, 2005.
- Carrell, Jennifer Lee. *The Speckled Monster: A Historical Tale of Battling Smallpox*. Penguin Books, 2003.
- Darriet, F., V. Robert, N. Tho Vien and P. Carnevale. *Evaluation of the Efficacy of Permethrin-Impregnated Intact and Perforated Mosquito Nets*

against Vectors of Malaria. World Health Organization Report, 1984

- Epstein, Paul. 'Is global warming harmful to health?' *Scientific American*, August 2000.
- Gething, Peter et al. 'Climate change and the global malaria recession'. *Nature* 465, 2010: 342–5.
- Halpern, David. *Inside the Nudge Unit.* W. H. Allen, 2015.
- MacFarlane, Gwyn. *Alexander Fleming: The Man and the Myth.* Harvard University Press, 1984.
- McGuire, Michael J. *The Chlorine Revolution: Water Disinfection and the Fight to Save Lives.* American Water Works Association, 2013.
- Reiter, Paul. The IPCC and Technical Information. Example: Impacts on Human Health. Evidence to the House of Lords Select Committee on Economic Affairs, 2005.
- Ridley, Matt. 'Britain's vaping revolution: why this healthier alternative to smoking is under threat'. *Sunday Times*, 8 July 2018.
- Shapiro-Shapin, Carolyn. 'Pearl Kendrick, Grace Eldering, and the pertussis vaccine'. *Emerging Infectious Disease* 16, 2010: 1273–8.
- Wortley-Montagu, Lady Mary. [1994.] The Turkish Embassy Letters. Virago.

3 교통

- Davies, Hunter. *George Stephenson: The Remarkable Life of the Founder of the Railways.* Sutton Publishing, 1975.
- Grace's Guide to British Industrial History. 'Bedlington ironworks'. https://www.gracesguide.co.uk/Bedlington_Ironworks.
- Harris, Don. 'Improving aircraft safety'. *The Psychologist* 27, 2014: 90–95.
- Khan, Jibran. 'Herb Kelleher's Southwest Airlines showed the value of playing fair'. *National Review*, 10 January 2019.
- McCullough, David. *The Wright Brothers.* Simon and Schuster, 2015.
- Nahum, Andrew. *Frank Whittle: The Invention of the Jet.* Icon Books, 2004.
- Parissien, Steven. *The Life of the Automobile: A New History of the Motor Car.* Atlantic Books, 2014.
- Smil, Vaclav. *Prime Movers of Globalization: The History and Impact of Diesel Engines and Gas Turbines.* MIT Press, 2013.
- Smiles, Samuel. *The Life of George Stephenson and His Son Robert.* John Murray, 1857.
- Smith, Edgar. *A Short history of Naval and Marine Engineering* Cambridge

University Press, 1938.

- Wolmar, Christian. *Fire and Steam: How the Railways Transformed Britain*. Atlantic Books, 2007.

4 식량

- Reader, John. *Potato: A History of the Propitious Esculent*. Yale University Press, 2009.
- Balmford, Andrew et al. 'The environmental costs and benefits of high-yield farming'. *Nature Sustainability* 1, 2018: 477–85.
- Brooks, Graham. 'UK plant genetics: a regulatory environment to maximise advantage to the UK economy post Brexit'. Agricultural Biotechnology Council briefing paper, 2018.
- Cavanagh, Amanda. 'Reclaiming lost calories: tweaking photosynthesis boosts crop yield'. *The Conversation*, January 2019.
- Dent, David. *Fixed on Nitrogen: A Scientist's Short Story*. ADG Publishing, 2019.
- Doudna, Jennifer. *A Crack in Creation*. Houghton Mifflin, 2017.
- Ghislain, Marc et al. 'Stacking three late blight resistance genes from wild species directly into African highland potato varieties confers complete field resistance to local blight races'. *Plant Biotechnology Journal*, 17, 2018: 1119–29.
- Hager, Thomas. *The Alchemy of Air: A Jewish Genius, a Doomed Tycoon, and the Scientific Discovery That Fed the World But Fueled the Rise of Hitler*. Crown, 2008.
- Lander, Eric. 'The heroes of CRISPR'. *Cell* 164(1), January 2016: 18–28.
- Lumpkin, Thomas. 'How a Gene from Japan Revolutionized the World of Wheat: CIMMYT's Quest for Combining Genes to Mitigate Threats to Global Food Security', in Y. Ogihara, S. Takumi and H. Handa (eds). *Advances in Wheat Genetics: From Genome to Field*. Springer, 2015.
- Martin-Laffon, Jacqueline, Marcel Kuntz and Agnes Ricroch. 'Worldwide CRISPR patent landscape shows strong geographical biases'. *Nature Biotechnology* 37, 2019: 613–20.
- Pappas, Stephanie. 'Irish potato blight originated in South America'. *Live Science*, 3 January 2017.
- Reader, John. *Potato: A History of the Propitious Esculent*. Yale University Press, 2009.
- Romeis, Jorg et al. 'Genetically engineered crops help support conservation

biological control'. *Biological Control* 130, 2019: 136–54.

- Van Montagu, Marc. 'It is a long way to GM agriculture'. *Annual Reviews of Plant Biology* 62, 2011: 1–23.
- Vietmeyer, Noel. *Our Daily Bread: The Essential Norman Borlaug*. Bracing Books, 2011.
- Vogel, Orville. 'Dwarf wheats'. Speech to the Pacific Northwest Historical Society, 1977.
- Woodham-Smith, Cecil. *The Great Hunger: Ireland 1845–1849*. Harper and Row, 1962.

5 생활의 혁신

- Kaplan, Robert. *The Nothing That Is: A Natural History of Zero*. Oxford University Press, 1999.
- Devlin, Keith. *The Man of Numbers: Fibonacci's Arithmetic Revolution* (Kindle Locations 840–841). Bloomsbury (Kindle edn).
- Guedes, Pedro. 'Iron in Building: 1750–1855 – Innovation and Cultural Resistance'. PhD thesis, University of Queensland, 2010.
- Gurley, Bill. 'Money out of nowhere: how internet marketplaces unlock economic wealth'. abovethecrowd.com, 27 February 2019.
- Kaplan, Robert. *The Nothing That Is: A Natural History of Zero*. Oxford University Press, 1999.
- Levinson, Marc. *The Box*. Princeton University Press, 2006.
- McNichol, Ian. *Joseph Bramah: A Century of Invention 1749–1851*. David and Charles, 1968.
- Nebb, Adam. 'Why did it take until the 1970s for wheeled luggage to appear when patent applications were being filed in the 1940s?' *South China Morning Post*, 29 June 2017.
- Ospina, Daniel. 'How the best restaurants in the world balance innovation and consistency'. *Harvard Business Review*, January 2018.
- Petruzzelli, Antonio and Tommaso Savino. 'Search, recombination, and innovation: lessons from haute cuisine'. *Long Range Planning* 47, 2014: 224–38.
- Sharky, Joe. 'Reinventing the suitcase by adding the wheel'. *The New York Times*, 4 October 2010.
- Spool, Jared. 'The $300 million button'. uie.com, January 2009.

6 통신과 컴퓨터

- *The Economist*. After Moore's Law. *Technology Quarterly*, 12 March 2016.
- Bail, Christopher. 'Exposure to opposing views on social media can increase political polarization'. *PNAS* 115, 2018: 9216–21.
- Handy, Jim. 'How many transistors have ever shipped?' *Forbes*, 26 May 2014.
- Isaacson, Walter. *The Innovators: How a Group of Hackers, Geniuses, and Geeks Created the Digital Revolution*. Simon and Schuster, 2014.
- Johnson, Steven. *Where Good Ideas Come From: The Natural History of Innovation*. Riverhead Books, 2010.
- Morris, Betsy. 'A Silicon Valley apostate launches "An inconvenient truth" for tech. *Wall Street Journal*, 23 April 2019.
- Newbolt, Henry. *My World As in My Time*. Faber and Faber, 1932.
- Pariser, Eli. *The Filter Bubble*. Penguin Books, 2011.
- Pettegree, Andrew. *Brand Luther*. Penguin Books, 2015.
- Raboy, Marc. *Marconi: The Man Who Networked the World*. Oxford University Press, 2016.
- Ribeiro, Marco, Sameer Singh and Carlos Guestrin. '"Why should I trust you?" Explaining the Predictions of Any Classifier'. Proceedings of the 22nd ACM SIGKDD International Conference on Knowledge Discovery and Data Mining 2016, pp. 1135–44.
- Silverman, Kenneth. *Lightning Man: The Accursed Life of Samuel F. B. Morse*. Knopf Doubleday, 2003.
- Slawski, Bill. 'Just what was the First Search Engine?' seobythesea.com, 2 May 2006.
- Thackray, Arnold. *Moore's Law: The Life of Gordon Moore, Silicon Valley's Quiet Revolutionary*. Basic Books, 2015.
- *The Economist*. After Moore's Law. *Technology Quarterly*, 3 December 2016.

7 선사시대의 혁신

- Haldane, J.B.S. 'Daedalus, or science of the future'. Lecture to the Heretics Society, Cambridge, 4 February 1923.
- Bettinger, R., P. Richerson and R. Boyd. 'Constraints on the development of agriculture'. *Current Anthropology* 50, 2009: 627–31.
- Botigue, Laura R., Shiya Song, Amelie Scheu, et al. 'Ancient European dog genomes reveal continuity since the early Neolithic'. *Nature*

Communications 8(16082), 2017.

- Brown, K. S. et al. 'An early and enduring advanced technology originating 71,000 years ago in South Africa'. *Nature* 491, 2012: 590–93.
- Finkel, Meir and Ran Barkai. 'The Acheulean handaxe technological persistence: a case of preferred cultural conservatism?' *Proceedings of the Prehistoric Society* 84, 2018: 1–19.
- Gerhart, L. M. and J. K. Ward 'Plant responses to low [CO2] of the past'. *New Phytologist* 188, 2010: 674–95.
- Gowlett, J. A. J. 2016. 'The discovery of fire by humans: a long and convoluted process'. *Philosophical Transactions of the Royal Society* B 371:1696, 2016.
- Henrich, J. 'Demography and cultural evolution: how adaptive cultural processes can produce maladaptive losses: the Tasmanian case. *American Antiquity* 69, 2004: 197–214.
- Lane, Nick. *The Vital Question: Why is Life the Way It Is?* Profile Books, 2015.
- Lovelock, James. *Novacene: The Coming Age of Hyperintelligence*. Penguin Books, 2019.
- Mahowald, N., K. E. Kohfeld, M. Hanson, et al. 'Dust sources and deposition during the last glacial maximum and current climate: a comparison of model results with paleodata from ice cores and marine sediments'. *Journal of Geophysical Research* 104, 1999:15,895–15,916.
- Marean, C. 'The transition to foraging for dense and predictable resources and its impact on the evolution of modern humans'. *Philosophical Transactions of the Royal Society* B 371(1698), 2016.
- McBrearty, S. and A. S. Brooks. 'The revolution that wasn't: a new interpretation of the origin of modern human behavior. *Journal of Human Evolution* 39, 2000: 453–563.
- Rehfeld, K., T. Munch, S. L. Ho and T. Laepple. 'Global patterns of declining temperature variability from Last Glacial Maximum to Holocene'. *Nature* 554, 2018: 356–9.
- Tishkoff, Sarah A., Floyd A. Reed, Alessia Ranciaro, et al. 'Convergent adaptation of human lactase persistence in Africa and Europe'. *Nature Genetics* 39, 2007: 31–40.
- Wrangham, Richard. *Catching Fire*. Profile Books, 2009.
- Wrangham, Richard. *The Goodness Paradox*. Profile Books, 2019.

8 혁신의 본질

- Jefferson, Thomas. Letter to Joseph Willard, 24 March 1789.
- Arthur, Brian. *The Nature of Technology: What It is and How It Evolves*. Allen Lane, 2009.
- Benjamin, Park. *The Age of Electricity: From Amber-Soul to Telephone*. Scribner, 1886.
- Brooks, Rodney. 'The seven deadly sins of AI predictions'. *MIT Technology Review*. 6 October 2017.
- Brynjolfson, Erik and Andrew McAfee. *The Second Machine Age: Work, Progress and Prosperity in a Time of Brilliant Technology*. Norton, 2014.
- DNA Legal. 'Profile: Sir Alec Jeffreys – the pioneer of DNA testing'. dnalegal.com, 15 January 2015.
- Dodgson, Mark and David Gann. *Innovation: A Very Short Introduction*. Oxford University Press, 2010.
- Grier, Peter. 'Really portable telephones: costly but coming?' *Christian Science Monitor*, 15 April 1981.
- Hammock, Rex. 'So what exactly did Paul Saffo say and when did he say it?'. Rexblog, 15 June 2007.
- Harford, Tim. *Fifty Things That Made the Modern Economy*. Little, Brown, 2017.
- Harford, Tim. 'What we get wrong about technology'. *Financial Times* magazine, 8 July 2017.
- Juma, Calestous. *Innovation and Its Enemies: Why People Resist New Technologies*. Oxford University Press, 2016.
- Kealey, Terence and Martin Ricketts. Modelling the industrial revolution using a contribution good model of technical change (unpublished).
- Krugman, Paul. 'Why most economists' predictions are wrong'. *Red Herring* Online. 10 June 1998.
- McAfee, Andrew. *More from Less: The Surprising Story of How We Learned to Prosper Using Fewer Resources and What Happens Next*. Simon and Schuster, 2019.
- Ridley, Matt. *The Evolution of Everything*. HarperCollins, 2015.
- Ridley, Matt. 'Amara's Law'. *The Times*, available at Mattridley.co.uk, 12 November 2017.
- Schumpeter, Joseph. *Capitalism, Socialism and Democracy*. Harper and Row, 1950.
- Wagner, Andreas. *Life Finds a Way*. OneWorld, 2019.
- *Wall Street Journal*. 'Germany's dirty green cars'. 23 April 2019 (editorial).

- Wasserman, Edward. 'Dick Fosbury's famous flop was actually a great success'. *Psychology Today*, 19 October 2018.
- Wasserman, Edward. A., and Patrick Cullen. 'Evolution of the violin: the law of effect in action'. *Journal of Experimental Psychology: Animal Learning and Cognition*, 42, 2016: 116–22.
- West, Geoffrey. *Scale: The Universal Laws of Life and Death in Organisms, Cities and Companies*. Weidenfeld and Nicolson, 2017.
- Williams, Gareth. *Unravelling the Double Helix: The Lost Heroes of DNA*. Weidenfeld and Nicolson, 2019.

9 혁신의 경제학

- Steinbeck, John. Interview with Robert van Gelder (April 1947), as quoted in *John Steinbeck: A Biography* by Jay Parini. William Heineman, 1994.
- Autor, David. 'Why are there still so many jobs? The history and future of workplace automation'. *Journal of Economic Perspectives* 29, 2015: 3–30.
- Bush, Vannevar. 'Science: the endless frontier'. US Government, 1945.
- Edgerton, David. 'The "Linear Model" Did Not Exist. Reflections on the History and Historiography of Science', in *The Science–Industry Nexus: History, Policy, Implications* (eds. Karl Grandin and Nina Wormbs). Watson, 2004.
- Hopper, Lydia and Andrew Torrance. 'User innovation: a novel framework for studying innovation within a non-human context. *Animal Cognition* 22(6), 2019: 1185–90.
- Huston, Larry and Nabil Sakkab. 'Connect and develop: inside Procter & Gamble's new model for innovation'. *Harvard Business Review*, March 2006.
- Isaacson, Walter. *The Innovators*. Simon and Schuster, 2014.
- Jewkes, John. *The Sources of Invention*. Macmillan, 1958.
- Kealey, Terence. 'The case against public science'. *Cato Unbound*, 5 August 2013.
- Keynes, John Maynard. *Economic Possibilities for Our Grandchildren* (1930), in *Essays in Persuasion*. Norton, 1963.
- Loris, Nicholas. 'Banning the incandescent light bulb'. Heritage Foundation, 23 August 2010.
- Mazzucato, Mariana. *The Entrepreneurial State*. Anthem Press, 2013.
- Mingardi, Alberto. 'A critique of Mazzucato's entrepreneurial state'. *Cato Journal* 35, 2015: 603–25.

- Ozkan, Nesli. 'An example of open innovation: P&G'. *Procedia – Social and Behavioral Sciences* 195, 2015: 1496–1502.
- Runciman, W. Garry. *Very Different, But Much the Same: The Evolution of English Society since 1714*. Oxford University Press, 2015.
- Shackleton, J. R. 'Robocalypse now?' Institute of Economic Affairs, 2018.
- Shute, Neville. *Slide Rule: An Autobiography*. House of Stratus, 1954.
- Steinbeck, John. 'Interview with Robert van Gelder'. *Cosmopolitan* 18, 1947: 123–5.
- Sutherland, Rory. 'Why governments should spend big on tech'. *The Spectator*, 6 July 2019.
- Thackeray, William Makepeace. *Ballads and Verses and Miscellaneous Contributions to 'Punch'*. Macmillan, 1904.
- von Hippel, Eric. *Free Innovation*. MIT Press, 2017.
- Warsh, David. *Knowledge and the Wealth of Nations: A Story of Economic Discovery*. W. W. Norton & Company, 2006.
- Worstall, Tim. 'Is there really a "problem" with robots taking our jobs?' CapX.com, 1 July 2019.

10 가짜 혁신

- Bezos, Jeff. Speaking at the Amazon re:MARS conference, Las Vegas, June 2019.
- Alvino, Nicole. 'Theranos: when a culture of growth becomes a culture of scam'. Entrepreneur.com, 22 May 2019.
- Carreyrou, John. *Bad Blood: Secrets and Lies in a Silicon Valley Startup*. Pan Macmillan, 2018.
- Dennis, Gareth. 'Don't believe the hype about hyperloop'. *Railway Gazette*, 14 March 2018.
- Rowan, David. *Non-Bullshit Innovation*. Bantam Press, 2019.
- Stern, Jeffrey. 'The $80 million fake bomb-detector scam – and the people behind it'. *Vanity Fair*, 24 June 2015.
- Stone, Brad. *The Everything Store: Jeff Bezos and the Age of Amazon*. Little, Brown, 2013.
- Troianovski, Anton and Sven Grundberg. 'Nokia's bad call on smartphones'. *Wall Street Journal*, 11 July 2012.

11 혁신과 저항

- Petty, William. *Treatise on Taxes and Contributions*(pp. 113–14), 1662.
- Behrens, Dave. 'The Tabarrok Curve: a call for patent reform in the US'. *The Economics Review at NYU*, 13 March 2018.
- Cerf, Vint, Tim Berners-Lee, Anriette Esterhuysen, et al. 'Article 13 of the EU Copyright Directive threatens the internet'. Letter to Antonio Tajani MEP, President of the European Parliament, 12 June 2018.
- Chisholm, John. 'Drones, dangerous animals and peeping Toms: impact of imposed vs. organic regulation on entrepreneurship, innovation and economic growth'. *International Journal of Entrepreneurship and Small Business* 35, 2018: 428–51.
- Dumitriu, Sam. 'Regulation risks making Big Tech bigger'. CapX.com, 27 November 2018.
- Erixon, Fredrik and Bjorn Weigel. *The Innovation Illusion: How So Little is Created by So Many Working So Hard*. Yale University Press, 2016.
- Hazlett, Tom. *The Political Spectrum: The Tumultuous Liberation of Wireless Technology, from Herbert Hoover to the Smartphone*. Yale University Press, 2017.
- Hazlett, Tom. 'We could have had cellphones four decades earlier'. *Reason Magazine*, July 2017.
- Heller, Michael. *The Gridlock Economy: How Too Much Ownership Wrecks Markets, Stops Innovation, and Costs Lives*. Basic Books, 2008.
- Juma, Calestous. *Innovation and Its Enemies: Why People Resist New Technologies*. Oxford University Press, 2016.
- Lindsey, Brink and Steve Teles. *The Captured Economy*. Oxford University Press, 2017.
- Lynas, Mark. *Seeds of Science: Why We Got It So Wrong on GMOs*. Bloomsbury, 2018.
- Mcleod, Christine. *Inventing the Industrial Revolution: The English Patent System 1660–1800*. Cambridge University Press, 1988.
- Paarlberg, Robert. 2014. 'A dubious success: the NGO campaign against GMOs'. *GM Crops & Food* 5(3), 2014: 223–8.
- Porterfield, Andrew. 'Far more toxic than glyphosate: copper sulfate, used by organic and conventional farmers, cruises to European reauthorization'. Genetic Literacy Project, 20 March 2018.
- Tabarrok, Alex. *Launching the Innovation Renaissance*. TED Books, 2011.
- Thierer, Adam. *Permissionless Innovation: The Continuing Case for Comprehensive Technological Freedom*. Mercatus Center, George Mason

University, 2016.

- Thierer, Adam. *Permissionless Innovation and Public Policy: A 10-Point Blueprint*. Mercatus Center, George Mason University, 2016.
- Zaruk, David. 'Christopher Portier – well-paid activist scientist at center of the ban-glyphosate movement'. Genetic Literacy Project, 17 October 2017.

12 혁신 기근

- Thiel, Peter. Speaking at the Yale School of Management, 27 April 2013.
- Erixon, Fredrik and Bjorn Weigel. *The Innovation Illusion: How So Little is Created by So Many Working So Hard*. Yale University Press, 2016.
- Lindsey, Brink and Steve Teles. *The Captured Economy*. Oxford University Press, 2017.
- Topol, Eric. *Deep Medicine: How Artificial Intelligence Can Make Healthcare Human Again*. Basic Books, 2019.
- Torchinsky, Jason. 'Here's how fast cars would be if they advanced at the pace of computers'. Jalopnik.com, 2 March 2017.

혁신은 어떻게 탄생하고, 작동하고, 성공하는가

혁신에 대한 모든 것

1판 1쇄 발행 2023년 4월 27일
1판 2쇄 발행 2023년 5월 10일

지은이 매트 리들리
옮긴이 이한음
펴낸이 고병욱

기획편집실장 윤현주 **책임편집** 조은서 **기획편집** 장지연 유나경
마케팅 이일권 김도연 함석영 김재욱 복다은 임지현
디자인 공희 진미나 백은주
제작 김기창 **관리** 주동은 **총무** 노재경 송민진

펴낸곳 청림출판(주)
등록 제1989-000026호

본사 06048 서울시 강남구 도산대로38길 11 청림출판(주) (논현동 63)
제2사옥 10881 경기도 파주시 회동길 173 청림아트스페이스 (문발동 518-6)
전화 02-546-4341 **팩스** 02-546-8053
홈페이지 www.chungrim.com **이메일** cr1@chungrim.com
블로그 blog.naver.com/chungrimpub **페이스북** www.facebook.com/chungrimpub

ISBN 978-89-352-1413-6(03320)